ŒUVRES
COMPLÈTES
DE MOLIÈRE

COLLATIONNÉES SUR LES TEXTES ORIGINAUX ET COMMENTÉES

PAR

M. LOUIS MOLAND

DEUXIÈME ÉDITION

SOIGNEUSEMENT REVUE ET CONSIDÉRABLEMENT AUGMENTÉE

Une composition de Staal, gravée sur acier, accompagne chaque pièce

TOME NEUVIÈME

PARIS

GARNIER FRÈRES, LIBRAIRES-ÉDITEURS

6, RUE DES SAINTS-PÈRES

AVIS AUX SOUSCRIPTEURS. — Le premier volume, consacré entièrement à la Vie de Molière et aux documents biographiques, paraîtra en dernier lieu.

CHEFS-D'ŒUVRE

DE LA

LITTÉRATURE

FRANÇAISE

7 *ter*

PARIS. — IMPRIMERIE A. QUANTIN
7, RUE SAINT-BENOIT

ŒUVRES

COMPLÈTES

DE MOLIÈRE

TOME NEUVIÈME

GEORGE DANDIN

Garnier Frères Editeurs

ŒUVRES
COMPLÈTES
DE MOLIÈRE

COLLATIONNÉES SUR LES TEXTES ORIGINAUX ET COMMENTÉES

PAR

M. LOUIS MOLAND

DEUXIÈME ÉDITION

SOIGNEUSEMENT REVUE ET CONSIDÉRABLEMENT AUGMENTÉE

Une composition de Staal, gravée sur acier, accompagne chaque pièce

TOME NEUVIÈME

PARIS

GARNIER FRÈRES, LIBRAIRES-ÉDITEURS

6, RUE DES SAINTS-PÈRES, 6

—

MDCCCLXXXIII

GEORGE DANDIN

ou

LE MARI CONFONDU

COMÉDIE EN TROIS ACTES

18 juillet 1668

NOTICE PRÉLIMINAIRE.

Le traité d'Aix-la-Chapelle ayant été ratifié le 2 mai 1668 et la paix étant assurée au moins pour quelque temps, Louis XIV voulut célébrer ces heureux événements en donnant à sa cour, dans les nouveaux jardins de Versailles, une fête non moins brillante que celle de 1664.

Cette fête eut lieu le 18 juillet. On écrit de Saint-Germain-en-Laye à la Gazette, sous la date du 20 juillet 1668 : « Le 19 de ce mois (lisez le 18)[1], Leurs Majestés, avec lesquelles étoient Monseigneur le Dauphin, Monsieur et Madame, et tous les seigneurs et dames de la cour, s'étant rendues à Versailles, y furent diverties par l'agréable et pompeuse fête qui s'y préparoit depuis si longtemps et avec la magnificence digne du plus grand monarque du monde. Elle commença sur les sept heures du soir, en suite de la collation qui étoit délicieusement préparée en l'une des allées du parc de ce château, par une comédie des mieux concertées, que représenta la troupe du roi sur un superbe théâtre dressé dans une vaste salle de verdure. Cette comédie, qui étoit mêlée, dans les entr'actes, d'une espèce d'autre comédie en musique et en ballets, ne laissa rien à souhaiter en ce premier divertissement, auquel une seconde collation de fruits et de confitures en pyramides fut servie, aux deux côtés de ce théâtre, et présentée à Leurs Majestés par les seigneurs qui

---

1. Il y a, sur le jour où cette fête eut lieu, des variations singulières : les éditions de *George Dandin*, de 1672 et de 1682, disent le 15 juillet; Robinet dit le 16; la Gazette le 19; Félibien, dans sa relation, le 18. C'est à cette dernière date qu'il convient de s'attacher.

étoient placés dessus : ce qui, étant accompagné de quantité de jets d'eau, fut trouvé tout à fait galant par l'assistance de près de trois mille personnes, entre lesquelles étoient le nonce du pape, les ambassadeurs qui sont ici, et les cardinaux de Vendôme et de Retz... »

La première et la principale place dans les divertissements avait été, comme l'on voit, réservée à la comédie, et c'était Molière qui, aidé de Lulli, devait la remplir. Pour s'acquitter d'une tâche toujours difficile et lutter avantageusement contre les festins, les jeux, les feux d'artifice, Molière s'avisa de reprendre et de développer, comme il avait déjà fait pour *le Médecin malgré lui,* un de ces canevas de la comédie improvisée que la troupe avait dans son répertoire. Il remit en œuvre cette farce de *la Jalousie du Barbouillé* que nous avons publiée dans notre deuxième volume, et il en composa *George Dandin.*

On sait l'anecdote que met en scène la farce du *Barbouillé :* une femme, voulant rentrer chez elle à une heure indue, trouve la porte fermée ; son mari l'accable de reproches et de menaces ; elle feint de se tuer, et lorsque celui-ci, effrayé, met les pieds hors de la maison, elle s'y glisse, referme la porte, et prend contre lui tous les avantages qu'il avait tout à l'heure. Cette anecdote est une de celles qu'on rencontre le plus fréquemment dans les conteurs. Elle vient de loin ; elle vient probablement de l'Inde antique, comme on le peut voir dans l'*Essai sur les fables indiennes,* par M. Loiseleur-Deslongchamps[1]. Notre moyen âge la répéta sous toutes les formes. Mentionnons seulement le récit en vers qu'on trouve dans le *Dolopathos,* composé par Herbert au commencement du XIIIe siècle[2], et les deux rédactions en prose qui font partie du *Roman des sept Sages de Rome*[3]. Insistons davantage sur la Nouvelle IV de la septième Journée du *Décaméron* de Boccace, que Molière connaissait certainement, tandis qu'il y a peu d'apparence qu'il ait entendu parler des textes plus anciens. Voici un résumé de ce dernier conte :

Un habitant d'Arezzo, nommé Tofano, avait épousé une jeune

---

1. Pages 158-60 et 170.
2. *Dolopathos,* Bibliothèque elzévirienne, pages 373-379.
3. *Les sept Sages de Rome,* édition de la Société des anciens textes français, première rédaction, pages 18 à 20 ; deuxième rédaction, pages 82 à 87.

et jolie femme nommée Gitta, et il en était jaloux à l'excès. Dans Boccace, les maris sont toujours jaloux à l'excès, quoiqu'ils le soient rarement sans cause. C'était le cas de Tofano. Gitta avait remarqué que son mari aimait fort à boire; elle favorisait son penchant, l'enivrait chaque soir, et, quand il était ivre, le faisait coucher. Puis elle allait passer quelques heures hors du logis. Cependant le soin qu'elle prenait de remplir le verre de son mari éveilla les soupçons de celui-ci. Un jour il feignit de rentrer chancelant et déraisonnant. Sa femme crut qu'il n'était pas nécessaire de le faire boire davantage, et, l'ayant mis au lit, courut à son rendez-vous ordinaire. Tofano, furieux, ferme la porte au verrou, et va se poster à la fenêtre pour la voir revenir. Il eut la patience d'y demeurer jusqu'à son retour, quoiqu'on fût alors au commencement de l'hiver. La belle, désolée de trouver la porte fermée, ne savait que devenir. Elle fit de vains efforts pour l'ouvrir de force. Son mari, après l'avoir laissée faire quelques moments : « C'est temps perdu, ma femme, lui dit-il; tu ne saurais entrer. Tu feras beaucoup mieux de retourner à l'endroit d'où tu viens. Tu peux être assurée de ne remettre les pieds dans la maison que je ne t'aie fait la honte que tu mérites, en présence de tous tes parents et de tous nos voisins. » La dame eut beau prier, solliciter, pour qu'on lui ouvrît; elle eut beau protester qu'elle venait de passer la soirée chez une de ses voisines, parce que, les nuits étant longues, elle s'ennuyait d'être seule : ses prières et ses protestations furent inutiles. Son original de mari avait absolument décidé, dans son esprit étroit, de dévoiler aux yeux de tout le monde la conduite irrégulière de sa femme et son propre déshonneur. La belle, voyant que les supplications ne servaient de rien, eut recours aux menaces. « Si tu persistes à ne pas m'ouvrir, lui dit-elle, je t'assure que je t'en ferai repentir, et que je me vengerai de ton opiniâtreté de la manière la plus cruelle. — Et que peux-tu me faire? dit le mari. — Te perdre, reprit la femme, à qui l'amour venait d'inspirer une ruse infaillible pour le déterminer à ouvrir... Oui, te perdre; car, plutôt que de souffrir la honte que tu veux me faire subir injustement, je me jetterai dans le puits qui est ici tout près; et comme tu passes avec justice pour un brutal et un ivrogne, on ne manquera pas de dire que c'est toi qui m'y as jetée dans un moment d'ivresse. Alors, ou tu seras obligé de t'expatrier et d'abandonner tes biens, ou tu t'exposeras à avoir la tête tranchée comme meurtrier de ta femme, dont effectivement tu auras à te reprocher la mort. » Cette menace ne fit pas plus d'effet sur l'âme de Tofano que les prières n'en avaient fait auparavant. Sa femme le voyant inébranlable : « C'en est donc fait de moi, lui dit-elle ; Dieu veuille avoir pitié de mon âme et de la tienne. Je laisse ici ma quenouille dont tu feras l'usage qu'il te plaira. Adieu, mon mari, adieu ! »

La nuit était des plus obscures ; à peine eût-on pu distinguer les objets dans la rue. La femme va droit au puits, prend une grosse pierre et l'y jette de toute sa force, après s'être écriée : « Mon Dieu, ayez pitié de moi ! » La pierre fit un si grand bruit en frappant l'eau que Tofano ne douta point que Gitta ne se fût réellement jetée dans le puits. La peur le saisit. Il court chercher le seau avec la corde, et sort précipitamment de la maison ; mais la belle, qui s'était cachée près de la porte, ne voit pas plus tôt son mari dehors qu'elle entre, referme la porte au verrou, et, montant à la fenêtre, se met à crier à son tour : « Maudit ivrogne, tu ne rentreras pas ce soir ! Je suis lasse de ta mauvaise conduite. Je veux te dénoncer à tout le quartier ; nous verrons qui de nous deux sera blâmé. »

En effet, les voisins s'attroupent, les parents accourent. Tofano est injurié par les uns et battu par les autres. Il est enfin obligé d'abjurer toute jalousie pour rentrer en grâce auprès de sa femme. C'est ainsi, conclut Boccace, que ce mari devint sage à ses dépens. Vive l'amour pour corriger les hommes !

Nul doute que cette facétie, tant exploitée par les conteurs, si tentante pour la farce française, n'eût fourni la matière de quelque joyeux patelinage, comme on disait au xvie siècle, bien avant *la Jalousie du Barbouillé*.

La Jalousie du Barbouillé, fidèle aux vieilles traditions, était dirigée uniquement contre la malice des femmes, et n'avait d'autre but que de faire rire aux dépens du mari, cette victime éternelle dont nos bons aïeux avaient si peu de pitié.

Lorsque Molière entreprit de faire de cette farce une comédie, il y introduisit un élément d'observation et de satire. Il voulut montrer le danger de l'inégalité des conditions dans le mariage :

il représenta un riche paysan ayant épousé une demoiselle noble, et portant la peine de sa vanité. Nous n'avons pas besoin de dire que cette idée non plus n'était pas nouvelle; il s'agit d'un travers qui a existé dans toutes les sociétés et qui, par conséquent, a été attaqué dans toutes les littératures. On a rappelé un passage des *Nuées* d'Aristophane. On a rappelé ce passage de l'*Aulularia* (*la Marmite*) de Plaute, où Mégadore prie Euclion de lui donner sa fille en mariage ; Euclion répond :

> Venit hoc mi, Megadore, in mentem ted esse hominem divitem,
> Factiosum; me item esse hominem pauperum, pauperrumum.
> Nunc si filiam locassim meam tibi, in mentem venit
> Te bovem esse, et me asellum : ubi tecum conjunctus siem,
> Ubi onus nequeam ferre pariter, jaceam ego asinus in luto ;
> Tu me bos magis haud respicias, gnatus quasi nunquam siem.
> Et te utar iniquiore, et meus me ordo inrideat.
> Neutrubi habeam stabile stabulum, si quid divorti fuat.
> Asini me mordicibus scindant, boves incursent cornibus.
> Hoc magnum 'st periculum, me ab asinis ad boves transcendere.

« Je réfléchis, Mégadore, que tu es riche et puissant, que je suis pauvre et très pauvre. Si je deviens ton beau-père, nous aurons attelé ensemble le bœuf et l'âne : je serai l'ânon incapable de porter le même faix que toi, et je tomberai harassé dans la boue ; et le bœuf ne me regardera pas plus que si je n'existais pas. Il me traitera avec hauteur, et mes pareils se moqueront de moi. Plus d'étable où me retirer, s'il survient un divorce; les ânes de me déchirer à belles dents, les bœufs de me chasser à coups de cornes. Il y a donc trop de danger pour moi à quitter les ânes pour passer chez les bœufs. »

Une source où Molière a presque certainement puisé, c'est un conte de Boccace autre que celui que nous avons cité tout à l'heure, la huitième Nouvelle de la septième Journée du *Décaméron*. Une courte analyse de ce conte le prouvera : Arriguccio Berlinghieri, riche marchand, a fait la folie d'épouser une demoiselle noble, appelée Sismonde. Sa femme a un galant qu'elle va retrouver la nuit, à un signal convenu. S'apercevant une fois de leur manège, il descend dans la rue, et se met à la poursuite du galant. Pendant ce temps, la femme, moyennant de généreuses promesses, fait mettre une servante à sa place dans son lit, et souffle la lumière. Le mari revient, frappe outrageusement cette fille, qu'il prend pour son infidèle, lui coupe les cheveux, et va, en toute hâte, chercher les parents de sa femme. Celle-ci aussitôt renvoie la servante, et attend tranquillement son mari, qui rentre accompagné de la mère et des trois frères de Sismonde. Qu'on juge de l'étonnement et de la confusion du mari, lorsqu'une femme qu'il croyait trouver sans chevelure et avec le visage tout meurtri, se présente à lui sans une seule contusion sur la figure et avec tous ses cheveux sur la tête. Sismonde alors l'accuse effrontément d'être un ivrogne, un libertin, et d'avoir, dans son ivresse, fait à quelque autre femme tout ce qu'il prétend avoir fait à la sienne. Toutefois, comme elle est remplie de douceur et d'indulgence, elle déclare qu'elle pardonne à son mari, et elle prie ses parents de faire de même. Mais sa mère ne s'apaise pas si facilement. « Par la foi de Dieu! ma fille, s'écrie-t-elle les yeux étincelants de colère, des choses de cette nature peuvent-elles se pardonner? On devrait éventrer ce malheureux, cet infâme, cet ingrat que nous avons tiré de la poussière, et qui ne méritait pas une femme telle que toi. S'il t'avait surprise avec un galant, qu'aurait-il donc fait de plus que ce qu'il a eu l'intention de te faire? Le barbare! tu n'es pas faite pour être victime de la mauvaise humeur et des vices d'un marchand de poires cuites. Ces sortes de gens, venus du village en sabots et vêtus comme des ramoneurs, n'ont pas plus tôt gagné trois sous qu'ils veulent s'allier aux plus illustres maisons. Ils font faire ensuite des armes, et on les entend parler de leurs ancêtres comme s'ils avaient oublié d'où ils sortent. Si vos frères m'en avaient voulu croire, ma fille, vous auriez été mariée à un des enfants de la famille des comtes de Gui; et vous n'auriez jamais épousé ce faquin, qui, par reconnaissance pour les bontés qu'on a eues pour lui, va crier à minuit que vous êtes une femme de mauvaise vie, tandis que je n'en connais pas de plus sage et de plus honnête dans la ville. Mais, par la foi de Dieu! si l'on voulait m'en croire, on le traiterait de manière à le mettre dans l'impossibilité de te manquer une seconde fois. Mes enfants, continua-t-elle, je vous le disais bien, que votre sœur ne pouvait être coupable : vous avez entendu pourtant tout ce que ce petit marchand en a dit. A votre place, je l'étoufferais sur l'heure, et je croirais faire une bonne œuvre; elle serait même déjà consommée, si le ciel m'eût faite homme. Oui, tu as beau me regarder, ajouta-t-elle en s'adressant à son gendre, je le ferais comme je dis si je n'étais pas femme. »

Les frères, non moins irrités que leur mère, mais plus maîtres d'eux-mêmes, se contentèrent d'accabler Berlinghieri d'injures et de menaces. Ils finirent par lui dire qu'ils lui pardonnaient pour cette fois; mais que, s'il lui arrivait jamais de dire du mal de sa femme, et que cela parvînt à leur connaissance, ils lui feraient passer un mauvais quart d'heure; puis ils se retirèrent.

Il est aisé de reconnaître dans ce récit la situation qui, adoucie toutefois et traitée par Molière selon les convenances de la scène, termine le second acte de *George Dandin*.

Malgré ces rapprochements, qui ont sans doute leur intérêt, on ne saurait attacher beaucoup d'importance aux obligations que Molière contracta envers ses devanciers. Les mœurs de son temps suffisaient bien à lui fournir cet élément de comédie. L'ambition nobiliaire était en effet singulièrement développée à cette époque. « D'honnêtes et riches bourgeois, dit Auger, désespérant de devenir nobles de leur chef, voulaient du moins s'allier à des familles nobles : les uns donnaient leur fille à quelque gentilhomme obéré, qu'une grosse dot affranchissait de la poursuite de ses créanciers; les autres, en plus petit nombre, épousaient eux-mêmes quelque fille de qualité, dont les parents recevaient, pour prix de cette mésalliance, de quoi rétablir leurs affaires délabrées. Dans ces unions de la roture opulente et de la noblesse nécessiteuse, l'une était presque toujours condamnée à supporter les mépris de l'autre. La demoiselle, dont le nom et les quartiers venaient s'abîmer dans un hymen plébéien, rougissait du mari qui l'avait tirée de son orgueilleuse misère, et se croyait plus que quitte envers lui quand elle n'avait fait que l'humilier. L'homme de qualité, en vertu de son rang, dédaignait celle qui lui avait donné les moyens de le soutenir, et souvent portait à d'autres femmes les prodigalités qu'elle l'avait mis en état de faire. Cette espèce de désordre social appelait certainement la censure de la comédie. »

En donnant à sa nouvelle composition ce caractère de satire sociale, Molière ne prévit pas sans doute que, par la suite, on lui demanderait compte, non plus seulement de l'intention particulière qu'il y avait mise, mais de la conclusion qui ressort de l'ensemble du tableau. Une farce comme la *Jalousie du Barbouillé* pouvait impunément se ressentir de l'ancienne licence; mais une comédie ne devait pas échapper aussi facilement aux sévérités de la critique. Le xviii° siècle blâma en effet *George Dandin* au nom de la morale. La protestation la plus véhémente est celle de Jean-Jacques Rousseau : « Voyez, dit-il, comment, pour multiplier ses plaisanteries, cet homme trouble tout l'ordre de la société; avec quel scandale il renverse tous les rapports les plus sacrés sur lesquels elle est fondée; comment il tourne en dérision les respectables droits des pères sur leurs enfants, des maris sur leurs femmes, des maîtres sur leurs serviteurs! Il fait rire, il est vrai, et n'en devient que plus coupable, en forçant par un charme invincible les sages mêmes de se prêter à des railleries qui devroient attirer leur indignation. J'entends dire qu'il attaque les vices : mais je voudrois bien que l'on comparât ceux qu'il attaque avec ceux qu'il favorise... Quel est le plus criminel d'un paysan assez fou pour épouser une demoiselle, ou d'une femme qui cherche à déshonorer son époux? Que penser d'une pièce où le parterre applaudit à l'infidélité, au mensonge, à l'impudence de celle-ci, et rit de la bêtise du manant puni ? »

Ces accusations ont été, comme on le pense bien, souvent repoussées. Mais nous croyons inutile de reproduire ici telle ou telle des réfutations qui ont été faites. Il est certain que George Dandin est trop puni ; qu'il y a je ne sais quoi d'âpre et d'amer dans cette gaieté, et qu'il ne faut pas trop discuter l'impression qu'elle nous laisse. Il faut prendre la leçon telle qu'elle s'offre à la surface, non aller au fond des choses; sinon, tout s'assombrit infailliblement, et la meilleure facétie devient mélancolique et criminelle. Molière, en arrangeant ces scènes de *George Dandin,* voulut, nous ne devons pas non plus l'oublier, égayer un public en fête. Ce n'est pas une œuvre de grandes proportions ni de hautes visées. Elle se perdait, pour ainsi dire, au milieu des danses et de la musique de Lulli. Cela rétablit les choses dans leur vrai jour, et donne tort aux moroses objurgations de la critique puritaine.

La pièce remplit son but, c'est-à-dire qu'elle divertit ses

NOTICE PRÉLIMINAIRE.

illustres spectateurs. Robinet écrit dans sa lettre du 21 juillet 1668 ces rimes enthousiastes :

> Sus, Muse, promptement passez
> En cette autre brillante salle
> Qui fut la salle théâtrale.
> O le charmant lieu que c'étoit !
> L'or partout, certes, éclatoit :
> Trois rangs de riches hautelices
> Décoroient ce lieu de délices,
> Aussi haut, sans comparaison,
> Que la vaste et grande cloison
> De l'église de Notre-Dame,
> Où l'on chante en si bonne gamme.
> Maintes cascades y jouoient
> Qui de tous côtés l'égayoient ;
> Et, pour en gros ne rien omettre
> Dans les limites d'une lettre,
> En ce beau rendez-vous des jeux,
> Un théâtre, auguste et pompeux
> D'une manière singulière,
> S'y voyoit dressé par Molière,
> Le Mome cher et glorieux
> Du bas Olympe de nos dieux.
> Lui-même, donc, avec sa troupe,
> Laquelle avoit les Ris en croupe,
> Fit là le début des ébats
> De notre cour pleine d'appas,
> Par un sujet archi-comique
> Auquel riroit le plus stoïque
> Vraiment, malgré bon gré ses dents,
> Tant sont plaisants les incidents !
> Cette petite comédie,
> Du cru de son rare génie,
> Et je dis tout disant cela,
> Étoit aussi, par ci, par là,
> De beaux pas de ballet mêlée,
> Qui plurent fort à l'assemblée,
> Ainsi que les divins concerts
> Et les plus mélodieux airs,
> Le tout du sieur Lulli, Baptiste,
> Dont maint est le singe et copiste.

Parmi les descriptions de cette brillante soirée du 18 juillet qui furent immédiatement publiées, il faut citer *Le grand Diver-*

tissement royal de Versailles, imprimé chez Robert Ballard, qui contient le programme des intermèdes et les paroles chantées en musique. C'est là probablement ce livret dont Robinet parle dans la lettre du 21 juillet :

> Et pour plaisir, plus tôt que tard,
> Allez voir chez le sieur Ballard,
> Qui de tout cela vend le livre
> Que presque pour rien il délivre,
> Si je vous mens ni peu ni prou.
> Et si vous ne saviez pas où,
> C'est à l'enseigne du Parnasse.
> Allez-y donc vite, et de grâce.

Ce livret sera reproduit à la suite de la pièce, ainsi que la relation de Félibien. « Un de nos beaux esprits, disait l'auteur de ce livret, est chargé de faire le récit de la fête. » Ce bel esprit, c'était André Félibien, dont la relation, en quelque sorte officielle, a place dans toute édition des Œuvres de Molière. Nous donnerons en outre une lettre de l'abbé de Montigny sur le même sujet.

On joua de nouveau *George Dandin,* avec les entrées et la musique, à Saint-Germain-en-Laye, dans les fêtes de la Saint-Hubert, au commencement de novembre, le 3, et deux autres fois du 4 au 6. « Le vendredi 2 novembre, lisons-nous sur le registre de La Grange, la troupe est allée à Saint-Germain, où la troupe a joué *le Mari confondu,* autrement le *George Dandin,* trois fois, et une fois l'*Avare.* Le retour a été le 7e dudit mois. Reçu du roi 3,000 l. » Robinet, de son côté, fait part de la nouvelle à ses lecteurs :

> Le ballet, bal et comédie
> Avecque grande mélodie
> Ont été de la fête aussi.
> ... L'on dit que Molière,
> Paroissant dans cette carrière
> Avecque ses charmants acteurs,
> Ravit ses royaux spectateurs,
> Et sans épargne les fit rire,
> Jusques à notre grave sire,
> Dans son Paysan mal marié,
> Qu'à Versaille il avoit joué.

NOTICE PRÉLIMINAIRE.

Quelques jours après, *George Dandin* parut à la ville. Cette pièce fut représentée sur le théâtre du Palais-Royal le 9 novembre, deux mois juste après la première représentation de *l'Avare*.

Grimarest raconte à ce propos une anecdote assez peu vraisemblable : « Lorsque Molière, dit-il, projeta de donner son *George Dandin* au public, un de ses amis lui fit entendre qu'il y avoit dans le monde un Dandin qui pourroit bien se reconnoître dans sa pièce, et qui étoit en état par sa famille, non seulement de la décrier, mais encore de le faire repentir d'y avoir travaillé. « Vous avez raison, dit Molière à son ami; mais « je sais un sûr moyen de me concilier l'homme dont vous me « parlez : j'irai lui lire ma pièce. » Au spectacle, où il étoit assidu, Molière lui demanda une de ses heures perdues pour lui faire une lecture. L'homme en question se trouva si fort honoré de ce compliment que, toutes affaires cessantes, il donna parole pour le lendemain; et il courut tout Paris pour tirer vanité de la lecture de cette pièce. Molière, disoit-il à tout le monde, me lit ce soir une comédie : voulez-vous en être ? Molière trouva une nombreuse assemblée, et son homme qui présidoit. La pièce fut trouvée excellente; et lorsqu'elle fut jouée, personne ne la faisoit mieux valoir que celui dont je viens de parler, et qui pourtant auroit pu s'en fâcher, une partie des scènes que Molière avoit traitées dans sa pièce étant arrivées à cette personne. » Acceptons cette anecdote pour ce qu'elle vaut, c'est-à-dire pour un commérage qui avait cours à la fin du xviie siècle, et que Grimarest a recueilli. Elle semble être tout simplement la mise en action des deux vers de l'*Art poétique* :

> Chacun, peint avec art dans ce nouveau miroir,
> S'y voit avec plaisir ou croit ne pas s'y voir.

La première série des représentations, et encore non consécutives, fut de treize, jusqu'au 6 janvier 1669, *George Dandin* étant toujours donné avec une autre pièce. Les recettes sont peu élevées. Outre les quatre représentations à la cour, *George Dandin* fut joué trente-neuf fois jusqu'à la mort de Molière.

On a peu de renseignements précis sur les acteurs qui l'inl'interprétèrent à l'origine. Le rôle de George Dandin fut rempli par Molière, cela ne fait point de doute. Les termes dont Robinet s'est servi tout à l'heure (lettre du 10 novembre) sont assez explicites; de plus on a son costume, qu'on verra ci-après à la liste des acteurs. Nous connaissons aussi, par le même Robinet, l'acteur qui fit le personnage de Lubin :

> . . . . Les acteurs,
> Les baladins et les chanteurs,
> Tous en ce jour se surpassèrent
> Et bravement se signalèrent.
> Mais entre tous ces grands zélés
> Qui se sont si bien signalés,
> Remarquable est la Torilière
> Qui, prêt de tomber dans la bière,
> Ayant été, durant le cours
> Tout au plus d'environ huit jours,
> Saigné dix fois pour une fièvre
> Qui dans son sang faisoit la mièvre,
> Quitta son grabat prestement
> Et voulut héroïquement
> Du gros Lubin faire le rôle,
> Qui sans doute étoit le plus drôle.
>
> (*Lettre du 21 juillet.*)

Voilà tout ce qui est positif. Le reste ne peut être établi que par conjecture.

En 1685, les rôles étaient distribués comme il suit :

GEORGE DANDIN	Rosimont.
ANGÉLIQUE	Mlle Guérin (la veuve de Molière).
MONSIEUR DE SOTENVILLE	Hubert.
MADAME DE SOTENVILLE	Beauval ou Mlle La Grange.
CLITANDRE	La Grange.
CLAUDINE	Mlle Debrie.
LUBIN	Du Croisy.
COLIN	Brécourt.

Distribution actuelle (8 mars 1877) :

GEORGE DANDIN	M. Got.
ANGÉLIQUE	Mlle Lloyd.

NOTICE PRÉLIMINAIRE.

MONSIEUR DE SOTENVILLE. . . . . . . M. Villain.
MADAME DE SOTENVILLE. . . . . . . Mlle Jouassain.
CLITANDRE . . . . M. Prud'hon.
CLAUDINE . . . . Mlle Dinah Félix.
LUBIN . . . . MM. Coquelin aîné.
COLIN . . . . Coquelin cadet.

George Dandin fut imprimé à la fin de l'année 1668. Voici le titre de la première édition : « George Dandin ou le mary confondu, comédie par J.-B. P. de Molière. A Paris, chez Jean Ribou, au Palais, vis-à-vis la porte de l'église de la Sainte-Chapelle, à l'image Saint-Louis, 1669. Avec privilège du Roy. » Le privilège est du dernier jour de septembre 1668

Une seconde édition eut lieu en 1672 : « George Dandin ou le mary confondu, comédie par J.-B. P de Molière, représentée la première fois, pour le Roy à Versailles, le 15 de juillet 1668, et depuis donnée au public à Paris, sur le théâtre du Palais-Royal, le 9 novembre de la même année 1668, par la troupe du Roy. A Paris, chez Pierre Trabouillet, au Palais, dans la gallerie des Prisonniers, à l'image S. Hubert ; et à la Fortune, proche le greffe des Eaux et Forêts. 1672. Avec privilège du Roy. »

Ce texte de 1672 est reproduit fort exactement dans l'édition des OEuvres de Molière de 1682.

L. M.

GEORGE DANDIN

PERSONNAGES.	ACTEURS.
GEORGE DANDIN, riche paysan, mari d'Angélique...............	Molière[1].
ANGÉLIQUE, femme de George Dandin, et fille de M. de Sotenville............	Mlle Molière.
MONSIEUR DE SOTENVILLE, gentilhomme campagnard, père d'Angélique........	Du Croisy.
MADAME DE SOTENVILLE.........	Hubert.
CLITANDRE, amoureux d'Angélique......	La Grange.
CLAUDINE, suivante d'Angélique........	Mlle Debrie.
LUBIN, paysan, servant Clitandre.........	La Thorillière[2].
COLIN, valet de George Dandin.	

La scène est devant la maison de George Dandin[3].

1. Costume de Molière d'après l'inventaire après décès : « Une boîte dans laquelle sont les habits de la représentation de *George Dandin,* consistant en haut-de-chausses et manteau de taffetas muse, le col de même; le tout garni de dentelle et boutons d'argent, la ceinture pareille; le petit pourpoint de satin cramoisi; autre pourpoint de dessus, de brocart de différentes couleurs, et dentelles d'argent; la fraise et souliers. » C'est un costume qui paraît trahir le vilain enrichi.

2. Sauf pour Molière et La Thorillière, la distribution de ces rôles n'est établie que par conjecture.

3. L'auteur des éditions de 1734 et de 1739, Marc Joly, a le premier ajouté ces mots : *à la campagne,* que toutes les éditions ont ensuite reproduits.

GEORGE DANDIN

ou

LE MARI CONFONDU

COMÉDIE

ACTE PREMIER.

SCÈNE PREMIÈRE.

GEORGE DANDIN[1], seul.

Ah! qu'une femme demoiselle[2] est une étrange affaire! et que mon mariage est une leçon bien parlante à

---

1. On lit dans le *Trésor de la Langue françoise* de Nicot (1606) : « *Dandin* est dit de celui qui baye çà et là par sottise et badaudise, sans avoir contenance arrestée : *ineptus, insipidus ;* et *dandiner*, user de telle badaudise, *ineptire.* » Rabelais, le premier, donna le nom de *Perrin Dandin* à un bonhomme qui, « quoy que juge ne feust, mais homme de bien, apoinctoit plus de procès qu'il n'en estoit vuidé en tout le palais de Poictiers ». Racine, dans *les Plaideurs*, et, après lui, La Fontaine, dans la fable de *l'Huître et les Plaideurs*, ont fait de Perrin Dandin un véritable juge. George Dandin est un autre personnage ; mais il est de la même famille.

Dans son *Traité de matériaux manuscrits de divers genres d'histoire* (tome II, page 128), M. Monteil cite un « *Compte* de recepte et despense qui a esté faicte par le sieur de La Boudre, trésorier de monseigneur le duc Mazariny », dans lequel on trouve, à la date du 25 août 1662, la dépense suivante : « Au sieur George Dandin, sellier, la somme de six cents livres pour un carrosse. » M. Monteil ajoute : « Il est très probable que c'est sur l'enseigne de ce sellier que Molière a pris le titre de la comédie de ce nom. »

2. Le titre de demoiselle (*domicella*) s'appliquait, du temps de Molière

tous les paysans qui veulent s'élever au-dessus de leur condition, et s'allier, comme j'ai fait, à la maison d'un gentilhomme! La noblesse, de soi, est bonne : c'est une chose considérable, assurément ; mais elle est accompagnée de tant de mauvaises circonstances qu'il est très bon de ne s'y point frotter. Je suis devenu là-dessus savant à mes dépens, et connois le style des nobles, lorsqu'ils nous font, nous autres, entrer dans leur famille. L'alliance qu'ils font est petite avec nos personnes : c'est notre bien seul qu'ils épousent ; et j'aurois bien mieux fait, tout riche que je suis, de m'allier en bonne et franche paysannerie, que de prendre une femme qui se tient au-dessus de moi, s'offense de porter mon nom, et pense qu'avec tout mon bien je n'ai pas assez acheté la qualité de son mari. George Dandin, George Dandin, vous avez fait une sottise, la plus grande du monde. Ma maison m'est effroyable maintenant, et je n'y rentre point sans y trouver quelque chagrin[1].

aux femmes mariées qui étaient filles de parents nobles. Nicot, dans son *Trésor de la Langue françoise* que nous venons de citer, s'exprime ainsi : « Damoiselle, c'est proprement, et selon l'usage ancien du mot, une gentille femme, et est le féminin de damoisel, qui signifioit gentil homme. »
Il existe un dialogue satirique intitulé : « Le Débat de la damoiselle et de la bourgeoise, nouvellement imprimé à Paris ; très bon et très joyeux. » Chez Guillaume Vigneux, in-4° gothique.

1. Strepsiade, le principal personnage de la comédie des *Nuées*, d'Aristophane, se plaint, comme George Dandin, d'avoir épousé une femme d'une condition supérieure à la sienne. « Avant cela, dit-il, je passais les jours les plus heureux à la campagne. Sans recherche dans mes habits et dans mes manières, j'avais des ruches, des brebis, du marc d'olives en abondance ; mais depuis que j'ai été assez sot pour prendre à la ville une femme dépensière, délicate, et plus glorieuse que la superbe Cæsyra, enfin la nièce de Mégaclès, fils de Mégaclès, moi qui étais un bon villageois, je n'ai plus un moment de bon temps. »

On cite aussi sur le même sujet une farce du XVIe siècle intitulée *George le Veau* (Ancien Théâtre français, Bibliothèque elzévirienne, tome Ier, page 380).

SCÈNE II.

GEORGE DANDIN, LUBIN.

GEORGE DANDIN, à part, voyant sortir Lubin de chez lui.
Que diantre ce drôle-là vient-il faire chez moi?

LUBIN, à part, apercevant George Dandin.
Voilà un homme qui me regarde.

GEORGE DANDIN, à part.
Il ne me connoît pas.

LUBIN, à part.
Il se doute de quelque chose.

GEORGE DANDIN, à part.
Ouais! il a grand'peine à saluer.

LUBIN, à part.
J'ai peur qu'il n'aille dire qu'il m'a vu sortir de là-dedans.

GEORGE DANDIN.
Bonjour.

LUBIN.
Serviteur.

GEORGE DANDIN.
Vous n'êtes pas d'ici, que je crois.

LUBIN.
Non : je n'y suis venu que pour voir la fête de demain.

GEORGE DANDIN.
Hé! dites-moi un peu, s'il vous plaît : vous venez de là-dedans?

LUBIN.
Chut!

GEORGE DANDIN.
Comment?

LUBIN.

Paix !

GEORGE DANDIN.

Quoi donc?

LUBIN.

Motus! il ne faut pas dire que vous m'ayez vu sortir de là.

GEORGE DANDIN.

Pourquoi?

LUBIN.

Mon Dieu! parce.

GEORGE DANDIN.

Mais encore?

LUBIN.

Doucement. J'ai peur qu'on ne nous écoute.

GEORGE DANDIN.

Point, point.

LUBIN.

C'est que je viens de parler à la maîtresse du logis, de la part d'un certain monsieur qui lui fait les doux yeux; et il ne faut pas qu'on sache cela. Entendez-vous?

GEORGE DANDIN.

Oui.

LUBIN.

Voilà la raison. On m'a enchargé de prendre garde que personne ne me vît; et je vous prie, au moins, de ne pas dire que vous m'ayez vu.

GEORGE DANDIN.

Je n'ai garde.

LUBIN.

Je suis bien aise de faire les choses secrètement, comme on m'a recommandé.*

* VAR. *Comme on m'a commandé* (1672, 1682).

GEORGE DANDIN.

C'est bien fait.

LUBIN.

Le mari, à ce qu'ils disent, est un jaloux qui ne veut pas qu'on fasse l'amour à sa femme ; et il feroit le diable à quatre si cela venoit à ses oreilles. Vous comprenez bien?

GEORGE DANDIN.

Fort bien.

LUBIN.

Il ne faut pas qu'il sache rien de tout ceci.

GEORGE DANDIN.

Sans doute.

LUBIN.

On le veut tromper tout doucement. Vous entendez bien?

GEORGE DANDIN.

Le mieux du monde.

LUBIN.

Si vous alliez dire que vous m'avez vu sortir de chez lui, vous gâteriez toute l'affaire. Vous comprenez bien?

GEORGE DANDIN.

Assurément. Hé! comment nommez-vous celui qui vous a envoyé là-dedans?

LUBIN.

C'est le seigneur de notre pays, monsieur le vicomte de... chose... Foin! je ne me souviens jamais comment diantre ils baragouinent ce nom-là. Monsieur Cli... Clitandre.

GEORGE DANDIN.

Est-ce ce jeune courtisan qui demeure ?...

LUBIN.

Oui ; auprès de ces arbres.

GEORGE DANDIN, à part.

C'est pour cela que depuis peu ce damoiseau poli s'est venu loger contre moi. J'avois bon nez, sans doute; et son voisinage déjà m'avoit donné quelque soupçon.

LUBIN.

Testigué! c'est le plus honnête homme que vous ayez jamais vu. Il m'a donné trois pièces d'or pour aller dire seulement à la femme qu'il est amoureux d'elle, et qu'il souhaite fort l'honneur de pouvoir lui parler. Voyez s'il y a là une grande fatigue, pour me payer si bien; et ce qu'est, au prix de cela, une journée de travail, où je ne gagne que dix sous!

GEORGE DANDIN.

Hé bien! avez-vous fait votre message?

LUBIN.

Oui. J'ai trouvé là dedans une certaine Claudine, qui, tout du premier coup, a compris ce que je voulois, et qui m'a fait parler à sa maîtresse.

GEORGE DANDIN, à part.

Ah! coquine de servante!

LUBIN.

Morguenne! cette Claudine-là est tout à fait jolie : elle a gagné mon amitié, et il ne tiendra qu'à elle que nous ne soyons mariés ensemble.

GEORGE DANDIN.

Mais quelle réponse a faite la maîtresse à ce monsieur le courtisan?

LUBIN.

Elle m'a dit de lui dire... attendez, je ne sais si je me souviendrai bien de tout cela; qu'elle lui est tout à fait obligée de l'affection qu'il a pour elle, et qu'à cause de son mari, qui est fantasque, il garde d'en rien faire paroître, et qu'il faudra songer à chercher quelque invention pour se pouvoir entretenir tous deux.

GEORGE DANDIN, à part.

Ah! pendarde de femme!

LUBIN.

Testiguenne! cela sera drôle : car le mari ne se doutera point de la manigance; voilà ce qui est de bon. Et il aura un pied de nez avec sa jalousie. Est-ce pas?

GEORGE DANDIN.

Cela est vrai.

LUBIN.

Adieu. Bouche cousue au moins. Gardez bien le secret, afin que le mari ne le sache pas.

GEORGE DANDIN.

Oui, oui.

LUBIN.

Pour moi, je vais faire semblant de rien. Je suis un fin matois, et l'on ne diroit pas que j'y touche.

SCÈNE III.

GEORGE DANDIN, seul.

Hé bien! George Dandin, vous voyez de quel air votre femme vous traite. Voilà ce que c'est d'avoir voulu épouser une demoiselle.* L'on vous accommode de toutes pièces, sans que vous puissiez vous venger; et la gentilhommerie vous tient les bras liés. L'égalité de condition laisse du moins à l'honneur d'un mari liberté de ressentiment;** et, si c'étoit une paysanne, vous auriez main-

---

* Var. *Une damoiselle* (1672, 1682).
** Var. *La liberté de ressentiment;* (1672, 1682).

tenant toutes vos coudées franches à vous en faire la justice à bons coups de bâton. Mais vous avez voulu tâter de la noblesse; et il vous ennuyoit d'être maître chez vous. Ah! j'enrage de tout mon cœur, et je me donnerois volontiers des soufflets. Quoi! écouter impudemment l'amour d'un damoiseau, et y promettre en même temps de la correspondance[1]! Morbleu! je ne veux point laisser passer une occasion de la sorte. Il me faut, de ce pas, aller faire mes plaintes au père et à la mère, et les rendre témoins, à telle fin que de raison, des sujets de chagrin et de ressentiment que leur fille me donne. Mais les voici l'un et l'autre fort à propos.

SCÈNE IV.

MONSIEUR DE SOTENVILLE, MADAME DE SOTENVILLE, GEORGE DANDIN.

MONSIEUR DE SOTENVILLE.

Qu'est-ce, mon gendre? vous me paroissez tout troublé.

GEORGE DANDIN.

Aussi en ai-je du sujet; et...

MADAME DE SOTENVILLE.

Mon Dieu! notre gendre, que vous avez peu de civilité, de ne pas saluer les gens quand vous les approchez!

GEORGE DANDIN.

Ma foi! ma belle-mère, c'est que j'ai d'autres choses en tête; et...

MADAME DE SOTENVILLE.

Encore! est-il possible, notre gendre, que vous sachiez si peu votre monde, et qu'il n'y ait pas moyen de vous

---

1. C'est-à-dire, du retour.

instruire de la manière qu'il faut vivre parmi les personnes de qualité?

GEORGE DANDIN.

Comment?

MADAME DE SOTENVILLE.

Ne vous déferez-vous jamais, avec moi, de la familiarité de ce mot de ma belle-mère, et ne sauriez-vous vous accoutumer à me dire madame?

GEORGE DANDIN.

Parbleu! si vous m'appelez votre gendre, il me semble que je puis vous appeler ma belle-mère.

MADAME DE SOTENVILLE.

Il y a fort à dire, et les choses ne sont pas égales. Apprenez, s'il vous plaît, que ce n'est pas à vous à vous servir de ce mot-là avec une personne de ma condition; que tout notre gendre que vous soyez, il y a grande différence de vous à nous, et que vous devez vous connoître.

MONSIEUR DE SOTENVILLE.

C'en est assez, mamour : laissons cela.

MADAME DE SOTENVILLE.

Mon Dieu! monsieur de Sotenville, vous avez des indulgences qui n'appartiennent qu'à vous, et vous ne savez pas vous faire rendre par les gens ce qui vous est dû.

MONSIEUR DE SOTENVILLE.

Corbleu! pardonnez-moi : on ne peut point me faire de leçons là-dessus; et j'ai su montrer en ma vie, par vingt actions de vigueur, que je ne suis point homme à démordre jamais d'une partie de mes prétentions.* Mais il suffit de lui avoir donné un petit avertissement. Sachons un peu, mon gendre, ce que vous avez dans l'esprit.

* Var. *D'un pouce de mes prétentions* (1672, 1682).

GEORGE DANDIN.

Puisqu'il faut donc parler catégoriquement, je vous dirai, monsieur de Sotenville, que j'ai lieu de...

MONSIEUR DE SOTENVILLE.

Doucement, mon gendre. Apprenez qu'il n'est pas respectueux d'appeler les gens par leur nom, et qu'à ceux qui sont au-dessus de nous il faut dire monsieur tout court[1].

GEORGE DANDIN.

Hé bien! monsieur tout court, et non plus monsieur de Sotenville, j'ai à vous dire que ma femme me donne...

MONSIEUR DE SOTENVILLE.

Tout beau! Apprenez aussi que vous ne devez pas dire ma femme, quand vous parlez de notre fille.

GEORGE DANDIN.

J'enrage. Comment! ma femme n'est pas ma femme?

MADAME DE SOTENVILLE.

Oui, notre gendre, elle est votre femme; mais il ne vous est pas permis de l'appeler ainsi, et c'est tout ce que vous pourriez faire, si vous aviez épousé une de vos pareils.

GEORGE DANDIN, à part.

Ah! George Dandin, où t'es-tu fourré? (Haut.) Hé! de grâce, mettez, pour un moment, votre gentilhommerie à côté[2], et souffrez que je vous parle maintenant comme je pourrai. (A part.) Au diantre soit la tyrannie de toutes ces histoires-là! (A monsieur de Sotenville.) Je vous dis que je suis mal satisfait de mon mariage.

1. C'est une règle qui est, en effet, constatée dans les traités de savoir-vivre et de politesse contemporains.
2. On dirait à présent : de côté.

MONSIEUR DE SOTENVILLE.

Et la raison, mon gendre?

MADAME DE SOTENVILLE.

Quoi! parler ainsi d'une chose dont vous avez tiré de si grands avantages?

GEORGE DANDIN.

Et quels avantages, madame, puisque madame y a? L'aventure n'a pas été mauvaise pour vous : car, sans moi, vos affaires, avec votre permission, étoient fort délabrées, et mon argent a servi à reboucher d'assez bons trous ; mais moi, de quoi y ai-je profité, je vous prie, que d'un allongement de nom, et, au lieu de George Dandin, d'avoir reçu par vous le titre de monsieur de La Dandinière?

MONSIEUR DE SOTENVILLE.

Ne comptez-vous pour rien, mon gendre, l'avantage d'être allié à la maison de Sotenville?

MADAME DE SOTENVILLE.

Et à celle de La Prudoterie[1], dont j'ai l'honneur d'être issue; maison où le ventre anoblit, et qui, par ce beau privilège, rendra vos enfants gentilshommes[2]?

---

1. La Fontaine s'est souvenu de cette plaisanterie, dans son conte de *la Matrone d'Éphèse,* où il dit :

> D'elle descendent ceux de La Prudoterie,
> Antique et célèbre maison.

2. On tenait comme principe de droit commun en France, que « le ventre affranchit et la verge anoblit ». Par conséquent, comme l'écrit Loyseau, « tant s'en faut que la gentifemme mariée à un roturier transfère sa noblesse à son mari, ni à ses enfants, qu'au contraire elle-même la perd, parce que c'est une règle perpétuelle que la femme suit la qualité de son mari ». Mais voici ce qui donne raison à Mme de Sotenville : par une exception aux règles ordinaires, les coutumes de la province de Champagne, c'est-à-dire celles de Troyes, Sens, Meaux, Chaumont et Vitry, portaient expressément que pour être noble il suffisait d'être descendu de père *ou mère* noble; ce qui provenait, selon la tradition, d'un privilège accordé aux Champenois après la bataille de Fontenay, près Auxerre, entre le roi

GEORGE DANDIN.

Oui, voilà qui est bien, mes enfants seront gentilshommes ; mais je serai cocu, moi, si l'on n'y met ordre.

MONSIEUR DE SOTENVILLE.

Que veut dire cela, mon gendre?

GEORGE DANDIN.

Cela veut dire que votre fille ne vit pas comme il faut qu'une femme vive, et qu'elle fait des choses qui sont contre l'honneur.

MADAME DE SOTENVILLE.

Tout beau ! Prenez garde à ce que vous dites. Ma fille est d'une race trop pleine de vertu pour se porter jamais à faire aucune chose dont l'honnêteté soit blessée ; et, de la maison de La Prudoterie, il y a plus de trois cents ans qu'on n'a pas remarqué qu'il y ait eu de femme, Dieu merci,* qui ait fait parler d'elle.

MONSIEUR DE SOTENVILLE.

Corbleu ! dans la maison de Sotenville on n'a jamais vu de coquette ; et la bravoure n'y est pas plus héréditaire aux mâles, que la chasteté aux femelles[1].

MADAME DE SOTENVILLE.

Nous avons eu une Jacqueline de La Prudoterie, qui ne voulut jamais être la maîtresse d'un duc et pair, gouverneur de notre province.

---

* Var. *Qu'il y ait eu une femme, Dieu merci,* (1672, 1682).

Charles le Chauve et ses frères. Ce privilège, contraire au droit commun et que Mme de Sotenville a raison de faire sonner très haut, n'avait été fondé que sur la nécessité de rétablir une noblesse éteinte, afin de conserver les familles de ceux qui avaient perdu la vie dans cette sanglante bataille. (E. Paringault.)

1. C'est le langage des généalogistes.

MONSIEUR DE SOTENVILLE.

Il y a eu une Mathurine de Sotenville, qui refusa vingt mille écus d'un favori du roi, qui ne lui demandoit* seulement que la faveur de lui parler.

GEORGE DANDIN.

Oh bien! votre fille n'est pas si difficile que cela; et elle s'est apprivoisée depuis qu'elle est chez moi.

MONSIEUR DE SOTENVILLE.

Expliquez-vous, mon gendre. Nous ne sommes point gens à la supporter[1] dans de mauvaises actions, et nous serons les premiers, sa mère et moi, à vous en faire la justice.

MADAME DE SOTENVILLE.

Nous n'entendons point raillerie sur les matières de l'honneur; et nous l'avons élevée dans toute la sévérité possible.

GEORGE DANDIN.

Tout ce que je vous puis dire, c'est qu'il y a ici un certain courtisan que vous avez vu, qui est amoureux d'elle à ma barbe, et qui lui a fait faire des protestations d'amour qu'elle a très humainement écoutées.

MADAME DE SOTENVILLE.

Jour de Dieu! je l'étranglerois de mes propres mains s'il falloit qu'elle forlignât[2] de l'honnêteté de sa mère.

MONSIEUR DE SOTENVILLE.

Corbleu! je lui passerois mon épée au travers du

* Var. *Qui ne demandoit* (1672, 1682).

1. *A la supporter*, c'est-à-dire à lui servir de support, d'appui, à la soutenir. La langue que parlent ces hobereaux de campagne est tout à fait caractéristique.

2. *Forligner*, vieux mot qui signifie proprement, sortir, s'écarter de la ligne. On l'appliquait aux nobles qui, de quelque manière que ce fût, dégénéraient de la vertu de leurs ancêtres.

corps, à elle et au galant, si elle avoit forfait à son honneur.

GEORGE DANDIN.

Je vous ai dit ce qui se passe, pour vous faire mes plaintes, et je vous demande raison de cette affaire-là.

MONSIEUR DE SOTENVILLE.

Ne vous tourmentez point : je vous la ferai de tous deux : et je suis homme pour serrer le bouton[1] à qui que ce puisse être. Mais êtes-vous bien sûr aussi de ce que vous nous dites?

GEORGE DANDIN.

Très sûr.

MONSIEUR DE SOTENVILLE.

Prenez bien garde, au moins : car, entre gentilshommes, ce sont des choses chatouilleuses, et il n'est pas question d'aller faire ici un pas de clerc.

GEORGE DANDIN.

Je ne vous ai rien dit, vous dis-je, qui ne soit véritable.

MONSIEUR DE SOTENVILLE.

Mamour, allez-vous-en parler à votre fille, tandis qu'avec mon gendre j'irai parler à l'homme.

MADAME DE SOTENVILLE.

Se pourroit-il, mon fils, qu'elle s'oubliât de la sorte, après le sage exemple que vous savez vous-même que je lui ai donné!

MONSIEUR DE SOTENVILLE.

Nous allons éclaircir l'affaire. Suivez-moi, mon gendre, et ne vous mettez pas en peine. Vous verrez de quel bois

---

1. On appelle *bouton,* en termes de manège, la boucle de cuir qui coule le long des rênes, et qui les resserre. Ainsi l'on dit *serrer le bouton,* qui est l'équivalent de tenir en bride.

nous nous chauffons, lorsqu'on s'attaque à ceux qui nous peuvent appartenir.

GEORGE DANDIN.

Le voici qui vient vers nous.

SCÈNE V.

MONSIEUR DE SOTENVILLE, CLITANDRE,
GEORGE DANDIN.

MONSIEUR DE SOTENVILLE.

Monsieur, suis-je connu de vous?

CLITANDRE.

Non pas, que je sache, monsieur.

MONSIEUR DE SOTENVILLE.

Je m'appelle le baron de Sotenville.*

CLITANDRE.

Je m'en réjouis fort.

MONSIEUR DE SOTENVILLE.

Mon nom est connu à la cour ; et j'eus l'honneur, dans ma jeunesse, de me signaler des premiers à l'arrière-ban de Nancy[1].

CLITANDRE.

A la bonne heure.

MONSIEUR DE SOTENVILLE.

Monsieur, mon père Jean-Gilles de Sotenville eut la gloire d'assister en personne au grand siège de Montauban[2].

* Var. *Je m'appelle monsieur de Sotenville* (1672, 1682).

1. L'arrière-ban était la convocation et l'appel sous les armes de toute la noblesse d'un État ou d'une province. Celui dont il est ici question est sans doute l'arrière-ban convoqué en 1635 pour être envoyé en Lorraine sous le duc d'Angoulême.
2. Ce *grand siège* est certainement celui que Louis XIII, à la tête de ses

CLITANDRE.

J'en suis ravi.

MONSIEUR DE SOTENVILLE.

Et j'ai eu un aïeul, Bertrand de Sotenville, qui fut si considéré en son temps, que d'avoir permission de vendre tout son bien pour le voyage d'outre-mer.

CLITANDRE.

Je le veux croire.

MONSIEUR DE SOTENVILLE.

Il m'a été rapporté, monsieur, que vous aimez et poursuivez une jeune personne, qui est ma fille, pour laquelle je m'intéresse (Montrant George Dandin), et pour l'homme que vous voyez, qui a l'honneur d'être mon gendre.

CLITANDRE.

Qui? moi?

MONSIEUR DE SOTENVILLE.

Oui; et je suis bien aise de vous parler, pour tirer de vous, s'il vous plaît, un éclaircissement de cette affaire.

CLITANDRE.

Voilà une étrange médisance! Qui vous a dit cela, monsieur?

MONSIEUR DE SOTENVILLE.

Quelqu'un qui croit le bien savoir.

CLITANDRE.

Ce quelqu'un-là en a menti. Je suis honnête homme. Me croyez-vous capable, monsieur, d'une action aussi lâche que celle-là? Moi, aimer une jeune et belle personne qui a l'honneur d'être la fille de monsieur le baron de Sotenville!

meilleurs généraux, mit, en 1621, devant la ville de Montauban, occupée par les calvinistes, et qu'il fut obligé de lever à cause de la mésintelligence des nombreux chefs de son armée.

Je vous révère trop pour cela, et suis trop votre serviteur. Quiconque vous l'a dit est un sot.

MONSIEUR DE SOTENVILLE.

Allons, mon gendre.

GEORGE DANDIN.

Quoi?

CLITANDRE.

C'est un coquin et un maraud.

MONSIEUR DE SOTENVILLE, à George Dandin.

Répondez.

GEORGE DANDIN.

Répondez vous-même.

CLITANDRE.

Si je savois qui ce peut être, je lui donnerois, en votre présence, de l'épée dans le ventre.

MONSIEUR DE SOTENVILLE, à George Dandin.

Soutenez donc la chose.

GEORGE DANDIN.

Elle est toute soutenue. Cela est vrai.*

CLITANDRE.

Est-ce votre gendre, monsieur, qui...?

MONSIEUR DE SOTENVILLE.

Oui, c'est lui-même qui s'en est plaint à moi.

CLITANDRE.

Certes, il peut remercier l'avantage qu'il a de vous appartenir ; et, sans cela, je lui apprendrois bien à tenir de pareils discours d'une personne comme moi.

---

* VAR. *Elle est toute soutenue; il est vrai* (1672, 1682).

SCÈNE VI.

MONSIEUR et MADAME DE SOTENVILLE,
ANGÉLIQUE, CLITANDRE, GEORGE DANDIN,
CLAUDINE.

MADAME DE SOTENVILLE.

Pour ce qui est de cela, la jalousie est une étrange chose! J'amène ici ma fille pour éclaircir l'affaire en présence de tout le monde.

CLITANDRE, à Angélique.

Est-ce donc vous, madame, qui avez dit à votre mari que je suis amoureux de vous?

ANGÉLIQUE.

Moi? Et comment lui aurois-je dit[1]? Est-ce que cela est? Je voudrois bien le voir, vraiment, que vous fussiez amoureux de moi. Jouez-vous-y, je vous en prie; vous trouverez à qui parler; c'est une chose que je vous conseille de faire. Ayez recours, pour voir, à tous les détours des amants : essayez un peu, par plaisir, à m'envoyer des ambassades, à m'écrire secrètement de petits billets doux, à épier les moments que mon mari n'y sera pas, ou le temps que je sortirai, pour me parler de votre amour; vous n'avez qu'à y venir, je vous promets que vous serez reçu comme il faut.

CLITANDRE.

Hé! la, la, madame, tout doucement. Il n'est pas nécessaire de me faire tant de leçons, et de vous tant scandaliser. Qui vous dit que je songe à vous aimer?

ANGÉLIQUE.

Que sais-je, moi, ce qu'on me vient conter ici?

1. Ellipse du pronom régime *le,* alors fréquente.

CLITANDRE.

On dira ce que l'on voudra ; mais vous savez si je vous ai parlé d'amour, lorsque je vous ai rencontrée.

ANGÉLIQUE.

Vous n'aviez qu'à le faire, vous auriez été bien venu.

CLITANDRE.

Je vous assure qu'avec moi vous n'avez rien à craindre ; que je ne suis point homme à donner du chagrin aux belles ; et que je vous respecte trop, et vous, et messieurs vos parents, pour avoir la pensée d'être amoureux de vous.

MADAME DE SOTENVILLE, à George Dandin.

Hé bien ! vous le voyez.

MONSIEUR DE SOTENVILLE.

Vous voilà satisfait, mon gendre. Que dites-vous à cela ?

GEORGE DANDIN.

Je dis que ce sont là des contes à dormir debout ; que je sais bien ce que je sais ; et que tantôt, puisqu'il faut parler,* elle a reçu une ambassade de sa part.

ANGÉLIQUE.

Moi ? j'ai reçu une ambassade ?

CLITANDRE.

J'ai envoyé une ambassade ?

ANGÉLIQUE.

Claudine ?

CLITANDRE, à Claudine.

Est-il vrai ?

CLAUDINE.

Par ma foi, voilà une étrange fausseté !

---

* Var. *Puisqu'il faut parler net* (1672, 1682).

GEORGE DANDIN.
Taisez-vous, carogne que vous êtes. Je sais de vos nouvelles; et c'est vous qui tantôt avez introduit le courrier.
CLAUDINE.
Qui? moi?
GEORGE DANDIN.
Oui, vous. Ne faites point tant la sucrée.
CLAUDINE.
Hélas! que le monde aujourd'hui est rempli de méchanceté, de m'aller soupçonner ainsi, moi, qui suis l'innocence même!
GEORGE DANDIN.
Taisez-vous, bonne pièce. Vous faites la sournoise, mais je vous connois il y a longtemps; et vous êtes une dessalée[1].
CLAUDINE, à Angélique.
Madame, est-ce que...?
GEORGE DANDIN.
Taisez-vous, vous dis-je; vous pourriez bien porter la folle enchère de tous les autres; et vous n'avez point de père gentilhomme.
ANGÉLIQUE.
C'est une imposture si grande, et qui me touche si fort au cœur, que je ne puis pas même avoir la force d'y répondre. Cela est bien horrible, d'être accusée par un mari, lorsqu'on ne lui fait rien qui ne soit à faire! Hélas! si je suis blâmable de quelque chose, c'est d'en user trop bien avec lui.

---

1. Pour : dégourdie, qui a perdu sa rusticité. Mot populaire, qui n'est pas encore tout à fait hors d'usage.

CLAUDINE.

Assurément.

ANGÉLIQUE.

Tout mon malheur est de le trop considérer; et plût au ciel que je fusse capable de souffrir, comme il dit, les galanteries de quelqu'un! je ne serois pas tant à plaindre. Adieu; je me retire, et je ne puis plus endurer qu'on m'outrage de cette sorte.

SCÈNE VII.

MONSIEUR ET MADAME DE SOTENVILLE,
CLITANDRE, GEORGE DANDIN, CLAUDINE.

MADAME DE SOTENVILLE, à George Dandin.

Allez, vous ne méritez pas l'honnête femme qu'on vous a donnée.

CLAUDINE.

Par ma foi, il mériteroit qu'elle lui fît dire vrai : et, si j'étois en sa place, je n'y marchanderois pas. (A Clitandre.) Oui, monsieur, vous devez, pour le punir, faire l'amour à ma maîtresse. Poussez, c'est moi qui vous le dis; ce sera fort bien employé; et je m'offre à vous y servir, puisqu'il m'en a déjà taxée. (Claudine sort.)

MONSIEUR DE SOTENVILLE.

Vous méritez, mon gendre, qu'on vous dise ces choses-là; et votre procédé met tout le monde contre vous.

MADAME DE SOTENVILLE.

Allez, songez à mieux traiter une demoiselle* bien née : et prenez garde désormais à ne plus faire de pareilles bévues.

* Var. *Une damoiselle* (1672, 16 2).

GEORGE DANDIN, à part.

J'enrage de bon cœur d'avoir tort, lorsque j'ai raison.

SCÈNE VIII.

MONSIEUR DE SOTENVILLE, CLITANDRE, GEORGE DANDIN.

CLITANDRE, à monsieur de Sotenville.

Monsieur, vous voyez comme j'ai été faussement accusé : vous êtes homme qui savez les maximes du point d'honneur ; et je vous demande raison de l'affront qui m'a été fait.

MONSIEUR DE SOTENVILLE.

Cela est juste, et c'est l'ordre des procédés. Allons, mon gendre, faites satisfaction à monsieur.

GEORGE DANDIN.

Comment ! satisfaction ?

MONSIEUR DE SOTENVILLE.

Oui, cela se doit dans les règles, pour l'avoir à tort accusé.

GEORGE DANDIN.

C'est une chose, moi, dont je ne demeure pas d'accord, de l'avoir à tort accusé ; et je sais bien ce que j'en pense.

MONSIEUR DE SOTENVILLE.

Il n'importe. Quelque pensée qui vous puisse rester, il a nié : c'est satisfaire les personnes ; et l'on n'a nul droit de se plaindre de tout homme qui se dédit.

GEORGE DANDIN.

Si bien donc que si je le trouvois couché avec ma femme, il en seroit quitte pour se dédire ?

MONSIEUR DE SOTENVILLE.

Point de raisonnement. Faites-lui les excuses que je vous dis.

GEORGE DANDIN.

Moi! je lui ferai encore des excuses après...

MONSIEUR DE SOTENVILLE.

Allons, vous dis-je, il n'y a rien à balancer; et vous n'avez que faire d'avoir peur d'en trop faire, puisque c'est moi qui vous conduis.

GEORGE DANDIN.

Je ne saurois...

MONSIEUR DE SOTENVILLE.

Corbleu! mon gendre, ne m'échauffez pas la bile. Je me mettrois avec lui contre vous. Allons, laissez-vous gouverner par moi.

GEORGE DANDIN, à part.

Ah! George Dandin!

MONSIEUR DE SOTENVILLE.

Votre bonnet à la main, le premier; monsieur est gentilhomme, et vous ne l'êtes pas.

GEORGE DANDIN, à part, le bonnet à la main.

J'enrage!

MONSIEUR DE SOTENVILLE.

Répétez après moi : Monsieur...

GEORGE DANDIN.

Monsieur...

MONSIEUR DE SOTENVILLE.

Je vous demande pardon... (Il voit que son gendre fait difficulté de lui obéir.) Ah!

GEORGE DANDIN.

Je vous demande pardon...

MONSIEUR DE SOTENVILLE.

Des mauvaises pensées que j'ai eues de vous.

GEORGE DANDIN.

Des mauvaises pensées que j'ai eues de vous.

MONSIEUR DE SOTENVILLE.

C'est que je n'avois pas l'honneur de vous connoître.

GEORGE DANDIN.

C'est que je n'avois pas l'honneur de vous connoître.

MONSIEUR DE SOTENVILLE.

Et je vous prie de croire...

GEORGE DANDIN.

Et je vous prie de croire...

MONSIEUR DE SOTENVILLE.

Que je suis votre serviteur.

GEORGE DANDIN.

Voulez-vous que je sois serviteur d'un homme qui me veut faire cocu?

MONSIEUR DE SOTENVILLE. (Il le menace encore.)

Ah!

CLITANDRE.

Il suffit, monsieur.

MONSIEUR DE SOTENVILLE.

Non, je veux qu'il achève, et que tout aille dans les formes : Que je suis votre serviteur.

GEORGE DANDIN.

Que je suis votre serviteur?*

CLITANDRE, à George Dandin.

Monsieur, je suis le vôtre de tout mon cœur; et je ne songe plus à ce qui s'est passé. (A monsieur de Sotenville.) Pour

---

* VAR. *Que, que, que je suis votre serviteur* (1672, 1682).

vous, monsieur, je vous donne le bonjour, et suis fâché du petit chagrin que vous avez eu.

MONSIEUR DE SOTENVILLE.

Je vous baise les mains; et, quand il vous plaira, je vous donnerai le divertissement de courre un lièvre.

CLITANDRE.

C'est trop de grâce que vous me faites. (Clitandre sort.)

MONSIEUR DE SOTENVILLE.

Voilà, mon gendre, comme il faut pousser les choses. Adieu. Sachez que vous êtes entré dans une famille qui vous donnera de l'appui, et ne souffrira point que l'on vous fasse aucun affront.

SCÈNE IX.

GEORGE DANDIN, seul.

Ah! que je... Vous l'avez voulu; vous l'avez voulu, George Dandin, vous l'avez voulu; cela vous sied fort bien, et vous voilà ajusté comme il faut : vous avez justement ce que vous méritez. Allons, il s'agit seulement de désabuser le père et la mère; et je pourrai trouver peut-être quelque moyen d'y réussir.

ACTE DEUXIÈME.

SCÈNE PREMIÈRE.
CLAUDINE, LUBIN.

CLAUDINE.

Oui, j'ai bien deviné qu'il falloit que cela vînt de toi, et que tu l'eusses dit à quelqu'un qui l'ait rapporté à notre maître.

LUBIN.

Par ma foi, je n'en ai touché qu'un petit mot, en passant, à un homme, afin qu'il ne dît point qu'il m'avoit vu sortir; et il faut que les gens, en ce pays-ci, soient de grands babillards!

CLAUDINE.

Vraiment, ce monsieur le vicomte a bien choisi son monde, que de te prendre pour son ambassadeur; et il s'est allé servir là d'un homme bien chanceux.

LUBIN.

Va, une autre fois je serai plus fin, et je prendrai mieux garde à moi.

CLAUDINE.

Oui, oui, il sera temps.

LUBIN.

Ne parlons plus de cela. Écoute.

ACTE II, SCÈNE I.

CLAUDINE.

Que veux-tu que j'écoute?

LUBIN.

Tourne un peu ton visage devers moi.

CLAUDINE.

Hé bien! qu'est-ce?

LUBIN.

Claudine?

CLAUDINE.

Quoi?

LUBIN.

Hé! là! ne sais-tu pas bien ce que je veux dire?

CLAUDINE.

Non.

LUBIN.

Morgué! je t'aime.

CLAUDINE.

Tout de bon?

LUBIN.

Oui, le diable m'emporte! Tu me peux croire, puisque j'en jure.

CLAUDINE.

A la bonne heure.

LUBIN.

Je me sens tout tribouiller[1] le cœur quand je te regarde.

---

1. *Troubler, remuer* le cœur. Le mot *tribouler* appartenait à l'ancienne langue française. Alain Chartier, au livre des *Quatre Dames*, s'exprime ainsi : « Aux bons les adversités viennent ; et sont foulés, et par fortune triboulés. »

> Tapez, trompez, tourmentez, trondelez,
> Brisez, riflez, tempestez, triboulez.
> (*Vers du quinzième siècle cités dans Borel.*)

C'est ce mot qui est resté dans le langage populaire et dans les patois.

CLAUDINE.

Je m'en réjouis.

LUBIN.

Comment est-ce que tu fais pour être si jolie?

CLAUDINE.

Je fais comme font les autres.

LUBIN.

Vois-tu, il ne faut point tant de beurre pour faire un quarteron : si tu veux, tu seras ma femme, je serai ton mari, et nous serons tous deux mari et femme.

CLAUDINE.

Tu serois peut-être jaloux comme notre maître.

LUBIN.

Point.

CLAUDINE.

Pour moi, je hais les maris soupçonneux; et j'en veux un qui ne s'épouvante de rien, un si plein de confiance et si sûr de ma chasteté, qu'il me vît sans inquiétude au milieu de trente hommes.

LUBIN.

Hé bien! je serai tout comme cela.

CLAUDINE.

C'est la plus sotte chose du monde que de se défier d'une femme et de la tourmenter. La vérité de l'affaire est qu'on n'y gagne rien de bon : cela nous fait songer à mal; et ce sont souvent les maris qui, avec leurs vacarmes, se font eux-mêmes ce qu'ils sont.

LUBIN.

Hé bien! je te donnerai la liberté de faire tout ce qu'il te plaira.

CLAUDINE.

Voilà comme il faut faire pour n'être point trompé.

Lorsqu'un mari se met à notre discrétion, nous ne prenons de liberté que ce qu'il nous en faut; et il en est comme avec ceux qui* nous ouvrent leur bourse, et nous disent : Prenez. Nous en usons honnêtement, et nous nous contentons de la raison. Mais ceux qui nous chicanent, nous nous efforçons de les tondre, et nous ne les épargnons point.

LUBIN.

Va, je serai de ceux qui ouvrent leur bourse; et tu n'as qu'à te marier avec moi.

CLAUDINE.

Hé bien! bien, nous verrons.

LUBIN.

Viens donc ici, Claudine.

CLAUDINE.

Que veux-tu?

LUBIN.

Viens, te dis-je.

CLAUDINE.

Ah! doucement. Je n'aime pas les patineurs[1].

LUBIN.

Hé! un petit brin d'amitié.

CLAUDINE.

Laisse-moi là, te dis-je; je n'entends pas raillerie.

LUBIN.

Claudine.

CLAUDINE, *repoussant Lubin.*

Ahy!

* Var. *Et il en est comme ceux qui* (1672, 1682).

1. Suivant nos usages, et suivant le dictionnaire de l'Académie, le mot *patineur* est libre. Dans les premières éditions de ce dictionnaire, il n'était pas frappé de la même réprobation; et madame de Sévigné écrivait sans scrupule : « Les provinciaux sont grands patineurs. »

LUBIN.

Ah! que tu es rude à pauvres gens! Fi! que cela est malhonnête de refuser les personnes! N'as-tu point de honte d'être belle, et de ne vouloir pas qu'on te caresse? Hé! là!

CLAUDINE.

Je te donnerai sur le nez.

LUBIN.

Oh! la farouche! la sauvage! Fi! pouah! la vilaine, qui est cruelle!

CLAUDINE.

Tu t'émancipes trop.

LUBIN.

Qu'est-ce que cela te coûteroit de me laisser un peu faire?*

CLAUDINE.

Il faut que tu te donnes patience.

LUBIN.

Un petit baiser seulement, en rabattant sur notre mariage.

CLAUDINE.

Je suis votre servante.

LUBIN.

Claudine, je t'en prie, sur l'et tant moins [1].

---

* VAR. *De me laisser faire* (1672, 1682).

1. L'*et tant moins* est une locution de la pratique d'alors. Lubin, qui s'annonce lui-même comme un homme « qui, s'il avoit étudié, auroit été songer à des choses où l'on n'a jamais songé », Lubin a dû entendre parler de l'*et tant moins* dans quelque petit siège de justice de son voisinage. L'*et tant moins* était une expression synonyme d'*en déduction ;* donner sur l'*et tant moins* signifiait donc donner « à compte et tant moins de ce qui était réellement dû ».

CLAUDINE.

Hé! que nenni! J'y ai déjà été attrapée[1]. Adieu. Va-t'en, et dis à monsieur le vicomte que j'aurai soin de rendre son billet.

LUBIN.

Adieu, beauté rude ânière.*

CLAUDINE.

Le mot est amoureux.

LUBIN.

Adieu, rocher, caillou, pierre de taille, et tout ce qu'il y a de plus dur au monde.

CLAUDINE, seule.

Je vais remettre aux mains de ma maîtresse... Mais la voici avec son mari : éloignons-nous, et attendons qu'elle soit seule.

SCÈNE II.

GEORGE DANDIN, ANGÉLIQUE.

GEORGE DANDIN.

Non, non ; on ne m'abuse pas avec tant de facilité, et je ne suis que trop certain que le rapport que l'on

---

* *Rude ânière.* — C'est ce que porte l'édition originale. Dans les éditions de 1672 et de 1682, on a joint ces deux mots par un tiret, *rude-ânière*. Aujourd'hui on écrirait, par contraction, *rudânière*.

1. Ce joli mot pourrait bien avoir été emprunté par Molière à un conte du sieur d'Ouville, frère de l'abbé de Boisrobert, conte qui est le premier de son recueil, et qu'on a plus d'une fois mis en vers. Un jeune homme qui recherchait une jeune fille en mariage, lui avait souvent demandé avec instance, non pas un petit baiser, comme Lubin à Claudine, mais quelque autre faveur de plus grande conséquence, et elle l'avait constamment refusé. La première nuit de leurs noces, il lui avoua que, si elle avait cédé à ses désirs, il ne l'aurait jamais épousée. « Vraiment, lui répondit-elle, je n'avais garde d'être si sotte; j'y avais déjà été attrapée deux ou trois fois. »

m'a fait est véritable. J'ai de meilleurs yeux qu'on ne pense, et votre galimatias ne m'a point tantôt ébloui.

SCÈNE III.

CLITANDRE, ANGÉLIQUE, GEORGE DANDIN.

CLITANDRE, à part, dans le fond du théâtre.

Ah! la voilà; mais le mari est avec elle.

GEORGE DANDIN, sans voir Clitandre.

Au travers de toutes vos grimaces, j'ai vu la vérité de ce que l'on m'a dit, et le peu de respect que vous avez pour le nœud qui nous joint. (Clitandre et Angélique se saluent.) Mon Dieu! laissez là votre révérence; ce n'est pas de ces sortes de respect dont je vous parle, et vous n'avez que faire de vous moquer.

ANGÉLIQUE.

Moi, me moquer! en aucune façon.

GEORGE DANDIN.

Je sais votre pensée, et connois... (Clitandre et Angélique se resaluent.) Encore! Ah! ne raillons pas davantage. Je n'ignore pas qu'à cause de votre noblesse vous me tenez fort au-dessous de vous, et le respect que je vous veux dire ne regarde point ma personne; j'entends parler de celui que vous devez à des nœuds aussi vénérables que le sont ceux du mariage. (Angélique fait signe à Clitandre.) Il ne faut point lever les épaules, et je ne dis point de sottises.

ANGÉLIQUE.

Qui songe à lever les épaules?

GEORGE DANDIN.

Mon Dieu! nous voyons clair. Je vous dis, encore une fois, que le mariage est une chaîne à laquelle on doit porter toute sorte de respect; et que c'est fort mal fait à vous d'en user comme vous faites. (Angélique fait signe de la tête à Clitandre.) Oui, oui, mal fait à vous; et vous n'avez que faire de hocher la tête, et de me faire la grimace.

ANGÉLIQUE.

Moi? je ne sais ce que vous voulez dire.

GEORGE DANDIN.

Je le sais fort bien, moi; et vos mépris me sont connus. Si je ne suis pas né noble, au moins suis-je d'une race où il n'y a point de reproche; et la famille des Dandins...

CLITANDRE, derrière Angélique, sans être aperçu de Dandin.

Un moment d'entretien.

GEORGE DANDIN, sans voir Clitandre.

Hé?

ANGÉLIQUE.

Quoi? je ne dis mot.

(George Dandin tourne autour de sa femme, et Clitandre se retire en faisant une grande révérence à George Dandin.)

SCÈNE IV.

GEORGE DANDIN, ANGÉLIQUE.

GEORGE DANDIN.

Le voilà qui vient rôder autour de vous.

ANGÉLIQUE.

Hé bien! est-ce ma faute? Que voulez-vous que j'y fasse?

GEORGE DANDIN.

Je veux que vous y fassiez ce que fait une femme qui ne veut plaire qu'à son mari. Quoi qu'on en puisse dire, les galants n'obsèdent jamais que quand on le veut bien. Il y a un certain air doucereux qui les attire, ainsi que le miel fait les mouches; et les honnêtes femmes ont des manières qui les savent chasser d'abord.

ANGÉLIQUE.

Moi, les chasser! et par quelle raison? Je ne me scandalise point qu'on me trouve bien faite; et cela me fait du plaisir.

GEORGE DANDIN.

Oui! Mais quel personnage voulez-vous que joue un mari pendant cette galanterie?

ANGÉLIQUE.

Le personnage d'un honnête homme, qui est bien aise de voir sa femme considérée.

GEORGE DANDIN.

Je suis votre valet. Ce n'est pas là mon compte; et les Dandins ne sont point accoutumés à cette mode-là.

ANGÉLIQUE.

Oh! les Dandins s'y accoutumeront s'ils veulent : car, pour moi, je vous déclare que mon dessein n'est pas de renoncer au monde, et de m'enterrer toute vive dans un mari. Comment! parce qu'un homme s'avise de nous épouser, il faut d'abord que toutes choses soient finies pour nous, et que nous rompions tout commerce avec les vivants! C'est une chose merveilleuse que cette tyrannie de messieurs les maris; et je les trouve bons de vouloir qu'on soit morte à tous les divertissements, et qu'on ne vive que pour eux. Je me moque de cela, et ne veux point mourir si jeune.

GEORGE DANDIN.

C'est ainsi que vous satisfaites aux engagements de la foi que vous m'avez donnée publiquement?

ANGÉLIQUE.

Moi? je ne vous l'ai point donnée de bon cœur, et vous

me l'avez arrachée. M'avez-vous, avant le mariage, demandé mon consentement, et si je voulois bien de vous? Vous n'avez consulté, pour cela, que mon père et ma mère; ce sont eux, proprement, qui vous ont épousé, et c'est pourquoi vous ferez bien de vous plaindre toujours à eux des torts que l'on pourra vous faire. Pour moi, qui ne vous ai point dit de vous marier avec moi, et que vous avez prise sans consulter mes sentiments, je prétends n'être point obligée à me soumettre en esclave à vos volontés; et je veux jouir, s'il vous plaît, de quelque nombre de beaux jours que m'offre la jeunesse, prendre les douces libertés que l'âge me permet, voir un peu le beau monde, et goûter le plaisir de m'ouïr dire des douceurs. Préparez-vous-y, pour votre punition; et rendez grâces au ciel de ce que je ne suis pas capable de quelque chose de pis.

GEORGE DANDIN.

Oui! c'est ainsi que vous le prenez. Je suis votre mari, et je vous dis que je n'entends pas cela.

ANGÉLIQUE.

Moi, je suis votre femme, et je vous dis que je l'entends[1].

---

1. Le grand écueil du sujet était le rôle d'Angélique. Si Molière l'eût peinte avec les charmes qu'il se plaît à répandre sur les jeunes personnes qu'il met en scène, on aurait pu le blâmer; mais il suit une route différente : le parterre n'applaudit pas, comme l'avance Rousseau, à l'infidélité et au mensonge. Le moment où Angélique aurait pu paraître intéressante est celui où elle répond à George Dandin, qui lui fait des reproches sur sa conduite, et qui lui rappelle la foi qu'elle lui a jurée : « Moi, je ne vous l'ai pas donnée de bon cœur, vous me l'avez arrachée. M'avez-vous, avant le mariage, demandé mon consentement, et si je voulais bien de vous? » Ici Molière aurait pu s'étendre beaucoup, comme on ne manquerait pas de le faire aujourd'hui (1812). Il aurait pu présenter Angélique comme une victime de la tyrannie de ses parents, justifier sa faiblesse, et montrer que des passions fortes sont une excuse suffisante pour toutes les fautes; mais il se

GEORGE DANDIN, à part.

Il me prend des tentations d'accommoder tout son visage à la compote, et le mettre en état de ne plaire de sa vie aux diseurs de fleurettes. Ah! Allons, George Dandin ; je ne pourrois me retenir, et il vaut mieux quitter la place.

SCÈNE V.

ANGÉLIQUE, CLAUDINE.

CLAUDINE.

J'avois, madame, impatience qu'il s'en allât, pour vous rendre ce mot de la part que vous savez.

ANGÉLIQUE.

Voyons. (Elle lit bas.)

CLAUDINE, à part.

A ce que je puis remarquer, ce qu'on lui dit* ne lui déplaît pas trop.

ANGÉLIQUE.

Ah! Claudine, que ce billet s'explique d'une façon

* Var. *A ce que je puis remarquer, ce qu'on lui écrit* (1672, 1682).

garde bien d'en agir ainsi : Angélique continue gaiement, dit qu'à son âge elle veut s'amuser et vivre dans le monde ; « et rendez grâces au ciel, ajoute-t-elle, de ce que je ne suis pas capable de quelque chose de pis ». Le reste de son rôle est sur le même ton : elle n'intéresse jamais ; et si l'on rit des sottises et des humiliations de George Dandin, on ne peut applaudir aux ruses de sa femme. En effet, ses justifications n'annoncent ni délicatesse ni esprit ; elle profite de la faiblesse de son mari, et de la crédulité de ses parents, pour nier avec impudence des faits avérés : elle ne cherche pas à tromper George Dandin, elle ne veut que l'asservir. Comment donc Rousseau a-t-il pu trouver que le parterre devait applaudir une telle femme? Il n'a pas senti que ce rôle, dont les difficultés paraîtraient insurmontables si le génie de Molière ne les eût pas aplanies, est dans la plus juste mesure, et qu'il offre le premier exemple, au théâtre, d'une femme qui trompe un homme sans avoir le public de son côté. C'est un effort de l'art qui ne nous frappe pas assez parce qu'il paraît rentrer dans la nature du sujet. (PETITOT.

galante! Que, dans tous leurs discours et dans toutes leurs actions, les gens de cour ont un air agréable! Et qu'est-ce que c'est, auprès d'eux, que nos gens de province?

CLAUDINE.

Je crois qu'après les avoir vus, les Dandins ne vous plaisent guère.

ANGÉLIQUE.

Demeure ici : je m'en vais faire la réponse.

CLAUDINE, seule.

Je n'ai pas besoin, que je pense, de lui recommander de la faire agréable. Mais voici...

SCÈNE VI.

CLITANDRE, LUBIN, CLAUDINE.

CLAUDINE.

Vraiment, monsieur, vous avez pris là un habile messager!

CLITANDRE.

Je n'ai pas osé envoyer de mes gens; mais, ma pauvre Claudine, il faut que je te récompense des bons offices que je sais que tu m'as rendus. (Il fouille dans sa poche.)

CLAUDINE.

Hé! monsieur, il n'est pas nécessaire. Non, monsieur, vous n'avez que faire de vous donner cette peine-là; et je vous rends service parce que vous le méritez, et que je me sens au cœur de l'inclination pour vous.

CLITANDRE.

Je te suis obligé. (Il lui donne de l'argent.)

LUBIN, à Claudine.

Puisque nous serons mariés, donne-moi cela, que je le mette avec le mien.

CLAUDINE.

Je te le garde, aussi bien que le baiser.

CLITANDRE, à Claudine.

Dis-moi, as-tu rendu mon billet à ta belle maîtresse?

CLAUDINE.

Oui. Elle est allée y répondre.

CLITANDRE.

Mais, Claudine, n'y a-t-il pas moyen que je la puisse entretenir?

CLAUDINE.

Oui : venez avec moi, je vous ferai parler à elle.

CLITANDRE.

Mais le trouvera-t-elle bon? et n'y a-t-il rien à risquer?

CLAUDINE.

Non, non. Son mari n'est pas au logis; et puis, ce n'est pas lui qu'elle a le plus à ménager, c'est son père et sa mère; et, pourvu qu'ils soient prévenus[1], tout le reste n'est point à craindre.

CLITANDRE.

Je m'abandonne à ta conduite.*

LUBIN, seul.

Testiguenne! que j'aurai là une habile femme! Elle a de l'esprit comme quatre.

---

* Cette phrase est omise dans les éditions de 1672 et de 1682.

1. *Et pourvu qu'ils soient prévenus*, c'est-à-dire pourvu qu'ils aient toujours la même prévention en faveur de leur fille.

SCÈNE VII.

GEORGE DANDIN, LUBIN.

GEORGE DANDIN, bas, à part.

Voici mon homme de tantôt. Plût au ciel qu'il pût se résoudre à vouloir rendre témoignage au père et à la mère de ce qu'ils ne veulent point croire!

LUBIN.

Ah! vous voilà, monsieur le babillard, à qui j'avois tant recommandé de ne point parler, et qui me l'aviez tant promis! Vous êtes donc un causeur, et vous allez redire ce que l'on vous dit en secret?

GEORGE DANDIN.

Moi?

LUBIN.

Oui. Vous avez été tout rapporter au mari, et vous êtes cause qu'il a fait du vacarme. Je suis bien aise de savoir que vous avez de la langue; et cela m'apprendra à ne vous plus rien dire.

GEORGE DANDIN.

Écoute, mon ami.

LUBIN.

Si vous n'aviez point babillé, je vous aurois conté ce qui se passe à cette heure; mais, pour votre punition, vous ne saurez rien du tout.

GEORGE DANDIN.

Comment! qu'est-ce qui se passe?

LUBIN.

Rien, rien. Voilà ce que c'est d'avoir causé; vous n'en tâterez plus, et je vous laisse sur la bonne bouche.

GEORGE DANDIN.

Arrête un peu.

LUBIN.

Point.

GEORGE DANDIN.

Je ne te veux dire qu'un mot.

LUBIN.

Nennin, nennin. Vous avez envie de me tirer les vers du nez.

GEORGE DANDIN.

Non, ce n'est pas cela.

LUBIN.

Eh! quelque sot. Je vous vois venir.

GEORGE DANDIN.

C'est autre chose. Écoute.

LUBIN.

Point d'affaire. Vous voudriez que je vous disse que monsieur le vicomte vient de donner de l'argent à Claudine, et qu'elle l'a mené chez sa maîtresse. Mais je ne suis pas si bête.

GEORGE DANDIN.

De grâce...

LUBIN.

Non.

GEORGE DANDIN.

Je te donnerai...

LUBIN.

Tarare!

SCÈNE VIII.

GEORGE DANDIN.

Je n'ai pu me servir, avec cet innocent, de la pensée que j'avois. Mais le nouvel avis qui lui est échappé feroit la même chose; et, si le galant est chez moi, ce seroit pour avoir raison aux yeux du père et de la mère, et les convaincre pleinement de l'effronterie de leur fille. Le mal de tout ceci, c'est que je ne sais comment faire pour profiter d'un tel avis. Si je rentre chez moi, je ferai évader le drôle; et, quelque chose que je puisse voir moi-même de mon déshonneur, je n'en serai point cru à mon serment, et l'on me dira que je rêve. Si, d'autre part, je vais quérir beau-père et belle-mère, sans être sûr de trouver chez moi le galant, ce sera la même chose, et je retomberai dans l'inconvénient de tantôt. Pourrois-je point m'éclaircir doucement s'il y est encore? (Après avoir regardé par le trou de la serrure.) Ah! ciel! il n'en faut plus douter, et je viens de l'apercevoir par le trou de la porte. Le sort me donne ici de quoi confondre ma partie; et, pour achever l'aventure, il fait venir à point nommé les juges dont j'avois besoin.

SCÈNE IX.

MONSIEUR et MADAME DE SOTENVILLE, GEORGE DANDIN.

GEORGE DANDIN.

Enfin, vous ne m'avez pas voulu croire tantôt, et votre fille l'a emporté sur moi; mais j'ai en main de quoi vous faire voir comme elle m'accommode; et, Dieu merci, mon déshonneur est si clair maintenant que vous n'en pourrez plus douter.

MONSIEUR DE SOTENVILLE.

Comment! mon gendre, vous en êtes encore là-dessus?

GEORGE DANDIN.

Oui, j'y suis; et jamais je n'eus tant de sujet d'y être.

MADAME DE SOTENVILLE.

Vous nous venez encore étourdir la tête ?*

GEORGE DANDIN.

Oui, madame ; et l'on fait bien pis à la mienne.

MONSIEUR DE SOTENVILLE.

Ne vous lassez-vous point de vous rendre importun ?

GEORGE DANDIN.

Non ; mais je me lasse fort d'être pris pour dupe.

MADAME DE SOTENVILLE.

Ne voulez-vous point vous défaire de vos pensées extravagantes ?

GEORGE DANDIN.

Non, madame ; mais je voudrois bien me défaire d'une femme qui me déshonore.

MADAME DE SOTENVILLE.

Jour de Dieu ! notre gendre, apprenez à parler.

MONSIEUR DE SOTENVILLE.

Corbleu ! cherchez des termes moins offensants que ceux-là.

GEORGE DANDIN.

Marchand qui perd ne peut rire.

MADAME DE SOTENVILLE.

Souvenez-vous que vous avez épousé une demoiselle.

GEORGE DANDIN.

Je m'en souviens assez, et ne m'en souviendrai que trop.

MONSIEUR DE SOTENVILLE.

Si vous vous en souvenez, songez donc à parler d'elle avec plus de respect.

GEORGE DANDIN.

Mais que ne songe-t-elle plutôt à me traiter plus hon-

---

* VAR. *Vous nous venez étourdir la tête* (1672, 1682).

nêtement? Quoi! parce qu'elle est demoiselle, il faut qu'elle ait la liberté de me faire ce qui lui plaît, sans que j'ose souffler?

MONSIEUR DE SOTENVILLE.

Qu'avez-vous donc, et que pouvez-vous dire? N'avez-vous pas vu, ce matin, qu'elle s'est défendue de connoître celui dont vous m'étiez venu parler?

GEORGE DANDIN.

Oui. Mais vous, que pourrez-vous dire si je vous fais voir maintenant que le galant est avec elle?

MADAME DE SOTENVILLE.

Avec elle?

GEORGE DANDIN.

Oui, avec elle, et dans ma maison.

MONSIEUR DE SOTENVILLE.

Dans votre maison?

GEORGE DANDIN.

Oui, dans ma propre maison.

MADAME DE SOTENVILLE.

Si cela est, nous serons pour vous contre elle.

MONSIEUR DE SOTENVILLE.

Oui. L'honneur de notre famille nous est plus cher que toute chose; et si vous dites vrai, nous la renoncerons pour notre sang, et l'abandonnerons à votre colère.

GEORGE DANDIN.

Vous n'avez qu'à me suivre.

MADAME DE SOTENVILLE.

Gardez de vous tromper.

MONSIEUR DE SOTENVILLE.

N'allez pas faire comme tantôt.

GEORGE DANDIN.

Mon Dieu! vous allez voir. (Montrant Clitandre, qui sort avec Angélique.) Tenez, ai-je menti?

SCÈNE X.

ANGÉLIQUE, CLITANDRE, CLAUDINE; MONSIEUR DE SOTENVILLE, MADAME DE SOTENVILLE, avec GEORGE DANDIN, dans le fond du théâtre.

ANGÉLIQUE, à Clitandre.

Adieu. J'ai peur qu'on ne vous surprenne ici, et j'ai quelques mesures à garder.

CLITANDRE.

Promettez-moi donc, madame, que je pourrai vous parler cette nuit.

ANGÉLIQUE.

J'y ferai mes efforts.

GEORGE DANDIN, à monsieur et à madame de Sotenville.

Approchons doucement par derrière, et tâchons de n'être point vus.

CLAUDINE, à Angélique.

Ah! madame, tout est perdu. Voilà votre père et votre mère, accompagnés de votre mari.

CLITANDRE.

Ah! ciel!

ANGÉLIQUE, bas, à Clitandre et à Claudine.

Ne faites pas semblant de rien, et me laissez faire tous deux. (Haut, à Clitandre.) Quoi! vous osez en user de la sorte après l'affaire de tantôt? et c'est ainsi que vous dissimulez vos sentiments? On me vient rapporter que vous avez de l'amour pour moi, et que vous faites des desseins de me solliciter; j'en témoigne mon dépit, et m'explique à vous clairement en présence de tout le monde; vous niez hautement la chose, et me donnez parole de n'avoir aucune pensée de m'offenser; et cependant, le même jour, vous prenez la hardiesse de venir chez moi me rendre visite, de me dire que vous m'aimez, et de me faire cent sots contes pour me persuader de répondre à vos extravagances : comme si j'étois femme à violer la foi que j'ai donnée à un mari, et m'éloigner jamais de la vertu que mes parents m'ont enseignée! Si mon père savoit cela, il vous apprendroit bien à tenter de ces entreprises! Mais une honnête femme n'aime point les éclats : je n'ai garde de lui en rien dire, (Elle fait signe à Claudine d'apporter un bâton.) et je veux vous montrer que, toute femme que je suis, j'ai assez de courage pour me venger moi-même des offenses que l'on me fait. L'action que vous avez faite n'est pas d'un gentilhomme, et ce n'est pas en gentilhomme aussi que je veux vous traiter.

(Angélique prend le bâton, et bat son mari au lieu de Clitandre, qui met George Dandin entre deux.)

CLITANDRE, criant comme s'il avoit été frappé.

Ah! ah! ah! ah! ah! doucement. (Il s'enfuit.)

SCÈNE XI.

MONSIEUR et MADAME DE SOTENVILLE, ANGÉLIQUE, GEORGE DANDIN, CLAUDINE.

CLAUDINE.

Fort, madame! frappez comme il faut.

ANGÉLIQUE, faisant semblant de parler à Clitandre.

S'il vous demeure quelque chose sur le cœur, je suis pour vous répondre.

CLAUDINE.

Apprenez à qui vous vous jouez.

ANGÉLIQUE.

Ah! mon père, vous êtes là!

MONSIEUR DE SOTENVILLE.

Oui, ma fille; et je vois qu'en sagesse et en courage tu te montres un digne rejeton de la maison de Sotenville. Viens çà : approche-toi, que je t'embrasse.

MADAME DE SOTENVILLE.

Embrasse-moi aussi, ma fille. Las! je pleure de joie, et reconnois mon sang aux choses que tu viens de faire.

MONSIEUR DE SOTENVILLE.

Mon gendre, que vous devez être ravi! et que cette aventure est pour vous pleine de douceurs! Vous aviez un juste sujet de vous alarmer; mais vos soupçons se trouvent dissipés le plus avantageusement du monde.

MADAME DE SOTENVILLE.

Sans doute, notre gendre, et vous devez* maintenant être le plus content des hommes.

CLAUDINE.

Assurément. Voilà une femme, celle-là! Vous êtes trop heureux de l'avoir, et vous devriez baiser les pas où elle passe.

GEORGE DANDIN, à part.

Euh, traîtresse!

MONSIEUR DE SOTENVILLE.

Qu'est-ce, mon gendre? Que ne remerciez-vous un peu votre femme de l'amitié que vous voyez qu'elle montre pour vous?

ANGÉLIQUE.

Non, non, mon père; il n'est pas nécessaire. Il ne m'a aucune obligation de ce qu'il vient de voir; et tout ce que j'en fais n'est que pour l'amour de moi-même.

MONSIEUR DE SOTENVILLE.

Où allez-vous, ma fille?

---

* Var. *Sans doute, notre gendre, vous devez* (1672, 1682).

ACTE II, SCÈNE XIII. 65

ANGÉLIQUE.

Je me retire, mon père, pour ne me voir point obligée à recevoir ses compliments.

CLAUDINE, à George Dandin.

Elle a raison d'être en colère. C'est une femme qui mérite d'être adorée, et vous ne la traitez pas comme vous devriez.

GEORGE DANDIN, à part.

Scélérate !

SCÈNE XII.

MONSIEUR et MADAME DE SOTENVILLE, GEORGE DANDIN.

MONSIEUR DE SOTENVILLE.

C'est un petit ressentiment de l'affaire de tantôt, et cela se passera avec un peu de caresse que vous lui ferez. Adieu, mon gendre ; vous voilà en état de ne vous plus inquiéter. Allez-vous-en faire la paix ensemble, et tâchez de l'apaiser par des excuses de votre emportement.

MADAME DE SOTENVILLE.

Vous devez considérer que c'est une jeune fille élevée à la vertu,* et qui n'est point accoutumée à se voir soupçonner d'aucune vilaine action. Adieu. Je suis ravie de voir vos désordres finis[1], et des transports de joie que vous doit donner sa conduite.

SCÈNE XIII.

GEORGE DANDIN.

Je ne dis mot, car je ne gagnerois rien à parler ; et

* VAR. *Que c'est une fille élevée à la vertu* (1672, 1682).

1. *Désordres*, dans le sens de troubles, discordes.

IX. 5

jamais* il ne s'est rien vu d'égal à ma disgrâce. Oui, j'admire mon malheur, et la subtile adresse de ma carogne de femme pour se donner toujours raison, et me faire avoir tort. Est-il possible que toujours j'aurai du dessous avec elle! que les apparences toujours tourneront contre moi, et que je ne parviendrai point à convaincre mon effrontée. O ciel! seconde mes desseins, et m'accorde la grâce de faire voir aux gens que l'on me déshonore [1] !

* Var. *A parler, jamais* (1672, 1682).

1. Tous les éléments dont le premier acte est formé se retrouvent exactement dans celui-ci, savoir : les confidences de Lubin, les monologues de George Dandin, l'impudence de Clitandre, d'Angélique et de Claudine, enfin la sotte obstination de M. et de Mme de Sotenville. C'est la même situation qui continue, ce sont les mêmes moyens qui sont mis en jeu; mais la situation devient plus vive et plus forte de scène en scène; mais les moyens, quoique semblables au fond, sont variés dans la forme, avec un art qui les fait paraître nouveaux.

ACTE TROISIÈME.

SCENE PREMIERE.
CLITANDRE, LUBIN.

CLITANDRE.

La nuit est avancée, et j'ai peur qu'il ne soit trop tard. Je ne vois point à me conduire. Lubin !

LUBIN.

Monsieur.

CLITANDRE.

Est-ce par ici?

LUBIN.

Je pense que oui. Morgué ! voilà une sotte nuit, d'être si noire que cela !

CLITANDRE.

Elle a tort, assurément; mais si, d'un côté, elle nous empêche de voir, elle empêche, de l'autre, que nous ne soyons vus.

LUBIN.

Vous avez raison, elle n'a pas tant de tort. Je voudrois bien savoir, monsieur, vous qui êtes savant, pourquoi il ne fait point jour la nuit?

CLITANDRE.

C'est une grande question, et qui est difficile. Tu es curieux, Lubin.

LUBIN.

Oui ; si j'avois étudié, j'aurois été songer à des choses où on n'a jamais songé.

CLITANDRE.

Je le crois. Tu as la mine d'avoir l'esprit subtil et pénétrant.

LUBIN.

Cela est vrai. Tenez, j'explique du latin, quoique jamais je ne l'aie appris ; et voyant l'autre jour écrit sur une grande porte *collegium*, je devinai que cela vouloit dire collège.

CLITANDRE.

Cela est admirable! Tu sais donc lire, Lubin?

LUBIN.

Oui, je sais lire la lettre moulée ; mais je n'ai jamais su apprendre à lire l'écriture.

CLITANDRE.

Nous voici contre la maison. (Après avoir frappé dans ses mains.) C'est le signal que m'a donné Claudine.

LUBIN.

Par ma foi, c'est une fille qui vaut de l'argent; et je l'aime de tout mon cœur.

CLITANDRE.

Aussi t'ai-je amené avec moi pour l'entretenir.

LUBIN.

Monsieur, je vous suis...

CLITANDRE.

Chut! j'entends quelque bruit.

SCÈNE II.

ANGÉLIQUE, CLAUDINE, CLITANDRE, LUBIN.

ANGÉLIQUE.

Claudine?

CLAUDINE.

Hé bien?

ANGÉLIQUE.

Laisse la porte entr'ouverte.

CLAUDINE.

Voilà qui est fait.

(Scène de nuit. Les acteurs se cherchent les uns les autres dans l'obscurité.)

CLITANDRE, à Lubin.

Ce sont elles. St.

ANGÉLIQUE.

St.

LUBIN.

St.

CLAUDINE.

St.

CLITANDRE, à Claudine, qu'il prend pour Angélique.

Madame!

ANGÉLIQUE, à Lubin, qu'elle prend pour Clitandre.

Quoi?

LUBIN, à Angélique, qu'il prend pour Claudine.

Claudine?

CLAUDINE, à Clitandre, qu'elle prend pour Lubin.

Qu'est-ce?

CLITANDRE, à Claudine, croyant parler à Angélique.

Ah! madame, que j'ai de joie!

LUBIN, à Angélique, croyant parler à Claudine.

Claudine! ma pauvre Claudine!

CLAUDINE, à Clitandre.

Doucement, monsieur.

ANGÉLIQUE, à Lubin.

Tout beau, Lubin[1].

CLITANDRE.

Est-ce toi, Claudine?

CLAUDINE.

Oui.

LUBIN.

Est-ce vous, madame?

ANGÉLIQUE.

Oui.

CLAUDINE, à Clitandre.

Vous avez pris l'une pour l'autre.

LUBIN, à Angélique.

Ma foi, la nuit, on n'y voit goutte.

ANGÉLIQUE.

Est-ce pas vous, Clitandre?

CLITANDRE.

Oui, madame.

ANGÉLIQUE.

Mon mari ronfle comme il faut, et j'ai pris ce temps pour nous entretenir ici.

CLITANDRE.

Cherchons quelque lieu pour nous asseoir.

CLAUDINE.

C'est fort bien avisé.

(Angélique, Clitandre et Claudine vont s'asseoir au fond du théâtre, sur un gazon au pied d'un arbre.)

---

1. Cette scène nocturne, où chacun des personnages, trompé par l'obscurité, prend le premier qu'il rencontre pour celui qu'il cherche, est tout à fait dans le goût des canevas italiens.

LUBIN, cherchant Claudine.

Claudine! où est-ce que tu es?

SCÈNE III.

ANGÉLIQUE, CLITANDRE,
CLAUDINE, assis au fond du théâtre; GEORGE DANDIN, à moitié déshabillé; LUBIN.

GEORGE DANDIN, à part.

J'ai entendu descendre ma femme, et je me suis vite habillé pour descendre après elle. Où peut-elle être allée? seroit-elle sortie?

LUBIN. (Il prend George Dandin pour Claudine.)

Où es-tu donc, Claudine? Ah! te voilà. Par ma foi, ton maître est plaisamment attrapé; et je trouve ceci aussi drôle que les coups de bâton de tantôt, dont on m'a fait récit. Ta maîtresse dit qu'il ronfle, à cette heure, comme tous les diantres, et il ne sait pas que monsieur le vicomte et elle sont ensemble pendant qu'il dort. Je voudrois bien savoir quel songe il fait maintenant. Cela est tout à fait risible. De quoi s'avise-t-il aussi, d'être jaloux de sa femme, et de vouloir qu'elle soit à lui tout seul? C'est un impertinent, et monsieur le vicomte lui fait trop d'honneur[1]. Tu ne dis mot, Claudine? Allons, suivons-les; et me donne ta petite menotte, que je la baise. Ah! que cela est doux! Il me semble que je mange des confitures. (Comme il baise la main de Dandin, Dandin la lui pousse rudement au

---

1. La pièce a trois actes, et chaque acte contient une confidence de Lubin à George Dandin; voici la troisième. Celle-ci est faite par méprise; mais, dans les deux premières, Lubin avait poussé l'indiscrétion de la simplicité aussi loin qu'elle pouvait aller; il n'était plus possible d'user du même moyen, et, d'ailleurs, il en fallait trouver un autre pour varier. La scène de nuit le fournissait tout naturellement à Molière.

visage.) Tubleu! comme vous y allez! voilà une petite menotte qui est un peu bien rude.

GEORGE DANDIN.

Qui va là?

LUBIN.

Personne.

GEORGE DANDIN.

Il fuit, et me laisse informé de la nouvelle perfidie de ma coquine. Allons, il faut que, sans tarder, j'envoie appeler son père et sa mère, et que cette aventure me serve à me faire séparer d'elle. Holà! Colin! Colin!

SCÈNE IV.

ANGÉLIQUE, CLITANDRE, CLAUDINE, LUBIN, assis au fond du théâtre, GEORGE DANDIN, COLIN.

COLIN, à la fenêtre.

Monsieur.

GEORGE DANDIN.

Allons, vite ici-bas.

COLIN, en sautant par la fenêtre.

M'y voilà, on ne peut pas plus vite.

GEORGE DANDIN.

Tu es là?

COLIN.

Oui, monsieur.

(Pendant que George Dandin va chercher Colin du côté où il a entendu sa voix, Colin passe de l'autre côté, et s'endort.)

GEORGE DANDIN, se tournant du côté où il croit qu'est Colin.

Doucement. Parle bas. Écoute. Va-t'en chez mon beau-père et ma belle-mère, et dis que je les prie très instamment de venir tout à l'heure ici. Entends-tu? Hé? Colin! Colin!

ACTE III, SCÈNE IV.

COLIN, de l'autre côté, se réveillant.

Monsieur.

GEORGE DANDIN.

Où diable es-tu?

COLIN.

Ici.

GEORGE DANDIN.

Peste soit du maroufle, qui s'éloigne de moi! (Pendant que George Dandin retourne du côté où il croit que Colin est resté, Colin, à moitié endormi, passe de l'autre côté, et se rendort[1].) Je te dis que tu ailles de ce pas trouver mon beau-père et ma belle-mère, et leur dire que je les conjure de se rendre ici tout à l'heure. M'entends-tu bien? Réponds. Colin! Colin!

COLIN, de l'autre côté, se réveillant.

Monsieur.

GEORGE DANDIN.

Voilà un pendard qui me fera enrager. Viens-t'en à moi. (Ils se cognent, et tombent tous deux.) Ah! le traître! il m'a estropié! Où est-ce que tu es? Approche, que je te donne mille coups. Je pense qu'il me fuit.

COLIN.

Assurément.

GEORGE DANDIN.

Veux-tu venir?

COLIN.

Nenni, ma foi.

GEORGE DANDIN.

Viens, te dis-je.

COLIN.

Point. Vous me voulez battre.

---

1. Encore un jeu de théâtre à l'italienne.

GEORGE DANDIN.

GEORGE DANDIN.
Hé bien! non, je ne te ferai rien.
COLIN.
Assurément?
GEORGE DANDIN.
Oui. Approche. (A Colin, qu'il tient par le bras.) Bon. Tu es bien heureux de ce que j'ai besoin de toi. Va-t'en vite, de ma part, prier mon beau-père et ma belle-mère de se rendre ici le plus tôt qu'ils pourront, et leur dis que c'est pour une affaire de la dernière conséquence; et, s'ils faisoient quelque difficulté, à cause de l'heure, ne manque pas de les presser, et de leur bien faire entendre qu'il est très important qu'ils viennent, en quelque état qu'ils soient. Tu m'entends bien maintenant?
COLIN.
Oui, monsieur.
GEORGE DANDIN.
Va vite, et reviens de même. (Se croyant seul.) Et moi, je vais rentrer dans ma maison, attendant que... Mais j'entends quelqu'un. Ne seroit-ce point ma femme? Il faut que j'écoute, et me serve de l'obscurité qu'il fait.
(George Dandin se range près de la porte de sa maison.)

SCÈNE V.

ANGÉLIQUE, CLITANDRE, CLAUDINE, LUBIN, GEORGE DANDIN.

ANGÉLIQUE, à Clitandre.
Adieu. Il est temps de se retirer.
CLITANDRE.
Quoi! si tôt?

ACTE III, SCÈNE V.

ANGÉLIQUE.

Nous nous sommes assez entretenus.

CLITANDRE.

Ah! madame, puis-je assez vous entretenir, et trouver, en si peu de temps, toutes les paroles dont j'ai besoin? Il me faudroit des journées entières pour me bien expliquer à vous de tout ce que je sens; et je ne vous ai pas dit encore la moindre partie de ce que j'ai à vous dire.

ANGÉLIQUE.

Nous en écouterons une autre fois davantage.

CLITANDRE.

Hélas! de quel coup me percez-vous l'âme, lorsque vous parlez de vous retirer; et avec combien de chagrin m'allez-vous laisser maintenant!

ANGÉLIQUE.

Nous trouverons moyen de nous revoir.

CLITANDRE.

Oui. Mais je songe qu'en me quittant, vous allez trouver un mari. Cette pensée m'assassine, et les privilèges qu'ont les maris sont des choses cruelles pour un amant qui aime bien.

ANGÉLIQUE.

Serez-vous assez foible[1] pour avoir cette inquiétude, et pensez-vous qu'on soit capable d'aimer de certains maris qu'il y a? On les prend parce qu'on ne s'en peut défendre, et que l'on dépend de parents qui n'ont des yeux que pour le bien; mais on sait leur rendre justice, et l'on se moque fort de les considérer au delà de ce qu'ils méritent.

1. Il y a *fort* dans l'édition originale. *Foible* est donné par les textes de 1672, 1682. C'est évidemment une correction. Mais *fou* aurait peut-être été préférable.

GEORGE DANDIN, à part.

Voilà nos carognes de femmes !

CLITANDRE.

Ah ! qu'il faut avouer que celui qu'on vous a donné étoit peu digne de l'honneur qu'il a reçu ; et que c'est une étrange chose que l'assemblage qu'on a fait d'une personne comme vous avec un homme comme lui !

GEORGE DANDIN, à part.

Pauvres maris ! voilà comme on vous traite.

CLITANDRE.

Vous méritez, sans doute, une tout autre destinée ; et le ciel ne vous a point faite pour être la femme d'un paysan.

GEORGE DANDIN.

Plût au ciel fût-elle la tienne ! tu changerois bien de langage ! Rentrons ; c'en est assez.

(George Dandin rentre et ferme la porte en dedans.)

SCÈNE VI.

ANGÉLIQUE, CLITANDRE, CLAUDINE, LUBIN.

CLAUDINE.

Madame, si vous avez à dire du mal de votre mari, dépêchez vite, car il est tard.

CLITANDRE.

Ah ! Claudine, que tu es cruelle !

ANGÉLIQUE, à Clitandre.

Elle a raison. Séparons-nous.

CLITANDRE.

Il faut donc s'y résoudre, puisque vous le voulez. Mais, au moins, je vous conjure de me plaindre un peu des méchants moments que je vais passer.

ANGÉLIQUE.

Adieu.

LUBIN.

Où es-tu, Claudine, que je te donne le bonsoir?

CLAUDINE.

Va, va, je le reçois de loin, et je t'en renvoie autant.

SCÈNE VII.

ANGÉLIQUE, CLAUDINE.

ANGÉLIQUE.

Rentrons sans faire de bruit.

CLAUDINE.

La porte s'est fermée.

ANGÉLIQUE.

J'ai le passe-partout.

CLAUDINE.

Ouvrez donc doucement.

ANGÉLIQUE.

On a fermé en dedans, et je ne sais comment nous ferons.

CLAUDINE.

Appelez le garçon qui couche là.

ANGÉLIQUE.

Colin! Colin! Colin!

SCÈNE VIII.

GEORGE DANDIN, ANGÉLIQUE, CLAUDINE.

GEORGE DANDIN, mettant la tête à la fenêtre.

Colin! Colin! Ah! je vous y prends donc, madame ma femme, et vous faites des escampativos[1] pendant que je

---

1. *Escampativos*, expression burlesque, qui, comme celle d'*escampette*,

dors! Je suis bien aise de cela, et de vous voir dehors à l'heure qu'il est.

ANGÉLIQUE.

Hé bien! quel grand mal est-ce qu'il y a à prendre le frais de la nuit?

GEORGE DANDIN.

Oui, oui. L'heure est bonne à prendre le frais. C'est bien plutôt le chaud, madame la coquine; et nous savons toute l'intrigue du rendez-vous et du damoiseau. Nous avons entendu votre galant entretien, et les beaux vers à ma louange que vous avez dits l'un et l'autre. Mais ma consolation, c'est que je vais être vengé, et que votre père et votre mère seront convaincus maintenant de la justice de mes plaintes, et du dérèglement de votre conduite. Je les ai envoyé querir, et ils vont être ici dans un moment.

ANGÉLIQUE, à part.

Ah! ciel!

CLAUDINE.

Madame!

GEORGE DANDIN.

Voilà un coup, sans doute, où vous ne vous attendiez pas. C'est maintenant que je triomphe, et j'ai de quoi mettre à bas votre orgueil, et détruire vos artifices. Jusques ici vous avez joué mes accusations, ébloui vos parents, et plâtré vos malversations. J'ai eu beau voir et beau dire; et votre adresse toujours l'a emporté sur mon bon droit,* et toujours vous avez trouvé moyen d'avoir

---

* VAR. *J'ai eu beau voir et beau dire : votre adresse toujours l'a emporté sur mon bon droit* (1672, 1682).

vient du vieux verbe *escamper*, qui signifie s'échapper, s'évader, prendre la clef des champs. Les Italiens disent de même *scampare*, et les Espagnols *escampare*.

raison. Mais à cette fois, Dieu merci, les choses vont être éclaircies, et votre effronterie sera pleinement confondue.

ANGÉLIQUE.

Hé! je vous prie, faites-moi ouvrir la porte.

GEORGE DANDIN.

Non, non : il faut attendre la venue de ceux que j'ai mandés, et je veux qu'ils vous trouvent dehors à la belle heure qu'il est. En attendant qu'ils viennent, songez, si vous voulez, à chercher dans votre tête quelque nouveau détour pour vous tirer de cette affaire; à inventer quelque moyen de rhabiller votre escapade; à trouver quelque belle ruse pour éluder ici les gens et paroître innocente, quelque prétexte spécieux de pèlerinage nocturne, ou d'amie en travail d'enfant que vous veniez de secourir.

ANGÉLIQUE.

Non. Mon intention n'est pas de vous rien déguiser. Je ne prétends point me défendre, ni vous nier les choses, puisque vous les savez.

GEORGE DANDIN.

C'est que vous voyez bien que tous les moyens vous en sont fermés, et que, dans cette affaire, vous ne sauriez inventer d'excuse qu'il ne me soit facile de convaincre de fausseté.

ANGÉLIQUE.

Oui, je confesse que j'ai tort, et que vous avez sujet de vous plaindre. Mais je vous demande, par grâce, de ne m'exposer point maintenant à la mauvaise humeur de mes parents, et de me faire promptement ouvrir.

GEORGE DANDIN.

Je vous baise les mains.

ANGÉLIQUE.

Hé! mon pauvre petit mari! Je vous en conjure!

GEORGE DANDIN.

Ah! mon pauvre petit mari! Je suis votre petit mari maintenant, parce que vous vous sentez prise. Je suis bien aise de cela : et vous ne vous étiez jamais avisée de me dire de ces douceurs.*

ANGÉLIQUE.

Tenez, je vous promets de ne vous plus donner aucun sujet de déplaisir, et de me...

GEORGE DANDIN.

Tout cela n'est rien. Je ne veux point perdre cette aventure; et il m'importe qu'on soit une fois éclairci à fond de vos déportements.

ANGÉLIQUE.

De grâce, laissez-moi vous dire. Je vous demande un moment d'audience.

GEORGE DANDIN.

Hé bien! quoi?

ANGÉLIQUE.

Il est vrai que j'ai failli, je vous l'avoue encore une fois, et que votre ressentiment est juste;** que j'ai pris le temps de sortir pendant que vous dormiez; et que cette sortie est un rendez-vous que j'avois donné à la personne que vous dites. Mais enfin ce sont des actions que vous devez pardonner à mon âge, des emportements de jeune personne qui n'a encore rien vu, et ne fait que d'entrer au monde[1]; des libertés où l'on s'abandonne, sans y penser de mal, et qui sans doute, dans le fond, n'ont rien de...

---

* VAR. *De me dire ces douceurs* (1672, 1682).

** VAR. *Je vous l'avoue encore une fois; que votre ressentiment est juste;* (1672, 1682).

1. Dans le sens de commencer à vivre, à figurer dans le monde.

ACTE III, SCÈNE VIII.

GEORGE DANDIN.

Oui : vous le dites, et ce sont de ces choses qui ont besoin qu'on les croie pieusement.

ANGÉLIQUE.

Je ne veux point m'excuser, par là, d'être coupable envers vous, et je vous prie seulement d'oublier une offense dont je vous demande pardon de tout mon cœur, et de m'épargner, en cette rencontre, le déplaisir que me pourroient causer les reproches fâcheux de mon père et de ma mère. Si vous m'accordez généreusement la grâce que je vous demande, ce procédé obligeant, cette bonté que vous me ferez voir, me gagnera entièrement ; elle touchera tout à fait mon cœur, et y fera naître pour vous ce que tout le pouvoir de mes parents et les liens du mariage n'avoient pu y jeter. En un mot, elle sera cause que je renoncerai à toutes les galanteries, et n'aurai de l'attachement que pour vous. Oui, je vous donne ma parole que vous m'allez voir désormais la meilleure femme du monde, et que je vous témoignerai tant d'amitié, tant d'amitié, que vous en serez satisfait.

GEORGE DANDIN.

Ah! crocodile, qui flatte les gens pour les étrangler[1]!

ANGÉLIQUE.

Accordez-moi cette faveur.

GEORGE DANDIN.

Point d'affaires. Je suis inexorable.

ANGÉLIQUE.

Montrez-vous généreux.

GEORGE DANDIN.

Non.

---

1. Comparez *la Jalousie du Barbouillé,* tome II, page XIII.

ANGÉLIQUE.

De grâce!

GEORGE DANDIN.

Point.

ANGÉLIQUE.

Je vous en conjure de tout mon cœur.

GEORGE DANDIN.

Non, non, non. Je veux qu'on soit détrompé de vous, et que votre confusion éclate.

ANGÉLIQUE.

Hé bien! si vous me réduisez au désespoir, je vous avertis qu'une femme, en cet état, est capable de tout, et que je ferai quelque chose ici dont vous vous repentirez.

GEORGE DANDIN.

Et que ferez-vous, s'il vous plaît?

ANGÉLIQUE.

Mon cœur se portera jusqu'aux extrêmes résolutions; et, de ce couteau que voici, je me tuerai sur la place.

GEORGE DANDIN.

Ah! ah! A la bonne heure.

ANGÉLIQUE.

Pas tant à la bonne heure pour vous que vous vous imaginez. On sait de tous côtés nos différends, et les chagrins perpétuels que vous concevez contre moi. Lorsqu'on me trouvera morte, il n'y aura personne qui mette en doute que ce ne soit vous qui m'aurez tuée; et mes parents ne sont pas gens, assurément, à laisser cette mort impunie, et ils en feront, sur votre personne, toute la punition que leur pourront offrir et les poursuites de la justice et la chaleur de leur ressentiment. C'est par là que je trouverai moyen de me venger de vous; et je ne suis pas la première qui ait su recourir à de pareilles vengeances ; qui n'ait pas fait difficulté de se donner la mort, pour perdre ceux qui ont la cruauté de nous pousser à la dernière extrémité.

GEORGE DANDIN.

Je suis votre valet. On ne s'avise plus de se tuer soi-même, et la mode en est passée il y a longtemps.

ANGÉLIQUE.

C'est une chose dont vous pouvez vous tenir sûr ; et, si vous persistez dans votre refus, si vous ne me faites ouvrir, je vous jure que, tout à l'heure, je vais vous faire voir jusques où peut aller la résolution d'une personne qu'on met au désespoir.

GEORGE DANDIN.

Bagatelles, bagatelles! C'est pour me faire peur.

ANGÉLIQUE.

Hé bien! puisqu'il le faut, voici qui nous contentera tous deux, et montrera si je me moque. (Après avoir fait semblant de se tuer.) Ah! c'en est fait. Fasse le ciel que ma mort soit vengée comme je le souhaite, et que celui qui en est cause* reçoive un juste châtiment de la dureté qu'il a eue pour moi[1] !

* Var. Qui en est la cause (1672, 1682).

1. Dans les anciens contes. la femme faisait semblant de se précipiter dans un puits, et y jetait une grosse pierre dont le bruit épouvantait le mari ; ainsi dans le *Roman de Dolopathos* :

> Leiz la fenestre un puis avoit.
> La dame une grant roche voit ;
> A dous mains l'ait en haut levée,
> Et puis ait la roche gittée.
> Li sires oït plainnement
> La noisse et le tantissement,
> Quant la pierre chait el puis.
> Del lit saillit, si ovrit l'uis.

a Non loin de la fenêtre il y avait un puits. La dame aperçoit un morceau

GEORGE DANDIN.

Ouais ! seroit-elle bien si malicieuse que de s'être tuée pour me faire pendre ? Prenons un bout de chandelle pour aller voir.

SCENE IX.

ANGÉLIQUE, CLAUDINE.

ANGÉLIQUE, à Claudine.

St. Paix. Rangeons-nous chacune immédiatement contre un des côtés de la porte.

SCÈNE X.

ANGÉLIQUE ET CLAUDINE. (Elles entrent dans la maison au moment que George Dandin en sort, et aussitôt elles ferment la porte en dedans.)
GEORGE DANDIN. (Il sort avec un bout de chandelle, sans les apercevoir.)

GEORGE DANDIN.

La méchanceté d'une femme iroit-elle bien jusque-là ? (Seul, après avoir regardé partout.) Il n'y a personne ! Hé ! je m'en étois bien douté ; et la pendarde s'est retirée, voyant qu'elle ne gagnoit rien après moi, ni par prières, ni par menaces. Tant mieux ! cela rendra ses affaires encore plus mauvaises ; et le père et la mère, qui vont venir, en verront mieux son crime. (Après avoir été à la porte de sa maison, pour rentrer.) Ah ! ah ! la porte s'est fermée. Holà ! ho ! quelqu'un ! qu'on m'ouvre promptement !

---

de rocher ; elle le soulève à deux mains et l'y précipite. Le seigneur entendit le bruit retentissant que fit la pierre en tombant dans l'eau. Il sauta hors de son lit et ouvrit la porte. » Déjà, dans *la Jalousie du Barbouillé*, le poignard se trouve substitué à l'eau. Quelques commentateurs ont regretté que Molière n'ait pas employé l'ancien moyen, qu'ils jugeaient plus favorable à l'illusion.

SCÈNE XI.

ANGÉLIQUE et CLAUDINE, à la fenêtre; GEORGE DANDIN.

ANGÉLIQUE.

Comment! c'est toi? D'où viens-tu, bon pendard? Est-il l'heure de revenir chez soi, quand le jour est près de paroître? et cette manière de vie est-elle celle que doit suivre un honnête mari?

CLAUDINE.

Cela est-il beau d'aller ivrogner toute la nuit, et de laisser ainsi toute seule une pauvre jeune femme dans la maison?

GEORGE DANDIN.

Comment! vous avez...

ANGÉLIQUE.

Va, va, traître, je suis lasse de tes déportements; et je m'en veux plaindre, sans plus tarder, à mon père et à ma mère.

GEORGE DANDIN.

Quoi! c'est ainsi que vous osez...

SCÈNE XII.

MONSIEUR DE SOTENVILLE,
MADAME DE SOTENVILLE; COLIN; ANGÉLIQUE
et CLAUDINE, à la fenêtre; GEORGE DANDIN.
(Monsieur et madame de Sotenville sont en des habits de nuit,
et conduits par Colin, qui porte une lanterne.)

ANGÉLIQUE, à monsieur et à madame de Sotenville.

Approchez, de grâce, et venez me faire raison de l'insolence la plus grande du monde, d'un mari à qui le vin et la jalousie ont troublé de telle sorte la cervelle qu'il ne sait plus ni ce qu'il dit, ni ce qu'il fait, et vous a lui-même envoyé querir pour vous faire témoins de l'extravagance la plus étrange dont on ait jamais ouï parler. Le voilà qui revient, comme vous voyez, après s'être fait attendre toute la nuit; et, si vous voulez l'écouter, il vous dira qu'il a les plus grandes plaintes du monde à vous faire de moi; que, durant qu'il dormoit, je me suis dérobée d'auprès de lui pour m'en aller courir, et cent autres contes de même nature qu'il est allé rêver.

GEORGE DANDIN, à part.

Voilà une méchante carogne !

CLAUDINE.

Oui, il nous a voulu faire accroire qu'il étoit dans la maison, et que nous en étions dehors; et c'est une folie qu'il n'y a pas moyen de lui ôter de la tête.

MONSIEUR DE SOTENVILLE.

Comment? Qu'est-ce à dire cela?

MADAME DE SOTENVILLE.

Voilà une furieuse impudence, que de nous envoyer querir !

GEORGE DANDIN.

Jamais...

ANGÉLIQUE.

Non, mon père, je ne puis plus souffrir un mari de la sorte. Ma patience est poussée à bout; et il vient de me dire cent paroles injurieuses.

MONSIEUR DE SOTENVILLE, à George Dandin.

Corbleu ! vous êtes un malhonnête homme.

CLAUDINE.

C'est une conscience de voir une pauvre jeune femme traitée de la façon; et cela crie vengeance au ciel.

GEORGE DANDIN.
Peut-on...?
MONSIEUR DE SOTENVILLE.
Allez, vous devriez mourir de honte.
GEORGE DANDIN.
Laissez-moi vous dire deux mots.
ANGÉLIQUE.
Vous n'avez qu'à l'écouter : il va vous en conter de belles !
GEORGE DANDIN, à part.
Je désespère.
CLAUDINE.
Il a tant bu que je ne pense pas qu'on puisse durer contre lui; et l'odeur du vin qu'il souffle est montée jusqu'à nous.
GEORGE DANDIN.
Monsieur mon beau-père, je vous conjure...
MONSIEUR DE SOTENVILLE.
Retirez-vous : vous puez le vin à pleine bouche[1].
GEORGE DANDIN.
Madame, je vous prie...
MADAME DE SOTENVILLE.
Fi ! ne m'approchez pas : votre haleine est empestée.
GEORGE DANDIN, à monsieur de Sotenville.
Souffrez que je vous...
MONSIEUR DE SOTENVILLE.
Retirez-vous, vous dis-je, on ne peut vous souffrir.

---

1. Chamfort, dans son *Éloge de La Fontaine*, fait, à propos de ce trait, un rapprochement ingénieux et juste entre le premier des comiques et le premier des fabulistes. « Qui peint le mieux, dit-il, les effets de la prévention, ou M. de Sotenville repoussant un homme à jeun, et lui disant : « Retirez-vous, vous puez le vin; » ou l'ours qui, s'écartant d'un corps qu'il prend pour un cadavre, se dit à lui-même : « Otons-nous, car il sent. »

GEORGE DANDIN, à madame de Sotenville.

Permettez, de grâce, que...

MADAME DE SOTENVILLE.

Pouah! vous m'engloutissez le cœur. Parlez de loin, si vous voulez.

GEORGE DANDIN.

Hé bien! oui, je parle de loin. Je vous jure que je n'ai bougé de chez moi, et que c'est elle qui est sortie.

ANGÉLIQUE.

Ne voilà pas ce que je vous ai dit?

CLAUDINE.

Vous voyez quelle apparence il y a.

MONSIEUR DE SOTENVILLE, à George Dandin.

Allez, vous vous moquez des gens. Descendez, ma fille, et venez ici.

SCÈNE XIII.

MONSIEUR et MADAME DE SOTENVILLE, GEORGE DANDIN, COLIN.

GEORGE DANDIN.

J'atteste le ciel que j'étois dans la maison, et que...

MONSIEUR DE SOTENVILLE.

Taisez-vous : c'est une extravagance qui n'est pas supportable.

GEORGE DANDIN.

Que la foudre m'écrase tout à l'heure, si...

MONSIEUR DE SOTENVILLE.

Ne nous rompez pas davantage la tête, et songez à demander pardon à votre femme.

GEORGE DANDIN.

Moi! demander pardon?

MONSIEUR DE SOTENVILLE.
Oui, pardon, et sur-le-champ.
GEORGE DANDIN.
Quoi ! je...
MONSIEUR DE SOTENVILLE.
Corbleu ! si vous me répliquez, je vous apprendrai ce que c'est que de vous jouer à nous.
GEORGE DANDIN.
Ah ! George Dandin !

SCÈNE XIV.

MONSIEUR et MADAME DE SOTENVILLE, ANGÉLIQUE, GEORGE DANDIN, CLAUDINE, COLIN.

MONSIEUR DE SOTENVILLE.
Allons, venez, ma fille, que votre mari vous demande pardon.
ANGÉLIQUE.
Moi ! lui pardonner tout ce qu'il m'a dit ! Non, non, mon père, il m'est impossible de m'y résoudre ; et je vous prie de me séparer d'un mari avec lequel je ne saurois plus vivre.
CLAUDINE.
Le moyen d'y résister ?
MONSIEUR DE SOTENVILLE.
Ma fille, de semblables séparations ne se font point sans grand scandale ; et vous devez vous montrer plus sage que lui, et patienter encore cette fois.
ANGÉLIQUE.
Comment patienter, après de telles indignités ? Non, mon père, c'est une chose où je ne puis consentir.

MONSIEUR DE SOTENVILLE.

Il le faut, ma fille, et c'est moi qui vous le commande.

ANGÉLIQUE.

Ce mot me ferme la bouche; et vous avez sur moi une puissance absolue.

CLAUDINE.

Quelle douceur !

ANGÉLIQUE.

Il est fâcheux d'être contrainte d'oublier de telles injures; mais, quelque violence que je me fasse, c'est à moi de vous obéir.

CLAUDINE.

Pauvre mouton !

MONSIEUR DE SOTENVILLE, à Angélique.

Approchez.

ANGÉLIQUE.

Tout ce que vous me faites faire ne servira de rien; et vous verrez que ce sera dès demain à recommencer.

MONSIEUR DE SOTENVILLE.

Nous y donnerons ordre. (A George Dandin.) Allons, mettez-vous à genoux.

GEORGE DANDIN.

A genoux ?

MONSIEUR DE SOTENVILLE.

Oui, à genoux, et sans tarder.

GEORGE DANDIN. (Il se met à genoux, sa chandelle à la main.*)

(A part.) O ciel ! (A monsieur de Sotenville.) Que faut-il dire ?

MONSIEUR DE SOTENVILLE.

Madame, je vous prie de me pardonner...

---

* « Sa chandelle à la main » ne se trouve que dans les éditions de 1672 et de 1682. Dans cette dernière, il y a, en tête de la pièce, une gravure où cette situation est représentée.

GEORGE DANDIN.

Madame, je vous prie de me pardonner...

MONSIEUR DE SOTENVILLE.

L'extravagance que j'ai faite...

GEORGE DANDIN.

L'extravagance que j'ai faite... (A part.) de vous épouser.

MONSIEUR DE SOTENVILLE.

Et je vous promets de mieux vivre à l'avenir.

GEORGE DANDIN.

Et je vous promets de mieux vivre à l'avenir [1].

MONSIEUR DE SOTENVILLE, à George Dandin.

Prenez-y garde, et sachez que c'est ici la dernière de vos impertinences que nous souffrirons.

MADAME DE SOTENVILLE.

Jour de Dieu! si vous y retournez, on vous apprendra le respect que vous devez à votre femme, et à ceux de qui elle sort.

MONSIEUR DE SOTENVILLE.

Voilà le jour qui va paroître. Adieu. (A George Dandin.) Rentrez chez vous, et songez bien à être sage. (A madame de Sotenville.) Et nous, mamour, allons nous mettre au lit.

SCÈNE XV.

GEORGE DANDIN, seul.

Ah! je le quitte maintenant, et je n'y vois plus de remède. Lorsqu'on a, comme moi, épousé une méchante

---

1. Ceci est une véritable *amende honorable*, toute semblable à celle que les tribunaux infligeaient autrefois. George Dandin est presque *en chemise*, car ses soupçons jaloux l'ont éveillé au fort de son sommeil, et il est sorti sans prendre le temps de s'habiller; la chandelle qu'il tient à la main figure très bien *la torche au poing;* et, enfin, on exige qu'il demande pardon *à genoux*. Il n'y manque absolument que *la corde au cou*.

femme, le meilleur parti qu'on puisse prendre, c'est de s'aller jeter dans l'eau, la tête la première [1].

1. Au dénoûment, le vice représenté par Angélique quitte la partie impuni et triomphant, tandis que la sottise représentée par George Dandin est seule châtiée. Il est vrai; mais une œuvre d'art n'embrasse pas le monde entier : on ne saurait tout dire à la fois. Elle prend un moment dans la vie, une scène dans la grande comédie du monde, et le poète laisse au lecteur le soin de les rattacher au grand tout dont il les a détachés. *George Dandin* est un petit tableau de genre, qui ne fixe notre attention que sur une scène d'intérieur. Qu'est-ce que nous apprend cette scène? Rien, sinon que la sotte vanité qui porte les hommes à sortir de la condition où Dieu les a placés est, pour eux, une source de déboires sans fin. La piteuse mine de George Dandin renferme toute l'instruction morale de l'œuvre, et cette instruction est sans doute utile et juste. Que le poète ait concentré notre attention sur ce point, c'était son droit; que les autres personnages servant à dessiner la situation comique et fâcheuse où se trouve George Dandin, valant surtout par rapport à lui, ne soient pas châtiés au dénoûment, peu importe. Ce n'étaient pas eux que Molière se proposait d'attaquer. Les leçons que *George Dandin* nous donne ne dépassent pas les limites de l'œuvre; mais elles suffisent pour bien faire juger et redouter les travers qui ont quelques rapports avec celui dont le poète nous a présenté une image saisissante. Qu'est-ce que le moraliste peut demander de plus? (E. Rambert.)

LE

GRAND DIVERTISSEMENT ROYAL

DE VERSAILLES[1]

1668

---

1. Chez Robert Ballard, à l'enseigne du Mont Parnasse, in-4º.
Nous nous étions borné à citer ce document dans notre première édition, tome V, page 135. Nous le reproduisons dans celle-ci.

LE
GRAND DIVERTISSEMENT ROYAL
DE VERSAILLES

SUJET DE LA COMÉDIE QUI SE DOIT FAIRE
A LA GRANDE FÊTE DE VERSAILLES.

Du prince des François rien ne borne la gloire ;
A tout elle s'étend, et chez les nations
    Les vérités de son histoire
Vont passer des vieux temps toutes les fictions.
On aura beau chanter les restes magnifiques
    De tous ces destins héroïques
Qu'un bel art prit plaisir d'élever jusqu'aux cieux :
On en voit par ses faits la splendeur effacée,
    Et tous ces fameux demi-dieux
    Dont fait bruit l'histoire passée
    Ne sont point à notre pensée
    Ce que Louis est à nos yeux.

Pour passer du langage des dieux au langage des hommes, le Roi est un grand roi en tout, et nous ne voyons point que sa gloire soit retranchée à quelques qualités hors desquelles il tombe dans le commun des hommes. Tout se soutient d'égale force en lui; il n'y a point d'endroit par où il lui soit désavantageux d'être regardé, et de quelque vue que vous le preniez, même grandeur, même éclat se rencontre ; c'est un roi de tous les côtés : nul emploi ne l'abaisse, aucune action ne le défigure, il est toujours lui-même, et partout on le reconnoît. Il y a du héros dans toutes les choses qu'il fait ; et jusques aux affaires de plaisir, il y fait éclater une grandeur qui passe tout ce qui a été vu jusques ici.

Cette nouvelle fête de Versailles le montre pleinement : ce

sont des prodiges et des miracles aussi bien que le reste de ses actions; et si vous avez vu sur nos frontières les provinces conquises en une semaine d'hiver, et les puissantes villes forcées en faisant chemin, on voit ici sortir, en moins de rien, du milieu des jardins, les superbes palais et les magnifiques théâtres, de tous côtés enrichis d'or et de grandes statues, que la verdure égaye, et que cent jets d'eau rafraîchissent. On ne peut rien imaginer de plus pompeux ni de plus surprenant; et l'on diroit que ce digne monarque a voulu faire voir ici qu'il sait maîtriser pleinement l'ardeur de son courage, prenant soin de parer de toutes ces magnificences les beaux jours d'une paix où son grand cœur a résisté, et à laquelle il ne s'est relâché que par les prières de ses sujets.

Je n'entreprends point de vous écrire le détail de toutes ces merveilles : un de nos beaux esprits est chargé d'en faire le récit, et je m'arrête à la comédie dont, par avance, vous me demandez des nouvelles.

C'est Molière qui l'a faite. Comme je suis fort de ses amis, je trouve à propos de ne vous en dire ni bien ni mal, et vous en jugerez quand vous l'aurez vue : je dirai seulement qu'il seroit à souhaiter pour lui que chacun eût les yeux qu'il faut pour tous les impromptus de comédie, et que l'honneur d'obéir promptement au Roi pût faire dans les esprits des auditeurs une partie du mérite de ces sortes d'ouvrages.

Le sujet est un paysan qui s'est marié à la fille d'un gentilhomme, et qui, dans tout le cours de la comédie, se trouve puni de son ambition. Puisque vous la devez voir, je me garderai, pour l'amour de vous, de toucher au détail, et je ne veux point lui ôter la grâce de la nouveauté, et à vous le plaisir de la surprise; mais comme ce sujet est mêlé avec une espèce de comédie en musique et ballet, il est bon de vous expliquer l'ordre de tout cela, et de vous dire les vers qui se chantent.

Notre nation n'est guère faite à la comédie en musique, et je ne puis pas répondre comme cette nouveauté-ci réussira. Il ne faut rien souvent pour effaroucher les esprits des François : un petit mot tourné en ridicule, une syllabe qui, avec un air un peu rude, s'approchera d'une oreille délicate, un geste d'un musicien qui n'aura pas peut-être encore au théâtre la liberté qu'il faudroit, une perruque tant soit peu de côté, un ruban qui pendra, la moindre chose est capable de gâter toute une affaire ; mais enfin il est assuré, au sentiment des connoisseurs qui ont vu la répétition, que Lulli n'a jamais rien fait de plus beau, soit pour la musique, soit pour les danses, et que tout y brille d'invention. En vérité, c'est un admirable homme, et le Roi pourroit perdre beaucoup de gens considérables qui ne lui seroient pas si malaisés à remplacer que celui-là.

Toute l'affaire se passe dans une grande fête champêtre.

L'ouverture en est faite par quatre illustres bergers, déguisés en valets de fêtes[1], lesquels, accompagnés de quatre autres bergers qui jouent de la flûte[2], font une danse qui interrompt les rêveries du paysan marié, et l'oblige à se retirer après quelque contrainte.

Climène et Chloris[3], deux bergères amies, s'avisent, au son des flûtes, de chanter cette

CHANSONNETTE[4] :

L'autre jour d'Annette
J'entendis la voix,
Qui sur la musette
Chantoit dans nos bois :
« Amour, que sous ton empire
On souffre de maux cuisants!

---

1. Beauchamp, Saint-André, La Pierre, Favier.
2. Descouteaux, Philbert, Jean et Martin Hottere.
3. Mlle Hilaire, Des Fronteaux. (*Notes de l'édition originale.*)
4. Tous les vers de ces entrées de ballet ont été composés par Molière. C'est ce que Robinet a soin de nous marquer spécialement :

D'ailleurs de ces airs bien chantés,
Dont les sens étoient enchantés,
Molière avoit fait les paroles,
Qui valoient beaucoup de pistoles,
Car en un mot, jusqu'en ce jour,
Soit pour Bacchus, soit pour l'Amour,
On n'en avoit point fait de telles,
C'est comme dité d'aussi belles.

Je le puis bien dire,
Puisque je le sens. »
La jeune Lisette,
Au même moment,
Sur le ton d'Annette,
Reprit tendrement :
« Amour, si sous ton empire
Je souffre des maux cuisants,
C'est de n'oser dire
Tout ce que je sens. »

Tircis et Philène[1], amants de ces deux bergères, les abordent pour leur parler de leur passion, et font avec elles une

SCÈNE EN MUSIQUE.

CHLORIS.
Laissez-nous en repos, Philène.

CLIMÈNE.
Tircis, ne viens point m'arrêter.

TIRCIS ET PHILÈNE.
Ah! belle inhumaine,
Daigne un moment m'écouter.

CLIMÈNE ET CHLORIS.
Mais que me veux-tu conter?

LES DEUX BERGERS.
Que d'une flamme immortelle
Mon cœur brûle sous tes lois.

LES DEUX BERGÈRES.
Ce n'est pas une nouvelle,
Tu me l'as dit mille fois.

---

1. Blondel, Gaye. (*Note de l'édition originale.*)

PHILÈNE.
Quoi! veux-tu, toute ma vie,
Que j'aime et n'obtienne rien?
CHLORIS.
Non, ce n'est pas mon envie :
N'aime plus, je le veux bien.
TIRCIS.
Le ciel me force à l'hommage
Dont tous ces bois sont témoins.
CLIMÈNE.
C'est au ciel, puisqu'il t'engage,
A te payer de tes soins.
PHILÈNE.
C'est par ton mérite extrême
Que tu captives mes vœux.
CHLORIS.
Si je mérite qu'on m'aime,
Je ne dois rien à tes feux.
LES DEUX BERGERS.
L'éclat de tes yeux me tue.
LES DEUX BERGÈRES.
Détourne de moi tes pas.
LES DEUX BERGERS.
Je me plais dans cette vue.
LES DEUX BERGÈRES.
Berger, ne t'en plains donc pas.
PHILÈNE.
Ah! belle Climène.
TIRCIS.
Ah! belle Chloris.
PHILÈNE.
Rends-la pour moi plus humaine.

TIRCIS.

Dompte pour moi ses mépris.

CLIMÈNE, à Chloris.

Sois sensible à l'amour que te porte Philène.

CHLORIS, à Climène.

Sois sensible à l'ardeur dont Tircis est épris.

CLIMÈNE.

Si tu veux me donner ton exemple, bergère,
Peut-être je le recevrai.

CHLORIS.

Si tu veux te résoudre à marcher la première,
Possible que je te suivrai.

CLIMÈNE, à Philène.

Adieu, berger.

CHLORIS, à Tircis.

Adieu, berger.

CLIMÈNE.

Attends un favorable sort.

CHLORIS.

Attends un doux succès du mal qui te possède.

TIRCIS.

Je n'attends aucun remède,

PHILÈNE.

Et je n'attends que la mort.

TIRCIS ET PHILÈNE.

Puisqu'il nous faut languir en de tels déplaisirs,
Mettons fin en mourant à nos tristes soupirs.

Ces deux bergers s'en vont désespérés, suivant la coutume des anciens amants qui se désespéroient de peu de chose. En suite de cette musique vient

LE PREMIER ACTE DE LA COMÉDIE, qui se récite.

Le paysan marié y reçoit des mortifications de son mariage; et sur la fin de l'acte, dans un chagrin assez puissant, il est interrompu par une bergère, qui lui vient faire le récit du désespoir des deux bergers; il la quitte en colère, et fait place à Chloris, qui sur la mort de son amant vient faire une

PLAINTE EN MUSIQUE.

Ah! mortelles douleurs!
Qu'ai-je plus à prétendre?
Coulez, coulez, mes pleurs :
Je n'en puis trop répandre.

Pourquoi faut-il qu'un tyrannique honneur
Tienne notre âme en esclave asservie?
Hélas! pour contenter sa barbare rigueur,
J'ai réduit mon amant à sortir de la vie.

Ah! mortelles douleurs!
Qu'ai-je plus à prétendre?
Coulez, coulez, mes pleurs :
Je n'en puis trop répandre.

Me puis-je pardonner, dans ce funeste sort,
Les sévères froideurs dont je m'étois armée?
Quoi donc? mon cher amant, je t'ai donné la mort :
Est-ce le prix, hélas! de m'avoir tant aimée?

Ah! mortelles douleurs, etc.

La fin de ces plaintes fait venir

LE SECOND ACTE DE LA COMÉDIE, qui se récite.

C'est une suite des déplaisirs du paysan marié, et la même bergère ne manque pas de venir encore l'interrompre dans sa douleur. Elle lui raconte comme Tircis et Philène ne sont point morts, et lui montre six bateliers qui les ont sauvés; il ne veut point s'arrêter à les voir, et les bateliers, ravis de la récompense qu'ils ont reçue, dansent avec leurs crocs et se jouent ensemble ; après quoi commence

LE TROISIÈME ACTE DE LA COMÉDIE, qui se récite,

qui est le comble des douleurs du paysan marié. Enfin un de ses amis lui conseille de noyer dans le vin toutes ses inquiétudes, et part avec lui pour joindre sa troupe, voyant venir toute la foule des bergers amoureux, qui, à la manière des anciens bergers, commencent à célébrer par des chants et des danses le pouvoir de l'Amour.

CHLORIS[1].

Ici l'ombre des ormeaux
Donne un teint frais aux herbettes,
Et les bords de ces ruisseaux
Brillent de mille fleurettes,
Qui se mirent dans les eaux.

Prenez, bergers, vos musettes,
Ajustez vos chalumeaux,
Et mêlons nos chansonnettes
Aux chants des petits oiseaux.

Le Zéphire entre ces eaux
Fait mille courses secrètes,
Et les rossignols nouveaux
De leurs douces amourettes
Parlent aux tendres rameaux.

Prenez, bergers, vos musettes,
Ajustez vos chalumeaux,
Et mêlons nos chansonnettes
Aux chants des petits oiseaux.

1. Cette dernière partie de la pastorale jusqu'à la fin forme le troisième acte des *Festes de l'Amour et de Bacchus*.

Plusieurs bergers et bergères galantes mêlent aussi leurs pas à tout ceci, et occupent les yeux tandis que la musique occupe les oreilles.

CLIMÈNE.

Ah! qu'il est doux, belle Sylvie,
Ah! qu'il est doux de s'enflammer!
Il faut retrancher de la vie
Ce qu'on en passe sans aimer.

CHLORIS.

Ah! les beaux jours qu'Amour nous donne
Lorsque sa flamme unit les cœurs!
Est-il ni gloire ni couronne
Qui vaille ses moindres douceurs?

TIRCIS.

Qu'avec peu de raison on se plaint d'un martyre
Que suivent de si doux plaisirs!

PHILÈNE.

Un moment de bonheur dans l'amoureux empire
Répare dix ans de soupirs.

TOUS ENSEMBLE.

Chantons tous de l'Amour le pouvoir adorable,
Chantons tous dans ces lieux
Ses attraits glorieux :
Il est le plus aimable
Et le plus grand des dieux.

A ces mots, toute la troupe de Bacchus arrive, et l'un d'eux[1], s'avançant à la tête, chante fièrement ces paroles :

Arrêtez, c'est trop entreprendre :
Un autre dieu dont nous suivons les lois,

---

1. D'Estival. (*Note de l'édition originale.*)

S'oppose à cet honneur qu'à l'Amour osent rendre
Vos musettes et vos voix.
A des titres si beaux Bacchus seul peut prétendre,
Et nous sommes ici pour défendre ses droits.

CHOEUR DE BACCHUS.

Nous suivons de Bacchus le pouvoir adorable;
Nous suivons en tous lieux
Ses attraits glorieux :
Il est le plus aimable
Et le plus grand des dieux.

Plusieurs du parti de Bacchus mêlent aussi leurs pas à la musique[1], et l'on voit ici un combat de danseurs contre danseurs, et de chantres contre chantres.

CHLORIS.

C'est le printemps qui rend l'âme
A nos champs semés de fleurs,
Mais c'est l'Amour et sa flamme
Qui font revivre nos cœurs.

UN SUIVANT DE BACCHUS[2].

Le soleil chasse les ombres
Dont le ciel est obscurci,
Et des âmes les plus sombres
Bacchus chasse le souci.

CHOEUR DE BACCHUS.

Bacchus est révéré sur la terre et sur l'onde.

CHOEUR DE L'AMOUR.

Et l'Amour est un dieu qu'on adore en tous lieux.

CHOEUR DE BACCHUS.

Bacchus à son pouvoir a soumis tout le monde.

---

1. Suivants de Bacchus dansant : Beauchamp, Dolivet, Chicanneau. Mayeu. — Bacchantes : Paysan, Manceau, Leroy, Pesan.
2. Gingan. (*Notes de l'édition originale.*)

CHŒUR DE L'AMOUR.
Et l'Amour a dompté les hommes et les dieux.
CHŒUR DE BACCHUS.
Rien peut-il égaler sa douceur sans seconde?
CHŒUR DE L'AMOUR.
Rien peut-il égaler ses charmes précieux?
CHŒUR DE BACCHUS.
Fi de l'Amour et de ses feux!
LE PARTI DE L'AMOUR.
Ah! quel plaisir d'aimer!
LE PARTI DE BACCHUS.
Ah! quel plaisir de boire!
LE PARTI DE L'AMOUR.
A qui vit sans amour la vie est sans appas.
LE PARTI DE BACCHUS.
C'est mourir que de vivre et de ne boire pas.
LE PARTI DE L'AMOUR.
Aimables fers!
LE PARTI DE BACCHUS.
Douce victoire!
LE PARTI DE L'AMOUR.
Ah! quel plaisir d'aimer!
LE PARTI DE BACCHUS.
Ah! quel plaisir de boire!
LES DEUX PARTIS.
Non, non, c'est un abus.
Le plus grand dieu de tous...
LE PARTI DE L'AMOUR.
C'est l'Amour.
LE PARTI DE BACCHUS.
C'est Bacchus.

Un berger[1] se jette au milieu de cette dispute, et chante ces vers aux deux partis :

C'est trop, c'est trop, bergers. Hé! pourquoi ces débats?
Souffrons qu'en un parti la raison nous assemble.
L'Amour a des douceurs, Bacchus a des appas;
Ce sont deux déités qui sont fort bien ensemble :
    Ne les séparons pas.

LES DEUX CHŒURS ENSEMBLE.

    Mêlons donc leurs douceurs aimables,
  Mêlons nos voix dans ces lieux agréables,
Et faisons répéter aux échos d'alentour
Qu'il n'est rien de plus doux que Bacchus et l'Amour.

Tous les danseurs se mêlent ensemble, à l'exemple des autres, et avec cette pleine réjouissance de tous les bergers et bergères finira le divertissement de la comédie, d'où l'on passera aux autres merveilles dont vous aurez la relation.

BERGERS.

Chœur d'Amour.

HEBERT.	HUGUENET.
BEAUMONT.	LA CAISSE cadet.
BONI.	LA FONTAINE.
FERNON le cadet.	CHARLOT.
REBEL.	MARTINOT père.
GINGAN le cadet.	MARTINOT fils.
LONGUEIL.	LE ROUX l'aîné.
COTTEREAU.	LE ROUX cadet.
JEANNOT, } pages.	GUENIN.
LAIGU, }	LE GRAIS.
PIESCHE père.	BROUARD.
PIESCHE fils.	ROULLÉ.
DESTOUCHE.	MAGNY.
LA CAISSE cadet.	CHEVALLIER.
MARCHAND.	

1. Legros. (*Note de l'édition originale.*)

SATYRES.

Chœur de Bacchus.

HEDOIN.	CHAUDERON.
DOM.	FAVIER.
FERNON l'aîné.	BRUSLARD.
DESCHAMPS.	BALUS.
ORAT.	DES MATINS.
DAVID.	FEUGRÉ.
MONIER.	DU PAIN.
SERIGNAN.	L'ESPINE.
SANSON.	CAMILLE.
OUDOT.	BERNARD.
SIMON, \	BRUSLARD.
THIERY, \ pages.	DESNOYERS.
TRUSLON, /	S. PERE.
AUGÉ, /	VARIN.
JEAN \	MERCIER.
LOUIS \ HOTTERE.	CHEVALIER.
NICOLAS /	JOUBERT.
MARTIN /	LA PLACE.
DUMANOIR.	FOSSART.
MAZUEL.	LIQUE.

FIN DU GRAND DIVERTISSEMENT ROYAL.

RELATION

DE LA

FÊTE DE VERSAILLES

DU 18 JUILLET 1668[1].

Le Roi ayant accordé la paix aux instances de ses alliés et aux vœux de toute l'Europe, et donné des marques d'une modération et d'une bonté sans exemple, même dans le plus fort de ses conquêtes, ne pensoit plus qu'à s'appliquer aux affaires de son royaume, lorsque, pour réparer en quelque sorte ce que la cour avoit perdu dans le carnaval, pendant son absence, il résolut de faire une fête dans les jardins de Versailles, où, parmi les plaisirs que l'on trouve dans un séjour si délicieux, l'esprit fût encore touché de ces beautés surprenantes et extraordinaires dont ce grand prince sait si bien assaisonner tous ses divertissements.

---

1. L'auteur de cette relation, André Félibien, était né en 1619 et mourut en 1695. Il fut historiographe des bâtiments, des arts et des manufactures, secrétaire de l'Académie d'architecture, et un des huit qui formèrent, dans le principe, l'Académie des Inscriptions. Il composa plusieurs ouvrages, dont le plus estimé a pour titre : *Entretiens sur les Vies et sur les Ouvrages des plus excellents peintres, anciens et modernes.* Il eut deux fils, dont l'un hérita de son amour pour les arts, et de la plupart de ses emplois, et dont l'autre, religieux de l'ordre de saint Benoît, écrivit l'*Histoire de l'Abbaye de Saint-Denis*, et commença l'*Histoire de la ville de Paris*, achevée par Dom Lobineau, son confrère.

Cette Relation a été imprimée à Paris, chez Pierre Le Petit, imprimeur et libraire ordinaire du Roi, rue Saint-Jacques, à la Croix-d'Or, 1668. Avec privilège de Sa Majesté.

Elle fut réimprimée onze ans plus tard (1679), en un grand volume in-folio, de l'Imprimerie royale, par Sébastien Mabre-Cramoisy, directeur de ladite imprimerie; et ornée alors de cinq belles planches par Le Pautre.

Pour cet effet, voulant donner la comédie en suite d'une collation, et le souper, après la comédie, qui fût suivi d'un bal et d'un feu d'artifice, il jeta les yeux sur les personnes qu'il jugea les plus capables pour disposer toutes les choses propres à cela. Il leur marqua lui-même les endroits où la disposition du lieu pouvoit, par sa beauté naturelle, contribuer davantage à leur décoration; et, parce que l'un des plus beaux ornements de cette maison est la quantité des eaux que l'art y a conduites, malgré la nature qui les lui avoit refusées, Sa Majesté leur ordonna de s'en servir, le plus qu'ils pourroient, à l'embellissement de ces lieux, et même leur ouvrit les moyens de les employer, et d'en tirer les effets qu'elles peuvent faire.

Pour l'exécution de cette fête, le duc de Créquy, comme premier gentilhomme de la chambre, fut chargé de ce qui regardoit la comédie; le maréchal de Bellefonds, comme premier maître d'hôtel du Roi, prit soin de la collation, du souper, et de tout ce qui regardoit le service des tables; et M. Colbert, comme surintendant des bâtiments, fit construire et embellir les divers lieux destinés à ce divertissement royal, et donna les ordres pour l'exécution des feux d'artifice.

Le sieur Vigarani eut ordre de dresser le théâtre pour la comédie; le sieur Gissey, d'accommoder un endroit pour le souper; et le sieur Le Vau, premier architecte du Roi, un autre pour le bal.

Le mercredi, dix-huitième jour de juillet, le Roi étant parti de Saint-Germain, vint dîner à Versailles avec la Reine, monseigneur le Dauphin, Monsieur et Madame. Le reste de la cour, étant arrivé incontinent après midi, trouva des officiers du Roi qui faisoient les honneurs, et recevoient tout le monde dans les salles du château, où il y avoit, en plusieurs endroits, des tables dressées, et de quoi se rafraîchir; les principales dames furent conduites dans des chambres particulières, pour se reposer.

Sur les six heures du soir, le Roi, ayant commandé au marquis de Gesvres, capitaine de ses gardes, de faire ouvrir toutes les portes afin qu'il n'y eût personne qui ne prît part au divertissement, sortit du château avec la Reine et tout le reste de la cour pour prendre le plaisir de la promenade.

Quand Leurs Majestés eurent fait le tour du grand parterre,

elles descendirent dans celui de gazon qui est du côté de la
Grotte, où, après avoir considéré les fontaines qui les embellissent, elles s'arrêtèrent particulièrement à regarder celle qui est
au bas du petit parc, du côté de la pompe. Dans le milieu de
son bassin, l'on voit un dragon de bronze, qui, percé d'une
flèche, semble vomir le sang par la gueule, en poussant en l'air
un bouillon d'eau qui retombe en pluie et couvre tout le bassin.

Autour de ce dragon, il y a quatre petits amours sur des
cygnes, qui font chacun un grand jet d'eau, et qui nagent vers
le bord comme pour se sauver. Deux de ces amours, qui sont en
face du dragon, se cachent le visage avec la main pour ne le pas
voir, et sur leur visage l'on aperçoit toutes les marques de la
crainte parfaitement exprimées; les deux autres, plus hardis
parce que le monstre n'est pas tourné de leur côté, l'attaquent
de leurs armes. Entre ces amours sont des dauphins de bronze,
dont la gueule ouverte pousse en l'air de gros bouillons d'eau.

Leurs Majestés allèrent ensuite chercher le frais dans ces
bosquets si délicieux, où l'épaisseur des arbres empêche que le
soleil ne se fasse sentir. Lorsqu'elles furent dans celui dont un
grand nombre d'agréables allées forme une espèce de labyrinthe,
elles arrivèrent, après plusieurs détours, dans un cabinet de
verdure pentagone, où aboutissent cinq allées. Au milieu de ce
cabinet, il y a une fontaine dont le bassin est bordé de gazon.
De ce bassin sortoient cinq tables en manière de buffets, chargées de toutes les choses qui peuvent composer une collation
magnifique.

L'une de ces tables représentoit une montagne où, dans plusieurs espèces de cavernes, on voyoit diverses sortes de viandes
froides; l'autre étoit comme la face d'un palais bâti de massepains et pâtes sucrées. Il y en avoit une chargée de pyramides
de confitures sèches; une autre, d'une infinité de vases remplis
de toutes sortes de liqueurs; et la dernière étoit composée de
caramels. Toutes ces tables, dont les plans étoient ingénieusement formés en divers compartiments, étoient couvertes d'une
infinité de choses délicates, et disposées d'une manière toute
nouvelle; leurs pieds et leurs dossiers étoient environnés de
feuillages mêlés de festons de fleurs, dont une partie étoit soutenue par des bacchantes. Il y avoit, entre ces tables, une petite

pelouse de mousse verte, qui s'avançoit dans le bassin, et sur laquelle on voyoit, dans un grand vase, un oranger dont les fruits étoient confits; chacun de ces orangers avoit à côté de lui deux autres arbres de différentes espèces, dont les fruits étoient pareillement confits.

Du milieu de ces tables s'élevoit un jet d'eau de plus de trente pieds de haut, dont la chute faisoit un bruit très agréable; de sorte qu'en voyant tous ces buffets d'une même hauteur, joints les uns aux autres par les branches d'arbres et les fleurs dont ils étoient revêtus, il sembloit que ce fût une petite montagne, du haut de laquelle sortît une fontaine.

La palissade qui fait l'enceinte de ce cabinet étoit disposée d'une manière toute particulière; le jardinier, ayant employé son industrie à bien ployer les branches des arbres et à les lier ensemble en diverses façons, en avoit formé une espèce d'architecture. Dans le milieu du couronnement, on voyoit un socle de verdure, sur lequel il y avoit un dé qui portoit un vase rempli de fleurs. Aux côtés du dé, et sur le même socle, étoient deux autres vases de fleurs; et, en cet endroit, le haut de la palissade, venant doucement à s'arrondir en forme de galbe, se terminoit, aux deux extrémités, par deux autres vases aussi remplis de fleurs.

Au lieu de sièges de gazon, il y avoit, tout autour du cabinet, des couches de melons, dont la quantité, la grosseur et la bonté étoient surprenantes pour la saison. Ces couches étoient faites d'une manière tout extraordinaire; et, à bien considérer la beauté de ce lieu, l'on auroit pu dire autrefois que les hommes n'auroient point eu de part à un si bel arrangement, mais que quelques divinités de ces bois auroient employé leurs soins pour l'embellir de la sorte.

Comme il y a cinq allées qui se terminent toutes dans ce cabinet, et qui forment une étoile, l'on trouvoit ces allées ornées, de chaque côté, de vingt-six arcades de cyprès. Sous chaque arcade, et sur des sièges de gazon, il y avoit de grands vases remplis de divers arbres chargés de leurs fruits. Dans la première de ces allées, il n'y avoit que des orangers de Portugal. La seconde étoit toute de bigarautiers et de cerisiers mêlés ensemble. La troisième étoit bordée d'abricotiers et de pêchers;

la quatrième, de groseilliers de Hollande; et dans la cinquième, l'on ne voyoit que des poiriers de différentes espèces. Tous ces arbres faisoient un agréable objet à la vue, à cause de leurs fruits, qui paroissoient encore davantage contre l'épaisseur du bois.

Au bout de ces cinq allées, il y a cinq grandes niches de verdure, que l'on voit toutes en face du milieu du cabinet. Ces niches étoient cintrées, et, sur les pilastres des côtés, s'élevoient deux rouleaux qui s'alloient joindre à un carré qui étoit au milieu. Dans ce carré, l'on voyoit les chiffres du Roi, composés de différentes fleurs; et des deux côtés pendoient des festons qui s'attachoient à l'extrémité des rouleaux. A côté de la niche, il y avoit deux arcades aussi de verdure, avec leurs pilastres, d'un côté et d'autre; et tous ces pilastres étoient terminés par des vases remplis de fleurs.

Dans l'une de ces niches étoit la figure du dieu Pan, qui, ayant sur le visage toutes les marques de la joie, sembloit prendre part à celle de toute l'assemblée. Le sculpteur l'avoit disposé dans une action qui faisoit connoître qu'il étoit mis là comme la divinité qui présidoit dans ce lieu.

Dans les quatre autres niches il y avoit quatre satyres, deux hommes et deux femmes, qui tous sembloient danser et témoigner le plaisir qu'ils ressentoient de se voir visités par un si grand monarque, suivi d'une si belle cour. Toutes ces figures étoient dorées et faisoient un effet admirable contre le vert de ces palissades.

Après que Leurs Majestés eurent été quelque temps dans cet endroit si charmant, et que les dames eurent fait collation, le Roi abandonna les tables au pillage des gens qui suivoient; et la destruction d'un arrangement si beau servit encore d'un divertissement agréable à toute la cour, par l'empressement et la confusion de ceux qui démolissoient ces châteaux de massepains et ces montagnes de confitures.

Au sortir de ce lieu, le Roi rentrant dans une calèche, la Reine dans sa chaise, et tout le reste de la cour dans leurs carrosses, poursuivirent leur promenade pour se rendre à la comédie, et, passant dans une grande allée de quatre rangs de tilleuls, firent le tour du bassin de la fontaine des Cygnes, qui termine l'allée Royale vis-à-vis du château. Ce bassin est un carré long finissant par deux demi-ronds. Sa longueur est de soixante toises, sur quarante de large. Dans son milieu, il y a une infinité de jets d'eau qui, réunis ensemble, font une gerbe d'une hauteur et d'une grosseur extraordinaires.

A côté de la grande allée Royale, il y en a deux autres qui en sont éloignées d'environ deux cents pas; celle qui est à droite en montant vers le château s'appelle l'allée du Roi, et celle qui est à gauche, l'allée des Prés. Ces trois allées sont traversées par une autre qui se termine à deux grilles qui font la clôture du petit parc. Ces deux allées des côtés, et celle qui les traverse, ont cinq toises de large; mais, à l'endroit où elles se rencontrent, elles forment un grand espace qui a plus de treize toises en carré. C'est dans cet endroit de l'allée du Roi que le sieur Vigarani avoit disposé le lieu de la comédie. Le théâtre, qui avançoit un peu dans le carré de la place, s'enfonçoit de dix toises dans l'allée qui monte vers le château, et laissoit, pour la salle, un espace de treize toises de face sur neuf de large.

L'exhaussement de ce salon étoit de trente pieds jusques à la corniche, d'où les côtés du plafond s'élevoient encore de huit pieds jusques au dernier enfoncement. Il étoit couvert de feuillée par dehors; et, par dedans, paré de riches tapisseries que le sieur du Metz, intendant des meubles de la couronne, avoit pris soin de faire disposer de la manière la plus belle et la plus convenable pour la décoration de ce lieu. Du haut du plafond pendoient trente-deux chandeliers de cristal, portant chacun dix bougies de cire blanche. Autour de la salle étoient plusieurs sièges disposés en amphithéâtre, remplis de plus de douze cents personnes; et, dans le parterre, il y avoit encore sur des bancs une plus grande quantité de monde. Cette salle étoit percée par deux grandes arcades, dont l'une étoit vis-à-vis du théâtre, et l'autre, du côté qui va vers la grande allée. L'ouverture du théâtre étoit de trente-six pieds, et, de chaque côté, il y avoit deux grandes colonnes torses, de bronze et de lapis, environnées de branches et de feuilles de vigne d'or; elles étoient posées sur des piédestaux de marbre, et portoient une grande corniche aussi de marbre, dans le milieu de laquelle on voyoit les armes du Roi sur un cartouche doré, accompagné de trophées; l'architecture étoit d'ordre ionique. Entre chaque colonne, il y avoit une figure : celle qui étoit à droite représentoit la Paix, et celle qui étoit à gauche figuroit la Victoire; pour montrer que Sa Majesté est toujours en état de faire que ses peuples jouissent d'une paix heureuse et pleine d'abondance, en établissant le repos dans l'Europe, ou d'une victoire glorieuse et remplie de joie, quand elle est obligée de prendre les armes pour soutenir ses droits.

Lorsque Leurs Majestés furent arrivées dans ce lieu, dont la grandeur et la magnificence surprit toute la cour, et quand elles eurent pris leurs places sur le haut dais qui étoit au milieu du parterre, on leva la toile qui cachoit la décoration du théâtre; et alors, les yeux se trouvant tout à fait trompés, l'on crut voir effectivement un jardin d'une beauté extraordinaire.

A l'entrée de ce jardin on découvroit deux palissades si ingénieusement moulées qu'elles formoient un ordre d'architecture dont la corniche étoit soutenue par quatre termes qui représentoient des satyres. La partie d'en bas de ces termes, et ce qu'on appelle gaine, étoient de jaspe, et le reste de bronze doré. Ces satyres portoient sur leurs têtes des corbeilles pleines de fleurs; et, sur les piédestaux de marbre qui soutenoient ces mêmes termes, il y avoit de grands vases dorés, aussi remplis de fleurs.

Un peu plus loin, paraissoient deux terrasses revêtues de marbre blanc, qui environnoient un long canal. Au bord de ces terrasses, il y avoit des masques dorés qui vomissoient de l'eau dans le canal; et, au-dessus de ces masques, on voyoit des vases de bronze doré, d'où sortoient aussi autant de véritables jets d'eau.

On montoit sur ces terrasses par trois degrés; et, sur la même ligne où étoient rangés les termes, il y avoit, d'un côté et d'autre, une longue allée de grands arbres, entre lesquels paroissoient des cabinets d'une architecture rustique. Chaque cabinet couvroit un grand bassin de marbre, soutenu sur un piédestal de même matière, et de ces bassins sortoient autant de jets d'eau.

Le bout du canal le plus proche étoit bordé de douze jets d'eau, qui formoient autant de chandeliers; et, à l'autre extrémité, on voyoit un superbe édifice en forme de dôme. Il étoit percé de trois grands portiques, au travers desquels on découvroit une grande étendue de pays.

D'abord l'on vit sur le théâtre une collation magnifique d'oranges de Portugal, et de toutes sortes de fruits chargés à fond et en pyramide dans trente-six corbeilles, qui furent servies à toute la cour par le maréchal de Bellefonds, et par plusieurs seigneurs, pendant que le sieur de Launay, intendant des menus plaisirs et affaires de la chambre, donnoit de tous côtés des imprimés qui contenoient le sujet de la comédie et du ballet[1].

Bien que la pièce qu'on représenta doive être considérée comme un impromptu, et un de ces ouvrages où la nécessité de satisfaire sur-le-champ aux volontés du Roi ne donne pas toujours le loisir d'y apporter la dernière main, et d'en former les derniers traits, néanmoins il est certain qu'elle est composée de parties si diversifiées et si agréables qu'on peut dire qu'il n'en a guère paru sur le théâtre de plus capable de satisfaire tout ensemble l'oreille et les yeux des spectateurs. La prose dont on s'est servi est un langage très propre pour l'action qu'on représente ; et les vers qui se chantent entre les actes de la comédie conviennent si bien au sujet, et expriment si tendrement les passions dont ceux qui les récitent doivent être émus, qu'il n'y a jamais rien eu de plus touchant. Quoiqu'il semble que ce soient deux comédies que l'on joue en même temps, dont l'une soit en prose et l'autre en vers, elles sont pourtant si bien unies à un même sujet qu'elles ne sont qu'une même pièce et ne représentent qu'une seule action.

L'ouverture du théâtre se fait par quatre bergers[2] déguisés en valets de fêtes, qui, accompagnés de quatre autres bergers[3] qui jouent de la flûte, font une danse, où ils obligent d'entrer avec eux un riche paysan qu'ils rencontrent, et qui, mal satisfait de son mariage, n'a l'esprit rempli que de fâcheuses pensées : aussi l'on voit qu'il se retire bientôt de leur compagnie, où il n'a demeuré que par contrainte.

Climène[4] et Chloris[5], qui sont deux bergères amies, enten-

---
1. Le livret imprimé ci-devant.
2. Beauchamp, Saint-André, La Pierre, Favier.
3. Descouteaux, Philbert, Jean et Martin Hottere.
4. Mademoiselle Hilaire.
5. Mademoiselle des Fronteaux. (*Notes de l'édition originale*)

dant le son des flûtes, viennent joindre leurs voix à ces instruments, et chantent :

L'autre jour, d'Annette, etc.

Tircis[1] et Philène[2], amants de ces deux bergères, les abordent pour les entretenir de leur passion, et font avec elles une scène en musique.

CHLORIS.

Laissez-nous en repos, Philène, etc.

Ces deux bergers se retirent, l'âme pleine de douleur et de désespoir ; et, en suite de cette musique, commence le premier acte de la comédie en prose.

Le sujet est qu'un riche paysan, s'étant marié à la fille d'un gentilhomme de campagne, ne reçoit que du mépris de sa femme aussi bien que de son beau-père et de sa belle-mère, qui ne l'avoient pris pour leur gendre qu'à cause de ses grands biens.

Toute cette pièce est traitée de la même sorte que le sieur de Molière a de coutume de faire ses autres pièces de théâtre ; c'est-à-dire qu'il y représente avec des couleurs si naturelles le caractère des personnes qu'il introduit, qu'il ne se peut rien voir de plus ressemblant que ce qu'il a fait pour montrer la peine et les chagrins où se trouvent souvent ceux qui s'allient au-dessus de leur condition ; et, quand il dépeint l'humeur et la manière de faire de certains nobles campagnards, il ne forme point de traits qui n'expriment parfaitement leur véritable image. Sur la fin de l'acte, le paysan est interrompu par une bergère qui lui vient apprendre le désespoir des deux bergers ; mais, comme il est agité d'autres inquiétudes, il la quitte en colère ; et Chloris entre, qui vient faire une plainte sur la mort de son amant :

Ah ! mortelles douleurs ! etc.

Après cette plainte, commença le second acte de la comédie en prose. C'est une suite des déplaisirs du paysan marié, qui se trouve encore interrompu par la même bergère, qui vient lui dire que Tircis et Philène ne sont point morts ; et lui montre six

1. Blondel.
2. Gaye. (*Notes de l'edition originale.*)

bateliers[1] qui les ont sauvés. Le paysan, importuné de tous ces avis, se retire, et quitte la place aux bateliers, qui, ravis de la récompense qu'ils ont reçue, dansent avec leurs crocs, et se jouent ensemble ; après quoi se récite le troisième acte de la comédie en prose.

Dans ce dernier acte, l'on voit le paysan dans le comble de la douleur, par les mauvais traitements de sa femme. Enfin, un de ses amis lui conseille de noyer dans le vin toutes ses inquiétudes, et l'emmène pour joindre sa troupe, voyant venir toute la foule des bergers amoureux, qui commence à célébrer, par des chants et des danses, le pouvoir de l'Amour.

Ici la décoration du théâtre se trouve changée en un instant, et l'on ne peut comprendre comment tant de véritables jets d'eau ne paroissent plus, ni par quel artifice, au lieu de ces cabinets et de ces allées, on ne découvre sur le théâtre que de grandes roches entremêlées d'arbres, où l'on voit plusieurs bergers qui chantent et qui jouent de toutes sortes d'instruments. Chloris commence, la première, à joindre sa voix au son des flûtes et des musettes.

CHLORIS.
Ici l'ombre des ormeaux, etc.

Pendant que la musique charme les oreilles, les yeux sont agréablement occupés à voir danser plusieurs bergers[2] et bergères[3], galamment vêtus. Et Climène chante :

Ah ! qu'il est doux, belle Sylvie, etc.

TOUS ENSEMBLE.
Chantons tous de l'Amour le pouvoir adorable ;

. . . .
. . . .

Il est le plus aimable
Et le plus grand des dieux.

A ces mots, l'on vit s'approcher, du fond du théâtre, un grand rocher couvert d'arbres, sur lequel étoit assise toute la troupe

---

1. Joüan, Beauchamp, Chicanneau, Favier, Noblet, Mayeu.
2. Chicanneau, Saint-André, La Pierre, Favier.
3. Bonard, Arnald, Noblet, Foignard. (*Notes de l'édition originale.*)

de Bacchus, composée de quarante satyres. L'un d'eux[1], s'avançant à la tête, chanta fièrement ces paroles :

Arrêtez : c'est trop entreprendre, etc.

CHŒUR DE SATYRES.

Nous suivons de Bacchus le pouvoir adorable, etc.

Plusieurs du parti de Bacchus mêloient aussi leurs pas à la musique; et l'on vit un combat des danseurs et des chantres de Bacchus contre les danseurs et les chantres qui soutenoient le parti de l'Amour.

CHLORIS.

C'est le printemps qui rend l'âme, etc.

UN SUIVANT DE BACCHUS[2].

Le soleil chasse les ombres, etc.

LES DEUX PARTIS.

Le plus grand dieu de tous...

LE PARTI DE L'AMOUR.

C'est l'Amour.

LE PARTI DE BACCHUS.

C'est Bacchus.

Un berger[3] arrive, qui se jette au milieu des deux partis pour les séparer, et leur chante ces vers :

C'est trop, c'est trop, bergers. Eh! pourquoi ces débats? etc.

LES DEUX CHŒURS.

Mêlons donc leurs douceurs aimables, etc.

Tous les danseurs se mêlent ensemble, et l'on voit parmi les bergers et les bergères quatre des suivants de Bacchus[4], avec des thyrses, et quatre bacchantes[5] avec des espèces de tambours de basque, qui représentent ces cribles qu'elles portoient anciennement aux fêtes de Bacchus. De ces thyrses, les suivants frappent sur les cribles des bacchantes et font différentes postures,

1. D'Estival.
2. Gingan.
3. Le Gros.
4. Beauchamp, Dolivet, Chicanneau, Mayeu.
5. Paysan, Manceau, Le Roy, Pesan. (*Notes de l'édition originale.*)

pendant que les bergers et les bergères dansent plus sérieusement.

On peut dire que, dans cet ouvrage, le sieur de Lulli a trouvé le secret de satisfaire et de charmer tout le monde : car jamais il n'y a rien eu de si beau et de mieux inventé. Si l'on regarde les danses, il n'y a point de pas qui ne marque l'action que les danseurs doivent faire, et dont les gestes ne soient autant de paroles qui se fassent entendre. Si l'on regarde la musique, il n'y a rien qui n'exprime parfaitement toutes les passions et qui ne ravisse l'esprit des auditeurs. Mais ce qui n'a jamais été vu est cette harmonie de voix si agréable, cette symphonie d'instruments, cette belle union de différents chœurs, ces douces chansonnettes, ces dialogues si tendres et si amoureux, ces échos, et enfin cette conduite admirable dans toutes les parties, où, depuis les premiers récits, l'on a vu toujours que la musique s'est augmentée, et qu'enfin, après avoir commencé par une seule voix, elle a fini par un concert de plus de cent personnes qu'on a vues, toutes à la fois sur un même théâtre, joindre ensemble leurs instruments, leurs voix et leurs pas dans un accord et une cadence qui finit la pièce, en laissant tout le monde dans une admiration qu'on ne peut assez exprimer.

Cet agréable spectacle étant fini de la sorte, le Roi et toute la cour sortirent par le portique du côté gauche du salon, et qui rend dans l'allée de traverse au bout de laquelle, à l'endroit où elle coupe l'allée des Prés, l'on aperçut de loin un édifice élevé de cinquante pieds de haut. Sa figure étoit octogone, et sur le haut de la couverture s'élevoit une espèce de dôme d'une grandeur et d'une hauteur si belle et si proportionnée que le tout ensemble ressembloit beaucoup à ces beaux temples antiques dont l'on voit encore quelques restes ; il étoit tout couvert de feuillages et rempli d'une infinité de lumières. A mesure qu'on s'en approchoit, on y découvroit mille différentes beautés. Il étoit isolé, et l'on voyoit dans les huit angles autant de pilastres qui servoient comme de pieds forts ou d'arcs-boutants élevés de quinze pieds de haut. Au-dessus de ces pilastres, il y avoit de grands vases ornés de différentes façons, et remplis de lumières. Du haut de ces vases sortoit une fontaine qui, retombant à l'entour, les environnoit comme d'une cloche de cristal ; ce qui faisoit un effet d'autant plus admirable qu'on voyoit un feu éclairer agréablement au milieu de l'eau.

Cet édifice étoit percé de huit portes. Au devant de celle par où l'on entroit, et sur deux piédestaux de verdure, étoient deux grandes figures dorées qui représentoient deux Faunes jouant chacun d'un instrument. Au-dessus de ces portes on voyoit comme une espèce de frise ornée de huit grands bas-reliefs, représentant, par des figures assises, les quatre saisons de l'année et les quatre parties du jour. A côté des premières, il y avoit des doubles L; et, à côté des autres, des fleurs de lis. Elles étoient toutes enchâssées parmi le feuillage, et faites avec un artifice de lumière si beau et si surprenant qu'il sembloit que toutes ces figures, ces L et ces fleurs de lis, fussent d'un métal lumineux et transparent.

Le tour du dôme étoit aussi orné de huit bas-reliefs éclairés de la même sorte; mais au lieu de figures, c'étoient des trophées disposés en différentes manières. Sur les angles du principal édifice et du dôme, il y avoit de grosses boules de verdure qui en terminoient les extrémités.

Si l'on fut surpris en voyant par dehors la beauté de ce lieu, on le fut encore davantage en voyant le dedans. Il étoit presque impossible de ne se pas persuader que ce ne fût un enchantement, tant il y paroissoit de choses qu'on croiroit ne se pouvoir faire que par magie! Sa grandeur étoit de huit toises de diamètre. Au milieu, il y avoit un grand rocher, et autour du rocher, une table de figure octogone, chargée de soixante-quatre couverts. Ce rocher étoit percé en quatre endroits. Il sembloit que la nature eût fait choix de tout ce qu'elle a de plus beau et de plus riche pour la composition de cet ouvrage, et qu'elle eût elle-même pris plaisir d'en faire son chef-d'œuvre, tant les ouvriers avoient bien su cacher l'artifice dont ils s'étoient servis pour l'imiter!

Sur la cime du rocher étoit le cheval Pégase: il sembloit, en se cabrant, faire sortir de l'eau qu'on voyoit couler doucement de dessous ses pieds, mais qui aussitôt tomboit avec abondance et formoit comme quatre fleuves. Cette eau, qui se précipitoit avec violence et par gros bouillons parmi les pointes du rocher, le rendoit tout blanc d'écume et ne s'y perdoit que pour paroître ensuite plus belle et plus brillante: car, ressortant avec impétuosité par des endroits cachés, elle faisoit des chutes d'autant plus agréables qu'elles se séparoient en plusieurs petits ruisseaux parmi les cailloux et les coquilles. Il sortoit, de tous les endroits les plus creux du rocher, mille gouttes d'eau qui, avec celle des cascades, venoient inonder une pelouse couverte de mousse et de divers coquillages qui en faisoit l'entrée. C'étoit sur ce beau vert, et à l'entour de ces coquilles, que ces eaux, venant à se répandre et à couler agréablement, faisoient une infinité de retours qui paroissoient autant de petites ondes d'argent, et, avec un murmure doux et agréable qui s'accordoit au bruit des cascades, tomboient, en cent différentes manières, dans huit canaux qui séparoient la table d'avec le rocher, et en recevoient toutes les eaux. Ces canaux étoient revêtus de carreaux de porcelaine et de mousse, au bord desquels il y avoit de grands vases à l'antique, émaillés d'or et d'azur, qui, jetant l'eau par trois différents endroits, remplissoient trois grandes coupes de cristal qui se dégorgeoient encore dans ces mêmes canaux.

Au-dessous du cheval Pégase, et vis-à-vis la porte par où l'on entroit, on voyoit la figure d'Apollon assise, tenant dans sa main une lyre; les neuf Muses étoient au-dessous de lui, qui tenoient aussi divers instruments. Dans les quatre coins du rocher, et au-dessous de la chute de ces fleuves, il y avoit quatre figures couchées qui en représentoient les divinités.

De quelque côté qu'on regardât ce rocher, l'on y voyoit toujours différents effets d'eau; et les lumières dont il étoit éclairé étoient si bien disposées qu'il n'y en avoit point qui ne contribuassent à faire paroître toutes les figures, qui étoient d'argent, et à faire briller davantage les divers éclats de l'eau et les différentes couleurs des pierres et des cristaux dont il étoit composé. Il y avoit même des lumières si industrieusement cachées dans les cavités de ce rocher qu'elles n'étoient point aperçues, mais qui cependant le faisoient voir partout et donnoient un lustre et un éclat merveilleux à toutes les gouttes d'eau qui tomboient.

Des huit portes dont ce salon étoit percé, il y en avoit quatre au droit des quatre grandes allées, et quatre autres qui étoient vis-à-vis des petites allées qui sont dans les angles de cette place. A côté de chaque porte, il y avoit quatre grandes niches percées à jour, et remplies d'un grand pied d'argent; au-dessus étoit un grand vase de même matière qui portoit une girandole de cristal, allumée de dix bougies de cire blanche. Dans les huit angles qui forment la figure de ce lieu, il y avoit un corps solide taillé rustiquement, et dont le fond verdâtre brilloit en façon de cristal ou d'eau congelée. Contre ce corps étoient quatre coquilles de marbre les unes au-dessous des autres et dans des distances fort proportionnées; la plus haute étoit la moins grande, et celles de dessous augmentoient toujours en grandeur, pour mieux recevoir l'eau qui tomboit des unes dans les autres. On avoit mis sur la coquille la plus élevée une girandole de cristal, allumée de dix bougies, et de cette coquille sortoit de l'eau en forme de nappe, qui, tombant dans la seconde coquille, se répandoit dans une troisième, où l'eau d'un masque posé au-dessus venant à se rendre la remplissoit encore davantage. Cette troisième coquille étoit portée par deux dauphins, dont les écailles étoient de couleur de nacre; ces deux dauphins jetoient de l'eau dans la quatrième coquille, où tomboit aussi en nappe l'eau de la coquille qui étoit au-dessus; et toutes ces eaux venoient enfin à se rendre dans un bassin de marbre, aux deux extrémités duquel étoient deux grands vases remplis d'orangers.

Le plafond de ce lieu n'étoit pas cintré en forme de voûte; il s'élevoit, jusques à l'ouverture du dôme, par huit pans qui représentoient un compartiment de menuiserie artistement taillé de feuillages dorés. Dans ces compartiments, qui paroissoient percés, l'on avoit peint des branches d'arbres au naturel, pour avoir plus d'union avec la feuillée dont le corps de cet édifice étoit composé. Le haut du dôme étoit aussi un compartiment d'une riche broderie d'or et d'argent sur un fond vert.

Outre vingt-cinq lustres de cristal, chacun de dix bougies, qui éclairoient ce lieu et qui tomboient du haut de la voûte, il y en avoit encore d'autres au milieu des huit portes, qui étoient attachés avec de grandes écharpes de gaze d'argent entre des festons de fleurs, noués avec de pareilles écharpes enrichies d'une frange de même.

Sur la grande corniche qui régnoit tout autour de ce salon, étoient rangés soixante-quatre vases de porcelaine remplis de diverses fleurs; et, entre ces vases, on avoit mis soixante-quatre boules de cristal de diverses couleurs et d'un pied de diamètre, soutenues sur des pieds d'argent ; elles paroissoient comme autant de pierres précieuses, et étoient éclairées d'une manière si ingénieuse que la lumière passant au travers, et se trouvant chargée des différentes couleurs de ces cristaux, se répandoit par tout le haut du plafond, où elle faisoit des effets si admirables qu'il sembloit que ce fussent les couleurs mêmes d'un véritable arc-en-ciel. De cette corniche et du tour que formoit l'ouverture du dôme, pendoient plusieurs festons de toutes sortes de fleurs, attachés avec de grandes écharpes de gaze d'argent, dont les bouts, tombant entre chaque feston, paroissoient avec beaucoup d'éclat et de grâce sur tout le corps de cette architecture, qui étoit de feuillage, et dont l'on avoit si bien su former différentes sortes de verdure que la diversité des arbres qu'on y avoit employés et que l'on avoit su accommoder les uns auprès des autres, ne faisoit pas une des moindres beautés de la composition de cet agréable édifice.

Au delà du portique, qui étoit vis-à-vis de celui par où l'on entroit, on avoit dressé un buffet d'une beauté et d'une richesse tout extraordinaires. Il étoit enfoncé de dix-huit pieds dans l'allée, et l'on y montoit par trois grands degrés en forme d'estrade. Il y avoit, des deux côtés de ce buffet, deux manières d'ailes élevées d'environ dix pieds de haut, dont le dessous servoit pour passer ceux qui portoient les viandes. Sur le milieu de chacune de ces ailes étoit un socle de verdure qui portoit un grand guéridon d'argent, chargé d'une girandole aussi d'argent, allumée de bougies de cire blanche, et, à côté de ces guéridons, plusieurs grands vases d'argent ; contre ce socle étoit attachée une grande plaque d'argent à trois branches, portant chacune un flambeau de cire blanche.

Sur la table du buffet, il y avoit quatre degrés de deux pieds de large et de trois à quatre pieds de haut, qui s'élevoient jusques à un plafond de feuillée de vingt-cinq pieds d'exhaussement. Sur ce buffet et sur ces degrés, l'on voyoit, dans une disposition agréable, vingt-quatre bassins d'argent d'une grandeur extrême et d'un ouvrage merveilleux : ils étoient séparés les uns des autres par autant de grands vases, de cassolettes et de girandoles d'argent d'une pareille beauté. Il y avoit sur la table vingt-quatre grands pots d'argent, remplis de toutes sortes de fleurs, avec la nef du Roi[1], la vaisselle et les verres destinés pour son service. Au devant de la table, on voyoit une grande cuvette d'argent en forme de coquille, et, aux deux bouts du buffet, quatre guéridons d'argent, de six pieds de haut, sur lesquels étoient des girandoles d'argent, allumées de dix bougies de cire blanche.

Dans les deux autres arcades qui étoient à côté de celle-ci, étoient deux autres buffets moins hauts et moins larges que celui du milieu ; chaque table avoit deux degrés, sur lesquels étoient dressés quatre grands bassins d'argent, qui accompagnoient un grand vase chargé d'une girandole allumée de dix bougies; et, entre ces bassins et ce vase, il y avoit plusieurs figures d'argent. Aux deux bouts du buffet, l'on voyoit deux grandes plaques, portant chacune trois flambeaux de cire blanche; au-dessus du dossier, un guéridon d'argent, chargé de plusieurs bougies, et, à côté, plusieurs grands vases d'un prix et d'une pesanteur extraordinaires, outre six grands bassins qui servoient de fond. Devant chaque table, il y avoit une grande cuvette d'argent, pesant mille marcs : et ces tables, qui étoient comme deux crédences pour accompagner le grand buffet du Roi, étoient destinées pour le service des dames.

Au delà de l'arcade qui servoit d'entrée du côté de l'allée qui descend vers les grilles du grand parc, étoit un enfoncement de dix-huit toises de long, qui formoit un avant-salon.

Ce lieu étoit terminé d'un grand portique de verdure, au delà duquel il y avoit une grande salle, bornée par les deux côtés des palissades de l'allée, et, par l'autre bout, d'un autre portique de feuillage Dans cette salle l'on avoit dressé quatre grandes tentes très magnifiques, sous lesquelles étoient huit tables accompagnées de leurs buffets chargés de bassins, de verres et de lumières, disposés dans un ordre tout à fait singulier.

Lorsque le Roi fut entré dans le salon octogone, et que toute la cour, surprise de la beauté et de la disposition si extraordinaire de ce lieu, en eut bien considéré toutes les parties, Sa Majesté se mit à table, le dos tourné du côté par où elle étoit

---

1. Vase en forme de navire, ordinairement de vermeil doré, où l'on met les serviettes servant au roi, aux reines, aux enfants de France, etc. (*Dictionnaire de l'Académie*, de 1694).

entrée ; et, lorsque Monsieur eut pris aussi sa place, les dames qui étoient nommées par Sa Majesté pour y souper prirent les leurs, selon qu'elles se rencontrèrent, sans garder aucun rang. Celles qui eurent cet honneur furent :

Mesdemoiselles d'Angoulême,
Madame Aubry de Courcy,
Madame de Saint-Arbre,
Madame de Broglio,
Madame de Bailleul,
Madame de Bonnelle,
Madame Bignon,
Madame de Bordeaux,
Mademoiselle Borelle,
Madame de Brissac,
Madame de Coulange,
Madame la maréchale de Clérambau ,
Madame la maréchale de Castelnau,
Madame de Comminge,
Madame la marquise de Castelnau,
Mademoiselle d'Elbeuf,
Madame la maréchale d'Albret, et mademoiselle sa fille,
Madame la maréchale d'Estrées,
Madame la maréchale de La Ferté,
Madame de La Fayette,
Madame la comtesse de Fiesque,
Madame de Fontenay-Hotman,
Madame de Fieubet,
Madame la maréchale de Grancey, et mesdemoiselles ses deux filles,
Madame des Hameaux,
Madame la maréchale de L'Hôpital,
Madame la lieutenante civile[1],
Madame la comtesse de Louvigny,
Mademoiselle de Manicham,
Madame de Meckelbourg,
Madame la Grande Maréchale[2],

1. Mᵐᵉ d'Aubray. (*Relation de Montigny.*)
2. La grande maréchale de Pologne. (*Ibid.*)

Madame de Marré,
Madame de Nemours,
Madame de Richelieu,
Madame la duchesse de Richemont,
Mademoiselle de Tresmes,
Madame Tambonneau,
Madame de La Trousse,
Madame la présidente Tubœuf,
Madame la duchesse de La Vallière,
Madame la marquise de La Vallière,
Madame de Vilacerf,
Madame la duchesse de Wirtemberg, et madame sa fille,
Madame de Valavoire[1].

Comme la somptuosité de ce festin passe tout ce qu'on en pourroit dire, tant par l'abondance et la délicatesse des viandes qui y furent servies que par le bel ordre que le maréchal de Bellefonds et le sieur de Valentiné, contrôleur général de la maison du Roi, y apportèrent, je n'entreprendrai pas d'en faire le détail; je dirai seulement que le pied du rocher étoit revêtu, parmi les coquilles et la mousse, de quantité de pâtes, de confitures de conserves, d'herbages et de fruits sucrés, qui sembloient être crûs parmi les pierres, et en faire partie. Il y avoit sur les huit angles qui marquent la figure du rocher et de la table, huit pyramides de fleurs, dont chacune étoit composée de treize porcelaines remplies de différents mets. Il y eut cinq services, chacun de cinquante-six plats; les plats du dessert étoient chargés de seize porcelaines en pyramides, où tout ce qu'il y a de plus exquis et de plus rare dans la saison y paroissoit à l'œil et au goût d'une manière qui secondoit bien ce que l'on avoit fait dans cet agréable lieu pour charmer la vue.

Dans une allée assez proche de là, et sous une tente, étoit la table de la Reine, où mangeoient Madame, Mademoiselle, madame la Princesse, madame la princesse de Carignan. Monseigneur le Dauphin soupa au château, dans son appartement.

---

1. Quelques autres dames non moins illustres sont signalées dans la *Relation* de l'abbé de Montigny, qu'on trouvera ci-après.

Le Roi étoit servi par monsieur le Duc; et Monsieur, par le sieur de Valentiné. Les sieurs Grotteau, contrôleur de la bouche, Gaut et Chamois, contrôleurs d'office, mettoient les viandes sur la table.

Le maréchal de Bellefonds servoit la Reine; et le sieur Courtet, contrôleur d'office, servoit Madame; le sieur de La Grange, aussi contrôleur d'office, mettoit sur table; les Cent-Suisses de la garde portoient les viandes; et les pages et valets de pied du Roi, de la Reine, de Monsieur et de Madame, servoient les tables de Leurs Majestés.

Dans le même temps que l'on portoit sur ces deux tables, il y en avoit huit autres que l'on servoit de la même manière, qui étoient dressées sous les quatre tentes dont j'ai parlé : et ces tables avoient leurs maîtres d'hôtel, qui faisoient porter les viandes par les gardes-suisses.

La première étoit celle

De madame la comtesse de Soissons, de.	20 couverts.
De madame la princesse de Bade, de . .	20 couverts.
De madame la duchesse de Créquy, de. .	20 couverts.
De madame la maréchale de La Mothe, de	20 couverts.
De madame de Montausier, de	40 couverts.
De madame la maréchale de Bellefonds, de	65 couverts.
De madame la maréchale d'Humières, de	20 couverts.
De madame de Béthune, de	20 couverts.

Il y en avoit encore trois autres dans une petite allée à côté de celle que tenoit madame la maréchale de Bellefonds, de quinze à seize couverts chacune, dont les maîtres d'hôtel du Roi avoient le soin.

Quantité d'autres tables se servoient de la desserte de la Reine, et des autres, pour les femmes de la Reine et pour d'autres personnes.

Dans la Grotte, proche du château, il y eut trois tables pour les ambassadeurs, qui furent servies en même temps, de vingt-deux couverts chacune.

Il y avoit encore, en plusieurs endroits, des tables dressées, où l'on donnoit à manger à tout le monde ; et l'on peut dire que l'abondance des viandes, des vins et des liqueurs, la beauté et l'excellence des fruits et des confitures, et une infinité d'autres choses délicatement apprêtées, faisoient bien voir que la magnificence du Roi se répandoit de tous côtés.

Le Roi s'étant levé de table pour donner un nouveau divertissement aux dames, et passant par le portique où l'allée monte vers le château, les conduisit dans la salle du bal.

A deux cents pas de l'endroit où l'on avoit soupé, et dans une traverse d'allées qui forme un espace d'une vaste grandeur, l'on avoit dressé un édifice d'une figure octogone, haut de plus de neuf toises, et large de dix. Toute la cour marcha le long de l'allée, sans s'apercevoir du lieu où elle étoit ; mais, comme elle eut fait plus de la moitié du chemin, il y eut une palissade de verdure qui, s'ouvrant tout d'un coup de part et d'autre, laissa voir, au travers d'un grand portique, un salon rempli d'une infinité de lumières, et une longue allée au delà, dont l'extraordinaire beauté surprit tout le monde.

Ce bâtiment n'étoit pas tout de feuillages, comme celui où l'on avoit soupé ; il représentoit une superbe salle, revêtue de marbre et de porphyre, et ornée seulement, en quelques endroits, de verdure et de festons. Un grand portique de seize pieds de large, et de trente-deux de haut, servoit d'entrée à ce riche salon ; il avançoit environ trois toises dans l'allée ; et cette avance servoit encore de vestibule, et faisoit symétrie aux autres enfoncements qui se rencontroient dans les huit côtés. Du milieu du portique pendoient de grands festons de fleurs, attachés de part et d'autre. Aux deux côtés de l'entrée, et sur deux piédestaux, on voyoit des termes représentant des satyres, qui étoient là comme les gardes de ce beau lieu. A la hauteur de huit pieds, ce salon étoit ouvert par les six côtés, entre la porte par où l'on entroit, et l'allée du milieu ; ces ouvertures formoient six grandes arcades, qui servoient de tribunes, où l'on avoit dressé plusieurs sièges en forme d'amphithéâtres, pour asseoir plus de six-vingts personnes dans chacune. Ces enfoncements étoient ornés de feuillages, qui, venant se terminer contre les pilastres et le haut des arcades, y montroient assez que ce bel endroit étoit paré comme à un jour de fête, puisque l'on y mêloit des feuilles et des fleurs pour l'orner: car les impostes et les clefs des arcades étoient marquées par des festons et des ceintures de fleurs.

Du côté droit, dans l'arcade du milieu, et au haut de l'enfoncement, étoit une grotte de rocaille, où, dans un large bassin travaillé rustiquement, l'on voyoit Arion porté sur un dauphin, et tenant une lyre; il y avoit à côté de lui deux tritons : c'étoit dans ce lieu que les musiciens étoient placés. A l'opposite, l'on avoit mis tous les joueurs d'instruments; l'enfoncement de l'arcade où ils étoient formoit aussi une grotte, où l'on voyoit Orphée sur un rocher, qui sembloit joindre sa voix à celle de deux nymphes assises auprès de lui. Dans le fond des quatre autres arcades, il y avoit d'autres grottes où, par la gueule de certains monstres, sortoit de l'eau qui tomboit dans des bassins rustiques, d'où elle s'échappoit entre des pierres, et dégouttoit lentement parmi la mousse et les rocailles.

Contre les huit pilastres qui formoient ces arcades, et sur des piédestaux de marbre, l'on avoit posé huit grandes figures de femmes, qui tenoient dans leurs mains divers instruments, dont elles sembloient se servir pour contribuer au divertissement du bal.

Dans le milieu des piédestaux, il y avoit des masques de bronze doré, qui jetoient de l'eau dans un bassin. Au bas de chaque piédestal, et des deux côtés du même bassin, s'élevoient deux jets d'eau qui formoient deux chandeliers. Tout autour de ce salon régnoit un siège de marbre, sur lequel, d'espace en espace, étoient plusieurs vases remplis d'orangers.

Dans l'arcade qui étoit vis-à-vis de l'entrée, et qui servoit d'ouverture à une grande allée de verdure, l'on voyoit encore, sur deux piédestaux, deux figures qui représentoient Flore et Pomone. De ces piédestaux, il en sortoit de l'eau comme de ceux du salon.

Le haut de ce salon s'élevoit au-dessus de la corniche, par huit pans, jusqu'à la hauteur de douze pieds; puis, formant un plafond de figure octogone, laissoit, dans le milieu, une ouverture de pareille forme, dont l'enfoncement étoit de cinq à six pieds. Dans ces huit pans, étoient huit grands soleils d'or, soutenus de huit figures qui représentoient les douze mois de l'année, avec les signes du zodiaque : le fond étoit d'azur, semé de fleurs de lis d'or, et le reste enrichi de roses et d'autres ornements d'or, d'où pendoient trente-deux lustres, portant chacun douze bougies.

Outre toutes ces lumières, qui faisoient le plus beau jour du monde, il y avoit dans les six tribunes vingt-quatre plaques, dont chacune portoit neuf bougies; et aux deux côtés des huit pilastres, au-dessus des figures, sortoient de la feuillée de grands fleurons d'argent, en forme de branches d'arbres, qui soutenoient treize chandeliers disposés en pyramides. Aux deux côtés de la porte, et dans l'endroit qui servoit comme de vestibule, il y avoit six grandes plaques en ovale, enrichies des chiffres du Roi; chacune de ces plaques portoit seize chandeliers allumés de seize bougies.

L'allée qui aboutit au milieu de ce salon avoit plus de vingt pieds de large; elle étoit toute de feuillée de part et d'autre, et paroissoit découverte par le haut; par les côtés, elle sembloit accompagnée de huit cabinets, où, à chaque encoignure, l'on voyoit, sur des piédestaux de marbre, des termes qui représentoient des satyres : à l'endroit où étoient ces termes, les cabinets se fermoient en berceau.

Au bout de l'allée, il y avoit une grotte de rocaille où l'art étoit si heureusement joint à la nature que, parmi les figures qui l'ornoient, on y voyoit cette belle négligence, et cet arrangement rustique qui donne un si grand plaisir à la vue.

Au haut, et dans le lieu le plus enfoncé de la grotte, on découvroit une espèce de masque de bronze doré, représentant la tête d'un monstre marin. Deux tritons argentés ouvroient les deux côtés de la gueule de ce masque, duquel s'élevoit, en forme d'aigrette, un gros bouillon d'eau, dont la chute, augmentant celle qui tomboit de sa gueule, extraordinairement grande, faisoit une nappe qui se répandoit dans un grand bassin, d'où ces deux tritons sembloient sortir.

De ce bassin se formoit une autre grande nappe, accompagnée de deux gros jets d'eau, que deux animaux, d'une figure monstrueuse, vomissoient en se regardant l'un l'autre. Ces deux animaux, qui ne paroissoient qu'à demi hors de la roche, étoient aussi de bronze doré. De cette quantité d'eau qu'ils jetoient, et de celle de ce bassin qui tomboit dans un autre beaucoup plus grand, il se formoit une troisième nappe qui, couvrant tout le bas du rocher, et se déchirant inégalement contre les pierres d'en bas, faisoit paroître des éclats si beaux et si extraordinaires qu'on ne les peut bien exprimer.

Cette abondance d'eau, qui, comme un agréable torrent, se précipitoit de la sorte par différentes chutes, sembloit couvrir le rocher de plusieurs voiles d'argent, qui n'empêchoient pas qu'on ne vît la disposition des pierres et des coquillages, dont les couleurs paroissoient encore avec plus de beauté parmi la mousse mouillée, et au travers de l'eau qui tomboit en bas, où elle formoit de gros bouillons d'écume.

De ce dernier endroit, où toute cette eau finissoit sa chute dans un carré qui étoit au pied de la grotte, elle se divisoit en deux canaux qui, bordant les deux côtés de l'allée, venoient se terminer dans un grand bassin, dont la figure étoit d'un carré long, augmenté, par les quatre côtés, de quatre demi-ronds, lequel séparoit l'allée d'avec le salon ; mais cette eau ne couloit pas sans faire paroître mille beaux effets : car, vis-à-vis des huit cabinets, il y avoit, dans chaque canal, deux jets d'eau qui formoient de chaque côté seize lances de douze à quinze pieds de haut ; et, d'espace en espace, l'eau de ces canaux, venant à tomber, faisoit des cascades qui composoient autant de petites nappes argentées, dont la longueur de chaque canal étoit agréablement interrompue.

Ces canaux étoient bordés de gazon de part et d'autre. Du côté des cabinets, et entre les termes qui en marquoient les encoignures, il y avoit, dans de grands vases, des orangers chargés de fleurs et de fruits ; et le milieu de l'allée étoit d'un sable jaune qui partageoit les deux lisières de gazon.

Dans le bassin qui séparoit l'allée d'avec le salon, il y avoit un groupe de quatre dauphins dans des coquilles de bronze doré posées sur un petit rocher : ces quatre dauphins ne formoient qu'une seule tête, qui étoit renversée, et qui, ouvrant la gueule en haut, poussoit un jet d'eau d'une grosseur extraordinaire. Après que cette eau, qui s'élevoit de plus de trente pieds de haut, avoit frappé la feuillée avec violence, elle retomboit dans le bassin en mille petites boules de cristal.

Aux deux côtés de ce bassin, il y avoit quatre grandes plaques en ovale, chargées chacune de quinze bougies; mais, comme toutes les autres lumières qui éclairoient cette allée étoient cachées derrière les pilastres et les termes qui marquoient les cabinets, l'on ne voyoit qu'un jour universel qui se répandoit si agréablement dans tout ce lieu, et en découvroit les parties avec tant de beauté, que tout le monde préféroit cette clarté à la lumière des plus beaux jours. Il n'y avoit point de jet d'eau qui ne fît paroître mille brillants; et l'on reconnoissoit principalement dans ce lieu et dans la grotte où le Roi avoit soupé, une distribution d'eau si belle et si extraordinaire que jamais il ne s'est rien vu de pareil. Le sieur Joly, qui en avoit eu la conduite, les avoit si bien ménagées que, produisant toutes des effets différents, il y avoit encore une union et un certain accord qui faisoit paroître partout une agréable beauté, la chute des unes servant, en plusieurs endroits, à donner plus d'éclat à la chute des autres. Les jets d'eau, qui s'élevoient de quinze pieds sur le devant des deux canaux, venoient peu à peu à diminuer de hauteur et de force, à mesure qu'ils s'éloignoient de la vue; de sorte que, s'accordant avec la belle manière dont l'on avoit disposé l'allée, il sembloit que cette allée, qui n'avoit guère plus de quinze toises de long, en eût quatre fois davantage, tant toutes choses y étoient bien conduites!

Pendant que, dans un séjour si charmant, Leurs Majestés et toute la cour prenoient le divertissement du bal, à la vue de ces beaux objets et au bruit de ces eaux qui n'interrompoient qu'agréablement le son des instruments, l'on préparoit ailleurs d'autres spectacles dont personne ne s'étoit aperçu, et qui devoient surprendre tout le monde. Le sieur Gissey, outre le soin qu'il avoit pris du lieu où le Roi avoit soupé, et des dessins de tous les habits de la comédie, se trouvant encore chargé des illuminations qu'on devoit mettre au château et en plusieurs endroits du parc, travailloit à mettre toutes ces choses en ordre, pour faire que ce beau divertissement eût une fin aussi heureuse et aussi agréable que le succès en avoit été favorable jusques alors; ce qui arriva en effet par les soins qu'il y prit. Car, en un moment, toutes les choses furent si bien ordonnées que, quand Leurs Majestés sortirent du bal, elles aperçurent le tour du Fer-à-Cheval et le château tout en feu, mais d'un feu si beau et si agréable que cet élément, qui ne paroît guère dans l'obscurité de la nuit sans donner de la crainte et de la frayeur, ne causoit que du plaisir et de l'admiration. Deux cents vases de quatre pieds de haut, de plusieurs façons et ornés de différentes manières, entouroient ce grand espace qui enferme les parterres de gazon, et qui forme le Fer-à-Cheval. Au bas des degrés qui sont au milieu, on voyoit quatre figures représentant quatre Fleuves; et au-dessus, sur quatre piédestaux qui sont aux extrémités des rampes, quatre autres figures qui représentoient les quatres parties du monde. Sur les angles du Fer-à-Cheval, et entre les vases, il y avoit trente-huit candélabres ou chandeliers antiques de six pieds de haut; et ces vases, ces candélabres et ces figures, étant éclairés de la même sorte que celles qui avoient paru dans la frise du salon où l'on avoit soupé, faisoient un spectacle merveilleux. Mais la cour étant arrivée au haut du Fer-à-Cheval, et découvrant encore mieux tout le château, ce fut alors que tout le monde demeura dans une surprise qui ne se peut connoître qu'en la ressentant.

Il étoit orné de quarante-cinq figures. Dans le milieu de la porte du château, il y en avoit une qui représentoit Janus; et, des deux côtés, dans les quatorze fenêtres d'en bas, l'on voyoit différents trophées de guerre. A l'étage d'en haut, il y avoit quinze figures qui représentoient diverses vertus, et au-dessus, un soleil avec des lyres, et d'autres instruments ayant rapport à Apollon, qui paroissoient en quinze différents endroits. Toutes ces figures étoient de différentes couleurs, mais si brillantes et si belles que l'on ne pouvoit dire si c'étoient différents métaux allumés, ou des pierres de plusieurs couleurs qui fussent éclairées par un artifice inconnu. Les balustrades qui environnent le fossé du château étoient illuminées de la même sorte; et dans les endroits où, durant le jour, on avoit vu des vases remplis d'orangers et de fleurs, l'on y voyoit cent vases de diverses formes, allumés de diverses couleurs.

De si merveilleux objets arrêtoient la vue de tout le monde, lorsqu'un bruit qui s'éleva vers la grande allée fit qu'on se tourna de ce côté-là. Aussitôt on la vit éclairée, d'un bout à l'autre, de soixante-douze termes, faits de la même manière que les figures qui étoient au château, et qui la bordoient des deux côtés. De ces termes il partit, en un moment, un si grand nombre de fusées que les unes, se croisant sur l'allée, faisoient une espèce de berceau, et les autres, s'élevant tout droit et laissant jusques en terre une grosse trace de lumière, formoient comme une haute palissade de feu. Dans le temps que ces fusées montoient jusques au ciel, et qu'elles remplissoient l'air de mille clartés plus brillantes que les étoiles, l'on voyoit, tout au bas de l'allée, le grand bassin d'eau, qui paroissoit une mer de flamme et de lumière, dans laquelle une infinité de feux plus rouges et plus vifs sembloient se jouer au milieu d'une clarté plus blanche et plus claire.

A de si beaux effets se joignit le bruit de plus de cinq cents boîtes, qui, étant dans le grand parc, et fort éloignées, sembloient être l'écho de ces grands éclats dont les grosses fusées faisoient retentir l'air lorsqu'elles étoient en haut.

Cette grande allée ne fut guère en cet état, que les trois bassins des fontaines qui sont dans le parterre de gazon, au bas du Fer-à-Cheval, parurent trois sources de lumière. Mille feux sortoient du milieu de l'eau, qui, comme furieux et s'échappant d'un lieu où ils auroient été retenus par force, se répandoient de tous côtés sur les bords du parterre. Une infinité d'autres feux sortant de la gueule des lézards, des crocodiles, des grenouilles et des autres animaux de bronze qui sont sur les bords des fontaines, sembloient aller secourir les premiers, et, se jetant dans l'eau, sous la figure de plusieurs serpents, tantôt séparément, tantôt joints ensemble par gros pelotons, lui faisoient une rude guerre. Dans ces combats, accompagnés de bruits épouvantables, et d'un embrasement qu'on ne peut représenter, ces deux éléments étoient si étroitement mêlés ensemble qu'il étoit impossible de les distinguer. Mille fusées qui s'élevoient en l'air paroissoient comme des jets d'eau enflammés; et l'eau qui bouillonnoit de toutes parts ressembloit à des flots de feu et à des flammes agitées.

Bien que tout le monde sût que l'on préparoit des feux d'artifice, néanmoins, en quelque lieu qu'on allât durant le jour, l'on n'y voyoit nulle disposition; de sorte que, dans le temps que chacun étoit en peine du lieu où ils devoient paroître, l'on s'en trouva tout à coup environné : car non seulement ils partoient de ces bassins de fontaines, mais encore des grandes allées qui environnent le parterre; et, en voyant sortir de terre mille flammes qui s'élevoient de tous côtés, l'on ne savoit s'il y avoit des canaux qui fournissoient, cette nuit-là, autant de feux, comme, pendant le jour, on avoit vu de jets d'eau qui rafraîchissoient ce beau parterre. Cette surprise causa un agréable désordre parmi tout le monde, qui, ne sachant où se retirer, se cachoit dans l'épaisseur des bocages et se jetoit contre terre.

Ce spectacle ne dura qu'autant de temps qu'il en faut pour imprimer dans l'esprit une belle image de ce que l'eau et le feu peuvent faire quand ils se rencontrent ensemble et qu'ils se font la guerre; et chacun, croyant que la fête se termineroit par un artifice si merveilleux, retournoit vers le château, quand, du côté du grand étang, l'on vit tout d'un coup le ciel rempli d'éclairs, et l'air d'un bruit qui sembloit faire trembler la terre. Chacun se rangea vers la Grotte pour voir cette nouveauté, et aussitôt il sortit de la tour de la pompe qui élève toutes les eaux une infinité de grosses fusées qui remplirent tous les environs de feu et de lumière. A quelque hauteur qu'elles montassent, elles laissoient attachée à la tour une grosse queue, qui ne s'en séparoit point que la fusée n'eût rempli l'air d'une infinité d'étoiles qu'elle y alloit répandre. Tout le haut de cette tour sembloit être embrasé; et de moment en moment, elle vomissoit une infinité de feux, dont les uns s'élevoient jusques au ciel, et les autres, ne montant pas si haut, sembloient se jouer par mille mouvements agréables qu'ils faisoient. Il y en avoit même qui, marquant les chiffres du Roi par leurs tours et retours, traçoient dans l'air de doubles L, toutes brillantes d'une lumière très vive et très pure. Enfin, après que de cette tour il fut sorti, à plusieurs fois, une si grande quantité de fusées que jamais on n'a rien vu de semblable, toutes ces lumières s'éteignirent; et, comme si elles eussent obligé les étoiles du ciel à se retirer, l'on s'aperçut que, de ce côté-là, la plus grande partie ne se voyoit plus, mais que le jour, jaloux des avantages d'une si belle nuit, commençoit à paroître.

Leurs Majestés prirent aussitôt le chemin de Saint-Germain avec toute la cour, et il n'y eut que Monseigneur le Dauphin qui demeura dans le château.

Ainsi finit cette grande fête, de laquelle si l'on remarque bien

FÊTE DE VERSAILLES.

toutes les circonstances, on verra qu'elle a surpassé, en quelque façon, ce qui a jamais été fait de plus mémorable. Car, soit que l'on regarde comme en si peu de temps l'on a dressé des lieux d'une grandeur extraordinaire pour la comédie, pour le souper et pour le bal, soit que l'on considère les divers ornements dont on les a embellis, le nombre des lumières dont on les a éclairés, la quantité d'eau qu'il a fallu conduire, et la distribution qui en a été faite, la somptuosité des repas où l'on a vu une quantité de toutes sortes de viandes qui n'est pas concevable; et, enfin, toutes les choses nécessaires à la magnificence de ces spectacles et à la conduite de tant de différents ouvriers; on avouera qu'il ne s'est jamais rien fait de plus surprenant, et qui ait causé plus d'admiration.

Mais, comme il n'y a que le Roi qui puisse, en si peu de temps, mettre de grandes armées sur pied, et faire des conquêtes avec cette rapidité que l'on a vue, et dont toute la terre a été épouvantée, lorsque, dans le milieu de l'hiver, il triomphoit de ses ennemis, et faisoit ouvrir les portes de toutes les villes par où il passoit, aussi n'appartient-il qu'à ce grand prince de mettre ensemble, avec la même promptitude, autant de musiciens, de danseurs et de joueurs d'instruments, et tant de différentes beautés. Un capitaine romain disoit autrefois qu'il n'étoit pas moins d'un grand homme de savoir bien disposer un festin agréable à ses amis que de ranger une armée redoutable à ses ennemis : ainsi l'on voit que Sa Majesté fait toutes ses actions avec une grandeur égale; et que, soit dans la paix, soit dans la guerre, elle est partout inimitable.

Quelque image que j'aie tâché de faire de cette belle fête, j'avoue qu'elle n'est que très imparfaite; et l'on ne doit pas croire que l'idée qu'on s'en formera sur ce que j'en ai écrit approche, en aucune façon, de la vérité. L'on donnera au public les figures des principales décorations; * mais ni les paroles, ni les figures

---

* Var. *On peut voir ici les figures des principales décorations;* (Édition in-folio de 1679.)
Voici les titres de ces figures, gravées par Le Pautre en 1678 et 1679 :

I. Collation donnée dans le petit parc de Versailles ;
Comessatio ante cœnam data, in hortis Versalianis.

II. Les Fêtes de l'Amour et de Bacchus, comédie en musique représentée dans le petit parc de Versailles;

ne sauroient bien représenter tout ce qui servit de divertissement dans ce grand jour de réjouissance [1].

> *Festum Cupidinis et Bacchi, comœdia ad perpetuum vocum et tibiarum cantum acta, in hortis Versalianis.*
>
> III. Festin donné dans le petit parc de Versailles;
> *Cœnaculum implexis ramis concameratum, et regiæ cœnæ adumbratio, in hortis Versalianis.*
>
> IV. La salle du bal donné dans le petit parc de Versailles;
> *Aula frondibus et virgultis septa, ad saltationes et choreas ducendas parata, in hortis Versalianis.*
>
> V. Illuminations du palais et des jardins de Versailles;
> *Nocturnæ illuminationes, vasis statuisque incluso igne pellucentibus, ad palatii Versaliani fenestras et per omnes hortorum areas et xystos apte dispositis.*

1. Dans l'édition de 1679, le nom de l'auteur, Félibien, est au-dessous de la dernière ligne.

LA FÊTE DE VERSAILLES

DU 18 JUILLET 1668

[PAR L'ABBÉ DE MONTIGNY [1].]

A MONSIEUR LE MARQUIS DE LA FUENTE.

Quand vous ne seriez plus aussi sensible aux belles choses que vous l'avez paru autrefois, et qu'en vous engageant dans le sacré lien vous auriez renoncé à toutes sortes de fêtes et de galanteries, il seroit impossible que vous ne fussiez touché de celles que j'ai à vous conter, et que vous ne reçussiez agréablement une relation que la reine elle-même m'a commandé de vous écrire. Il est vrai, monsieur, que je ne me trouve pas médiocrement empêché à dresser l'instruction dont vous avez besoin. Tant d'objets éclatants ont frappé à la fois mon esprit qu'il ne peut revenir de son éblouissement, et je connois par expérience qu'il n'en coûte pas tant au Roi pour faire des choses extraordinaires qu'il en coûte aux autres pour les décrire. La surprise et le ravissement ont je ne sais quoi de stupide et de muet, et telle est enfin la magnificence de Sa Majesté qu'on a peine à se l'imaginer quand on l'a vue, et plus de peine encore à l'exprimer quand on l'a imaginée.

La scène étoit à Versailles, et ne pouvoit sans doute être

---

1. L'abbé de Montigny est ce petit évêque de Saint-Pol-de-Léon, que Mme de Sévigné connaissait beaucoup et qui était, dit-elle, *cartésien à brûler* (lettre du 2 septembre 1671). Il mourut au mois de septembre 1671, à l'âge de trente-cinq ans. Sa Relation est dans les pièces manuscrites recueillies par Conrart (Bibl. Arsenal, tome IX, p. 1109-1119). Elle est imprimée dans le *Recueil de diverses pièces faites par plusieurs personnes illustres*. La Haye, Jean et Daniel Steucker, 1669, petit in-12.

mieux. C'est une maison favorite, et qui mérite bien de l'être. L'assignation y étant marquée au 18 de ce mois, on ne peut concevoir le monde qui s'y rendit. Tout ce qu'il y a de personnes de qualité, de l'un et de l'autre sexe, à Paris et dans les provinces circonvoisines; plusieurs même qui, à la suite du duc de Monmoulth, avoient passé la mer, y étoient accourus. Jamais assemblée ne fut si nombreuse, si choisie, ni si parée.

Le Roi, souhaitant qu'en cette occasion toute la dépense fût pour lui, et que les autres n'en eussent que le plaisir, avoit défendu sévèrement toute sorte de clinquants et de dorures. Mais que peuvent les lois contre la mode? C'est une folle qui trouve le secret de perdre en façons ce qu'on pense lui épargner en étoffes, et qui ne s'échappe jamais tant que lorsqu'elle se sent liée et contrainte.

De tant de dames qui s'y trouvèrent, il n'y en avoit qu'environ trois cents qui fussent conviées et qui dussent avoir l'honneur de manger aux tables du Roi. Elles trouvèrent, en arrivant, tous les appartements du château ouverts, parfumés, et prêts à les recevoir. Afin même de ne les pas contraindre, la famille royale s'étoit retranchée dans un des pavillons de la basse-cour. On leur laissa le temps de se rafraîchir; après quoi, vers le soir, que la douceur de l'air convioit à la promenade, elles suivirent la Reine dans le jardin, où des calèches les attendoient pour les mener vers un de ces bois qu'on trouve à droite en entrant, qui a quelque chose de plus solitaire et de plus mystérieux que les autres. La beauté du jour et du lieu les obligea d'y descendre. C'est une espèce de labyrinthe, coupé de plusieurs allées, dont il y en a une plus grande, qui fait la circonférence de cinq autres, lesquelles, partant toutes d'un même centre, aboutissent dans celle-là, et forment une très agréable étoile. Mille arbres nains, chargés des plus excellents fruits de la saison, bordoient ces allées, embellies dans les angles d'autant de niches semées de fleurs où reposoit quelque divinité champêtre. Au milieu de l'étoile jaillissoit une fontaine dont le bassin étoit environné de cinq tables sans nappe ni couverts, où le naturel étoit si ingénieusement imité que, quelque splendide que fût la collation, elle y paroissoit plutôt née que servie.

La première table étoit bornée, au bout qui tomboit sur le

bassin, par une montagne moussue couverte de truffes et de champignons, ayant six autres garnis de pâtés et de viandes froides, et le reste de la table, comme un fertile vallon, étoit jonché de salades et de verdures.

La deuxième avoit pareillement à l'un de ses bouts, comme en perspective, un corps d'architecture de différentes pâtes, et le reste de la table étoit fourni de tourtes et d'autres pièces de four.

La troisième étoit terminée par des pyramides de confitures sèches, et le reste de la table figuré comme un parterre régulier par l'arrangement des massepains et des compotes.

La quatrième sembloit sortir d'un rocher escarpé, où la nature avoit commencé à former divers cristaux, et le reste de la table étoit chargé de vases de cristal, pleins de toutes sortes d'eaux glacées.

La cinquième étoit bornée par des tas de caramels, semblables à ces amas informes d'ambre que la mer pousse quelquefois au rivage, et la table étoit couverte de porcelaines remplies de crèmes.

Tout cela, monsieur, tenoit plus de l'enchantement des fées que de l'industrie humaine. En effet, personne ne parut en ce lieu quand la compagnie y entra. On entrevoyoit seulement, au travers des palissades, des mains qui, sur des soucoupes très propres, présentoient à boire à tous ceux qui en vouloient. On demeura quelque temps suspendu à cet aspect. Mais enfin, la tentation l'emportant sur le scrupule, on se mit à manger de toutes ces choses comme si on ne les avoit pas crues enchantées.

On remonta aussitôt dans les mêmes calèches qui, après quelques détours, s'arrêtèrent à un édifice d'apparence rustique qui, s'élevant presque à la hauteur des arbres et n'ayant pour décoration extérieure que la dépouille des forêts et des jardins, effaçoit la pompe des palais et donnoit de l'éclat à des choses simples et champêtres. Au temps des Druides on l'auroit pris pour le palais où ils rendoient leurs jugements ou pour le temple des dieux qui présidoient aux forêts. On reconnut, en entrant, que c'étoit un temple destiné pour des spectacles; on y voyoit un théâtre, superbe par sa grandeur et par ses ornements. Deux colonnes torses, éclatantes d'or et d'azur, entre lesquelles on avoit posé des statues de marbre blanc, soutenoient de chaque côté un très riche plafond, extrêmement exhaussé pour faciliter le jeu des machines qui changeoient souvent la scène. Le parterre, proprement parqueté, étoit de quarante pas de long sur trente-deux de large. Le haut dais, planté au milieu, avec des amphithéâtres tout autour, qui gémissoient sous la foule incroyable des spectateurs. Qui auroit pensé, monsieur, qu'un ouvrage où il éclatoit tant d'ordre, tant d'industrie et tant d'invention, auroit pu être achevé en moins de quinze jours, pour ne durer peut-être que vingt-quatre heures? Qui se seroit imaginé que tant de dépense et de profusion n'eût eu pour but que la gloire d'un jour et la représentation d'une comédie? La troupe de Molière y en joua une de sa façon, nouvelle et comique, agréablement mêlée de récits et d'entrées de ballet où Bacchus et l'Amour, s'étant quelque temps disputé l'avantage, s'accordoient enfin pour célébrer unanimement la fête.

La nuit cependant s'étoit beaucoup avancée. Elle qui arrête tous les travaux de la nature, n'est pas ennemie des plaisirs. Elle ne gâta rien par sa venue; on la trouva paresseuse plutôt que pressée. On en bénit les ombres, soit pour leur fraicheur, qui passoit l'ordinaire de la saison, soit pour leur obscurité, qui rehaussoit l'éclat des parures, soit enfin parce qu'elles amenoient avec elles l'heure du souper, que la faim avoit déjà prévenue. On ne songeoit plus qu'à la satisfaire; mais on crut bien que Sa Majesté n'y songeoit pas, quand elle convia la compagnie d'aller, à l'heure qu'il étoit, à l'autre côté du jardin visiter une espèce de palais enchanté, d'une structure aussi rare et aussi singulière que les faiseurs de Rome en aient jamais imaginé.

Ses murs étoient tapissés en dehors d'un tissu de feuillages verdoyants, et en dedans tout rioit aux yeux par la diversité qui étoit jointe avec la symétrie. Huit portiques de plus de quarante pieds de haut et seize fenêtres ornées de festons, ouvroient de tous côtés un vaste salon de figure ronde; des pilastres qui paroissoient de porphyre et dont les corniches dorées étoient chargées de plusieurs vases précieux, soutenoient un plafond à l'italienne, enrichi de certains grotesques, à qui une lumière extérieure et cachée donnoit une vivacité surprenante; tout cela étoit couronné d'un dôme admirablement bien peint, où, au travers de quelques nuages d'or, mêlés de gros bouillons d'argent, éclatoit un azur céleste qu'on discernoit avec peine, et qu'on regardoit avec plaisir. Tout autour du salon, d'espace en espace, sortoient hors d'œuvre trois bassins en forme de coquilles élevées l'une sur l'autre, où l'eau, formant diverses cascades, tempéroit doucement le feu que jetoient des girandoles d'argent et plus de soixante lustres de cristal, qui pendoient du plafond à différentes hauteurs. A trois de ces portiques que nous avons marqués répondoient autant de cabinets où, sur des crédences à plusieurs étages, paroissoient étalées ces lourdes cuvettes, ces profondes buires, ces civières, ces plaques, et tant d'autres chefs-d'œuvre d'orfévrerie, qui n'ont point d'autre usage dans les festins que d'éblouir les conviés, et de faire éclater la magnificence du maître.

Au milieu du salon s'élevoit un des rochers du Parnasse sur les pointes duquel les Muses, en relief d'argent, paroissoient méditer les louanges de leur héros, que Pégase aux ailes étendues sembloit prêt à porter par toute la terre; des sources qui, par la violence d'une ruade, s'étoient ouvertes sous ses pieds et qui, au travers des cavités du rocher, tomboient tantôt en pluies, tantôt en ruisseaux, excitoient un murmure agréable propre à faire rêver des gens qui n'eussent eu rien de mieux à faire. Cet endroit si vanté par les poètes étoit environné d'une table à quatre-vingts couverts, éclairée de cent petits flambeaux de cristal, et servie du plus grand souper du monde, qui fut toujours égayé par la symphonie. Quatre-vingts des dames conviées eurent l'honneur d'y manger avec le Roi. Je vous en mettrai les noms à la fin de cette relation, qui pourront rafraîchir dans votre mémoire quelque idée qui ne vous sera peut-être pas encore indifférente.

Pour éviter la confusion parmi tant de personnes priées, on les avoit partagées en neuf bandes à chacune desquelles Sa Majesté avoit préposé quelque dame principale pour chef, et autant de ses gentilshommes ordinaires pour guide. Chaque chef de quadrille eut soin de régaler la sienne à une table particulière.

La première étoit tenue par la Reine, où ne mangèrent que les princesses du sang ;

La deuxième, de vingt couverts, par Mme la comtesse de Soissons ;

La troisième, de vingt couverts, par Mme la princesse de Baden ;

La quatrième, de quarante couverts, par Mme la duchesse de Montausier ;

La cinquième, de vingt couverts, par Mme la duchesse de Créquy ;

La sixième, de vingt couverts, par Mme la maréchale de La Mothe ;

La septième, de vingt couverts, par Mme la maréchale d'Humières ;

La huitième, de soixante couverts, par Mme la maréchale de Bellefonds ;

La neuvième, de vingt couverts, par Mme la comtesse de Béthune.

Outre ces tables, qui n'étoient que pour les dames conviées, il y en avoit encore plusieurs autres, dans diverses allées, où purent manger tous ceux qui en avoient envie, et dans la grotte, que vous savez être le plus bel endroit de Versailles, on avoit dressé trois tables de vingt couverts chacune, pour régaler messieurs les ambassadeurs. On s'aperçut bien, monsieur, que vous y manquiez, tant pour la gloire du régal que pour votre propre satisfaction. Ami de la magnificence comme vous êtes, vous en auriez été plus touché qu'un autre. Ne mettez pas, toutefois, cela au nombre de vos malheurs. Si vous saviez de quelle part vous y avez été souhaité, vous seriez bientôt consolé du plaisir que vous avez perdu, et l'honneur du souvenir de Leurs Majestés vous tiendroit aisément lieu de toutes les fêtes du monde.

La bonne chère, monsieur, n'inspire pas ordinairement des pensées mélancoliques : la gaieté brilloit sur tous les visages, le cœur en cachoit encore davantage ; la soirée étoit fraîche ; on eût été ravi de danser. Dans cette disposition le roi fit marcher la compagnie vers un superbe salon, où les ordres étoient si régulièrement observés, les ornements si naturels et si pompeux, le plan si vaste et si nouveau, qu'il étoit aisé de juger que ce devoit être l'ouvrage de l'architecte du Louvre, c'est-à-dire d'un homme accoutumé aux grands desseins et aux plus nobles idées.

Imaginez-vous, monsieur, un spacieux octogone, de quarante pas de diamètre, ouvert de quatre côtés par autant de portiques entre lesquels on avoit creusé, comme dans l'épaisseur des murs, six profondes grottes où étoient posés des échafauds pour les spectateurs oisifs et pour les violons. Les statues des plus fameux musiciens ornoient les angles de la salle, et au-dessous s'élançoient autant de jets d'eau qui, retombant dans des cuves de plomb, mêloient leur bruit au son des instruments. Le plafond à l'italienne brilloit de ces agréables nuances que le soleil a coutume de peindre en se levant. Ce salon avoit pour issue une galerie de soixante pas de long, ornée de verdures et de figures plates, que l'art de la perspective relevoit merveilleusement aux yeux.

Dans l'enfoncement on découvroit un masque énorme accompagné de deux chiens marins, qui tous ensemble dégorgeoient un fleuve entier qui, tombant dans de larges coquilles, s'étendoit en nappes et formoit à chaque côté de la galerie une cascade de trente jets d'eau; puis, semblable à un torrent, venoit se précipiter dans une espèce de lac qui battoit au pied du sol, et qui sembloit l'aller inonder, sans des gouffres souterrains qui en détournoient loin de là le déluge et le danger.

Je ne vous parlerai point de l'ordre ni de la pompe du bal, de l'éclat ni de la grâce de Leurs Majestés; de la beauté ni des parures des personnes qui dansèrent; je ne me mêle de peindre que des paysages et des feuillées, et je suis bien aise de vous laisser à penser quelque chose qui vous plaise.

Vous le savez, monsieur, les plaisirs ont beau être naturels, il faut de l'art pour les conduire. Leur instinct ne doit pas toujours être leur règle; ils se détruiroient eux-mêmes si on les laissoit faire; leur philosophie (car enfin ils en ont une) ne permet pas qu'on les épuise; il faut les quitter avec regret, et non pas avec lassitude. Le roi la crut prévenir en finissant le bal plus tôt qu'on n'auroit voulu. On se leva donc avec Sa Majesté et personne ne songea plus qu'au repos et à la retraite.

Mais à peine fut-on sorti de l'épaisseur du bois et parvenu au premier parterre, où nous n'avions vu, un moment auparavant, que des eaux et des fleurs, que nos yeux furent tout à coup frappés de la plus étrange et de la plus prodigieuse illumination que l'on puisse jamais imaginer. L'ordre de la nature paroissoit confondu ; il sembloit que les ténèbres tombassent du ciel et que le jour sortît de la terre. Une morne et éblouissante lueur faisoit resplendir toute la contrée circonvoisine sans que nulle fumée épaissît l'air, sans que nul pétillement de flamme ni d'étincelles rompît le silence de la nuit. Le long de l'allée principale du jardin paroissoit une légion de gens immobiles et intérieurement enflammés. A toutes les fenêtres du château s'avançoient de grands fantômes lumineux et flambants, qui sans se consumer paroissoient pénétrés d'un feu plus vif et plus ardent que n'est le feu élémentaire. Tout le fer à cheval qui est du côté du jardin, toute la balustrade qui règne autour du fossé, étoient bordés d'urnes luisantes et de globes pareils à celui de la lune lorsque dans son plein on la voit comme allumée d'un feu rougeâtre s'élever sur l'horizon. Ce spectacle terrible et surprenant troubloit les regards et les occupoit. Il y a des horreurs qui plaisent, et l'âme, avide de nouveauté, se repaît de ce qui l'étonne.

Comme on étoit avidement attaché à ces visions, on fut tout à coup réveillé par des éclats de tonnerre souvent redoublés, accompagnés d'une infinité d'éclairs et de feux, qui, s'élançant tantôt vers le ciel comme des fusées, tantôt dans les airs comme des étoiles qui s'éclateroient en pièces, tantôt dans un rond d'eau où ils se rallumoient au lieu de s'éteindre, tantôt contre la terre, comme des serpenteaux, augmentoient l'horreur des ténèbres en les dissipant, et sembloient menacer l'univers de son dernier embrasement. Mais, monsieur, on reconnut bientôt l'ingénieuse imposture de ces fantômes de lumière qui nous avoient éblouis, et de ce tonnerre artificiel qui nous avoit étonnés[1]. On jouit agréablement de ce spectacle jusques à ce que l'aurore, commençant à poindre, sembla donner à tout le monde le signal de la retraite, et c'est, monsieur, ce qui couronna heureusement cette galante et magnifique fête, dont Sa Majesté semble avoir

1. *Étonnés* est la leçon du Recueil imprimé. Dans le manuscrit, le mot *éblouis* a été répété par inadvertance, et au-dessous on a mis dans l'interligne : *étonnés ou étourdis*.

FÊTE DE VERSAILLES.

voulu régaler ses sujets pour leur faire goûter les prémices de la paix qu'il vient de leur donner et pour leur faire entendre qu'il borne désormais son ambition à assurer le repos et à répandre la joie par toute la terre.

TABLE DU ROI.

Mesdames les duchesses d'Angoulême.
Mme la duchesse d'Elbeuf.
Mlle d'Elbeuf.
Mme la duchesse de Nemours.
Mme la princesse de Mekelbourg.
Mme et Mlle de Wirtemberg.
Mme la duchesse de Bouillon.
Mme la princesse de Monaco.
Mme la duchesse de Brissac.
Mme la duchesse de Saint-Simon.
Mme la duchesse de Richelieu.
Mme la duchesse de La Vallière.
Mme la duchesse de Vitry.
Mme la maréchale de Villeroy.
Mme la maréchale de La Ferté.
Mme la maréchale de Clérembaut.
Mme la maréchale de Castelnau.
Mme la maréchale de Grancey.
Mme la maréchale de L'Hospital.
Mme la grande maréchale de Pologne.
Mme la duchesse de Richemont.
Mme la marquise de Villeroy.
Mme la marquise de La Vallière.
Mme la marquise de Castelnau.
Mme la comtesse de Fiesque.
Mme et Mlle d'Albret.

Mme de Brogle.
Mme de Brancas.
Mme de Louvigny.
Mme de Comminge.
Mme de Fienne.
Mme de La Fayette.
Mme de Maré.
Mlle de Manican.
Mme et Mlle de Sévigny [1].
Mme de Thiange.
Mlle Borel [2].
Mlle de Tresme.
Mme de La Trousse.
Mme de Valavoir.
Mme d'Avaux.
Mme de Bailleul.
Mme de Bordeaux.
Mme Bignon.
Mme de Bonnelle.
Mme de Coulange.
Mme de Villeacerf [3].
Mme de Ficubet.
Mme de Fontenay Ottemant [4].
Mme des Hameaux.
Mme d'Aubray.

TABLE DE LA REINE.

Mme la duchesse d'Orléans.
Mademoiselle sa fille.
Mme la duchesse de Guise.

Madame la Princesse.
Mme la princesse de Carignan.

1. Mme la marquise de Sévigné, l'auteur des *Lettres,* avait alors quarante-deux ans; sa fille, qui avait vingt-deux ans, n'était que trop en vue dans ces fêtes de la cour ; elle épousa, le 29 janvier suivant, le comte de Grignan.
2. De Borelle, dans le Recueil imprimé.
3. Villencest, dans le Recueil imprimé.
4. Ortemant, dans le Recueil imprimé.

TABLE DE Mme LA COMTESSE DE SOISSONS.

Mme la comtesse d'Auvergne.
Mme la duchesse de Duras.
Mlle de Duras.
Mme d'Aluye.
Mme de Flavacour.

Mme de Vertamont.
Mme de Sourdy.
Mme et Mlle d'Oradou.
Mme de Kerjan.

TABLE DE Mme LA PRINCESSE DE BADEN.

Mme la princesse de Soubise.
Mme la duchesse de Chevreuse.
Mme Colbert.
Mme Colbert, l'ambassadrice d'Angleterre.
Mme de Piennes.
Mme des Marests.
Mme de Sommery.
Mme de Monbron.

Mme de Jonsac.
Mme de Nérestan.
Mlle de Launay.
Mme et Mlle de Saint-Maurice, ambassadrice de Savoie.
Mme de Refuge.
Mlle de Fontaines.
Mme la comtesse de Roye.
Mme de Saint-Martin.

TABLE DE Mme LA DUCHESSE DE MONTAUSIER.

Mme la princesse d'Harcourt.
Mme la duchesse de Rohan.
Mme la comtesse de Crusol.
Mme de Montespan.
Mme de Gesvres.
Mme de Saucour.
Mme de Froulé.
Mme du Rouvroy.
Mme de Coetlogon.
Mlle de Longueval.
Mlle de Saint-Gelais.
Mlle de La Marq.
Mme la marquise de Crusol.
Mme du Dicourt.
Mme de Nogent.
Mlle d'Aucour.
Mlle de Fosseuse.
Mme la marquise de Roquelaure.

Mme la comtesse du Plessis.
Mlle Chabot.
Mlle du Bellay.
Mme du Ludre.
Mme Sanguin.
Mlle de Sourdy.
Mlle du Coudray.
Mme de Mirepoix.
Mme et Mlle de Baré
Mlle de Scudéry.
Mme Scarron.
Mme de Marsé.
Mme de Beaumeles.
Mme de Brétonvilliers.
Mme de Tallemant.
Mme de Verneuille.
Mme du Vaux.

TABLE DE Mme LA MARÉCHALE DE LA MOTHE.

Mme la princesse d'Espinay.
Mme la maréchale du Plessis.
Mme la comtesse de Grammont.

Mlle de Roquelaure.
Mlle de Richelieu.
Mlle de Goeslo.

FÊTE DE VERSAILLES.

Mme la marquise de Coesquin.
Mlle de Toussy.
Mlle de La Motte.
Mme de Perigny.
Mme de Marillac.

Mlle de Brogle.
Mme du Fresnoy.
Mme d'Amoraisan [1].
Mme Ricouart.
Mme de Dreux.

TABLE DE Mme LA DUCHESSE DE CRÉQUY.

Mme la duchesse de Coeslin.
Mme du Roure.
Mme et Mlle d'Ouailly.
Mme de Sourches.
Mme de La Faluère.
Mlle de La Malmaison.

Mme et Mlle Le Bouts.
Mme et Mlle de Saintou [2].
Mme et Mlle Maillot.
Mlle de Siran.
Mme Desruaux.

TABLE DE Mme LA MARÉCHALE D'HUMIÈRES.

Mme de Rembure.
Mme la comtesse d'Olonne.
Mlle Fabert.
Mme Laré.
Mme de Fercourt.
Mme et Mlle de Sainte-Mesme.

Mlle de L'Hospital.
Mlle des Sales.
Mlles de Bussy-Lamet.
Mme de Saint-Loup.
Mme de Chauvry.

TABLE DE Mme LA MARÉCHALE DE BELLEFONDS.

Mme la marquise de Villars.
Mme de Rosmadec.
Mme du Châtel.
Mme de La Boulaye.
Mmes de Beaucé.
Mme du Bauchel.
Mlle de Kerfily.
Mme et Mlle de Villerégy.
Mme de Saint-Gilles.
Mme et Mlle de Beringhen.
Mme des Grieux.
Mme des Granges.
Mlle de Minuer.
Mlle d'Aquest.
Mme Benoist.
Mme et Mlle Delafuie.
Mme de Béchamel.

Mme Le Camus.
Mlle Térat.
Mme de La Martinière.
Mme de Pirnit.
Mme de Kergré.
Mlle de Canillac.
Mme Perrault.
Mme de Pluvaux.
Mme de Joyac.
Mme Buar.
Mme Galan.
Mme de Laitre.
Mme Le Maitre.
Mme du Sel.
Mlle du Boulay-Favier.
Mme Béraut [3].

1. De Moraisan, dans le Recueil imprimé.
2. De Saintot, dans le Recueil imprimé.
3. Brault, dans le Recueil imprimé.

TABLE DE Mme LA COMTESSE DE BÉTHUNE.

Mme la duchesse de Saint-Agnan.
Mlle de Saint-Agnan.
Mme de Rouville.
Mme la comtesse de Béthune.
Mme de La Baulme.
Mme Despoisse.
Mlle de Chavigny.
Mlle d'Arquien [1].
Mme la comtesse de Guiche.
Mme de Senas [2].

Mme la comtesse de Claire.
Mme de Saint-Martin.
Mme Picon.
Mme d'Aquin.
Mme de Monceaux.
Mlle d'Orgeval.
Mme d'Onsenbray.
Mme de La Troche.
Etc.

1. Danguien, dans le Recueil imprimé.
2. De Senais, dans le Recueil imprimé.

FIN DE LA FÊTE DE VERSAILLES.

L'AVARE

COMÉDIE EN CINQ ACTES

9 septembre 1668.

NOTICE PRÉLIMINAIRE.

Le 9 septembre 1668, Molière fit représenter sa grande comédie de *l'Avare* sur le théâtre du Palais-Royal. Voici de quelle façon Robinet, dans sa lettre du 15 septembre, rendit compte de cette pièce :

> Prenant soin du plaisir public,
> Moi, qui marchant ne fais point clic,
> J'avertis que le sieur Molière,
> De qui l'âme est si familière
> Avecque les neuf doctes Sœurs,
> Dont il reçoit mille douceurs,
> Donne à présent sur son théâtre,
> Où son génie on idolâtre,
> Un *Avare* qui divertit
> Non pas certes pour un petit,
> Mais au delà ce qu'on peut dire,
> Car d'un bout à l'autre il fait rire.
> Il parle en prose, et non en vers,
> Mais nonobstant les goûts divers,
> Cette prose est si théâtrale
> Qu'en douceur les vers elle égale.
> Au reste, il est si bien joué,
> C'est un fait de tous avoué,
> Par toute sa troupe excellente,
> Que cet *Avare* que je chante
> Est prodigue en gais incidents
> Qui font des mieux passer le temps.

L'Avare eut alors neuf représentations qui ne furent pas tout à fait consécutives. Repris deux mois après, à la suite d'une représentation qui avait eu lieu à la cour le 5 novembre, il fut joué onze fois. Dire, comme M. Bazin, que c'était « un succès fort satisfaisant », c'est se montrer trop peu difficile. Il ressort de là, au contraire, que l'accueil que cet ouvrage reçut du public fut assez froid. Est-ce, comme le prétend Grimarest, parce que la pièce était en prose? Cette circonstance a pu contribuer à dérouter le public, qui était habitué aux grandes comédies en vers. Mais elle ne saurait, à elle seule, offrir une explication suffisante, et il faut supposer que la beauté de l'œuvre ne fut pas sentie du premier coup. Boileau, si nous en croyons l'auteur du *Bolœana,* fit tous ses efforts pour éclairer ses contemporains, et ne marchanda pas ses applaudissements. Racine, qui était brouillé avec Molière, aurait dit un jour à Boileau : « Je vous vis dernièrement à *l'Avare,* et vous riiez tout seul sur le théâtre. — Je vous estime trop, lui aurait répondu Boileau, pour croire que vous n'y avez pas ri vous-même, du moins intérieurement. »

Tout devait faire espérer à Molière de plus brillants résultats. Non seulement il avait creusé profondément son sujet, et il avait appelé à son aide, comme nous le montrerons, un nombre incroyable d'idées comiques recueillies de toutes parts : un certain à-propos ne lui manquait même pas, et il pouvait compter sur une excitation particulière de la curiosité publique. Une de ces affaires étranges et émouvantes que la passion de l'avarice fait éclater par intervalles dans les fastes judiciaires, avait, trois ans auparavant, agité la cour et la ville, Paris et la France. L'assassinat du lieutenant criminel Tardieu et de sa femme, Marie Ferrier, dans leur maison du quai des Orfèvres, le 24 août 1665, eut un retentissement prolongé. L'existence singulière de ces illustres avares, leurs lésineries ingénieuses, leurs ruses pour échapper aux exigences d'une haute position sociale, leurs rapines qu'un crime était venu punir, furent longtemps l'objet de toutes les conversations. On plaignait peu les victimes ; on répétait toutes les anecdotes qui avaient eu cours. Rappelons quelques-uns des traits qu'on citait d'eux ; cela ne nous écartera point de notre sujet. Marie Ferrier avait été épousée par le lieutenant criminel Tardieu avec cent mille écus de dot. Voici comment Tallemant des Réaux nous parle de ce couple fameux :

« Elle devint bientôt la plus ridicule personne du monde... et le lieutenant criminel est un digne mari d'une telle femme. Elle étoit bien faite, elle jouoit bien du luth, elle en joue encore. Mais il n'y a rien de plus ridicule que de la voir avec une robe de velours pelé, faite comme on les portoit il y a vingt ans, un collet du même âge, des rubans couleur de feu repassés, et de vieilles mouches toutes effilochées, jouer du luth, et, qui pis est, aller chez la reine. Elle n'a point d'enfants; cependant sa mère, son mari et elle, n'ont pour tous valets qu'un cocher. Le carrosse est si méchant et les chevaux aussi, qu'ils ne peuvent aller ; la mère donne l'avoine elle-même : ils ne mangent pas leur soûl. Elles vont elles-mêmes à la porte. Une fois que quelqu'un leur étoit allé faire visite, elles le prièrent de leur prêter son laquais pour mener les chevaux à la rivière, car le cocher avoit pris congé. Pour récompense, elles ont été un temps à ne vivre toutes deux que du lait d'une chèvre. Le mari dit qu'il est fâché de cette mesquinerie; Dieu le sait. Pour lui, il dîne toujours au cabaret, aux dépens de ceux qui ont affaire de lui, et le soir il ne prend que deux œufs. Il n'y a guère de gens à Paris plus riches qu'eux. Il a mérité d'être pendu deux ou trois mille fois : il n'y a pas de plus grand voleur au monde.

« Le lieutenant criminel logeoit de petites demoiselles auprès de chez lui, afin d'y aller manger ; il leur faisoit ainsi payer la protection. »

Combien on s'égaya avec la mémorable culbute de Marie Ferrier sur le Pont-Neuf, culbute qui exerça la verve des rimeurs! Le titre d'une de ces pièces satiriques contient tous les détails pittoresques de l'accident : « Madrigal à Son Éminence (le cardinal Mazarin) pour la consoler du déplaisir qu'elle témoignoit avoir d'une risée publique qui s'étoit faite dans Paris, au sujet d'un carrosse versé sur le Pont-Neuf, dans lequel on avoit vu une dame (femme d'un célèbre magistrat) la tête en bas et les pieds en haut, en une très pitoyable posture si sa prévoyance n'y eût pourvu par le moyen d'un beau caleçon de satin blanc qu'elle avoit; lequel cependant, par un grand malheur, causa plus de risée que si la dame eût été vue tout à nu, d'autant que ce caleçon, par le bon ménage de cette dame, se trouva fait de différentes thèses imprimées sur du satin blanc, qui avoient été données à son mari; dont l'une (qui étoit une thèse de physique dédiée à Son Éminence) faisoit partie du devant de ce caleçon, et étoit si bien située que la représentation de Son Éminence en taille-douce se trouvoit justement appliquée sur le bas-ventre de cette dame. »

La chronique de ces illustres avares fut longtemps à l'ordre du jour. La littérature elle-même l'atteste. La « pauvre Babonnette » des *Plaideurs,* qui savait si bien « comme on fait les bonnes maisons », c'était Marie Ferrier. Et Boileau, dans sa dixième satire, traçait le portrait immortel des deux époux. Devançant Racine et Boileau, Molière, lorsqu'il composa sa pièce de *l'Avare,* put mettre à profit quelques-unes des anecdotes recueillies par la voix publique (par exemple, celles relatives aux chevaux, au cocher, dont parle Tallemant). Et, quand il représenta cette pièce, l'impression produite par l'assassinat du lieutenant criminel et de sa femme n'était pas tellement effacée que la peinture de la passion de l'avarice ne dût recevoir de leur mémorable exemple une certaine opportunité.

Toutefois, Molière, qui n'entendait pas faire une œuvre de circonstance, semble avoir pris soin d'écarter les allusions, d'éviter, autant que possible, les traits de ressemblance qui eussent été trop facilement saisis. Il conserva à son tableau le caractère d'une satire générale. Il ne se dissimula pas les difficultés de l'entreprise : il lui fallait peindre avec des couleurs énergiques une passion aussi laide et dégradante que redoutable, sans tomber dans le tragique, sans laisser la scène s'assombrir, et en y ramenant sans cesse le rire près de s'effaroucher. Il ne négligea rien pour l'exécution de son projet, et il s'arma, pour ainsi dire, de toutes pièces.

Molière trouva un point d'appui, une base solide dans la comédie de Plaute intitulée *la Marmite* (*Aulularia*). Plaute a réalisé en effet cette conception hardie de faire de l'avare le caractère principal et dominant d'une grande comédie. Donnons une idée de la pièce latine :

Euclion est un vieil avare qui a trouvé un trésor, et dont l'avarice, par conséquent, est comme exaspérée.

On conçoit quel trouble, quel embarras, quelle inquiétude lui cause cet or qu'il a trouvé, et qu'il cache dans le petit pot de terre qui donne son titre à la comédie. Aussi, il faut voir avec quelle fureur, à la première scène, il pousse dans la rue sa vieille servante dont il craint les regards, et avec quelle peine il se décide à s'éloigner un instant, même pour aller chez le magistrat de la curie chercher sa part d'un congiaire. Tout le monde devine son secret; il lui semble qu'on le salue plus gracieusement qu'autrefois :

> Adeunt, consistunt, copulantur dexteras ;
> Rogitant me, ut valeam, quid agam, quid rerum geram.

« On m'accoste, on entre en conversation, on me serre la main ; chacun me demande de mes nouvelles, comment vont les affaires. » Lorsque son voisin, le riche Mégadore, lui demande sa fille en mariage, Euclion n'est qu'à demi surpris ; ses soupçons lui expliquent la chose : « Il a eu vent de mon or, dit-il ; il convoite mon or, il veut le dévorer ! » Et, après avoir assuré et répété à Mégadore qu'il n'a pas de dot à donner à sa fille,

> Eo dico, ne me thesauros reperisse censeas.

« Je te le dis, afin que tu ne t'imagines pas que j'ai trouvé des trésors. » Mégadore déclare qu'il est prêt à épouser la fille sans dot; Euclion se hâte alors de consentir, pourvu toutefois que son gendre se charge de tous les frais de la fête.

Pendant qu'Euclion achète à grand'peine au marché un peu d'encens et quelques couronnes de fleurs pour les offrir au dieu Lare, sa maison est envahie par les esclaves portant les victuailles, et par les cuisiniers qu'envoie Mégadore. Quand l'avare revient, le fracas qu'il entend chez lui le jette dans des transes mortelles; il se précipite sur ceux qu'il prend pour des voleurs, et les chasse à coups de bâton. Voyant qu'il ne saurait y avoir de sécurité pour lui lorsqu'il est un instant éloigné de sa précieuse marmite, il la prend avec lui. Inquiet, il cherche quelque endroit où il la puisse cacher pendant la noce. Il entre d'abord dans le temple de la Bonne Foi, où il espère lui trouver un asile.

Cependant, au bruit des apprêts de la fête nuptiale, deux personnages sont en grande perplexité : c'est Phédra, fille d'Euclion, et Lyconide, neveu de Mégadore. Lyconide aime Phédra ; il lui a jadis ravi l'honneur pendant les veillées de Cérès ; et, au moment où l'on prépare ses noces, la malheureuse Phédra est sur le point d'accoucher. Lyconide, qui n'aspire qu'à réparer sa faute, envoie son esclave Strobile en observation pour qu'il l'instruise de tout ce qui se passe. Posté sur les marches du temple de la Bonne Foi, Strobile entend Euclion confier sa marmite et son or à la garde de la déesse. Euclion, ramené par un funeste présage, aperçoit l'esclave et veut lui faire avouer et restituer le larcin que celui-ci n'a pas encore eu le temps de commettre. Il le fouille, il lui fait montrer ses mains, il lui veut imposer tour à tour par la persuasion et par la menace; enfin, à peu près convaincu que l'esclave n'a rien, il lui ordonne de fuir. Mais Strobile, furieux, jure de jouer un tour au méchant vieillard, et se cache.

Euclion, dégoûté de la Bonne Foi, rentre dans le temple et emporte la marmite. Il se résout à l'aller enterrer avec les plus grandes précautions dans le bois de Silvain, au milieu d'une épaisse saussaie. Mais il est suivi, épié par Strobile, à qui le trésor n'échappera pas.

Pendant que la marmite voyage ainsi, Phédra est saisie des douleurs de l'enfantement. On l'entend; elle implore Junon Lucine derrière le rideau du théâtre :

> Perii, mea nutrix! obsecro te, uterum dolet.
> Juno Lucina, tuam fidem!

Lyconide n'hésite plus à se confier à sa mère Eumonie; et celle-ci, touchée d'une situation si critique, se charge d'aller tout raconter à Mégadore. Mais on entend les cris d'Euclion; il accourt éperdu, en démence. On sait ce fameux monologue :

> Perii! interii! occidi!...

tant de fois imité. En proie à ses angoisses, le vieillard rencontre Lyconide, qui, à le voir ainsi gémir, s'imagine que le malheureux père est informé de l'accouchement de sa fille. Il s'accuse d'être l'auteur de son chagrin; Euclion croit qu'il tient son voleur. Après un long quiproquo, Euclion finit par se rendre compte du nouveau malheur qui le frappe, et rentre chez lui pour s'assurer de la vérité de ce qu'il vient d'apprendre. L'esclave Strobile révèle à son maître Lyconide la découverte qu'il a faite du trésor d'Euclion; Lyconide (à partir de ce moment, nous n'avons plus le texte de Plaute; c'est l'Italien Urcéus Codrus qui a suppléé au dénoûment perdu) devient possesseur de la précieuse marmite, en accordant la liberté à son esclave. Le jeune homme la restitue à Euclion, et Euclion, transporté de joie, donne à Lyconide sa fille et son trésor. C'est trop à la fois; si Plaute avait attribué à son avare ce mouvement de générosité finale, il aurait commis une faute des plus graves en ne soutenant pas le caractère de son personnage jusqu'au bout.

Voilà certes une peinture vigoureuse, et l'on peut facilement apercevoir combien le poète romain a été utile à Molière. La comédie de Plaute avait eu, avant Molière, des imitateurs chez les modernes. L'Italien Lorenzino de Médicis composa, au XVIe siècle, l'*Aridosio,* dans lequel il combina les *Adelphes* de Térence avec la *Mostellaria* (le Revenant) et l'*Aulularia* (la Marmite) de Plaute. Le Champenois Pierre de Larivey s'empara, en 1579, de l'*Aridosio,* le traduisit avec une verve assez originale et en fit la comédie des *Esprits*[1]. On y retrouve les principales scènes que nous avons signalées dans la pièce latine. Le vieil avare Séverin, empêché de rentrer dans sa maison par de prétendus diables ou esprits, cache dans un trou non pas une marmite pleine d'or, mais une bourse contenant deux mille écus. Un jeune homme nommé Désiré, qui veut devenir son gendre, la guette et met la main sur la somme, sûr d'obtenir par ce moyen le consentement de l'avare :

Mon Dieu, dit Séverin, que je suis misérable! M'eût-il peu jamais advenir plus grand malheur qu'avoir des diables pour mes hostes, qui sont cause que je ne me puis descharger de ma bourse? Qu'en feray-je? Si je la porte avecques moy, et que mon frère la voye, je suis perdu. Où la pourray-je donc laisser en seureté?

Désiré. Elle est pour estre mienne.

Séverin. Mais puisque je ne suis veu de personne, il sera meilleur que je la mette icy, en ce trou, où je l'ay mise autrefois sans que jamais j'y aye trouvé faute. Oh! petit trou, combien je te suis redevable!

Désiré. Mais moy, si vous l'y mettez.

Séverin. Mais si on la trouvoit! Une fois paye pour tous jours. Je la porteray encores avec moy; je l'ay apportée de plus loing. On ne me la pren-

---

1. *Les Six Premières Comédies facétieuses* de Pierre de Larivey, Champenois. Ancien théâtre français, tome V; collection P. Jannet, 1855.

dra pas, non. Personne ne me voit-il? J'y regarde, pour ce que, quand on sçait qu'un qui me ressemble a de l'argent, on luy desrobbe incontinent.

Désiré. Elle sera mieux au trou.

Séverin. Que maudits soyent les diables qui ne me laissent mettre ma bourse en la maison! Tubieu, que dis-je! que ferois-je s'ils m'escoutoient? Je suis en grande peine; il vaut mieux que je la cache; car, puisque la fortune me l'a autresfois gardée, elle voudra bien me faire encores ce plaisir. Hélas! ma bourse, hélas! mon âme, hélas! toute mon espérance, ne te laisse pas trouver, je te prie.

Désiré. Je pense qu'il ne la laschera jamais.

Séverin. Que feray-je? L'y mettray-je? Oy; nenny; si feray, je l'y vay mettre; mais devant que me descharger, je veux veoir si quelqu'un me regarde. Mon Dieu! il me semble que je suis veu d'un chacun, mesmes que les pierres et le bois me regardent. Hé! mon petit trou, mon mignon, je me recommande à toy. Or sus, au nom de Dieu et de sainct Antoine de Padoue, *in manus tuas, domine, commendo spiritum meum.*

Désiré. C'est si grand chose que je n'en puis rien croire, si je ne le voy.

Séverin. C'est à ceste heure qu'il faut que je regarde si quelqu'un m'a veu. Ma foy, personne. Mais si quelqu'un marche dessus, il luy prendra peut-estre envie de veoir que c'est; il faut que souvent j'y prenne garde et n'y laisse fouiller personne. Si faut-il que j'aille où j'ay dit, afin de trouver quelque expédient pour chasser ces diables de mon logis. Je vay par delà, car je ne veux passer auprès d'eux.

Désiré. Me voilà roy, puisqu'aujourd'huy est arrivé le jour auquel je dois mettre fin à mes misères.

Dans *les Esprits,* un temps assez long s'écoule avant que Séverin s'aperçoive qu'on a vidé sa bourse et qu'on l'a remplie de cailloux. Séverin se tient aux environs, et surveille l'endroit du regard; toutes sortes de gens le viennent déranger, le troubler; il s'efforce de les écarter de la cachette; il interprète en un sens fâcheux leurs gestes et leurs paroles; il lui échappe de crier : « Ils me dérobent! Au voleur! au larron! » Il excuse maladroitement toutes ses maladresses. Tant de sollicitude, de transes, de précautions pour une bourse déjà soustraite! Il y a là des effets du meilleur comique qui n'étoient point dans Plaute, et que Molière n'emploiera pas.

Lorsque Séverin découvre qu'on l'a volé, il se livre, comme Euclion, à un monologue tragi-comique qu'on peut comparer avec ceux de Plaute et de Molière. Survient le valet Frontin.

Frontin. Quelles lamentations enten-je là?

Séverin. Que ne suis-je auprès de la rivière, afin de me noyer!

FRONTIN. Je me doute que c'est.
SÉVERIN. Si j'avois un cousteau, je me le planterois en l'estomac!
FRONTIN. Je veux veoir s'il dict à bon escient. Que voulez-vous faire d'un cousteau, seigneur Séverin? Tenez, en voilà un.
SÉVERIN. Qui es-tu?
FRONTIN. Je suis Frontin. Me voyez-vous pas?
SÉVERIN. Tu m'as desrobbé mes escus, larron que tu es! Çà, ren-les-moy, ren-les-moy, ou je t'estrangleray!
FRONTIN. Je ne sçay que vous voulez dire.
SÉVERIN. Tu ne les as pas, donc?
FRONTIN. Je vous dis que je ne sçay que c'est.
SÉVERIN. Je sçay bien qu'on me les a desrobbez.
FRONTIN. Et qui les a prins?
SÉVERIN. Si je ne les trouve, je délibère me tuer moy-mesme.
FRONTIN. Hé! seigneur Séverin, ne soyez pas si colère!
SÉVERIN. Comment, colère? j'ay perdu deux mille escus.
FRONTIN. Peut-estre que les retrouverez; mais vous disiez tousjours que n'aviez pas un lyard; et maintenant vous dictes que avez perdu deux mille escus.
SÉVERIN. Tu te gabbes encor de moy, meschant que tu es!
FRONTIN. Pardonnez-moy.
SÉVERIN. Pourquoy donc ne pleures-tu?
FRONTIN. Pource que j'espère que vous les retrouverez.
SÉVERIN. Dieu le veuille, à la charge de te donner cinq bons sols.
FRONTIN. Venez disner. Dimanche, vous les ferez publier au prône; quelcun vous les rapportera.
SÉVERIN. Je ne veux plus boire ne manger; je veux mourir ou les trouver.
FRONTIN. Allons, vous ne les trouvez pas pourtant, et si ne disnez pas.
SÉVERIN. Où veux-tu que j'aille? au lieutenant criminel?
FRONTIN. Bon!
SÉVERIN. Afin d'avoir commission de faire emprisonner tout le monde?
FRONTIN. Encor meilleur! vous les retrouverez. Allons, aussi bien ne faisons-nous rien icy.
SÉVERIN. Il est vray, car encor que quelqu'un de ceux-là les eust, il ne les rendroit jamais. Jésus, qu'il y a de larrons en Paris!
FRONTIN. N'ayez pœur de ceux qui sont icy; j'en respon, je les cognois tous.
SÉVERIN. Hélas! je ne puis mettre un pied devant l'autre! O ma bourse!
FRONTIN. Hoo! vous l'avez; je voy bien que vous vous mocquez de moy.
SÉVERIN. Je l'ay voirement; mais, hélas! elle est vuyde, et elle estoit plaine!
FRONTIN. Si ne voulez faire autre chose, nous serons icy jusques à demain.
SÉVERIN. Frontin, ayde-moy, je n'en puis plus. O ma bourse! ma bourse! hélas! ma pauvre bourse!

Le quiproquo entre la bourse ravie et la jeune fille séduite existe également dans les pièces de Lorenzino de Médicis et de Larivey; mais cette jeune fille n'est plus celle de l'avare, et c'est au contraire le fils de Séverin, Urbain, qui l'a déshonorée. La situation est moins forte, car Séverin est moins intéressé dans l'événement; aussi ferme-t-il la porte au nez de ceux qui, après lui avoir donné un moment d'espoir, lui viennent rompre la tête de semblables bagatelles.

Le vieillard, après avoir été trop prompt à croire que sa bourse était retrouvée, refuse ensuite d'ajouter foi à ceux qui lui en apportent réellement la nouvelle. C'est son frère Hilaire qui vient, par ce moyen, concilier les intérêts de tout le monde :

SÉVERIN. Qui est là?
HILAIRE. Mon frère, ouvrez!
SÉVERIN. On me vient icy apporter quelques meschantes nouvelles.
HILAIRE. Mais bonnes : vos escus sont retrouvez.
SÉVERIN. Dictes-vous que mes escus sont retrouvez?
HILAIRE. Oy, je le dis.
SÉVERIN. Je crains d'estre trompé comme auparavant.
HILAIRE. Ils sont icy près, et devant qu'il soit longtemps, vous les aurez entre vos mains.
SÉVERIN. Je ne le puis croire, si je ne les voy et les touche.
HILAIRE. D'avant que vous les ayez, il faut que me promettiez deux choses : l'une, de donner Laurence à Désiré; l'autre, de consentir qu'Urbain prenne une femme avec quinze mille livres.
SÉVERIN. Je ne sçay que vous dictes; je ne pense à rien qu'à mes escus, et ne pensez pas que je vous puisse entendre si je ne les ay entre mes mains ; je dy bien que, si me les faictes rendre, je feray ce que vous voudrez.
HILAIRE. Je vous le prometz.
SÉVERIN. Et je vous le prometz aussi.
HILAIRE. Si ne tenez vostre promesse, nous les vous osterons. Tenez, les voilà.
SÉVERIN. O Dieu! ce sont les mesmes! Hélas! mon frère! que je vous ayme! je ne vous pourray jamais récompenser le bien que vous me faictes, deussé-je vivre mille ans.
HILAIRE. Vous me récompenserez assez si vous faictes ce dont je vous prie.
SÉVERIN. Vous m'avez rendu la vie, l'honneur et les biens, que j'avois perdus avec cecy.
HILAIRE. Voilà pourquoy vous me devez faire ce plaisir.
SÉVERIN. Et qui me les avoit desrobbez?
HILAIRE. Vous le sçaurez après; respondez à ce que je vous demande.
SÉVERIN. Je veux premièrement les compter.

Hilaire. Qu'en est-il besoin?
Séverin. Ho! o! s'il s'eu falloit quelcun?
Hilaire. Il n'y a point de faute, je vous en respond.
Séverin. Baillez-le-moy donc par escrit.
Fortuné. O quel avaricieux!
Hilaire. Voyez! il ne me croira pas.
Séverin. Or sus, c'est assez; vostre parolle vous oblige; mais que dictes-vous de quinze mille francs?
Fortuné. Regardez s'il s'en souvient.
Hilaire. Je dy que nous voulons, en premier lieu, que baillez vostre fille à Désiré.
Séverin. Je le veux bien.
Hilaire. Après, que consentiez qu'Urbain espouse une fille avec quinze mille francs.
Séverin. Quant à cela, je vous en prie : quinze mille francs! il sera plus riche que moy.

Le dénoûment de cette comédie n'est pas sans quelques rapports avec celui qu'employa Molière : on y voit apparaître le père de Féliciane, qui, étant de la religion prétendue réformée, s'était retiré à la Rochelle, et qui vient à propos doter et marier sa fille avec le fils de Séverin, comme Anselme unira Élise à Valère et Cléante à Mariane.

Ainsi ce type de l'avare avait été dessiné à la fois dans la comédie antique et dans la comédie moderne, quand Molière en entreprit une nouvelle peinture. Molière n'eut point recours aux combinaisons compliquées de Lorenzino de Médicis; il revint à l'unité de plan du poète latin, et crut que c'était assez d'un caractère comme celui de l'avare pour remplir une grande pièce. Il voulut que tous les personnages fussent groupés autour du personnage principal, sans l'éclipser un instant, et servissent à mettre son vice en saillie. Pour donner assez de jeu à ce caractère et le soutenir pendant cinq actes, il eut besoin de nombreux ressorts qu'il emprunta de toutes parts. Il mit surtout à contribution le théâtre de l'Italie, *I Suppositi* (L'un pour l'autre) de l'Arioste, et, dit-on, plusieurs canevas de la *commedia dell' arte*. Une scène de *la Belle Plaideuse,* de Boisrobert, lui servit également. On trouvera, au courant de la pièce, les plus significatifs et les plus curieux de ces rapprochements. Il convient de nous borner ici à ce qui concerne la composition dans son ensemble. Constatons seulement que *l'Avare* est la pièce de

Molière où l'on découvre certainement le plus grand nombre d'imitations ou, si l'on veut, de réminiscences.

Et pourtant rien ne ressemble moins à un travail de mosaïque, tant la pensée créatrice domine et pénètre tout cela, et tant, par la seule force de cette pensée, ce que le poète emprunte de ses devanciers reçoit une valeur nouvelle et incomparable! Une idée qui ne se fait jour, du moins bien distinctement, ni dans la pièce latine, ni dans celle de Lorenzino de Médicis traduite par Larivey, anime l'œuvre de Molière : ce qu'il s'attache à montrer, c'est le désordre que l'avarice introduit dans la famille. « Un avare, dit Auger, a cessé d'être père; il a même, pour ainsi dire, cessé d'être homme: car il semble s'être dépouillé de la plus naturelle de nos affections, celle qui nous porte à nous aimer nous-mêmes et à chercher en tout notre bien-être. Puis donc qu'il n'a plus en lui aucun sentiment humain, il est inévitable, il est juste qu'il n'en rencontre aucun dans les autres. Il hait les siens, les siens le détestent; il regrette leur naissance, ils souhaitent sa mort; il se méfie d'eux, ils le trompent; il les prive de ce qu'il leur doit, ils lui déroberaient volontiers ce qui lui appartient. »

Horace, dans la première Satire, apostrophe l'avare et lui dit :

> Non uxor salvum te vult, non filius : omnes
> Vicini oderunt, noti, pueri, atque puellæ.
> Miraris, quum tu argento post omnia ponas,
> Si nemo præstet, quem non merearis, amorem!
> An si cognatos, nullo natura labore
> Quos tibi dat, retinere velis, servareque amicos;
> Infelix operam perdas.

« Ni ta femme, ni ton fils ne font des vœux pour ta santé, pour ta vie. Tous tes voisins, tous ceux qui te connaissent, ceux et celles qui te servent, te haïssent également. Quoi! tu t'étonnes, préférant l'argent à tout, de n'inspirer à personne une affection que tu ne mérites pas! Tu te trompes, si tu crois pouvoir, sans faire les moindres frais, conserver la tendresse des parents que t'a donnés la nature, conserver des amis. »

Cette observation, exprimée par Horace, Molière l'a développée sur la scène avec une énergie sans égale. « Avec quelle vigueur, dit Geoffroy, avec quelle fidélité de pinceau Molière ne trace-t-il pas son avare s'isolant de sa famille, voyant des ennemis dans ses enfants, qu'il redoute et dont il n'est pas moins redouté; concentrant toutes ses affections dans son coffre-fort, tandis que son fils se ruine d'avance par des dettes usuraires, tandis que sa fille a une intrigue dans la maison avec son amant déguisé! L'avare ne sait rien de ce qui se passe au sein de sa famille, rien de ce que font ses enfants : il ne sait au juste que le compte de ses écus; c'est la seule chose qui le touche et qui l'intéresse, c'est le seul objet de ses veilles; l'argent lui tient lieu d'enfants, de parents et d'amis : voilà la morale qui résulte de l'admirable comédie de Molière; et, s'il y a quelque tableau capable de faire haïr et mépriser l'avarice, c'est celui-là. »

Gœthe traduit la même impression en disant : « Entre toutes les pièces de Molière, *l'Avare,* dans lequel le vice détruit toute la piété qui unit le père et le fils, a une grandeur extraordinaire et est, à un haut degré, tragique. »

C'est ce que J.-J. Rousseau ne paraît pas avoir compris lorsqu'il adressa au poète comique ces critiques fameuses : « C'est un grand vice d'être avare et de prêter à usure; mais n'en est-ce pas un plus grand encore à un fils de voler son père, de lui manquer de respect, de lui faire mille insultants reproches, et, quand ce père irrité lui donne sa malédiction, de répondre d'un air goguenard qu'il n'a que faire de ses dons? Si la plaisanterie est excellente, en est-elle moins punissable? Et la pièce où l'on fait aimer le fils insolent qui l'a faite, en est-elle moins une école de mauvaises mœurs? »

Parmi les nombreux contradicteurs de Rousseau, nous n'avons qu'à choisir. Citons les réflexions que M. Saint-Marc Girardin fait à ce sujet dans son *Cours de littérature dramatique :*

« La comédie, en faisant punir les vices les uns par les autres, représente la justice du monde telle qu'elle est, justice qui s'exerce et qui s'accomplit à l'aide des passions humaines, qui se combattent et se renversent tour à tour. C'est cette justice qu'expriment aussi les proverbes, qui ne sont que la comédie résumée en maximes, quand ils disent : *A père avare fils prodigue.* Lorsque les passions sont grandes et fortes, cette justice est terrible, et elle enfante l'émotion de la tragédie; quand les passions sont plus petites et plus mesquines, cette justice est plaisante et gaie : elle enfante alors le ridicule de la comédie.

« Une étude attentive des rôles du père et du fils, d'Harpagon et de Cléante, dans *l'Avare,* justifiera ces réflexions.

« Si je voulais, dans un sermon, dépeindre l'avarice et la rendre odieuse; si je disais que cette passion fait tout oublier, l'honneur, l'amitié, la famille; que l'avare préfère son or à ses enfants; que ceux-ci, réduits par l'avarice de leur père aux plus grandes nécessités, s'habituent bientôt à ne plus le respecter, et que cette révolte des enfants est le châtiment de l'avarice du père; si je disais tout cela dans un sermon, qui s'en étonnerait? qui s'aviserait de prétendre qu'en parlant ainsi j'encourage les enfants à oublier le respect qu'ils doivent à leurs parents? Molière, dans la scène de *l'Avare* qu'accuse Jean-Jacques Rousseau, n'a pas fait autre chose que mettre en action le sermon que j'imagine. Quand le père oublie l'honneur, le fils oublie le respect qu'il doit à son père. Ne nous y trompons pas, en effet : c'est un beau titre que celui de père de famille, c'est presque un sacerdoce ; mais c'est un titre qui oblige, et, s'il donne des droits, il impose aussi des devoirs. Je sais bien qu'un fils ne doit jamais accuser son père, même s'il est coupable; mais c'est là le précepte, ce n'est point, hélas! la pratique, sinon des fils vertueux. Or, Molière, dans *l'Avare,* n'a pas entendu le moins du monde nous donner Cléante pour un fils vertueux que nous devons approuver aux dépens de son père ; il a voulu seulement opposer l'avarice à la prodigalité, parce que ce sont les deux vices qui, contrastant le plus l'un avec l'autre, peuvent, par cela même, se choquer et se punir le plus efficacement. »

Molière, à la différence de Plaute, a placé son avare dans une condition de fortune assez élevée. Harpagon[1] a des chevaux, un

---

1. Le mot *harpagon* a la même étymologie que le mot *harpon* : ils viennent l'un et l'autre d'un mot grec qui signifie *croc*. Les Latins en ont fait les mots *harpaga*, *harpago*, pour nommer un grappin de fer avec lequel on accrochait les vaisseaux ennemis, afin de les prendre à l'abordage.

Le mot latin se rencontre deux fois dans l'*Aulularia*, une première fois dans le texte de Plaute :

    Aurum mi intus harpagatum est,

« Mon or a été harponné dans ma maison, » et une seconde fois dans les additions d'Urcéus Codrus :

    Tenaces nimium dominos nostra ætas tulit,
    Quos harpagones, Harpyas et Tantalos

carrosse, d'assez nombreux domestiques, et jusqu'à un intendant. Sans doute, s'il dépendait de lui de n'avoir pas ce train dispendieux, il ne l'aurait pas, et, s'il l'a, c'est que son état, sa position dans le monde l'exigent. Il n'est pas toujours permis d'être avare à sa manière et selon son goût. L'avare, à qui ses pères ont transmis de grandes richesses connues du public, ne peut pas vivre avec la même lésine que l'obscur usurier, unique artisan d'une fortune ignorée. L'avarice de celui-ci est un vice qu'aucune bienséance ne combat, qu'aucun respect humain n'enchaîne, et qui se satisfait sans obstacle. L'avarice de l'autre, au contraire, sans cesse aux prises avec le sentiment des convenances sociales et la crainte des jugements publics, sans cesse en butte aux plaintes, aux ruses et aux sarcasmes d'une famille qui pâtit au sein de la richesse, offrira ce conflit, cette lutte du caractère et de la situation, qui est le véritable ressort de l'intérêt comique. Quel lustre ne donnent pas à l'avarice d'Harpagon la notoriété de son opulence et l'obligation qui en résulte pour lui de vivre à peu près selon son état? Quelles occasions ne lui fournissent-elles pas de s'exercer? Il a des chevaux, mais ils meurent de faim; il a des valets, mais ils ne sont ni vêtus ni nourris; il a un intendant qui ne lui coûte rien, et qui semble enchérir sur lui-même en épargne sordide; il donne un repas, mais il voudrait qu'on le fît sans argent, comme il veut qu'on épouse sa fille sans dot. On a tenté de mettre au théâtre l'avare fastueux[1] : c'était presque avoir oublié la pièce de Molière et le rôle d'Harpagon. Harpagon, en effet, est aussi fastueux qu'un avare peut l'être : il ne l'est point par goût, ce qui impliquerait avec son vice; mais il l'est par une sorte de nécessité; et cette nécessité est la gêne, la torture morale qui, si j'ose m'exprimer ainsi, fait prendre au personnage tant d'attitudes plaisantes, et donne à sa figure un jeu de physionomie si comique.

Vocare soleo, in opibus magnis pauperes,
Et sitibundos in medio Oceani gurgite.

« Dans notre siècle, les maîtres sont trop avares, de vrais harpagons, des Harpies, des Tantales! pauvres au sein de l'opulence, et mourant de soif au milieu de la mer. »

Ainsi Harpagon signifie proprement : l'homme aux mains crochues. Déjà, parmi les modernes, Luigi Grotto, l'auteur de l'*Emilia* (voyez tome II, page 14), avait donné ce nom de *arpago* à un personnage, marchand de jeunes filles esclaves, dont le principal trait de caractère était l'avarice ou la rapacité.

1. *L'Avare fastueux* de Goldoni, joué en 1773.

Ce n'est pas tout : l'avare, dans l'œuvre de Molière, non seulement est aux prises avec une richesse notoire qui l'oblige, il se débat encore contre certaine faiblesse amoureuse qui le tourmente. On objecte que la soif de l'or est un bon préservatif contre toute autre passion. Mais le cœur humain est si riche en inconséquences et en bizarreries ! L'avarice, il est vrai, s'allie mal avec les affections désintéressées et généreuses ; mais toutes les affections ne sont pas désintéressées, et il est à la fois très piquant et très instructif de voir ce que devient l'amour quand l'avarice le domine et le comprime. C'est, bien entendu, cette dernière qui triomphe ; lorsqu'il s'agit de choisir entre sa cassette et sa maîtresse, de perdre l'une ou de renoncer à l'autre, Harpagon n'hésite pas : la cassette est préférée. S'il était enfermé dans un unique souci, il n'aurait point cette avarice diversifiée, animée, agitée, qui fait de lui un personnage éminemment dramatique. Il est soumis à toutes les épreuves, mais son caractère ne se dément pas. Ce n'est pas Molière qui, pour l'édification des spectateurs, eût à la fin de sa pièce converti l'avare au désintéressement et à la libéralité.

Les Anglais ont une expression bien philosophique pour désigner un avare : ils l'appellent *miser*. C'est en effet un misérable qu'un avare, mais un misérable volontaire, et pour lequel il n'y a point de pitié. *The Miser* est le titre d'une imitation qu'a faite de la pièce de Molière un nommé Shadwell, dont l'impertinence a ému la bile de Voltaire. Ce Shadwell dit en propres termes que nos meilleures pièces, maniées par les plus méchants auteurs de son pays, y gagnent toujours ; qu'on peut juger, d'après cela, si *l'Avare* a perdu à passer par ses mains ; qu'au reste, s'il a eu recours à Molière, ce n'est ni faute d'esprit ni faute d'invention, c'est simplement par paresse. « Quand on n'a pas assez d'esprit, dit judicieusement Voltaire, pour mieux cacher sa vanité, on n'en a pas assez pour faire mieux que Molière. » Fielding, l'auteur de *Tom Jones,* qui était plus grand écrivain et moins présomptueux que Shadwell, a aussi traduit *l'Avare ;* et son ouvrage, approprié au goût de sa nation, a obtenu un brillant succès.

Il y a eu bien d'autres tableaux de la passion de l'avarice que ceux que nous avons passés en revue dans cette notice, et qui sont, en quelque sorte, dans la généalogie de la pièce de Molière, lors même qu'ils lui ont été inconnus. On peut citer notamment une comédie chinoise intitulée *Khan-thsian-non* (l'Esclave des richesses qu'il garde). On en trouve une analyse intéressante à la suite de l'*Aulularia*, dans la traduction de Plaute de M. Naudet. L'existence de l'avare s'y développe depuis sa jeunesse jusqu'à sa mort; voici comment ses derniers moments sont retracés. L'avare, moribond, se décide à acheter un peu de purée de fèves pour se réconforter. Il dit à son fils d'en prendre pour un liard. Celui-ci en achète pour dix liards au lieu d'un; mais il ne trompe point l'œil vigilant de son père. « Mon fils, je t'ai vu tout à l'heure prendre dix liards et les donner tous à ce marchand de purée. Peut-on gaspiller ainsi l'argent? — Il me doit encore cinq liards sur la pièce que je lui ai donnée. Un autre jour, je les lui redemanderai. — Avant de lui faire crédit de cette somme, lui as-tu bien demandé son nom de famille, et quels sont ses voisins de droite et de gauche? — Mon père, à quoi bon prendre des informations sur ses voisins? — S'il vient à déloger et à s'enfuir avec mon argent, à qui veux-tu que j'aille réclamer mes cinq liards? — Mon père, pendant que vous vivez, je veux faire peindre l'image du dieu du bonheur, afin qu'il soit favorable à votre fils, à vos petits-fils, et à vos descendants les plus reculés. — Mon fils, si tu fais peindre le dieu du bonheur, garde-toi bien de le faire peindre de face : qu'il soit peint par derrière, cela suffit. — Mon père, vous vous trompez, un portrait se peint toujours de face. Jamais peintre s'est-il contenté de représenter le dos du personnage dont il devait faire le portrait? — Tu ne sais donc pas, insensé que tu es! que, quand un peintre termine les yeux dans la figure d'une divinité, il faut lui donner une gratification? Je sens, mon fils, que ma fin approche; dis-moi, dans quelle espèce de cercueil me mettras-tu? — Si j'ai le malheur de perdre mon père, je lui achèterai le plus beau cercueil de sapin que je pourrai trouver. — Ne va pas faire cette folie : le bois de sapin coûte trop cher. Une fois qu'on est mort, on ne distingue plus le bois de sapin du bois de saule. N'y a-t-il pas derrière la maison une vieille auge d'écurie? Elle sera excellente pour me faire un cercueil. — Y pensez-vous? Jamais votre corps n'y pourrait entrer; vous êtes d'une trop grande taille. — Eh bien! quoi de plus aisé que de raccourcir le corps? Prends une hache et coupe-le en deux : tu mettras les deux moitiés l'une sur l'autre, et le tout entrera facilement. J'ai encore une chose importante à te recommander : ne va pas te servir de ma bonne hache pour me couper en deux, tu emprunteras celle du voisin. — Puisque nous en avons une, à quoi bon emprunter celle du voisin? — Tu ne sais pas que j'ai les os extrêmement durs... Mon fils, ma dernière heure est venue; quand je ne serai plus, n'oublie pas d'aller réclamer ces cinq liards que te doit le marchand de purée de fèves. » Voilà ce qui s'appelle un caractère soutenu jusqu'au bout.

L'expression moderne du type de l'avare se trouve dans le beau roman d'Honoré de Balzac : *Eugénie Grandet*.

L'Avare eut, jusqu'à la mort de Molière, quarante-sept représentations, sans compter celles qui eurent lieu à la cour.

Le rôle d'Harpagon fut tenu d'original par Molière; il a fait, à la scène v du deuxième acte, une allusion à la maladie dont il souffrait depuis longtemps, lorsque Frosine, flattant le vieillard, lui dit : « Voilà un corps taillé, libre et dégagé comme il faut et qui ne marque aucune incommodité », et qu'il répond : « Je n'en ai pas de grandes, Dieu merci. Il n'y a que ma fluxion qui me prend de temps en temps. — Cela n'est rien, réplique Frosine. Votre fluxion ne vous sied point mal, et vous avez grâce à tousser. »

On connaît aussi le créateur du rôle de La Flèche par le trait qui termine la scène iii du premier acte : « Je ne me plais point à voir ce chien de boiteux-là. » C'était Louis Béjart, qui boitait effectivement.

La distribution des rôles en 1685 est celle-ci :

HARPAGON.	Brécourt[1] ou Rosimont.
CLÉANTE.	Raisin ou Hubert.
ÉLISE.	Mlle Debrie.
VALÈRE.	La Grange.
MARIANE.	Mlle Guérin.

1. Brécourt mourut le 28 mars de cette année-là.

NOTICE PRÉLIMINAIRE. 171

FROSINE.	Mlle Beauval ou La Grange.
MAITRE SIMON	Lecomte.
MAITRE JACQUES.	Du Croisy.
LA FLÈCHE.	Guérin.

Le rôle d'Harpagon a toujours été un grand rôle comique. On cite parmi les acteurs qui s'y sont le plus distingués : Duchemin, Bonneval, Grandmesnil, Duparai, Provost. Reproduisons l'anecdote suivante relative à une représentation de cette pièce (en février 1766). Acte III, scène vii, après le troisième couplet où Cléante insinue d'une manière équivoque son regret sur ce que Mariane devient sa belle-mère au lieu de sa femme, Harpagon témoigne sa surprise du compliment, et Mariane répond à son tour. L'actrice chargée de ce rôle étant restée court, et le souffleur n'y étant pas, Bonneval reprit sur-le-champ, au moment où les trois acteurs, et surtout Mariane, paraissaient stupéfaits : « Elle ne répond rien, elle a raison : à sot compliment point de réponse. » Tout le public connaisseur sentit la finesse de la réplique, et l'on applaudit fort à l'intelligence de l'acteur.

L'Avare est, à la Comédie française, interprété à présent (jeudi 22 mai 1879), par les artistes suivants :

HARPAGON.	Got.
CLÉANTE.	Delaunay.
ÉLISE.	Mlle Baretta.
VALÈRE.	Worms.
MARIANE.	Mlle Reichemberg.
ANSELME.	Martel.
FROSINE.	Dinah Félix.
MAITRE SIMON.	Joliet.
MAITRE JACQUES.	Thiron.
LA FLÈCHE.	Coquelin cadet.

Voici les premiers textes de la comédie de Molière :

Édition *princeps* : « *L'Avare,* comédie par J.-B. P. Molière. A Paris, chez Jean Ribou, au Palais, vis-à-vis la porte de l'église de la Sainte-Chapelle, à l'Image Saint-Louis, 1669, avec privilège du Roy. » Le privilège pour sept ans est du dernier jour de septembre 1668 ; cédé à Jean Ribou. Achevé d'imprimer pour la première fois le 18 février 1669[1].

Deuxième édition : « *L'Avare,* comédie par J.-B. P. de Molière, suivant la copie imprimée à Paris, 1670. » Ce n'est qu'une méchante contrefaçon.

Troisième édition : « *L'Avare,* comédie par J.-B. P. Molière. A Paris, chez Claude Barbin, au Palais, sur le second perron de la Sainte-Chapelle. 1675. Avec privilège du Roy. » Le nouveau privilège, pour cinq ans, est du 12 avril 1674. Achevé d'imprimer pour la première fois le 2 mai 1674.

Enfin, dans l'édition de 1682, tome IV : « *L'Avare,* comédie par J.-B. P. de Molière, représentée pour la première fois à Paris, sur le théâtre du Palais-Royal, le 9 du mois de septembre 1668, par la troupe du Roy. »

Nous reproduisons fidèlement le texte de l'édition *princeps,* et nous donnons les variantes des éditions de 1670 et de 1682. Lorsque l'édition de 1675 se trouve d'accord avec l'une ou l'autre de ces dernières, il nous a paru utile d'en tenir compte et de l'indiquer.

A la suite de l'*Avare,* nous reproduisons l'*Aulularia* de Plaute, texte et traduction, comme nous avons reproduit *Amphitruo* après *Amphitryon.*

---

1. Robinet, dans sa lettre à Madame du 2 mars 1669, nous fait connaître le prix des pièces de Molière en librairie :

> On vend *l'Avare*
> Poëme en prose, encor si rare,
> Avec son beau *George Dandin,*
> Dont il reçoit force dindin.
> C'est chez Ribou qu'on le délivre,
> Chacun pour une et demi-livre,
> Prix fait, et ce sont vérités,
> Ainsi que de petits pâtés.

Ainsi chaque pièce se vendait trente sous.

L'AVARE

PERSONNAGES.	ACTEURS.
HARPAGON, père de Cléante et d'Élise, et amoureux de Mariane...............	Molière[1].
CLÉANTE, fils d'Harpagon, amant de Mariane..	
ÉLISE, fille d'Harpagon, amante de Valère.....	Mlle Debrie.
VALÈRE, fils d'Anselme et amant d'Élise......	La Grange.
MARIANE, amante de Cléante, et aimée d'Harpagon.	Mlle Molière.
ANSELME, père de Valère et de Mariane.	
FROSINE, femme d'intrigue...........	Madel. Béjart.
MAITRE SIMON, courtier.	
MAITRE JACQUES, cuisinier et cocher d'Harpagon.................	Du Croisy.
LA FLÈCHE, valet de Cléante.........	Louis Béjart [2].
DAME CLAUDE, servante d'Harpagon.	
BRINDAVOINE, } laquais d'Harpagon. LA MERLUCHE, }	
Un Commissaire et son Clerc.	

La scène est à Paris, dans la maison d'Harpagon[3].

1. Voici le costume de Molière, d'après l'inventaire de 1673 : « Un manteau, chausses et pourpoint de satin noir garni de dentelle ronde de soie noire, chapeau, perruque, souliers, prisé vingt livres. »
2. Sauf pour les rôles de Molière et de Louis Béjart, cette liste des interprètes est conjecturale. La distribution présumée s'appuie sur celle de 1685.
3. Le manuscrit de Mahelot donne les renseignements suivants : « Le théâtre est une salle et, sur le derrière, un jardin. Il faut deux chiquenilles*, des lunettes, un balai, une batte, une cassette, une table, une chaise, une écritoire, du papier, une robe, deux flambeaux sur la table au cinquième acte. »

* Forme ancienne ou populaire du mot *souquenille*.

L'AVARE

COMÉDIE

ACTE PREMIER.

SCÈNE PREMIÈRE.
VALÈRE, ÉLISE.

VALÈRE.

Hé quoi! charmante Élise, vous devenez mélancolique, après les obligeantes assurances que vous avez eu la bonté de me donner de votre foi? Je vous vois soupirer, hélas! au milieu de ma joie! Est-ce du regret, dites-moi, de m'avoir fait heureux? et vous repentez-vous de cet engagement où mes feux ont pu vous contraindre[1]?

ÉLISE.

Non, Valère, je ne puis pas me repentir de tout ce que je fais pour vous. Je m'y sens entraîner par une trop douce puissance, et je n'ai pas même la force de souhaiter que les choses ne fussent pas. Mais, à vous dire

---

1. Cet engagement est une double promesse de mariage entre Élise et Valère. Comme on le verra, acte V, scène III, cette promesse n'a été signée que le jour précédent, et c'est ce qui explique la joie de Valère.

vrai, le succès me donne de l'inquiétude; et je crains fort de vous aimer un peu plus que je ne devrois.

VALÈRE.

Hé! que pouvez-vous craindre, Élise, dans les bontés que vous avez pour moi?

ÉLISE.

Hélas! cent choses à la fois: l'emportement d'un père, les reproches d'une famille, les censures du monde; mais plus que tout, Valère, le changement de votre cœur, et cette froideur criminelle dont ceux de votre sexe payent le plus souvent les témoignages trop ardents d'une innocente amour.

VALÈRE.

Ah! ne me faites pas ce tort, de juger de moi par les autres! Soupçonnez-moi de tout, Élise, plutôt que de manquer à ce que je vous dois. Je vous aime trop pour cela, et mon amour pour vous durera autant que ma vie.

ÉLISE.

Ah! Valère, chacun tient les mêmes discours! Tous les hommes sont semblables par les paroles; et ce n'est que les actions qui les découvrent différents.

VALÈRE.

Puisque les seules actions font connoître ce que nous sommes, attendez donc, au moins, à juger de mon cœur par elles, et ne me cherchez point des crimes dans les injustes craintes d'une fâcheuse prévoyance. Ne m'assassinez point, je vous prie, par les sensibles coups d'un soupçon outrageux; et donnez-moi le temps de vous convaincre, par mille et mille preuves, de l'honnêteté de mes feux.

ÉLISE.

Hélas! qu'avec facilité on se laisse persuader par les

personnes que l'on aime! Oui, Valère, je tiens votre cœur incapable de m'abuser. Je crois que vous m'aimez d'un véritable amour, et que vous me serez fidèle : je n'en veux point du tout douter, et je retranche mon chagrin aux appréhensions du blâme[1] qu'on pourra me donner.

VALÈRE.

Mais pourquoi cette inquiétude?

ÉLISE.

Je n'aurois rien à craindre, si tout le monde vous voyoit des yeux dont je vous vois ; et je trouve en votre personne de quoi avoir raison aux choses que je fais pour vous. Mon cœur, pour sa défense, a tout votre mérite, appuyé du secours d'une reconnoissance où le ciel m'engage envers vous. Je me représente, à toute heure, ce péril étonnant qui commença de nous offrir aux regards l'un de l'autre ; cette générosité surprenante qui vous fit risquer votre vie, pour dérober la mienne à la fureur des ondes ; ces soins pleins de tendresse que vous me fîtes éclater après m'avoir tirée de l'eau, et les hommages assidus de cet ardent amour que ni le temps ni les difficultés n'ont rebuté, et qui, vous faisant négliger et parents et patrie, arrête vos pas en ces lieux, y tient en ma faveur votre fortune déguisée, et vous a réduit, pour me voir, à vous revêtir de l'emploi de domestique de mon père[2]. Tout cela fait chez moi, sans doute, un merveilleux effet ; et c'en est assez à mes yeux pour me justifier l'engagement où j'ai pu consentir ; mais ce n'est pas assez

1. Je retranche mon chagrin aux appréhensions du blâme; on dirait à présent : je borne mon chagrin à l'appréhension du blâme.

2. *Domestique* avait alors le sens de *attaché à la maison*, et n'emportait de soi aucune idée humiliante. Citons quelques exemples de l'emploi de ce mot au XVIIe siècle :

« La Rochepot, mon cousin germain et mon ami intime, étoit domes-

peut-être pour le justifier aux autres, et je ne suis pas sûre qu'on entre dans mes sentiments.

VALÈRE.

De tout ce que vous avez dit, ce n'est que par mon seul amour que je prétends, auprès de vous, mériter quelque chose; et, quant aux scrupules que vous avez, votre père lui-même ne prend que trop de soin de vous justifier à tout le monde; et l'excès de son avarice, et la manière austère dont il vit avec ses enfants, pourroient autoriser des choses plus étranges. Pardonnez-moi, charmante Élise, si j'en parle ainsi devant vous. Vous savez que, sur ce chapitre, on n'en peut pas dire de bien. Mais enfin, si je puis, comme je l'espère, retrouver mes parents[1], nous n'aurons pas beaucoup de peine à nous le rendre favorable. J'en attends des nouvelles avec impatience, et j'en irai chercher moi-même, si elles tardent à venir.

ÉLISE.

Ah! Valère, ne bougez d'ici, je vous prie; et songez seulement à vous bien mettre dans l'esprit de mon père.

VALÈRE.

Vous voyez comme je m'y prends, et les adroites complaisances qu'il m'a fallu mettre en usage pour m'introduire à son service; sous quel masque de sympathie et de

---

tique de feu M. le duc d'Orléans, et extrêmement dans sa confidence. » (*Mémoires de Retz*.)

« Diodotus, domestique des rois précédents, s'empara du trône de Syrie. » (CORNEILLE, Préface de *Rodogune*.)

« Arnoul avoit été domestique, c'est-à-dire intendant des maisons royales du roi Thierry. » (MÉZERAY, *Abrégé de l'Histoire de France*.)

La condition de domestique était honorable en proportion du rang des personnes auxquelles on était attaché; et il y avait sans doute beaucoup d'abnégation de la part de Valère à prendre ce titre auprès d'Harpagon.

1. Ces mots annoncent qu'il y aura une reconnaissance, et préparent le dénoûment.

rapports de sentiments je me déguise pour lui plaire, et quel personnage je joue tous les jours avec lui, afin d'acquérir sa tendresse. J'y fais des progrès admirables[1]; et j'éprouve que, pour gagner les hommes, il n'est point de meilleure voie que de se parer à leurs yeux de leurs inclinations, que de donner dans leurs maximes, encenser leurs défauts, et applaudir à ce qu'ils font. On n'a que faire d'avoir peur de trop charger la complaisance; et la manière dont on les joue a beau être visible, les plus fins toujours sont de grandes dupes du côté de la flatterie; et il n'y a rien de si impertinent et de si ridicule qu'on ne fasse avaler, lorsqu'on l'assaisonne en louange. La sincérité souffre un peu au métier que je fais; mais, quand on a besoin des hommes, il faut bien s'ajuster à eux; et, puisqu'on ne sauroit les gagner que par là, ce n'est pas la faute de ceux qui flattent, mais de ceux qui veulent être flattés.

ÉLISE.

Mais que ne tâchez-vous aussi à gagner l'appui de

---

1. M. Génin a fait remarquer qu'un grand nombre de scènes de *l'Avare* étaient écrites dans ce système de prose mesurée et rythmée dont *le Sicilien* nous a offert le plus frappant exemple. Il a, en plusieurs endroits, découpé le texte à la manière des vers blancs; nous indiquerons quelques-uns des passages qui se recommandent le plus à la curiosité du lecteur, celui-ci par exemple :

> Vous voyez comme je m'y prends,
> Et les adroites complaisances
> Qu'il m'a fallu mettre en usage
> Pour m'introduire à son service;
> Sous quel masque de sympathie
> Et de rapports de sentiments
> Je me déguise pour lui plaire,
> Et quel personnage je joue
>   Tous les jours avec lui,
> Afin d'acquérir sa tendresse.
> J'y fais des progrès admirables, etc.

mon frère, en cas que la servante s'avisât de révéler notre secret[1]?

VALÈRE.

On ne peut pas ménager l'un et l'autre; et l'esprit du père et celui du fils sont des choses si opposées qu'il est difficile d'accommoder ces deux confidences ensemble. Mais vous, de votre part, agissez auprès de votre frère, et servez-vous de l'amitié qui est entre vous deux, pour le jeter dans nos intérêts. Il vient. Je me retire. Prenez ce temps pour lui parler, et ne lui découvrez de notre affaire que ce que vous jugerez à propos.

ÉLISE.

Je ne sais si j'aurai la force de lui faire cette confidence[2].

SCÈNE II.

CLÉANTE, ÉLISE.

CLÉANTE.

Je suis bien aise de vous trouver seule, ma sœur ; je brûlois de vous parler, pour m'ouvrir à vous d'un secret.

---

1. Nous apprenons ici que dame Claude, la servante d'Harpagon, est dans le secret des amours d'Élise et de Valère; et, au cinquième acte, Valère déclare la même chose à Harpagon. Cette intervention de la servante a sans doute été imaginée par Molière pour pallier ce qu'il pouvait y avoir d'équivoque dans la situation d'une jeune fille qui habite sous le même toit avec son amant, à l'insu de son père et de son frère.

2. Plaute ouvre sa comédie par une scène de caractère : c'est Euclion qui pousse hors de son logis la vieille Staphyle, sa servante. Molière n'a pas suivi cet exemple, et cela tient à la différence des deux œuvres. Plaute n'a montré que le vice en quelque sorte personnel de l'avare, son inquiétude, ses terreurs ridicules, sa misérable folie. Molière montre ce vice exerçant ses ravages autour de l'avare, détruisant sa famille, et lui faisant des ennemis de tous ceux qui l'approchent. Il a donc ouvert la maison d'Harpagon, pour ainsi dire, avant d'introduire le personnage lui-même.

ÉLISE.

Me voilà prête à vous ouïr, mon frère. Qu'avez-vous à me dire ?

CLÉANTE.

Bien des choses, ma sœur, enveloppées dans un mot. J'aime.

ÉLISE.

Vous aimez ?

CLÉANTE.

Oui, j'aime. Mais avant que d'aller plus loin, je sais que je dépends d'un père, et que le nom de fils me soumet à ses volontés ; que nous ne devons point engager notre foi sans le consentement de ceux dont nous tenons le jour ; que le ciel les a faits les maîtres de nos vœux, et qu'il nous est enjoint de n'en disposer que par leur conduite ; que, n'étant prévenus d'aucune folle ardeur, ils sont en état de se tromper bien moins que nous, et de voir beaucoup mieux ce qui nous est propre ; qu'il en faut plutôt croire les lumières de leur prudence que l'aveuglement de notre passion ; et que l'emportement de la jeunesse nous entraîne le plus souvent dans des précipices fâcheux. Je vous dis tout cela, ma sœur, afin que vous ne vous donniez pas la peine de me le dire : car, enfin, mon amour ne veut rien écouter, et je vous prie de ne me point faire de remontrances.

ÉLISE.

Vous êtes-vous engagé, mon frère, avec celle que vous aimez ?

CLÉANTE.

Non ; mais j'y suis résolu, et je vous conjure encore une fois de ne me point apporter de raisons pour m'en dissuader.

ÉLISE.

Suis-je, mon frère, une si étrange personne?

CLÉANTE.

Non, ma sœur; mais vous n'aimez pas. Vous ignorez la douce violence qu'un tendre amour fait sur nos cœurs; et j'appréhende votre sagesse.

ÉLISE.

Hélas! mon frère, ne parlons point de ma sagesse; il n'est personne qui n'en manque, du moins une fois en sa vie; et, si je vous ouvre mon cœur, peut-être serai-je à vos yeux bien moins sage que vous.

CLÉANTE.

Ah! plût au ciel que votre âme, comme la mienne!...

ÉLISE.

Finissons auparavant votre affaire, et me dites qui est celle que vous aimez.

CLÉANTE.

Une jeune personne qui loge depuis peu en ces quartiers, et qui semble être faite pour donner de l'amour à tous ceux qui la voient. La nature, ma sœur, n'a rien formé de plus aimable, et je me sentis transporté dès le moment que je la vis. Elle se nomme Mariane, et vit sous la conduite d'une bonne femme de mère qui est presque toujours malade, et pour qui cette aimable fille a des sentiments d'amitié qui ne sont pas imaginables. Elle la sert, la plaint, et la console, avec une tendresse qui vous toucheroit l'âme. Elle se prend d'un air le plus charmant du monde aux choses qu'elle fait; et l'on voit briller mille grâces en toutes ses actions, une douceur pleine d'attraits, une bonté tout engageante, une honnêteté adorable,

ACTE I, SCÈNE II.

une... Ah! ma sœur, je voudrois que vous l'eussiez vue¹.

ÉLISE.

J'en vois beaucoup, mon frère, dans les choses que vous me dites ; et, pour comprendre ce qu'elle est, il suffit que vous l'aimez.

CLÉANTE.

J'ai découvert sous main qu'elles ne sont pas fort accommodées², et que leur discrète conduite a de la peine à étendre à tous leurs besoins le bien* qu'elles peuvent avoir. Figurez-vous, ma sœur, quelle joie ce peut être que de relever la fortune d'une personne que l'on aime ; que de donner adroitement quelques petits secours aux modestes nécessités d'une vertueuse famille ; et concevez quel déplaisir ce m'est de voir que, par l'avarice d'un père, je sois dans l'impuissance de goûter cette joie, et de faire éclater à cette belle aucun témoignage de mon amour.

ÉLISE.

Oui, je conçois assez, mon frère, quel doit être votre chagrin.

CLÉANTE.

Ah! ma sœur, il est plus grand qu'on ne peut croire.

---

* VAR. *Le peu de bien* (1682).

1. Molière, toujours attentif à rendre ses amants intéressants, ne fonde pas uniquement l'amour de Cléante pour Mariane sur les charmes dont cette jeune personne est ornée : il y ajoute l'attrait non moins puissant et plus universel de la vertu, de la bonté. C'est ainsi que dans *les Fourberies de Scapin,* suivant les traces de Térence, il rend Octave amoureux d'Hyacinthe, à la seule vue des larmes si touchantes que lui fait verser la mort de sa mère.

2. *Accommodé* s'employait dans le sens de riche, à l'aise, suffisamment pourvu des biens de la fortune.

« Mon père étoit des premiers et des plus accommodés de son village. » (SCARRON, *Roman comique,* ch. XIII.)

Car, enfin, peut-on rien voir de plus cruel que cette rigoureuse épargne qu'on exerce sur nous ? que cette sécheresse étrange où l'on nous fait languir ? Et que nous servira d'avoir du bien, s'il ne nous vient que dans le temps que nous ne serons plus dans le bel âge d'en jouir, et si, pour m'entretenir même, il faut que maintenant je m'engage de tous côtés; si je suis réduit avec vous à chercher tous les jours le secours des marchands, pour avoir moyen de porter des habits raisonnables ? Enfin, j'ai voulu vous parler pour m'aider à sonder mon père sur les sentiments où je suis ; et, si je l'y trouvois contraire, j'ai résolu d'aller en d'autres lieux, avec cette aimable personne, jouir de la fortune que le ciel voudra nous offrir. Je fais chercher partout, pour ce dessein, de l'argent à emprunter ; et si vos affaires, ma sœur, sont semblables aux miennes, et qu'il faille que notre père s'oppose à nos désirs, nous le quitterons là tous deux, et nous affranchirons de cette tyrannie où nous tient depuis si longtemps son avarice insupportable.

ÉLISE.

Il est bien vrai que tous les jours il nous donne de plus en plus sujet de regretter la mort de notre mère[1], et que...

CLÉANTE.

J'entends sa voix; éloignons-nous un peu pour nous

1. Les nuances des deux caractères sont moins une opposition de l'art que le résultat naturel de la différence des sexes : Cléante ne songe qu'à maudire la tyrannie de son père; Élise, en proie aux mêmes maux, ne songe qu'aux consolations qu'elle recevait de sa mère; ses souffrances lui rappellent la perte qu'elle déplore, et sont pour elle une occasion de bénir sa mémoire. On ne pouvait rendre cette jeune fille plus intéressante, ni terminer par un trait plus touchant. (AIMÉ MARTIN.)

achever notre confidence;* et nous joindrons après nos forces pour venir attaquer la dureté de son humeur¹.

SCÈNE III.

HARPAGON, LA FLÈCHE.

HARPAGON.

Hors d'ici tout à l'heure, et qu'on ne réplique pas. Allons, que l'on détale de chez moi, maître juré filou, vrai gibier de potence !

LA FLÈCHE, à part.

Je n'ai jamais rien vu de si méchant que ce maudit vieillard ; et je pense, sauf correction, qu'il a le diable au corps.

HARPAGON.

Tu murmures entre tes dents?

LA FLÈCHE.

Pourquoi me chassez-vous ?

HARPAGON.

C'est bien à toi, pendard, à me demander des raisons ! Sors vite, que je ne t'assomme.

* VAR. *Pour achever notre confidence;* (1682).

1. Cette scène n'est pas moins agréable que la première. Comme nous étions déjà instruits de l'amour d'Élise, il ne convenait pas qu'elle en fit ici l'aveu une seconde fois. Cependant la situation semblait devoir amener nécessairement une double confidence. Pour l'éviter, Molière a employé tout son art. Élise, qui a toute la retenue naturelle à son sexe, aurait besoin d'être un peu encouragée pour faire un aveu qui semble vouloir à chaque instant sortir de sa bouche ; et son frère, prévenu de l'idée qu'elle est trop sage pour aimer aussi sans le consentement d'un père, lui tient les discours les plus propres à empêcher son secret de lui échapper. Du reste, Cléante et Élise vont achever ailleurs l'entretien ; et nous ne pouvons pas douter que la sœur ne finisse par rendre à son frère confidence pour confidence. (AUGER.)

LA FLÈCHE.

Qu'est-ce que je vous ai fait?

HARPAGON.

Tu m'as fait que je veux que tu sortes.

LA FLÈCHE.

Mon maître, votre fils m'a donné ordre de l'attendre.

HARPAGON.

Va-t'en l'attendre dans la rue, et ne sois point dans ma maison, planté tout droit comme un piquet, à observer ce qui se passe, et faire ton profit de tout. Je ne veux point avoir sans cesse devant moi un espion de mes affaires, un traître dont les yeux maudits assiègent toutes mes actions, dévorent ce que je possède, et furètent de tous côtés pour voir s'il n'y a rien à voler[1].

LA FLÈCHE.

Comment diantre voulez-vous qu'on fasse pour vous voler? Êtes-vous un homme volable, quand vous renfermez toutes choses, et faites sentinelle jour et nuit?

HARPAGON.

Je veux renfermer ce que bon me semble, et faire sentinelle comme il me plaît. Ne voilà pas de mes mouchards, qui prennent garde à ce qu'on fait? (Bas, à part.) Je tremble qu'il n'ait soupçonné quelque chose de mon argent. (Haut.) Ne serois-tu point homme à aller faire courir le bruit que j'ai chez moi de l'argent caché?

LA FLÈCHE.

Vous avez de l'argent caché?

HARPAGON.

Non, coquin, je ne dis pas cela. (A part.) J'enrage.

---

1. Nous retrouvons ici la première scène de l'*Aulularia* traduite avec énergie, et fort développée.

(Haut.) Je demande si, malicieusement, tu n'irois point faire courir le bruit que j'en ai.

LA FLÈCHE.

Hé! que nous importe que vous en ayez, ou que vous n'en ayez pas, si c'est pour nous la même chose?

HARPAGON.

Tu fais le raisonneur! Je te baillerai de ce raisonnement-ci par les oreilles. (Il lève la main pour lui donner un soufflet.) Sors d'ici, encore une fois.

LA FLÈCHE.

Hé bien! je sors.

HARPAGON.

Attends. Ne m'emportes-tu rien?

LA FLÈCHE.

Que vous emporterois-je?

HARPAGON.

Viens çà, que je voie. Montre-moi tes mains.

LA FLÈCHE.

Les voilà.

HARPAGON.

Les autres[1].

---

1. Cette dernière partie de la scène est imitée d'une scène de l'*Aulularia*. Chappuzeau, dans sa comédie de *la Dame d'intrigue*, imprimée en 1663, est celui qui a le mieux réussi ce trait comique. Crispin, vieil avare, soupçonne le valet Philipin de lui avoir dérobé quelque chose.

CRISPIN.
Çà, montre-moi ta main.
PHILIPIN.
Tenez.
CRISPIN.
L'autre.
PHILIPIN.
Tenez; voyez jusqu'à demain.
CRISPIN.
L'autre.
PHILIPIN.
Allez la chercher. En ai-je une douzaine?

Sans doute l'imitation est heureuse, mais elle n'est nullement amenée :

LA FLÈCHE.

Les autres?

HARPAGON.

Oui.

LA FLÈCHE.

Les voilà.

HARPAGON, montrant les chausses de La Flèche.

N'as-tu rien mis ici dedans?

LA FLÈCHE.

Voyez vous-même.

HARPAGON. (Il tâte le bas des chausses de La Flèche.)

Ces grands hauts-de-chausses sont propres à devenir les receleurs des choses qu'on dérobe ; et je voudrois qu'on en eût fait pendre quelqu'un [1].

LA FLÈCHE, à part.

Ah! qu'un homme comme cela mériteroit bien ce qu'il craint! et que j'aurois de joie à le voler!

HARPAGON.

Euh?

LA FLÈCHE.

Quoi?

HARPAGON.

Qu'est-ce que tu parles de voler?

Crispin est assis sur un ballot renfermant des objets précieux qu'il transporte chez lui ; Lycaste, amoureux de la fille de Crispin, et Philipin son valet, s'empressent autour de lui et veulent l'aider à porter le ballot. Crispin les repousse énergiquement. C'est alors qu'il fait à Philipin les questions ci-dessus, qui ne viennent pas naturellement dans la situation. Sous ce rapport, Chappuzeau est, en cet endroit même, bien inférieur à Molière.

« Les autres », on a trouvé que c'était de trop, et que le singulier eût été préférable. C'est à l'acteur à faire passer, en exprimant l'inquiétude effarée d'Harpagon, ce que le trait a d'excessif.

1. C'est-à-dire quelqu'un de ceux qui portent de grands hauts-de-chausses. Mais la singularité de l'expression est une nouvelle preuve du trouble et de l'emportement d'Harpagon.

LA FLÈCHE.

Je dis que vous fouillez bien partout,* pour voir si je vous ai volé.

HARPAGON.

C'est ce que je veux faire.

(Harpagon fouille dans les poches de La Flèche.)

LA FLÈCHE, à part.

La peste soit de l'avarice et des avaricieux !

HARPAGON.

Comment? que dis-tu ?

LA FLÈCHE.

Ce que je dis ?

HARPAGON.

Oui. Qu'est-ce que tu dis d'avarice et d'avaricieux ?

LA FLÈCHE.

Je dis que la peste soit de l'avarice et des avaricieux.

HARPAGON.

De qui veux-tu parler ?

LA FLÈCHE.

Des avaricieux.

HARPAGON.

Et qui sont-ils, ces avaricieux ?

LA FLÈCHE.

Des vilains et des ladres.

HARPAGON.

Mais qui est-ce que tu entends par là ?

LA FLÈCHE.

De quoi vous mettez-vous en peine ?

HARPAGON.

Je me mets en peine de ce qu'il faut.

---

* Var. *Je dis que vous fouilliez bien partout* (1670).

LA FLÈCHE.

Est-ce que vous croyez que je veux parler de vous?

HARPAGON.

Je crois ce que je crois ; mais je veux que tu me dises à qui tu parles quand tu dis cela.

LA FLÈCHE.

Je parle... je parle à mon bonnet.

HARPAGON.

Et moi, je pourrois bien parler à ta barrette [1].

LA FLÈCHE.

M'empêcherez-vous de maudire les avaricieux ?

HARPAGON

Non ; mais je t'empêcherai de jaser et d'être insolent. Tais-toi.

LA FLÈCHE.

Je ne nomme personne.

HARPAGON.

Je te rosserai, si tu parles.

LA FLÈCHE.

Qui se sent morveux, qu'il se mouche.

HARPAGON.

Te tairas-tu ?

LA FLÈCHE.

Oui, malgré moi.

---

1. Dans le moyen âge on appelait *barrette* le devant du chaperon, à cause des passements dont il était orné, et qui y formaient des barres; *parler à la barrette,* en langage vulgaire, signifie *laver la tête* à quelqu'un, et même le frapper.

Dans la farce de *la Cornette* (xvie siècle), le vieillard dit à peu près de même :

> Puisqu'ils parlent de ma cornette,
> Je parlerai à leur barrette,
> Si bien qu'il leur en souviendra.

ACTE I, SCÈNE III.

HARPAGON.

Ha! Ha!

LA FLÈCHE, montrant à Harpagon une des poches de son justaucorps.

Tenez, voilà encore une poche. Êtes-vous satisfait?

HARPAGON.

Allons, rends-le-moi sans te fouiller.

LA FLÈCHE.

Quoi?

HARPAGON.

Ce que tu m'as pris.

LA FLÈCHE.

Je ne vous ai rien pris du tout.

HARPAGON.

Assurément?

LA FLÈCHE.

Assurément.

HARPAGON.

Adieu. Va-t'en à tous les diables.

LA FLÈCHE, à part.

Me voilà fort bien congédié[1].

HARPAGON.

Je te le mets sur ta conscience, au moins[2]. Voilà un pendard de valet qui m'incommode fort; et je ne me plais point à voir ce chien de boiteux-là[3].

---

1. C'est toujours Plaute qui fournit la plupart des traits de ce dialogue.
2. Mais ce dernier mot n'est pas dans Plaute.
3. On lit dans la Lettre à milord *** sur Baron et la demoiselle Lecouvreur (par d'Allainval) : « Béjart, camarade de Molière et frère de sa femme, demeura estropié d'une blessure qu'il reçut au pied en séparant deux de ses amis qui se battoient dans la place du Palais-Royal. Molière, qui, peu de temps après, donna son *Avare*, chargea son beau-frère du rôle de La Flèche, de qui Harpagon dit, par allusion : « Je n'aime point à voir ce chien de « boiteux-là ». Comme Béjart faisoit beaucoup de plaisir, on

SCÈNE IV.

HARPAGON, seul.

Certes, ce n'est pas une petite peine que de garder chez soi une grande somme d'argent ; et bien heureux qui a tout son fait bien placé, et ne conserve seulement que ce qu'il faut pour sa dépense ! On n'est pas peu embarrassé à inventer, dans toute une maison, une cache fidèle : car, pour moi, les coffres-forts me sont suspects, et je ne veux jamais m'y fier. Je les tiens justement une franche amorce à voleurs ; et c'est toujours la première chose que l'on va attaquer.

SCÈNE V.

HARPAGON ; ÉLISE ET CLÉANTE, parlant ensemble, et restant dans le fond du théâtre.

HARPAGON, se croyant seul.

Cependant, je ne sais si j'aurai bien fait d'avoir enterré, dans mon jardin, dix mille écus[*] qu'on me rendit hier. Dix mille écus en or chez soi est une somme assez... (Ici le frère et la sœur paroissent, s'entretenant bas.) O ciel ! je me serai trahi moi-même ! la chaleur m'aura emporté, et je crois que j'ai parlé haut, en raisonnant tout seul. (A Cléante et à Élise.) Qu'est-ce ?

CLÉANTE.

Rien, mon père.

---

[*] Var. *Les dix mille écus* (1670).

boita aussitôt sur tous les théâtres de province, non seulement dans le rôle de La Flèche. où cela devenoit nécessaire, mais indifféremment dans tous ceux que Béjart remplissoit à Paris. »

HARPAGON.

Y a-t-il longtemps que vous êtes là?

ÉLISE.

Nous ne venons que d'arriver.

HARPAGON.

Vous avez entendu...

CLÉANTE.

Quoi, mon père?

HARPAGON.

Là...

ÉLISE.

Quoi?

HARPAGON.

Ce que je viens de dire?

CLÉANTE.

Non.

HARPAGON.

Si fait, si fait.

ÉLISE.

Pardonnez-moi.

HARPAGON.

Je vois bien que vous en avez ouï quelques mots. C'est que je m'entretenois en moi-même de la peine qu'il y a aujourd'hui à trouver de l'argent, et je disois qu'il est bien heureux qui peut avoir dix mille écus chez soi.

CLÉANTE.

Nous feignions[1] à vous aborder, de peur de vous interrompre.

HARPAGON.

Je suis bien aise de vous dire cela, afin que vous n'al-

---

1. *Feindre*, dans le sens d'*hésiter*. Nous l'avons vu déjà plusieurs fois avec ce sens.

liez pas prendre les choses de travers, et vous imaginer que je dise que c'est moi qui ai dix mille écus.

CLÉANTE.

Nous n'entrons point* dans vos affaires.

HARPAGON.

Plût à Dieu que je les eusse, dix mille écus!**

CLÉANTE.

Je ne crois pas...

HARPAGON.

Ce seroit une bonne affaire pour moi.

ÉLISE.

Ce sont des choses...

HARPAGON.

J'en aurois bon besoin.

CLÉANTE.

Je pense que...

HARPAGON.

Cela m'accommoderoit fort.

ÉLISE.

Vous êtes...

HARPAGON.

Et je ne me plaindrois pas, comme je fais, que le temps est misérable.

CLÉANTE.

Mon Dieu! mon père, vous n'avez pas lieu de vous plaindre; et l'on sait que vous avez assez de bien.

HARPAGON.

Comment, j'ai assez de bien! Ceux qui le disent en ont menti. Il n'y a rien de plus faux; et ce sont des coquins qui font courir tous ces bruits-là.

* Van. *Nous n'entrerons point* (1670).
** Van. *Plût à Dieu que je les eusse, les dix mille écus!* (1670).

ÉLISE.

Ne vous mettez point en colère.

HARPAGON.

Cela est étrange, que mes propres enfants me trahissent, et deviennent mes ennemis !

CLÉANTE.

Est-ce être votre ennemi que de dire que vous avez du bien ?

HARPAGON.

Oui. De pareils discours, et les dépenses que vous faites, seront cause qu'un de ces jours on me viendra chez moi couper la gorge,* dans la pensée que je suis tout cousu de pistoles.

CLÉANTE.

Quelle grande dépense est-ce que je fais ?

HARPAGON.

Quelle? Est-il rien de plus scandaleux que ce somptueux équipage que vous promenez par la ville? Je querellois hier votre sœur; mais c'est encore pis. Voilà qui crie vengeance au ciel ; et, à vous prendre depuis les pieds jusqu'à la tête, il y auroit là de quoi faire une bonne constitution[1]. Je vous l'ai dit vingt fois, mon fils, toutes

---

* VAR. *On viendra chez moi me couper la gorge* (1682).

1. C'est-à-dire une bonne constitution de rente. Le contrat de constitution de rente était un contrat par lequel celui qui empruntait de l'argent vendait et constituait sur lui une rente au profit de celui qui lui prêtait, laquelle rente était rachetable moyennant la restitution de ce qu'on appelait le *sort principal,* c'est-à-dire la somme qui avait été prêtée.

On lit dans le roman de *Francion* (1622) : » Notre pédant se met à discourir tout haut de ses moyens avec une impertinence la plus grande du monde... De plus, reprit-il, j'ai une *constitution de rente de trois mille livres* au denier seize sur une personne grandement solvable. »

Les constitutions, sous une législation qui prohibait le prêt à intérêt, étaient le placement usuel; elles sont aujourd'hui tout à fait hors d'usage. (E. PARINGAULT.)

vos manières me déplaisent fort; vous donnez furieusement dans le marquis; et, pour aller ainsi vêtu, il faut bien que vous me dérobiez.

CLÉANTE.

Hé! comment vous dérober?

HARPAGON.

Que sais-je?* Où pouvez-vous donc prendre de quoi entretenir l'état que vous portez?

CLÉANTE.

Moi, mon père? c'est que je joue; et, comme je suis fort heureux, je mets sur moi tout l'argent que je gagne.

HARPAGON.

C'est fort mal fait. Si vous êtes heureux au jeu, vous en devriez profiter, et mettre à honnête intérêt l'argent que vous gagnez, afin de le trouver un jour[1]. Je voudrois bien savoir, sans parler du reste, à quoi servent tous ces rubans dont vous voilà lardé depuis les pieds jusqu'à la tête, et si une demi-douzaine d'aiguillettes ne suffit pas pour attacher un haut-de-chausses. Il est bien nécessaire d'employer de l'argent à des perruques, lorsque l'on peut porter des cheveux de son cru, qui ne coûtent rien! Je vais gager qu'en perruques et rubans il y a du moins vingt pistoles; et vingt pistoles rapportent par année dix-huit livres six sous huit deniers, à ne les placer qu'au denier douze[2].

* VAR. *Que sais-je, moi?* (1682).

1. Comme toute idée fixe et toute passion absolue, l'avarice oblitère le sens moral. Harpagon ne songe nullement à blâmer son fils de s'abandonner au jeu; aucune manière de gagner de l'argent ne sauroit lui paraître répréhensible. Il ne regrette donc qu'une chose, c'est l'emploi que Cléante fait de son gain. Si Harpagon s'étoit mis à moraliser sur les suites funestes du jeu, il seroit sorti de son caractère.

2. Placer au denier douze, c'étoit donner à rente de l'argent pour l'in-

CLÉANTE.

Vous avez raison.

HARPAGON.

Laissons cela, et parlons d'autre affaire.* (Apercevant Cléante et Élise qui se font des signes.) Euh! (Bas, à part.) Je crois qu'ils se font signe l'un à l'autre de me voler ma bourse. (Haut.) Que veulent dire ces gestes-là?

ÉLISE.

Nous marchandons, mon frère et moi, à qui parlera le premier; et nous avons tous deux quelque chose à vous dire.

HARPAGON.

Et moi, j'ai quelque chose aussi à vous dire à tous deux.

CLÉANTE.

C'est de mariage, mon père, que nous désirons vous parler.

HARPAGON.

Et c'est de mariage aussi que je veux vous entretenir.

ÉLISE.

Ah! mon père!

---

* VAR. *D'autres affaires* (1670).

térêt annuel d'un douzième; ou, comme l'on parle aujourd'hui, placer à un peu plus de huit pour cent. C'était là un intérêt tout à fait illicite. Au commencement du siècle, comme on vient de voir d'après une phrase extraite du roman de *Francion*, les rentes pouvaient, par édit de Henri IV du mois de juillet 1601, être constituées au denier seize (un peu plus de six pour cent). Il avait été décidé qu'elles ne pourraient plus dorénavant l'être qu'au denier dix-huit, aux termes d'un édit du roi Louis XIII, vérifié en Parlement le 16 juin 1634; puis, par un autre édit vérifié le 22 décembre 1665, trois ans seulement avant la première représentation de *l'Avare*, les constitutions de rente avaient été réduites au denier vingt (cinq pour cent). Mais ces dispositions de loi n'existaient pas pour un homme tel qu'Harpagon, ayant dans son sac les ressources qu'on verra plus loin.

HARPAGON.

Pourquoi ce cri? Est-ce le mot, ma fille, ou la chose qui vous fait peur?

CLÉANTE.

Le mariage peut nous faire peur à tous deux, de la façon que vous pouvez l'entendre; et nous craignons que nos sentiments ne soient pas d'accord avec votre choix.

HARPAGON.

Un peu de patience; ne vous alarmez point. Je sais ce qu'il faut à tous deux, et vous n'aurez, ni l'un ni l'autre, aucun lieu de vous plaindre de tout ce que je prétends faire. Et, pour commencer par un bout, (A Cléante.) avez-vous vu, dites-moi, une jeune personne appelée Mariane, qui ne loge pas loin d'ici?

CLÉANTE.

Oui, mon père.

HARPAGON.

Et vous?

ÉLISE.

J'en ai ouï parler.

HARPAGON.

Comment, mon fils, trouvez-vous cette fille?

CLÉANTE.

Une fort charmante personne.

HARPAGON.

Sa physionomie?

CLÉANTE.

Tout honnête et pleine d'esprit.

HARPAGON.

Son air et sa manière?

CLÉANTE.

Admirables, sans doute.

HARPAGON.

Ne croyez-vous pas qu'une fille comme cela mériteroit assez que l'on songeât à elle?

CLÉANTE.

Oui, mon père.

HARPAGON.

Que ce seroit un parti souhaitable?

CLÉANTE.

Très souhaitable.

HARPAGON.

Qu'elle a toute la mine de faire un bon ménage?

CLÉANTE.

Sans doute.

HARPAGON.

Et qu'un mari auroit satisfaction avec elle?

CLÉANTE.

Assurément.

HARPAGON.

Il y a une petite difficulté : c'est que j'ai peur qu'il n'y ait pas avec elle tout le bien qu'on pourroit prétendre.

CLÉANTE.

Ah! mon père, le bien n'est pas considérable[1], lorsqu'il est question d'épouser une honnête personne.

HARPAGON.

Pardonnez-moi, pardonnez-moi. Mais ce qu'il y a à dire, c'est que, si l'on n'y trouve pas tout le bien qu'on souhaite, on peut tâcher de regagner cela sur autre chose.

CLÉANTE.

Cela s'entend.

---

1. Le bien n'est pas à considérer.

HARPAGON.

Enfin, je suis bien aise de vous voir dans mes sentiments : car son maintien honnête et sa douceur m'ont gagné l'âme, et je suis résolu de l'épouser, pourvu que j'y trouve quelque bien.

CLÉANTE.

Euh!

HARPAGON.

Comment?

CLÉANTE.

Vous êtes résolu, dites-vous...

HARPAGON.

D'épouser Mariane.

CLÉANTE.

Qui, vous? vous?

HARPAGON.

Oui, moi, moi, moi. Que veut dire cela?

CLÉANTE.

Il m'a pris tout à coup un éblouissement, et je me retire d'ici.

HARPAGON.

Cela ne sera rien. Allez vite boire dans la cuisine un grand verre d'eau claire.

SCÈNE VI.
HARPAGON, ÉLISE.

HARPAGON.

Voilà de mes damoiseaux flouets[1], qui n'ont non plus

---

1. Fluet. On disait autrefois *flouet* et *flou*, dont flouet est le diminutif. Villon, dans son *Grand Testament* :

> Item : Je donne à Jehan Le Lou,
> Homme de bien et bon marchant,
> Pour ce qu'il est linget et flou, etc.

Sur ce dernier vers Marot a fait cette note : « *Flou, flouet,* délicat. »

de vigueur que des poules. C'est là, ma fille, ce que j'ai résolu pour moi. Quant à ton frère, je lui destine une certaine veuve dont, ce matin, on m'est venu parler ; et, pour toi, je te donne au seigneur Anselme.

ÉLISE.

Au seigneur Anselme?

HARPAGON.

Oui, un homme mûr, prudent et sage, qui n'a pas plus de cinquante ans, et dont on vante les grands biens.

ÉLISE. Elle fait la révérence.

Je ne veux point me marier, mon père, s'il vous plaît.

HARPAGON. Il contrefait sa révérence.

Et moi, ma petite fille, ma mie, je veux que vous vous mariiez, s'il vous plaît.

ÉLISE, faisant encore la révérence.

Je vous demande pardon, mon père.

HARPAGON, contrefaisant Élise.

Je vous demande pardon, ma fille.

ÉLISE.

Je suis très humble servante au seigneur Anselme ; mais, (Faisant encore la révérence.) avec votre permission, je ne l'épouserai point[1].

HARPAGON.

Je suis votre très humble valet ; mais, (Contrefaisant Élise.) avec votre permission, vous l'épouserez dès ce soir.

ÉLISE.

Dès ce soir?

---

1. Dans presque toutes les comédies de Molière il y a une jeune fille qu'on veut marier contre son gré. Le talent du poète est d'avoir varié cette situation uniforme par le seul effet du caractère et du ton des personnages. Élise n'a point appris à respecter son père. Ce seul trait suffit pour donner de la nouveauté à une situation qui est cependant la même que celle de Mariane dans *le Tartuffe*, et d'Henriette dans *les Femmes savantes*.

HARPAGON.

Dès ce soir.

ÉLISE, faisant encore la révérence.

Cela ne sera pas, mon père.

HARPAGON, contrefaisant encore Élise.

Cela sera, ma fille.

ÉLISE.

Non.

HARPAGON.

Si.

ÉLISE.

Non, vous dis-je.

HARPAGON.

Si, vous dis-je.

ÉLISE.

C'est une chose où vous ne me réduirez point.

HARPAGON.

C'est une chose où je te réduirai.

ÉLISE.

Je me tuerai plutôt que d'épouser un tel mari.

HARPAGON.

Tu ne te tueras point, et tu l'épouseras. Mais voyez quelle audace! A-t-on jamais vu une fille parler de la sorte à son père?

ÉLISE.

Mais a-t-on jamais vu un père marier sa fille de la sorte?

HARPAGON.

C'est un parti où il n'y a rien à redire ; et je gage que tout le monde approuvera mon choix.

ÉLISE.

Et moi, je gage qu'il ne sauroit être approuvé d'aucune personne raisonnable.

HARPAGON, apercevant Valère de loin.

Voilà Valère. Veux-tu qu'entre nous deux nous le fassions juge de cette affaire?

ÉLISE.

J'y consens.

HARPAGON.

Te rendras-tu à son jugement?

ÉLISE.

Oui; j'en passerai par ce qu'il dira.

HARPAGON.

Voilà qui est fait.

SCÈNE VII.

VALÈRE, HARPAGON, ÉLISE.

HARPAGON.

Ici, Valère. Nous t'avons élu pour nous dire qui a raison de ma fille ou de moi.

VALÈRE.

C'est vous, monsieur, sans contredit.

HARPAGON.

Sais-tu bien de quoi nous parlons?

VALÈRE.

Non. Mais vous ne sauriez avoir tort, et vous êtes toute raison.

HARPAGON.

Je veux, ce soir, lui donner pour époux un homme aussi riche que sage; et la coquine me dit au nez qu'elle se moque de le prendre. Que dis-tu de cela?

VALÈRE.

Ce que j'en dis?

HARPAGON.

Oui.

VALÈRE.

Hé! hé!

HARPAGON.

Quoi?

VALÈRE.

Je dis que, dans le fond, je suis de votre sentiment; et vous ne pouvez pas que vous n'ayez raison[1]. Mais aussi n'a-t-elle pas tort tout à fait, et...

HARPAGON.

Comment? le seigneur Anselme est un parti considérable; c'est un gentilhomme qui est noble[2], doux, posé, sage et fort accommodé, et auquel il ne reste aucun enfant de son premier mariage. Sauroit-elle mieux rencontrer?

VALÈRE.

Cela est vrai. Mais elle pourroit vous dire que c'est un peu précipiter les choses, et qu'il faudroit au moins quelque temps pour voir si son inclination pourra s'accommoder avec...

HARPAGON.

C'est une occasion qu'il faut prendre vite aux cheveux. Je trouve ici un avantage qu'ailleurs je ne trouverois pas; et il s'engage à la prendre sans dot.

---

1. *Vous ne pouvez pas que*, latinisme, *non possum quin*. Boileau a dit aussi, dans la *Satire sur les Femmes* :

> Je ne puis cette fois que je ne les excuse!

2. *Ce gentilhomme qui est noble* est certainement un trait de satire contre les faux nobles, dont le nombre était fort considérable. Molière y revient plus loin, acte V, scène v : « Le monde aujourd'hui n'est plein que de ces larrons de noblesse, que de ces imposteurs qui tirent avantage de leur obscurité, et s'habillent insolemment du premier nom illustre qu'ils s'avisent de prendre. »

VALÈRE.

Sans dot?

HARPAGON.

Oui.

VALÈRE.

Ah! je ne dis plus rien. Voyez-vous? voilà une raison tout à fait convaincante; il se faut rendre à cela.

HARPAGON.

C'est pour moi une épargne considérable.

VALÈRE.

Assurément; cela ne reçoit point de contradiction. Il est vrai que votre fille vous peut représenter que le mariage est une plus grande affaire qu'on ne peut croire; qu'il y va d'être heureux ou malheureux toute sa vie; et qu'un engagement qui doit durer jusqu'à la mort ne se doit jamais faire qu'avec de grandes précautions.

HARPAGON.

Sans dot!

VALÈRE.

Vous avez raison : voilà qui décide tout; cela s'entend. Il y a des gens qui pourroient vous dire qu'en de telles occasions l'inclination d'une fille est une chose, sans doute, où l'on doit avoir de l'égard; et que cette grande inégalité d'âge, d'humeur et de sentiments, rend un mariage sujet à des accidents très fâcheux.

HARPAGON.

Sans dot!

VALÈRE.

Ah! il n'y a pas de réplique à cela; on le sait bien. Qui diantre peut aller là-contre? Ce n'est pas qu'il n'y ait quantité de pères qui aimeroient mieux ménager la satisfaction de leurs filles que l'argent qu'ils pourroient donner ; qui ne les voudroient point sacrifier à l'intérêt, et chercheroient plus que toute autre chose à mettre dans un mariage cette douce conformité qui, sans cesse, y maintient l'honneur, la tranquillité et la joie ; et que...

HARPAGON.

Sans dot[1]!

VALÈRE.

Il est vrai ; cela ferme la bouche à tout. Sans dot ! Le moyen de résister à une raison comme celle-là !

HARPAGON, à part, regardant du côté du jardin.

Ouais ! il me semble que j'entends un chien qui aboie.

---

1. *Le pauvre homme!* du *Tartuffe ; Que diable alloit-il faire dans cette galère?* des *Fourberies de Scapin ;* et *Sans dot !* de l'*Avare*, sont trois traits de même nature, trois répétitions d'une vérité sublime et d'un effet prodigieux au théâtre. S'il fallait absolument choisir entre des choses qui saisissent d'une égale admiration, je donnerais la préférence à *sans dot*, parce qu'il a l'avantage de décider et, pour ainsi dire, de dénouer la scène. Il est de passion, de caractère comme les deux autres, et en outre il est de situation. Valère, dans sa position, est obligé d'approuver cet irrésistible argument, au lieu de le combattre ; et Harpagon sort triomphant, comme s'il avait convaincu Valère, et confondu Élise elle-même.

Dans la comédie latine, Euclion, à qui Mégadore demande sa fille, a soin de déclarer à trois reprises qu'elle est sans dot.

       At nihil est dotis quod dem...
          MEGADORUS.
       Quid nunc? etiam mihi despondes filiam?
          EUCLIO.
                       Illis legibus,
       Cum illa dote, quam tibi dixi...
       . . . . Illud facito ut memineris
       Convenisse, ut ne quid dotis mea ad te adferret filia.

« EUCLION. Mais je n'ai pas de dot à lui donner...

« MÉGADORE. Enfin, m'accordes-tu ta fille ?

« EUCLION. Aux conditions et avec la dot que j'ai dit... Mais souviens-toi de nos conventions : ma fille n'apporte point de dot. »

Cette insistance, cette répétition affectée n'a pu manquer de frapper Molière ; il a le mérite de l'avoir rendue infiniment plus comique en faisant du mot *sans dot*, dans la bouche d'Harpagon, un argument sans réplique et qui met fin à tous les raisonnements, à toutes les objections possibles.

N'est-ce point qu'on en voudroit à mon argent? (A Valère.) Ne bougez; je reviens* tout à l'heure.

SCÈNE VIII.
ÉLISE, VALÈRE.

ÉLISE.

Vous moquez-vous, Valère, de lui parler comme vous faites?

VALÈRE.

C'est pour ne point l'aigrir, et pour en venir mieux à bout. Heurter de front ses sentiments est le moyen de tout gâter; et il y a de certains esprits qu'il ne faut prendre qu'en biaisant; des tempéraments ennemis de toute résistance, des naturels rétifs, que la vérité fait cabrer, qui toujours se roidissent contre le droit chemin de la raison, et qu'on ne mène qu'en tournant où l'on veut les conduire. Faites semblant de consentir à ce qu'il veut, vous en viendrez mieux à vos fins; et...

ÉLISE.

Mais ce mariage, Valère!

VALÈRE.

On cherchera des biais pour le rompre.

ÉLISE.

Mais quelle invention trouver, s'il se doit conclure ce soir?

VALÈRE.

Il faut demander un délai, et feindre quelque maladie.

ÉLISE.

Mais on découvrira la feinte, si l'on appelle des médecins.

* VAR. *Je viens* (1682).

VALÈRE.

Vous moquez-vous? Y connoissent-ils quelque chose? Allez, allez, vous pourrez avec eux avoir quel mal il vous plaira ; ils vous trouveront des raisons pour vous dire d'où cela vient.

SCÈNE IX.

HARPAGON, ÉLISE, VALÈRE.

HARPAGON, à part, dans le fond du théâtre.

Ce n'est rien, Dieu merci.

VALÈRE, sans voir Harpagon.

Enfin, notre dernier recours, c'est que la fuite nous peut mettre à couvert de tout ; et si votre amour, belle Élise, est capable d'une fermeté... (Il aperçoit Harpagon.) Oui, il faut qu'une fille obéisse à son père. Il ne faut point qu'elle regarde comme un mari est fait ; et, lorsque la grande raison de *sans dot* s'y rencontre, elle doit être prête à prendre tout ce qu'on lui donne.

HARPAGON.

Bon. Voilà bien parlé, cela !

VALÈRE.

Monsieur, je vous demande pardon si je m'emporte un peu, et prends la hardiesse de lui parler comme je fais.

HARPAGON.

Comment ! j'en suis ravi, et je veux que tu prennes sur elle un pouvoir absolu. (A Élise.) Oui, tu as beau fuir, je lui donne l'autorité que le ciel me donne sur toi, et j'entends que tu fasses tout ce qu'il te dira.

VALÈRE, à Élise.

Après cela, résistez à mes remontrances.

SCÈNE X.

HARPAGON, VALÈRE.

VALÈRE.

Monsieur, je vais la suivre, pour lui continuer les leçons que je lui faisois.

HARPAGON.

Oui ; tu m'obligeras. Certes...

VALÈRE.

Il est bon de lui tenir un peu la bride haute.

HARPAGON.

Cela est vrai. Il faut...

VALÈRE.

Ne vous mettez pas en peine. Je crois que j'en viendrai à bout.

HARPAGON.

Fais, fais. Je m'en vais faire un petit tour en ville, et reviens tout à l'heure.

VALÈRE, adressant la parole à Élise, en s'en allant du côté par où elle est sortie.

Oui, l'argent est plus précieux que toutes les choses du monde ; et vous devez rendre grâces au ciel de l'honnête homme de père qu'il vous a donné. Il sait ce que c'est que de vivre. Lorsqu'on s'offre de prendre une fille sans dot, on ne doit point regarder plus avant. Tout est renfermé là dedans ; et *sans dot* tient lieu de beauté, de jeunesse, de naissance, d'honneur, de sagesse et de probité.

HARPAGON.

Ah! le brave garçon! Voilà parler comme un oracle. Heureux qui peut avoir un domestique de la sorte!

ACTE DEUXIÈME.

SCÈNE PREMIÈRE.
CLÉANTE, LA FLÈCHE.

CLÉANTE.

Ah! traître que tu es! où t'es-tu donc allé fourrer? Ne t'avois-je pas donné ordre...

LA FLÈCHE.

Oui, monsieur; et je m'étois rendu ici pour vous attendre de pied ferme; mais monsieur votre père, le plus malgracieux des hommes, m'a chassé dehors malgré moi, et j'ai couru risque d'être battu.

CLÉANTE.

Comment va notre affaire? Les choses pressent plus que jamais; et depuis que je t'ai vu, j'ai découvert que mon père est mon rival.

LA FLÈCHE.

Votre père, amoureux?

CLÉANTE.

Oui; et j'ai eu toutes les peines du monde à lui cacher le trouble où cette nouvelle m'a mis.

LA FLÈCHE.

Lui, se mêler d'aimer! De quoi diable s'avise-t-il? Se moque-t-il du monde? Et l'amour a-t-il été fait pour des gens bâtis comme lui?

ACTE II, SCÈNE I.

CLÉANTE.

Il a fallu, pour mes péchés, que cette passion lui soit venue en tête.

LA FLÈCHE.

Mais par quelle raison lui faire un mystère de votre amour?

CLÉANTE.

Pour lui donner moins de soupçon, et me conserver, au besoin, des ouvertures plus aisées pour détourner ce mariage. Quelle réponse t'a-t-on faite?

LA FLÈCHE.

Ma foi, monsieur, ceux qui empruntent sont bien malheureux; et il faut essuyer d'étranges choses lorsqu'on en est réduit à passer,* comme vous, par les mains des fesse-matthieux[1].

CLÉANTE.

L'affaire ne se fera point?

LA FLÈCHE.

Pardonnez-moi. Notre maître Simon, le courtier qu'on nous a donné, homme agissant et plein de zèle, dit qu'il a fait rage pour vous; et il assure que votre seule physionomie lui a gagné le cœur.

* Var. *Lorsqu'on est réduit à passer,* (1670, 1682).

1. Avant sa conversion, saint Matthieu était receveur de tributs, et ceux qui exerçaient ces fonctions avaient, comme à toutes les époques les manieurs d'argent, la réputation de se livrer à l'usure. De là l'ancienne expression proverbiale, *fester saint Matthieu,* pour prêter à usure, *feste-Matthieu,* et par corruption *fesse-matthieu.* Béroalde ajoute cette réflexion qui peut contribuer à expliquer la dernière modification du mot : « Il n'y a rien, dit-il, qui sangle si fort, et qui donne de plus vilaines fessées, que d'emprunter de l'argent à gros intérêt. Voilà comment les usuriers fessent les autres, et de là l'expression de fesse-matthieu. » (Voyez le *Palais des Curieux*, page 456.)

CLÉANTE.

J'aurai les quinze mille francs que je demande?

LA FLÈCHE.

Oui, mais à quelques petites conditions qu'il faudra que vous acceptiez, si vous avez dessein que les choses se fassent.

CLÉANTE.

T'a-t-il fait parler à celui qui doit prêter l'argent?

LA FLÈCHE.

Ah! vraiment, cela ne va pas de la sorte. Il apporte encore plus de soin à se cacher que vous, et ce sont des mystères bien plus grands que vous ne pensez. On ne veut point du tout dire son nom; et l'on doit aujourd'hui l'aboucher avec vous dans une maison empruntée, pour être instruit, par votre bouche, de votre bien et de votre famille; et je ne doute point que le seul nom de votre père ne rende les choses faciles.

CLÉANTE.

Et principalement notre mère étant morte,* dont on ne peut m'ôter le bien.

LA FLÈCHE.

Voici quelques articles qu'il a dictés lui-même à notre entremetteur, pour vous être montrés avant que de rien faire :

« Supposé que le prêteur voie toutes ses sûretés, et que l'emprunteur soit majeur, et d'une famille où le bien soit ample, solide, assuré, clair, et net de tout embarras, on fera une bonne et exacte obligation par-devant un notaire, le plus honnête homme qu'il se pourra, et qui, pour cet effet, sera choisi par le prêteur, auquel il importe le plus que l'acte soit dûment dressé. »

* Var. *Et principalement ma mère étant morte,* (1682).

ACTE II, SCÈNE I.

CLÉANTE.

Il n'y a rien à dire à cela.

LA FLÈCHE.

« Le prêteur, pour ne charger sa conscience d'aucun scrupule, prétend ne donner son argent qu'au denier dix-huit [1]. »

CLÉANTE.

Au denier dix-huit? Parbleu! voilà qui est honnête. Il n'y a pas lieu de se plaindre.

LA FLÈCHE.

Cela est vrai.

« Mais, comme ledit prêteur n'a pas chez lui la somme dont il est question, et que, pour faire plaisir à l'emprunteur, il est contraint lui-même de l'emprunter d'un autre sur le pied du denier cinq [2], il conviendra que ledit premier emprunteur paye cet intérêt, sans préjudice du reste, attendu que ce n'est que pour l'obliger que ledit prêteur s'engage à cet emprunt. »

CLÉANTE.

Comment diable! quel Juif, quel Arabe est-ce là? C'est plus qu'au denier quatre [3].

LA FLÈCHE.

Il est vrai; c'est ce que j'ai dit. Vous avez à voir là-dessus.

CLÉANTE.

Que veux-tu que je voie? J'ai besoin d'argent, et faut bien que je consente à tout.

---

1. C'est-à-dire moyennant un denier d'intérêt pour dix-huit prêtés; ce qui équivaut à un peu plus de cinq et demi pour cent.

2. A vingt pour cent.

Prends-moi le bon parti; laisse là tous les livres.
Cent francs au denier cinq, combien font-ils? — Vingt livres.
(BOILEAU, satire VIII.)

3. A vingt-cinq pour cent.

LA FLÈCHE.

C'est la réponse que j'ai faite.

CLÉANTE.

Il y a encore quelque chose?

LA FLÈCHE.

Ce n'est plus qu'un petit article :

« Des quinze mille francs qu'on demande, le prêteur ne pourra compter en argent que douze mille livres ; et, pour les mille écus restants, il faudra que l'emprunteur prenne les hardes, nippes, bijoux dont s'ensuit le mémoire, et que ledit prêteur a mis, de bonne foi, au plus modique prix qu'il lui a été possible. »

CLÉANTE.

Que veut dire cela?

LA FLÈCHE.

Écoutez le mémoire :

« Premièrement, un lit de quatre pieds, à bandes de point de Hongrie appliquées fort proprement sur un drap de couleur d'olive, avec six chaises et la courtepointe de même : le tout bien conditionné, et doublé d'un petit taffetas changeant rouge et bleu.

« Plus, un pavillon à queue, d'une bonne serge d'Aumale rose sèche, avec le mollet et les franges de soie. »

CLÉANTE.

Que veut-il que je fasse de cela?

LA FLÈCHE.

Attendez.

« Plus, une tenture de tapisserie des amours de Gombaud et de Macée.[1]

---

1. Les Amours de Gombaud et Macée formaient une sorte de pastorale comique et populaire, qui servait depuis longtemps de sujet de tapisserie, puisqu'on en voit mentionner une dans un inventaire des biens de Flori-

« Plus, une grande table de bois de noyer, à douze colonnes ou piliers tournés, qui se tire par les deux bouts, et garnie, par le dessous, de ses six escabelles.* »

CLÉANTE.

Qu'ai-je affaire, morbleu...?

LA FLÈCHE.

Donnez-vous patience.

---

* VAR. *De ses escabelles* (1670).
De six escabelles (1675).

---

mond Robertet, en 1532. Ce sujet paraît avoir joui d'une particulière faveur sous Henri IV et au commencement du xviie siècle, car on en a retrouvé un certain nombre de pièces (dix-huit ou vingt) qui datent de cette époque. Complètes, elles ont huit panneaux : quelques couplets, brodés en tapisserie, forment la conclusion ou la moralité de chaque panneau. Il faut croire que la popularité dont jouirent les Amours de Gombaud et de Macée fut longue, puisque Cambry, qui écrivait en 1794 et en 1795, parle encore des Amours de Gombaud et de Macée, comme d'une chose connue de tout le monde : « Dans les veillées, dans les jeux de nuit, dit-il, on ne parlait en Bretagne que de lutins, que de démons, que de revenants. Ces rêveries s'oublient depuis la Révolution, ainsi que les luttes et les danses. On m'a parlé de ces espiègleries, dont les Amours de Gombaud et de Macée nous offrent une peinture si naïve. Dans les promenades nocturnes, des jeunes gens cachés prenaient les filles avec des lacets de genêt. On ne dit pas ce qui se passait alors au clair de lune ou dans l'obscurité des coudrettes, dans les chemins couverts, qu'avec inquiétude, qu'avec une douce palpitation les jeunes filles se plaisaient à parcourir. Ces routes à présent retentissent du bruit des armes, etc. » (*Voyage dans le Finistère*, par Cambry; nouvelle édition, Brest, 1836, in-8°, page 127.)

M. A. Jubinal possédait une tapisserie qui paraît bien remonter à la première moitié du xviie siècle, et dont le sujet est le mariage de *Gombout et de Macé*. Est-ce, comme il le prétendait, celle-là même que Molière avait en vue? Il serait difficile de le dire. En ce cas, elle eût été fort belle et non dépourvue de valeur. Le public a pu voir cette tapisserie exposée au Palais de l'Industrie de Paris, dans le Musée rétrospectif qui fut formé des principales collections d'antiquités et d'objets d'art, pendant l'automne de 1865. Il l'a pu voir aussi à la salle Ventadour, à l'occasion du Jubilé de Molière en 1873. Les deux époux à la mine rustique, quoique richement vêtus, y sont présentés l'un à l'autre par leurs parents. Des musiciens, des cuisiniers, les entourent. On voit les apprêts du festin. Il y a des couplets

« Plus, trois gros mousquets tout garnis de nacre de perle, avec les fourchettes assortissantes[1].

« Plus, un fourneau de brique, avec deux cornues et trois récipients, fort utiles à ceux qui sont curieux de distiller. »

CLÉANTE.

J'enrage.

LA FLÈCHE.

Doucement.

« Plus, un luth de Bologne, garni de toutes ses cordes, ou peu s'en faut.

« Plus, un trou-madame, et un damier, avec un jeu de l'oie renouvelé des Grecs, fort propres à passer le temps lorsque l'on n'a que faire.

« Plus, une peau d'un lézard, de trois pieds et demi,

---

brodés sur le fond du tableau, au-dessous des personnages. Ces couplets sont assez libres. Voici ce que les parents de Macé sont censés lui dire :

> Macé, aujourd'hui vous auré
> Un mari; plus vous ne seré,
> S'il est bon garson, demain fille.

Et voici ce que les parents de Gombout lui disent :

> Gombout, il faut à toi songer,
> Or que tu vas t'emménager
> Et dans neuf mois avoir ligné.

A quoi Gombout répond :

> Dès ce soir j'y travailleray,
> Bras ny reins je n'espargneray,
> Ny ce manche de ma coingé.

Gombaud et Macée étaient un type traditionnel des amoureux ou nouveaux époux rustiques, surtout en Poitou. Voy. les *Nouvelles françoises ou Divertissemens de la Princesse Aurélie*, par M. de Segrais, t. II, p. 419-420.

1. Les soldats portaient autrefois un bâton terminé d'un bout par une pointe qu'ils enfonçaient en terre, et, de l'autre, par un fer fourchu sur lequel ils appuyaient leur mousquet, pour tirer plus juste. C'est ce qu'on appelait *la fourchette d'un mousquet*.

ACTE II, SCÈNE I.

remplie de foin : curiosité agréable pour pendre au plancher d'une chambre.

« Le tout, ci-dessus mentionné, valant loyalement plus de quatre mille cinq cents livres, et rabaissé à la valeur de mille écus, par la discrétion du prêteur[1]. »

1. L'idée de cette liste plaisante est déjà dans une comédie de Boisrobert intitulée *la Belle Plaideuse*, jouée en 1654. Ergaste, fils prodigue d'un père avare, voulant venir au secours de sa maîtresse dont la famille soutient un procès ruineux, a mis son valet en campagne pour lui procurer des fonds. Le valet Filipin annonce à son jeune maître qu'il a trouvé un homme qui veut bien lui prêter quinze mille francs.

FILIPIN.
Milon à l'usurier vient de tâter le pouls :
Si vous n'avez l'argent, il ne tiendra qu'à vous ;
Mais...

ERGASTE.
Quoi, mais ? Ne fais point ici de préambule.
Parle.

FILIPIN.
Mais l'usurier me paroît ridicule.

ERGASTE.
Comment ?

FILIPIN.
A votre père il feroit des leçons.
Tétebleu ! qu'il en sait, et qu'il fait de façons !
C'est le fesse-matthieu le plus franc que je sache.
J'ai pensé lui donner deux fois sur la moustache.
Il veut bien vous fournir les quinze mille francs ;
Mais, monsieur, les deniers ne sont pas tous comptants.
Admirez le caprice injuste de cet homme !
Encor qu'au denier douze il prête cette somme
Sur bonne caution, il n'a que mille écus
Qu'il donne argent comptant.

ERGASTE.
Où donc est le surplus ?

FILIPIN.
Je ne sais si je puis vous le conter sans rire.
Il dit que du Cap Vert il lui vient un navire,
Et fournit le surplus de la somme en guenons,
En fort beaux perroquets, en douze gros canons
Moitié fer, moitié fonte, et qu'on vend à la livre.
Si vous voulez ainsi la somme, on vous la livre.

Ce n'est pas le seul emprunt que Molière ait fait à l'auteur de *la Belle Plaideuse* : nous en verrons tout à l'heure un beaucoup plus important.

CLÉANTE.

Que la peste l'étouffe avec sa discrétion, le traître, le bourreau qu'il est ! A-t-on jamais parlé d'une usure semblable ? Et n'est-il pas content du furieux intérêt qu'il exige, sans vouloir encore m'obliger à prendre pour trois mille livres les vieux rogatons qu'il ramasse ? Je n'aurai pas deux cents écus de tout cela ; et cependant il faut bien me résoudre à consentir à ce qu'il veut : car il est en état de me faire tout accepter, et il me tient, le scélérat, le poignard sur la gorge.

LA FLÈCHE.

Je vous vois, monsieur, ne vous en déplaise, dans le grand chemin justement que tenoit Panurge pour se ruiner, prenant argent d'avance, achetant cher, vendant à bon marché, et mangeant son blé en herbe[1].

CLÉANTE.

Que veux-tu que j'y fasse ? Voilà où les jeunes gens sont réduits par la maudite avarice des pères : et on s'étonne, après cela, que les fils souhaitent qu'ils meurent[2] !

LA FLÈCHE.

Il faut convenir que le vôtre animeroit contre sa vilanie* le plus posé homme du monde. Je n'ai pas, Dieu merci, les inclinations fort patibulaires ; et, parmi mes

---

* Les textes de 1669, 1675 et 1682 portent *vilanie;* celui de 1670, *vilainie.* On écrirait aujourd'hui *vilenie;* mais le mot, sous cette dernière forme, est moins près de celui de *vilain,* qui lui a donné naissance.

1. C'est le texte même de Rabelais : « Abattant bois, bruslant les grosses souches pour la vente des cendres, prenant argent d'avance, acheptant cher, vendant à bon marché, et mangeant son bled en herbe. » (Liv. III, ch. II.)

2. Le mot est dur. Cléante est, du reste, posé tout de suite comme le fils que doit avoir un Harpagon, et nullement comme un exemple de piété filiale.

confrères que je vois se mêler de beaucoup de petits commerces, je sais tirer adroitement mon épingle du jeu, et me démêler prudemment de toutes les galanteries qui sentent tant soit peu l'échelle ; mais, à vous dire vrai, il me donneroit, par ses procédés, des tentations de le voler; et je croirois, en le volant, faire une action méritoire [1].

CLÉANTE.

Donne-moi un peu ce mémoire, que je le voie encore.

SCÈNE II.

HARPAGON, MAITRE SIMON;
CLÉANTE ET LA FLÈCHE, dans le fond du théâtre.

MAITRE SIMON.

Oui, monsieur; c'est un jeune homme qui a besoin d'argent; ses affaires le pressent d'en trouver, et il en passera par tout ce que vous en prescrirez.

HARPAGON.

Mais croyez-vous, maître Simon, qu'il n'y ait rien à péricliter? et savez-vous le nom, les biens et la famille de celui pour qui vous parlez?

MAITRE SIMON.

Non. Je ne puis pas bien vous en instruire à fond ; et ce n'est que par aventure que l'on m'a adressé à lui ; mais vous serez de toutes choses éclairci par lui-même, et son homme m'a assuré que vous serez content quand vous le connoîtrez. Tout ce que je saurois vous dire, c'est que sa famille est fort riche, qu'il n'a plus de mère déjà,

---

1. Ces paroles de La Flèche font prévoir l'enlèvement de la cassette, et elles nous préviennent aussi que le vol qu'il commettra sera un vol feint et non un vol sérieux, un méchant tour et non un crime.

et qu'il s'obligera, si vous voulez, que son père mourra avant qu'il soit huit mois.

HARPAGON.

C'est quelque chose que cela. La charité, maître Simon, nous oblige à faire plaisir aux personnes lorsque nous le pouvons.

MAITRE SIMON.

Cela s'entend.

LA FLÈCHE, bas, à Cléante, reconnoissant maître Simon.

Que veut dire ceci? Notre maître Simon qui parle à votre père.

CLÉANTE, bas, à La Flèche.

Lui auroit-on appris qui je suis? et serois-tu pour nous trahir?*

MAITRE SIMON, à Cléante et à La Flèche.

Ah! ah! vous êtes bien pressés! Qui vous a dit que c'étoit céans? (A Harpagon.) Ce n'est pas moi, monsieur, au moins, qui leur ai découvert votre nom et votre logis ; mais, à mon avis, il n'y a pas grand mal à cela. Ce sont des personnes discrètes; et vous pouvez ici vous expliquer ensemble.

HARPAGON.

Comment?

MAITRE SIMON, montrant Cléante.

Monsieur est la personne qui veut vous emprunter les quinze mille livres dont je vous ai parlé.

HARPAGON.

Comment, pendard! c'est toi qui t'abandonnes à ces coupables extrémités?

---

* VAR. *Pour me trahir* (1682).

CLÉANTE.

Comment, mon père! c'est vous qui vous portez à ces honteuses actions?

(Maître Simon s'enfuit, et La Flèche va se cacher.)

SCÈNE III.

HARPAGON, CLÉANTE.

HARPAGON.

C'est toi qui te veux ruiner par des emprunts si condamnables?

CLÉANTE.

C'est vous qui cherchez à vous enrichir par des usures si criminelles?

HARPAGON.

Oses-tu bien, après cela, paroître devant moi?

CLÉANTE.

Osez-vous bien, après cela, vous présenter aux yeux du monde[1]?

---

1. Molière doit encore à Boisrobert et à *la Belle Plaideuse* l'idée de cette admirable scène. Ergaste s'est adressé à un notaire nommé Barquet, et celui-ci le met aux prises avec un usurier, qui n'est autre qu'Amidor, son père :

BARQUET.
Il sort de mon étude.

Parlez-lui.
ERGASTE.
Quoi! c'est là celui qui fait le prêt?
BARQUET.

Oui, monsieur.
AMIDOR.
Quoi! c'est là ce payeur d'intérêt?
Quoi! c'est donc toi, méchant filou, traine-potence?
C'est en vain que ton œil évite ma présence,
Je t'ai vu.
ERGASTE.
Qui doit être enfin le plus honteux,
Mon père? Et qui paroît le plus sot de nous deux?

HARPAGON.

N'as-tu point de honte, dis-moi, d'en venir à ces débauches-là ? de te précipiter dans des dépenses effroyables ? et de faire une honteuse dissipation du bien que tes parents t'ont amassé avec tant de sueurs ?

CLÉANTE.

Ne rougissez-vous point de déshonorer votre condition par les commerces que vous faites? de sacrifier gloire et réputation au désir insatiable d'entasser écu sur écu? et

FILIPIN.
Nous voilà bien chanceux !
BARQUET.
La plaisante aventure!
ERGASTE.
Quoi ! jusques à son sang étendre son usure ?
BARQUET.
Laissons-les.
AMIDOR.
Débauché, traître, infâme, vaurien !
Je me retranche tout pour t'amasser du bien ;
J'épargne, je ménage ; et mon fonds, que j'augmente,
Tous les ans, pour le moins, de mille francs de rente,
N'est que pour t'élever sur ta condition ;
Mais tu secondes mal ma bonne intention,
Je prends pour un ingrat un soin fort inutile :
Il dissipe en un jour plus qu'on n'épargne en mille ;
Et par son imprudence, et par sa lâcheté,
Détruit le doux espoir dont je m'étois flatté.
ERGASTE.
A quoi diable me sert une épargne si folle ? etc.

On a toujours admiré, dans *l'Avare*, cette scène où Harpagon rencontre dans son fils même le jeune dissipateur envers qui il va exercer son infâme usure. Aucune autre scène, dans le théâtre de Molière, n'a paru plus digne de son génie ; et cependant, comme on vient de voir, elle ne lui appartient pas. Mais elle appartenait à son sujet : si elle n'eût déjà existé, on ne peut guère douter qu'il ne l'eût imaginée. Il se l'est donc appropriée justement : c'est ce qu'il appelait « prendre son bien où il le trouvoit ». Du reste, il imite ici, comme il imite toujours, en perfectionnant, en surpassant son original. (AUGER.)

La cause de cette supériorité n'est pas seulement dans les détails nouveaux dont Molière a enrichi cette scène, elle est encore dans le soin qu'il a pris d'en préparer, d'en assurer les effets par le développement des caractères. Rien n'est prévu, et cependant tout est naturel, parce que tout ressort des passions et de la situation des personnages.

de renchérir, en fait d'intérêts, sur les plus infâmes subtilités qu'aient jamais inventées les plus célèbres usuriers?

HARPAGON.

Ote-toi de mes yeux, coquin; ôte-toi de mes yeux!

CLÉANTE.

Qui est plus criminel, à votre avis, ou celui qui achète un argent dont il a besoin, ou bien celui qui vole un argent dont il n'a que faire?

HARPAGON.

Retire-toi, te dis-je, et ne m'échauffe pas les oreilles. (Seul.) Je ne suis pas fâché de cette aventure; et ce m'est un avis de tenir l'œil plus que jamais sur toutes ses actions[1].

SCÈNE IV.

FROSINE, HARPAGON.

FROSINE.

Monsieur...

HARPAGON.

Attendez un moment. Je vais revenir vous parler. (A part.) Il est à propos que je fasse un petit tour à mon argent.

SCÈNE V.

LA FLÈCHE, FROSINE.

LA FLÈCHE, sans voir Frosine.

L'aventure est tout à fait drôle! Il faut bien qu'il ait quelque part un ample magasin de hardes : car nous n'avons rien reconnu au mémoire que nous avons.

---

1. Dans la rencontre la plus honteuse pour un père, Harpagon ne voit qu'un motif de plus de tenir l'œil sur son fils. Molière a peint l'avare comme Théophraste l'avait conçu : L'avarice, disait ce moraliste, est un mépris de l'honneur dans la vue d'un vil intérêt. (*Caractères*, chap. IX.)

FROSINE.

Hé! c'est toi, mon pauvre La Flèche! D'où vient cette rencontre?

LA FLÈCHE.

Ah! ah! c'est toi, Frosine! Que viens-tu faire ici?

FROSINE.

Ce que je fais partout ailleurs : m'entremettre d'affaires, me rendre serviable aux gens, et profiter, du mieux qu'il m'est possible, des petits talents que je puis avoir. Tu sais que, dans ce monde, il faut vivre d'adresse, et qu'aux personnes comme moi le ciel n'a donné d'autres rentes que l'intrigue et que l'industrie.

LA FLÈCHE.

As-tu quelque négoce avec le patron du logis?

FROSINE.

Oui. Je traite pour lui quelque petite affaire, dont j'espère une récompense.

LA FLÈCHE.

De lui? Ah! ma foi, tu seras bien fine si tu en tires quelque chose; et je te donne avis que l'argent céans est fort cher.

FROSINE.

Il y a de certains services qui touchent merveilleusement.

LA FLÈCHE.

Je suis votre valet; et tu ne connois pas encore le seigneur Harpagon. Le seigneur Harpagon est, de tous les humains, l'humain le moins humain; le mortel de tous les mortels le plus dur et le plus serré. Il n'est point de service qui pousse sa reconnoissance jusqu'à lui faire ouvrir les mains. De la louange, de l'estime, de la bienveillance en paroles, et de l'amitié, tant qu'il vous plaira; mais de

l'argent, point d'affaires. Il n'est rien de plus sec et de
plus aride que ses bonnes grâces et ses caresses ; et *donner* est un mot pour qui il a tant d'aversion qu'il ne dit
jamais *Je vous donne,* mais *Je vous prête le bonjour.*

FROSINE.

Mon Dieu! je sais l'art de traire les hommes ; j'ai le
secret de m'ouvrir leur tendresse, de chatouiller leurs
cœurs, de trouver les endroits par où ils sont sensibles.

LA FLÈCHE.

Bagatelles ici. Je te défie d'attendrir, du côté de l'argent, l'homme dont il est question. Il est Turc là-dessus,
mais d'une turquerie à désespérer tout le monde ; et l'on
pourroit crever, qu'il n'en branleroit pas. En un mot, il
aime l'argent plus que réputation, qu'honneur et que
vertu ; et la vue d'un demandeur lui donne des convulsions ; c'est le frapper par son endroit mortel, c'est lui
percer le cœur, c'est lui arracher les entrailles ; et si...
Mais il revient : je me retire.

SCÈNE VI.

HARPAGON, FROSINE.

HARPAGON, bas.

Tout va comme il faut. (Haut.) Hé bien ! qu'est-ce, Frosine?

FROSINE.

Ah ! mon Dieu, que vous vous portez bien, et que
vous avez là un vrai visage de santé !

HARPAGON.

Qui ? moi !

FROSINE.

Jamais je ne vous vis un teint si frais et si gaillard.

HARPAGON.

Tout de bon?

FROSINE.

Comment! vous n'avez de votre vie été si jeune que vous êtes; et je vois des gens de vingt-cinq ans qui sont plus vieux que vous.

HARPAGON.

Cependant, Frosine, j'en ai soixante bien comptés.

FROSINE.

Hé bien ! qu'est-ce que cela, soixante ans! Voilà bien de quoi ! C'est la fleur de l'âge, cela ; et vous entrez maintenant dans la belle saison de l'homme [1].

---

1. Ce dialogue est traduit de la comédie de l'Arioste *I Suppositi* (L'un pour l'autre), acte I, scène II.

PASIFILO.

- . . . . Non sete voi giovane?

CLEANDRO.

Sono ne' cinquant' anni. . . . .

PASIFILO.

. . . . Non mostrate all' aria
Passar trentasette anni.

CLEANDRO.

         Sono al termine
Pur ch' io ti dico.

PASIFILO.

       La vostra abitudine
È tal, che voi passerete il centesimo.
Mostratemi la man.

CLEANDRO.

       Sei tu, Pasifilo,
Buon chiromante?

PASIFILO.

     Io ci ho pur qualche pratica :
Deh, lasciatemi un po' vedervela.

CLEANDRO.

          Eccola.

PASIFILO.

O che bella, che lunga, e netta linea!
Non vidi mai la miglior.

Pasiphilo, voulant aussi persuader à Cléandre, sexagénaire, qu'il fera très bien d'épouser une jeune femme, lui dit : « Vous êtes jeune?

HARPAGON.

Il est vrai ; mais vingt années de moins, pourtant, ne me feroient point de mal, que je crois.

FROSINE.

Vous moquez-vous? Vous n'avez pas besoin de cela, et vous êtes d'une pâte à vivre jusques à cent ans.

HARPAGON.

Tu le crois?

FROSINE.

Assurément. Vous en avez toutes les marques. Tenez-vous un peu. Oh! que voilà bien là, entre vos deux yeux, un signe de longue vie!

HARPAGON.

Tu te connois à cela?

FROSINE.

Sans doute. Montrez-moi votre main. Ah! mon Dieu! quelle ligne de vie!

HARPAGON.

Comment!

FROSINE.

Ne voyez-vous pas jusqu'où va cette ligne-là?

HARPAGON.

Hé bien ! qu'est-ce que cela veut dire?

« Cléandre. Je suis dans ma cinquantième année.
« Pasiphile. Vous ne paraissez pas en avoir plus de trente-sept.
« Cléandre. J'ai cependant l'âge que je te dis.
« Pasiphile. Je vois, rien qu'à votre tournure, que vous vivrez plus de cent ans. Montrez votre main.
« Cléandre. Es-tu donc habile en chiromancie?
« Pasiphile. J'ai quelque peu pratiqué cet art. Mais laissez-moi examiner votre main.
« Cléandre. La voici.
« Pasiphile. Oh! quelle ligne nette, longue et belle! Je n'en ai jamais vu d'un plus favorable augure. »

228 L'AVARE.

FROSINE.

Par ma foi, je disois cent ans, mais vous passerez les six-vingts.

HARPAGON.

Est-il possible?

FROSINE.

Il faudra vous assommer, vous dis-je : et vous mettrez en terre, et vos enfants, et les enfants de vos enfants.

HARPAGON.

Tant mieux [1]. Comment va notre affaire?

FROSINE.

Faut-il le demander? et me voit-on mêler de rien dont je ne vienne à bout? J'ai, surtout pour les mariages, un talent merveilleux. Il n'est point de partis au monde que je ne trouve en peu de temps le moyen d'accoupler ; et je crois, si je me l'étois mis en tête, que je marierois le Grand Turc avec la République de Venise [2]. Il n'y avoit pas, sans doute, de si grandes difficultés à cette affaire-ci. Comme j'ai commerce chez elles, je les ai à fond l'une et l'autre entretenues de vous ; et j'ai dit à la mère le dessein que vous aviez conçu pour Mariane, à la voir passer dans la rue et prendre l'air à sa fenêtre.

HARPAGON.

Qui a fait réponse...?

---

1. Ce mot correspond à celui de Cléante tout à l'heure : c'est la famille telle que la fait l'avarice.
2. Dans le chapitre XLI du troisième livre de Rabelais : *Comment Bridoye narre l'histoire de l'apoincteur de procès*, Perrin Dandin dit à son fils Tenot Dandin : « Et te diz, Dandin, mon fils jolly, que, par cette méthode, je pourrois paix mettre, ou trèves pour le moins, entre le grand Roy et les Vénitiens, entre l'Empereur et les Suisses, entre les Anglois et les Écossois, entre le Pape et les Ferrarois. Iray-je plus loin? Ce m'aist Dieu! entre le Turc et le Sophy, entre les Tartres et les Moscovites. »

FROSINE.

Elle a reçu la proposition avec joie ; et quand je lui ai témoigné que vous souhaitiez fort que sa fille assistât ce soir au contrat de mariage qui se doit faire de la vôtre, elle y a consenti sans peine, et me l'a confiée pour cela.

HARPAGON.

C'est que je suis obligé, Frosine, de donner à souper au seigneur Anselme ; et je serai bien aise qu'elle soit du régale[1].

FROSINE.

Vous avez raison. Elle doit, après dîner, rendre visite à votre fille, d'où elle fait son compte d'aller faire un tour à la foire, pour venir ensuite au souper.

HARPAGON.

Hé bien ! elles iront ensemble dans mon carrosse, que je leur prêterai.

FROSINE.

Voilà justement son affaire.

HARPAGON.

Mais, Frosine, as-tu entretenu la mère touchant le bien qu'elle peut donner à sa fille ? Lui as-tu dit qu'il falloit qu'elle s'aidât un peu, qu'elle fît quelque effort, qu'elle se saignât pour une occasion comme celle-ci ? Car encore n'épouse-t-on point une fille sans qu'elle apporte quelque chose.

FROSINE.

Comment ! c'est une fille qui vous apportera douze mille livres de rente.

HARPAGON.

Douze mille livres de rente !

---

1. *Régale* avec un *e* dans toutes les éditions originales.

FROSINE.

Oui. Premièrement, elle est nourrie et élevée dans une grande épargne de bouche. C'est une fille accoutumée à vivre de salade, de lait, de fromage et de pommes, et à laquelle, par conséquent, il ne faudra ni table bien servie, ni consommés exquis, ni orges-mondés perpétuels, ni les autres délicatesses qu'il faudroit pour une autre femme; et cela ne va pas à si peu de chose qu'il ne monte bien, tous les ans, à trois mille francs pour le moins. Outre cela, elle n'est curieuse que d'une propreté fort simple, et n'aime point les superbes habits, ni les riches bijoux, ni les meubles somptueux, où donnent ses pareilles avec tant de chaleur ; et cet article-là vaut plus de quatre mille livres par an. De plus, elle a une aversion horrible pour le jeu, ce qui n'est pas commun aux femmes d'aujourd'hui ; et j'en sais une de nos quartiers qui a perdu, à trente-et-quarante, vingt mille francs cette année. Mais n'en prenons rien que le quart. Cinq mille francs au jeu par an,* et quatre mille francs en habits et bijoux, cela fait neuf mille livres ; et mille écus que nous mettons pour la nourriture, ne voilà-t-il pas par année vos douze mille francs bien comptés[1] ?

---

* « Cinq mille francs au jeu par an, » se trouve dans les éditions de 1669 et de 1675 ; manque dans les éditions de 1670 et de 1682.

1. Le calcul de Frosine rappelle cette épigramme de Martial :

> Nil tibi legavit Fabius, Bithynice, cui tu
> Annua, si memini, millia sena dabas.
> Plus nulli dedit ille : queri, Bithynice, noli ;
> Annua legavit millia sena tibi.

« Fabius, à qui tu faisais présent chaque année de six mille sesterces, ne te laisse rien, dis-tu, par son testament. Tu te plains à tort, il te laisse plus qu'à personne : il te laisse par an six mille sesterces. »

Ce legs, qui consiste en ce qu'on ne donnera plus, ressemble fort à cette dot qui se compose de ce qu'on ne dépensera pas. Peut-être est-ce à l'un

HARPAGON.

Oui : cela n'est pas mal ; mais ce compte-là n'est rien de réel.

FROSINE.

Pardonnez-moi. N'est-ce pas quelque chose de réel que de vous apporter en mariage une grande sobriété, l'héritage d'un grand amour de simplicité de parure, et l'acquisition d'un grand fonds de haine pour le jeu ?

HARPAGON.

C'est une raillerie que de vouloir me constituer son dot[1] de toutes les dépenses qu'elle ne fera point. Je n'irai point donner quittance de ce que je ne reçois pas ; et il faut bien que je touche quelque chose.

FROSINE.

Mon Dieu ! vous toucherez assez ; et elles m'ont parlé d'un certain pays où elles ont du bien, dont vous serez le maître.

HARPAGON.

Il faudra voir cela. Mais, Frosine, il y a encore une chose qui m'inquiète. La fille est jeune, comme tu vois ; et les jeunes gens, d'ordinaire, n'aiment que leurs semblables, ne cherchent que leur compagnie : j'ai peur qu'un

---

que Molière doit l'idée de l'autre. Il se pourrait aussi qu'il l'eût prise dans Plaute. Mégadore, qui a demandé en mariage la fille d'Euclion, se félicite d'avoir fait choix d'une épouse sans dot. Il fait une longue énumération des dépenses ruineuses auxquelles se livrent celles qui ont apporté de grands biens à leurs maris ; et il conclut qu'un homme, pour sa fortune comme pour son repos, ne peut rien faire de mieux que d'épouser une fille qui n'a rien. C'est la même idée que développe Frosine, mais sous une forme plus comique.

1. Sur le genre de ce mot *dot*, voyez ce que nous avons dit tome IV, page 312. Un vers de la comédie de Chappuzeau, *la Dame d'intrigue*, que nous avons citée précédemment (page 187), peut être ici rappelé fort à propos :

Un grand dot est suivi d'une grande arrogance.

homme de mon âge ne soit pas de son goût, et que cela ne vienne à produire chez moi certains petits désordres qui ne m'accommoderoient pas.

FROSINE.

Ah! que vous la connoissez mal! C'est encore une particularité que j'avois à vous dire. Elle a une aversion épouvantable pour tous les jeunes gens, et n'a de l'amour que pour les vieillards.

HARPAGON.

Elle?

FROSINE.

Oui, elle. Je voudrois que vous l'eussiez entendue parler là-dessus. Elle ne peut souffrir du tout la vue d'un jeune homme ; mais elle n'est point plus ravie, dit-elle, que lorsqu'elle peut voir un beau vieillard avec une barbe majestueuse. Les plus vieux sont pour elle les plus charmants ; et je vous avertis de n'aller pas vous faire plus jeune que vous êtes. Elle veut tout au moins qu'on soit sexagénaire ; et il n'y a pas quatre mois encore, qu'étant prête d'être mariée, elle rompit tout net le mariage, sur ce que son amant fit voir qu'il n'avoit que cinquante-six ans, et qu'il ne prit point de lunettes pour signer le contrat.

HARPAGON.

Sur cela seulement?

FROSINE.

Oui. Elle dit que ce n'est pas contentement pour elle que cinquante-six ans ; et surtout elle est pour les nez qui portent des lunettes.

HARPAGON.

Certes, tu me dis là une chose toute nouvelle.

FROSINE.

Cela va plus loin qu'on ne vous peut dire. On lui voit

dans sa chambre quelques tableaux et quelques estampes ; mais que pensez-vous que ce soit ? Des Adonis, des Céphales, des Pâris, et des Apollons ?* Non : de beaux portraits de Saturne, du roi Priam, du vieux Nestor, et du bon père Anchise sur les épaules de son fils.

HARPAGON.

Cela est admirable ! Voilà ce que je n'aurois jamais pensé ; et je suis bien aise d'apprendre qu'elle est de cette humeur. En effet, si j'avois été femme, je n'aurois point aimé les jeunes hommes.

FROSINE.

Je le crois bien. Voilà de belles drogues que des jeunes gens, pour les aimer ! ce sont de beaux morveux, de beaux godelureaux, pour donner envie de leur peau ! et je voudrois bien savoir quel ragoût il y a à eux !

HARPAGON.

Pour moi, je n'y en comprends point ; et je ne sais pas comment** il y a des femmes qui les aiment tant.

FROSINE.

Il faut être folle fieffée. Trouver la jeunesse aimable, est-ce avoir le sens commun ? Sont-ce des hommes que de jeunes blondins ?*** et peut-on s'attacher à ces animaux-là ?

HARPAGON.

C'est ce que je dis tous les jours : avec leur ton de poule laitée, et leurs trois petits brins de barbe relevés en barbe de chat, leurs perruques d'étoupes, leurs hauts-de-chausses tout tombants, et leurs estomacs débraillés !

FROSINE.

Hé ! cela est bien bâti, auprès d'une personne comme

---

* Var. *Des Pâris ? des Apollons* (1670).
** Var. *Comme* (1670).
*** Var. *Que des jeunes blondins* (1682).

vous! Voilà un homme, cela ; il y a là de quoi satisfaire à la vue; et c'est ainsi qu'il faut être fait, et vêtu, pour donner de l'amour.

HARPAGON.

Tu me trouves bien?

FROSINE.

Comment! vous êtes à ravir, et votre figure est à peindre. Tournez-vous un peu, s'il vous plaît. Il ne se peut pas mieux. Que je vous voie marcher. Voilà un corps taillé, libre, et dégagé comme il faut, et qui ne marque aucune incommodité.

HARPAGON.

Je n'en ai pas de grandes, Dieu merci[1]. Il n'y a que ma fluxion[2] qui me prend de temps en temps.

FROSINE.

Cela n'est rien. Votre fluxion ne vous sied point mal, et vous avez grâce à tousser.

HARPAGON.

Dis-moi un peu : Mariane ne m'a-t-elle point encore vu? N'a-t-elle point pris garde à moi en passant?

FROSINE.

Non; mais nous nous sommes fort entretenues de vous. Je lui ai fait un portrait de votre personne, et je n'ai pas manqué de lui vanter votre mérite, et l'avantage que ce lui seroit d'avoir un mari comme vous.

HARPAGON.

Tu as bien fait, et je t'en remercie.

FROSINE.

J'aurois, monsieur, une petite prière à vous faire. J'ai

---

1. En disant ces mots, Harpagon est pris d'une quinte de toux. C'était une incommodité à laquelle Molière était sujet, et qui devait abréger ses jours. Il trouvait moyen d'en faire ici comme une partie obligée de son rôle.
2. *Fluxion*, pour rhume, catarrhe.

un procès que je suis sur le point de perdre, faute d'un peu d'argent ; (Harpagon prend un air sévère.) et vous pourriez facilement me procurer le gain de ce procès, si vous aviez quelque bonté pour moi. Vous ne sauriez croire le plaisir qu'elle aura de vous voir. (Harpagon reprend un air gai.) Ah! que vous lui plairez! et que votre fraise à l'antique fera sur son esprit un effet admirable! Mais surtout elle sera charmée de votre haut-de-chausses attaché au pourpoint avec des aiguillettes : c'est pour la rendre folle de vous ; et un amant aiguilleté sera pour elle un ragoût merveilleux.

HARPAGON.

Certes, tu me ravis de me dire cela.

FROSINE.

En vérité, monsieur, ce procès m'est d'une conséquence tout à fait grande. (Harpagon reprend son air sévère.) Je suis ruinée si je le perds; et quelque petite assistance me rétabliroit mes affaires. Je voudrois que vous eussiez vu le ravissement où elle étoit à m'entendre parler de vous. (Harpagon reprend un air gai.) La joie éclatoit dans ses yeux au récit de vos qualités, et je l'ai mise enfin dans une impatience extrême de voir ce mariage entièrement conclu.

HARPAGON.

Tu m'as fait grand plaisir, Frosine; et je t'en ai, je te l'avoue, toutes les obligations du monde.

FROSINE.

Je vous prie, monsieur, de me donner le petit secours que je vous demande. (Harpagon reprend son sérieux.) Cela me remettra sur pied; et je vous en serai éternellement obligée.

HARPAGON.

Adieu. Je vais achever mes dépêches.

FROSINE.

Je vous assure, monsieur, que vous ne sauriez jamais me soulager dans un plus grand besoin.

HARPAGON.

Je mettrai ordre que mon carrosse soit tout prêt, pour vous mener à la foire.

FROSINE.

Je ne vous importunerois pas, si je ne m'y voyois forcée par la nécessité.

HARPAGON.

Et j'aurai soin qu'on soupe de bonne heure, pour ne vous point faire malades.

FROSINE.

Ne me refusez pas la grâce dont je vous sollicite. Vous ne sauriez croire, monsieur, le plaisir que...

HARPAGON.

Je m'en vais. Voilà qu'on m'appelle. Jusqu'à tantôt.

FROSINE, seule.

Que la fièvre te serre, chien de vilain à tous les diables ![*] Le ladre a été ferme à toutes mes attaques; mais il ne me faut pas pourtant quitter la négociation; et j'ai l'autre côté, en tout cas, d'où je suis assurée de tirer bonne récompense[1].

---

* Dans aucune des quatre premières éditions il n'y a de virgule après *vilain*, comme on en met toujours dans les éditions modernes.

1. L'avarice est peut-être la seule passion que l'amour ne puisse surmonter, et la seule que la flatterie trouve incorruptible. Frosine a beau faire : toutes ses cajoleries, appuyées des douces espérances dont elle berce l'amoureuse manie du vieillard, échouent contre son inexpugnable lésine. La Harpe en fait la remarque. « Quoi de mieux conçu que *l'Avare?* dit-il. L'amour même ne le rend pas libéral, et la flatterie la mieux adaptée à un vieillard amoureux n'en peut rien arracher. »
On ne sauroit trop admirer le jeu de théâtre qui termine cette scène.

ACTE TROISIÈME.

SCÈNE PREMIÈRE.

HARPAGON, CLÉANTE, ÉLISE, VALÈRE,
DAME CLAUDE, MAITRE JACQUES, LA MERLUCHE,
BRINDAVOINE.

HARPAGON.

Allons, venez çà tous; que je vous distribue mes ordres pour tantôt, et règle à chacun son emploi[1]. Approchez, dame Claude; commençons par vous. (Elle tient un balai.) Bon, vous voilà les armes à la main. Je vous commets au soin de nettoyer partout; et surtout prenez garde de ne point frotter les meubles trop fort, de peur de les user. Outre cela, je vous constitue, pendant le souper, au gouvernement des bouteilles; et, s'il s'en écarte quelqu'une, et qu'il se casse quelque chose, je m'en prendrai à vous, et le rabattrai sur vos gages.

MAITRE JACQUES, à part.

Châtiment politique.

HARPAGON, à dame Claude.

Allez.

---

1. On se reportera à ce qui a été dit de cet état de maison, de ces nombreux domestiques d'Harpagon, dans la Notice préliminaire.

SCÈNE II.

HARPAGON, CLÉANTE, ÉLISE, VALERE, MAITRE JACQUES, BRINDAVOINE, LA MERLUCHE.

HARPAGON.

Vous, Brindavoine, et vous, La Merluche, je vous établis dans la charge de rincer les verres et de donner à boire, mais seulement lorsque l'on aura soif, et non pas selon la coutume de certains impertinents de laquais, qui viennent provoquer les gens, et les faire aviser de boire lorsqu'on n'y songe pas. Attendez qu'on vous en demande plus d'une fois, et vous ressouvenez de porter toujours beaucoup d'eau.

MAITRE JACQUES, à part.

Oui. Le vin pur monte à la tête.

LA MERLUCHE.

Quitterons-nous nos siquenilles[1], monsieur ?

HARPAGON.

Oui, quand vous verrez venir les personnes; et gardez bien de gâter vos habits.

BRINDAVOINE.

Vous savez bien, monsieur, qu'un des devants de mon pourpoint est couvert d'une grande tache de l'huile de la lampe.

LA MERLUCHE.

Et moi, monsieur, que j'ai mon haut-de-chausses tout troué par derrière, et qu'on me voit, révérence parler...[*]

---

[*] Var. *Révérence de parler...* (1682).

1. *Siquenilles,* pour *souquenilles.* Conf. l'extrait du manuscrit de Mahelot, p. 174.

HARPAGON, à La Merluche.

Paix ! rangez cela adroitement du côté de la muraille, et présentez toujours le devant au monde. (Harpagon met son chapeau au devant de son pourpoint, pour montrer à Brindavoine comment il doit faire pour cacher la tache d'huile.) Et vous, tenez toujours votre chapeau ainsi, lorsque vous servirez.

SCÈNE III.

HARPAGON, CLÉANTE, ÉLISE, VALÈRE, MAITRE JACQUES.

HARPAGON.

Pour vous, ma fille, vous aurez l'œil sur ce que l'on desservira, et prendrez garde qu'il ne s'en fasse aucun dégât. Cela sied bien aux filles. Mais cependant préparez-vous à bien recevoir ma maîtresse, qui vous doit venir visiter, et vous mener avec elle à la foire. Entendez-vous ce que je vous dis ?

ÉLISE.

Oui, mon père.*

SCÈNE IV.

HARPAGON, CLÉANTE, VALÈRE, MAITRE JACQUES.

HARPAGON.

Et vous, mon fils le damoiseau, à qui j'ai la bonté de pardonner l'histoire de tantôt, ne vous allez pas aviser non plus de lui faire mauvais visage.

* Dans l'édition de 1682, Harpagon répond à Élise : *Oui, nigaude.* Ces mots ne se trouvent dans aucune des trois éditions antérieures; ils n'appartiennent point au texte authentique de la pièce, et ne doivent pas y être maintenus.

CLÉANTE.

Moi, mon père? mauvais visage! et par quelle raison?

HARPAGON.

Mon Dieu! nous savons le train des enfants dont les pères se remarient, et de quel œil ils ont coutume de regarder ce qu'on appelle belle-mère. Mais si vous souhaitez que je perde le souvenir de votre dernière fredaine, je vous recommande surtout de régaler d'un bon visage cette personne-là, et de lui faire enfin tout le meilleur accueil qu'il vous sera possible.

CLÉANTE.

A vous dire le vrai, mon père, je ne puis pas vous promettre d'être bien aise qu'elle devienne ma belle-mère. Je mentirois, si je vous le disois; mais, pour ce qui est de la bien recevoir et de lui faire bon visage, je vous promets de vous obéir ponctuellement sur ce chapitre.

HARPAGON.

Prenez-y garde au moins.

CLÉANTE.

Vous verrez que vous n'aurez pas sujet de vous en plaindre.

HARPAGON.

Vous ferez sagement.

SCÈNE V.

HARPAGON, VALÈRE, MAITRE JACQUES.

HARPAGON.

Valère, aide-moi à ceci. Ho çà, maître Jacques, approchez-vous, je vous ai gardé pour le dernier.

MAITRE JACQUES.

Est-ce à votre cocher, monsieur, ou bien à votre cui-

ACTE III, SCÈNE V.

sinier, que vous voulez parler? car je suis l'un et l'autre.

MAITRE JACQUES.

HARPAGON.

C'est à tous les deux.

MAITRE JACQUES.

Mais à qui des deux le premier?

HARPAGON.

Au cuisinier.

MAITRE JACQUES.

Attendez donc, s'il vous plaît. (Maître Jacques ôte sa casaque de cocher, et paroît vêtu en cuisinier.)

HARPAGON.

Quelle diantre de cérémonie est-ce là?

MAITRE JACQUES.

Vous n'avez qu'à parler.

HARPAGON.

Je me suis engagé, maître Jacques, à donner ce soir à souper.

MAITRE JACQUES, à part.

Grande merveille!

HARPAGON.

Dis-moi un peu : nous feras-tu bonne chère?

MAITRE JACQUES.

Oui, si vous me donnez bien de l'argent.

HARPAGON.

Que diable, toujours de l'argent! Il semble qu'ils n'aient autre chose à dire : de l'argent, de l'argent, de l'argent. Ah! ils n'ont que ce mot à la bouche, de l'argent! toujours parler d'argent! Voilà leur épée de chevet, de l'argent[1]!

---

1. *L'épée de chevet*, l'épée accrochée au chevet du lit; au figuré, l'argument qu'on a toujours sous la main, la réponse qui est toujours prête et qui sert à tout propos.

VALÈRE.

Je n'ai jamais vu de réponse plus impertinente que celle-là. Voilà une belle merveille que de faire bonne chère avec bien de l'argent! c'est une chose la plus aisée du monde, et il n'y a si pauvre esprit qui n'en fît bien autant; mais, pour agir en habile homme, il faut parler de faire bonne chère avec peu d'argent.

MAITRE JACQUES.

Bonne chère avec peu d'argent!

VALÈRE.

Oui.

MAITRE JACQUES, à Valère.

Par ma foi, monsieur l'intendant, vous nous obligerez de nous faire voir ce secret, et de prendre mon office de cuisinier; aussi bien vous mêlez-vous céans d'être le factoton.[*]

HARPAGON.

Taisez-vous. Qu'est-ce qu'il nous faudra?

MAITRE JACQUES.

Voilà monsieur votre intendant, qui vous fera bonne chère pour peu d'argent.

HARPAGON.

Haye! je veux que tu me répondes.

MAITRE JACQUES.

Combien serez-vous de gens à table?

HARPAGON.

Nous serons huit ou dix; mais il ne faut prendre que huit. Quand il y a à manger pour huit, il y en a bien pour dix.

---

[*] Var. *Factotum* (1670).

ACTE III, SCÈNE V. 243

VALÈRE.

Cela s'entend.

MAITRE JACQUES.

Hé bien! il faudra quatre grands potages et cinq assiettes. Potages... Entrées...

HARPAGON.

Que diable! voilà pour traiter toute une ville entière.

MAITRE JACQUES.

Rôt...

HARPAGON, *en lui mettant la main sur la bouche.*

Ah! traître, tu manges tout mon bien.*

---

* Dans l'édition de 1682, tout ce passage est amplifié comme il suit :

MAITRE JACQUES.

« Hé bien! il faudra quatre grands potages bien garnis, et cinq assiettes d'entrées. Potages : bisque, potage de perdrix aux choux verts, potage de santé, potage de canards aux navets. Entrées : fricassée de poulets, tourte de pigeonneaux, ris de veau, boudin blanc, et morilles.

HARPAGON.

« Que diable! voilà pour traiter toute une ville entière.

MAITRE JACQUES.

« Rôt, dans un grandissime bassin en pyramide. Une grande longe de veau de rivière, trois faisans, trois poulardes grasses, douze pigeons de volière, douze poulets de grain, six lapereaux de garenne, douze perdreaux, deux douzaines de cailles, trois douzaines d'ortolans...

HARPAGON, *en lui mettant la main sur la bouche.*

« Ah! traître, tu manges tout mon bien. »

Cette addition, dit Auger, est le fait de quelque comédien qui a cru être plus plaisant que Molière, et qui n'a pas songé qu'Harpagon dérogerait à son caractère s'il entendait jusqu'au bout cette ruineuse énumération, au lieu de fermer la bouche à maître Jacques dès les premiers mots de son menu, en lui criant, comme il fait : « Traitre! tu manges tout mon bien. »

Cette interpolation a du reste été condamnée sans retard et définitivement repoussée du texte à partir de 1734. Il semble aussi qu'elle n'ait été adoptée que bien peu de temps au théâtre, à en juger par la note suivante de Marc-Antoine Joly : « Le sieur Du Chemin, comédien, qui a su faire un bon usage des leçons qu'il a reçues dans sa jeunesse des compagnons de Molière, nous a dit que Raisin avoit toujours joué le rôle d'Harpagon tel que nous l'avons imprimé, et que lui-même il seroit fort embarrassé s'il

MAITRE JACQUES.

Entremets...

HARPAGON, mettant encore la main sur la bouche de maître Jacques.

Encore?

VALÈRE, à maître Jacques.

Est-ce que vous avez envie de faire crever tout le monde? et monsieur a-t-il invité des gens pour les assassiner à force de mangeaille? Allez-vous-en lire un peu les préceptes de la santé, et demander aux médecins s'il y a rien de plus préjudiciable à l'homme que de manger avec excès.

étoit obligé d'écouter tout ce qu'on fait dire à Maître Jacques, contre toute vraisemblance. »

M. Jeannel, dans un article du *Correspondant* du 10 juillet 1870, prétend au contraire que cette énumération est nécessaire; que les mots potages... entrées... rôt... sont des indications à compléter par l'acteur, qui devait, en cet endroit, détailler avec volubilité les articles d'un menu à la mode.

Après avoir reproduit les quatre potages et les cinq entrées, puis le rôt de « cent neuf pièces », d'après l'édition de 1682, M. Jeannel fait remarquer que ce menu semble tiré du *Nouveau et Parfait Maistre d'hostel roïal*, édition de 1662, et il en conclut que l'acteur ferait bien de faire suivre le mot « entremets... » d'une énumération semblable puisée à la même source :

Entremets à quatre assiettes pour plat :
Une de ris de veau,
Une de champignons,
Une assiette de montants,
Une de beignets,
Une assiette de crème à la reine,
Une de gelée de grenade,
Une de truffes en ragoût (ou au vin),
Une assiette de pieds de porc,
Une de langues de porc.

A quoi l'on peut ajouter ou substituer :
Asperges en pois,
Cardons d'Espagne au jus de mouton,
Une tourte de pistaches, etc.

Nous ne savons si quelque acteur essayera de revenir un jour à ce que M. Jeannel croit la tradition primitive. Mais quant au texte des éditions, il doit demeurer tel que Molière l'a donné; il ne saurait y avoir d'incertitude sur ce point.

ACTE III, SCÈNE V.

HARPAGON.

Il a raison.

VALÈRE.

Apprenez, maître Jacques, vous et vos pareils, que c'est un coupe-gorge qu'une table remplie de trop de viandes; que pour se bien montrer ami de ceux que l'on invite, il faut que la frugalité règne dans les repas qu'on donne; et que, suivant le dire d'un ancien, *il faut manger pour vivre, et non pas vivre pour manger* [1].

HARPAGON.

Ah! que cela est bien dit! Approche, que je t'embrasse pour ce mot. Voilà la plus belle sentence que j'aie entendue de ma vie : *Il faut vivre pour manger, et non pas manger pour vi...*[2] Non, ce n'est pas cela. Comment est-ce que tu dis?

VALÈRE.

Qu'*il faut manger pour vivre, et non pas vivre pour manger.*

HARPAGON, à maître Jacques.

Oui. Entends-tu? (A Valère.) Qui est le grand homme qui a dit cela?

VALÈRE.

Je ne me souviens pas maintenant de son nom.

HARPAGON.

Souviens-toi de m'écrire ces mots : je les veux faire graver en lettres d'or sur la cheminée de ma salle.

---

1. C'était une espèce d'adage usité parmi les Romains, qui quelquefois l'exprimaient par ces seules initiales : E. V. V. N. V. V. E.; *ede ut vivas, ne vivas ut edas.*

2. Rabelais avait déjà retourné cet adage pour l'appliquer aux moines de son temps. « Les pauvres béatz pères, dit-il, ne mangent mie pour vivre, vivent pour manger, et n'ont que leur vie en ce monde. »

VALÈRE.

Je n'y manquerai pas. Et pour votre souper, vous n'avez qu'à me laisser faire ; je réglerai tout cela comme il faut.

HARPAGON.

Fais donc.

MAITRE JACQUES.

Tant mieux ! j'en aurai moins de peine.

HARPAGON, à Valère.

Il faudra de ces choses dont on ne mange guère, et qui rassasient d'abord ; quelque bon haricot bien gras, avec quelque pâté en pot bien garni de marrons. [Là, que cela foisonne.]*

VALÈRE.

Reposez-vous sur moi.

HARPAGON.

Maintenant, maître Jacques, il faut nettoyer mon carrosse.

MAITRE JACQUES.

Attendez ; ceci s'adresse au cocher. (Maître Jacques remet sa casaque.) Vous dites...

HARPAGON.

Qu'il faut nettoyer mon carrosse, et tenir mes chevaux tout prêts pour conduire à la foire...

MAITRE JACQUES.

Vos chevaux, monsieur ? Ma foi, ils ne sont point du tout en état de marcher. Je ne vous dirai point qu'ils sont sur la litière : les pauvres bêtes n'en ont point, et ce seroit fort mal parler ;** mais vous leur faites observer des

---

* *Là, que cela foisonne* ne se trouve que dans l'édition de 1682. Nous avons laissé dans le texte, tout en indiquant d'où ils proviennent, ces mots qui sont bien en situation.

** VAR. *Ce seroit mal parler* (1682).

jeûnes si austères que ce ne sont plus rien que des idées ou des fantômes, des façons de chevaux.*

HARPAGON.

Les voilà bien malades ! Ils ne font rien.

MAITRE JACQUES.

Et pour ne faire rien, monsieur, est-ce qu'il ne faut rien manger ? Il leur vaudroit bien mieux, les pauvres animaux, de travailler beaucoup, de manger de même.** Cela me fend le cœur, de les voir ainsi exténués. Car, enfin, j'ai une tendresse pour mes chevaux, qu'il me semble que c'est moi-même, quand je les vois pâtir. Je m'ôte tous les jours pour eux les choses de la bouche ; et c'est être, monsieur, d'un naturel trop dur, que de n'avoir nulle pitié de son prochain [1].

HARPAGON.

Le travail ne sera pas grand, d'aller jusqu'à la foire.

MAITRE JACQUES.

Non, monsieur, je n'ai pas le courage de les mener, et je ferois conscience de leur donner des coups de fouet, en l'état où ils sont. Comment voudriez-vous qu'ils traînassent un carrosse, qu'ils ne peuvent pas se traîner eux-mêmes[2] ?

* VAR. *Que ce ne sont plus que des antômes ou des façons de chevaux* (1682).

** VAR. *De travailler beaucoup et de manger de même* (1675, 1682).

1. Chacune de ces paroles est un trait de sentiment naïf qui fait rire et qui touche à la fois. Les chevaux de maître Jacques ne sont pas d'une espèce différente de la sienne ; ce sont ses compagnons, ses amis ; en un mot, c'est *son prochain ;* il prend sur sa nourriture pour ajouter à la leur ; et ce qu'il peut dire de plus tendre à son maître, c'est qu'après ses chevaux il est la *personne* qu'il aime le plus.

2. *Que* est ici employé pour *alors que.* On en trouverait d'autres exemples dans Molière :

Il aime quelquefois sans qu'il le sache bien,

VALÈRE.

Monsieur, j'obligerai le voisin Picard à se charger de les conduire; aussi bien nous fera-t-il ici besoin pour apprêter le souper.

MAITRE JACQUES.

Soit. J'aime mieux encore qu'ils meurent sous la main d'un autre que sous la mienne.

VALÈRE.

Maître Jacques fait bien le raisonnable.

MAITRE JACQUES.

Monsieur l'intendant fait bien le nécessaire.

HARPAGON.

Paix.

MAITRE JACQUES.

Monsieur, je ne saurois souffrir les flatteurs; et je vois que ce qu'il en fait, que ses contrôles perpétuels sur le pain et le vin, le bois, le sel et la chandelle, ne sont rien que pour vous gratter et vous faire sa cour. J'enrage de cela, et je suis fâché tous les jours d'entendre ce qu'on dit de vous : car, enfin, je me sens pour vous de la tendresse, en dépit que j'en aie; et, après mes chevaux, vous êtes la personne que j'aime le plus.

HARPAGON.

Pourrois-je savoir de vous, maître Jacques, ce que l'on dit de moi?

MAITRE JACQUES.

Oui, monsieur, si j'étois assuré que cela ne vous fâchât point.

Et croit aimer aussi, parfois qu'il n'en est rien.
(Mis., IV, 1.)
Et la raison bien souvent les pardonne,
Que l'honneur et l'amour ne les pardonnent pas
(Amph., III, 8.)

ACTE III, SCÈNE V.

HARPAGON.

Non, en aucune façon.

MAITRE JACQUES.

Pardonnez-moi ; je sais fort bien que je vous mettrois en colère.

HARPAGON.

Point du tout. Au contraire, c'est me faire plaisir, et je suis bien aise d'apprendre comme on parle de moi.

MAITRE JACQUES.

Monsieur, puisque vous le voulez, je vous dirai franchement qu'on se moque partout de vous ; qu'on nous jette de tous côtés cent brocards à votre sujet ; et que l'on n'est point plus ravi que de vous tenir au cul et aux chausses, et de faire sans cesse des contes de votre lésine. L'un dit que vous faites imprimer des almanachs particuliers, où vous faites doubler les quatre-temps et les vigiles, afin de profiter des jeûnes où vous obligez votre monde, l'autre, que vous avez toujours une querelle toute prête à faire à vos valets dans le temps des étrennes ou de leur sortie d'avec vous, pour vous trouver une raison de ne leur donner rien. Celui-là conte qu'une fois vous fîtes assigner le chat d'un de vos voisins, pour vous avoir mangé un reste d'un gigot de mouton[1] ; celui-ci, que l'on vous surprit, une nuit, en venant dérober vous-même l'avoine de vos chevaux ; et que votre cocher, qui étoit celui d'avant moi, vous donna, dans l'obscurité, je ne sais combien de coups de bâton, dont vous ne voulûtes rien dire[2]. Enfin,

---

1. Voyez les vers de Plaute.
2. Ce trait de l'avoine dérobée aux chevaux semble emprunté à l'*Histoire génerale des Cardinaux* par Aubery (1642), où il est ainsi raconté : « Le cardinal Angelotto poussoit l'avarice jusqu'à aller la nuit dérober les brides et les chevêtres dans les écuries de ses voisins ; et, ayant été une fois pris sur le fait par un palefrenier, il reçut incognito de rudes bastonnades. » J'ai

voulez-vous que je vous dise? On ne sauroit aller nulle part, où l'on ne vous entende accommoder de toutes pièces. Vous êtes la fable et la risée de tout le monde; et jamais on ne parle de vous que sous les noms d'avare, de ladre, de vilain, et de fesse-matthieu.

HARPAGON, en battant maître Jacques.

Vous êtes un sot, un maraud, un coquin, et un impudent.

MAITRE JACQUES.

Hé bien! ne l'avois-je pas deviné? Vous ne m'avez pas voulu croire. Je vous avois bien dit que je vous fâcherois de vous dire la vérité.

HARPAGON.

Apprenez à parler.

SCÈNE VI.

VALÈRE, MAITRE JACQUES.

VALÈRE, riant.

A ce que je puis voir, maître Jacques, on paye mal votre franchise.

MAITRE JACQUES.

Morbleu! monsieur le nouveau venu, qui faites l'homme d'importance, ce n'est pas votre affaire. Riez de vos coups de bâton quand on vous en donnera, et ne venez point rire des miens.

---

lu ailleurs qu'il se levait la nuit sans chandelle pour aller voler l'avoine à ses propres chevaux, et que son palefrenier, qui s'en doutait, l'épia, le surprit, et, feignant de ne pas le connaître, lui donna des coups de fourche dans le derrière.

C'est sans doute la même histoire; mais la seconde version est la plus plaisante, et c'est celle dont Molière a fait usage.

ACTE III, SCÈNE VI.

VALÈRE.

Ah! monsieur maître Jacques, ne vous fâchez pas, je vous prie.

MAITRE JACQUES, à part.

Il file doux. Je veux faire le brave, et, s'il est assez sot pour me craindre, le frotter quelque peu. (Haut.) Savez-vous bien, monsieur le rieur, que je ne ris pas, moi; et que, si vous m'échauffez la tête, je vous ferai rire d'une autre sorte? (Maître Jacques pousse Valère jusqu'au bout du théâtre, en le menaçant.)

VALÈRE.

Hé! doucement.

MAITRE JACQUES.

Comment, doucement? il ne me plaît pas, moi.

VALÈRE.

De grâce!

MAITRE JACQUES.

Vous êtes un impertinent.

VALÈRE.

Monsieur maître Jacques...

MAITRE JACQUES.

Il n'y a point de monsieur maître Jacques pour un double[1]. Si je prends un bâton, je vous rosserai d'importance.

VALÈRE.

Comment! un bâton? (Valère fait reculer maître Jacques à son tour.)

MAITRE JACQUES.

Hé! je ne parle pas de cela.

---

1. Expression proverbiale : Il n'y en a pas même pour un double. C'est-à-dire il n'y en a point. Le double était une petite pièce de monnaie qui valait deux deniers.

VALÈRE.

Savez-vous bien, monsieur le fat, que je suis homme à vous rosser vous-même?

MAITRE JACQUES.

Je n'en doute pas.

VALÈRE.

Que vous n'êtes, pour tout potage, qu'un faquin de cuisinier?

MAITRE JACQUES.

Je le sais bien.

VALÈRE.

Et que vous ne me connoissez pas encore?

MAITRE JACQUES.

Pardonnez-moi.

VALÈRE.

Vous me rosserez, dites-vous?

MAITRE JACQUES.

Je le disois en raillant.

VALÈRE.

Et moi, je ne prends point de goût à votre raillerie. (Il lui donne des coups de bâton.) Apprenez que vous êtes un mauvais railleur [1].

MAITRE JACQUES, seul.

Peste soit la sincérité! c'est un mauvais métier : désormais j'y renonce, et je ne veux plus dire vrai. Passe

---

1. Riccoboni indique le canevas italien *La Cameriera nobile* (la Femme de chambre de qualité) comme ayant pu fournir l'idée de cette scène : « Lélio donne des coups de bâton à Scapin, camarade d'Arlequin. Celui-ci, qui le voit, se fâche contre Lélio, qui, feignant de s'en repentir, donne occasion à Arlequin de faire le brave et de le menacer. Lélio s'en divertit : il paroît avoir peur, et recule devant Arlequin ; mais, cessant bientôt de feindre, il le fait reculer à son tour, et le punit de son insolence par quelques coups de bâton. »
La question est toujours de savoir la date de ce canevas.

encore pour mon maître : il a quelque droit de me battre ; mais, pour ce monsieur l'intendant, je m'en vengerai si je puis.

SCÈNE VII.

MARIANE, FROSINE, MAITRE JACQUES.

FROSINE.

Savez-vous, maître Jacques, si votre maître est au logis?

MAITRE JACQUES.

Oui, vraiment, il y est; je ne le sais que trop.

FROSINE.

Dites-lui, je vous prie, que nous sommes ici.*

SCÈNE VIII.

MARIANE, FROSINE.

MARIANE.

Ah! que je suis, Frosine, dans un étrange état, et, s'il faut dire ce que je sens, que j'appréhende cette vue!

FROSINE.

Mais pourquoi, et quelle est votre inquiétude?

MARIANE.

Hélas! me le demandez-vous? Et ne vous figurez-vous point les alarmes d'une personne toute prête à voir le supplice où l'on veut l'attacher?

FROSINE.

Je vois bien que, pour mourir agréablement, Harpagon n'est pas le supplice que vous voudriez embrasser; et

---

* L'édition de 1682 fait dire à maître Jacques se retirant : *Ah! nous voilà pas mal...*

je connois, à votre mine, que le jeune blondin dont vous m'avez parlé vous revient un peu dans l'esprit.

MARIANE.

Oui. C'est une chose, Frosine, dont je ne veux pas me défendre; et les visites respectueuses qu'il a rendues chez nous ont fait, je vous l'avoue, quelque effet dans mon âme.

FROSINE.

Mais avez-vous su quel il est?

MARIANE.

Non, je ne sais point quel il est. Mais je sais qu'il est fait d'un air à se faire aimer; que, si l'on pouvoit mettre les choses à mon choix, je le prendrois plutôt qu'un autre; et qu'il ne contribue pas peu à me faire trouver un tourment effroyable dans l'époux qu'on veut me donner.

FROSINE.

Mon Dieu! tous ces blondins sont agréables, et débitent fort bien leur fait, mais la plupart sont gueux comme des rats; il vaut mieux, pour vous, de prendre un vieux mari qui vous donne beaucoup de bien. Je vous avoue que les sens ne trouvent pas si bien leur compte du côté que je dis, et qu'il y a quelques petits dégoûts à essuyer avec un tel époux; mais cela n'est pas pour durer; et sa mort, croyez-moi, vous mettra bientôt en état d'en prendre un plus aimable, qui réparera toutes choses.

MARIANE.

Mon Dieu! Frosine, c'est une étrange affaire lorsque, pour être heureuse, il faut souhaiter ou attendre le trépas de quelqu'un; et la mort ne suit pas tous les projets que nous faisons.

FROSINE.

Vous moquez-vous? Vous ne l'épousez qu'aux conditions de vous laisser veuve bientôt ; et ce doit être là un des articles du contrat. Il seroit bien impertinent de ne pas mourir dans trois mois[1] ! Le voici en propre personne.

MARIANE.

Ah ! Frosine, quelle figure !

SCÈNE IX.

HARPAGON, MARIANE, FROSINE.

HARPAGON, à Mariane.

Ne vous offensez pas, ma belle, si je viens à vous avec des lunettes. Je sais que vos appas frappent assez les yeux, sont assez visibles d'eux-mêmes, et qu'il n'est pas besoin de lunettes pour les apercevoir ; mais, enfin, c'est avec des lunettes qu'on observe les astres ; et je maintiens et garantis que vous êtes un astre, mais un astre le plus bel astre qui soit dans le pays des astres. Frosine, elle ne répond mot, et ne témoigne, ce me semble, aucune joie de me voir.

FROSINE.

C'est qu'elle est encore toute surprise ; et puis, les filles ont toujours honte à témoigner d'abord ce qu'elles ont dans l'âme.

---

1. Nous avons vu, acte II, scène II, que Cléante doit s'engager envers son prêteur à ce que son père meure avant qu'il soit huit mois. Ici, il faut qu'Harpagon, en se mariant, s'oblige à mourir dans les trois mois. Voilà deux stipulations de nouvelle sorte, qui se ressemblent beaucoup : c'est le même fond de plaisanterie ; mais ce fond est noir. Ainsi que nous avons eu déjà l'occasion de le faire remarquer plus d'une fois, on était sans doute moins frappé de cette dureté d'esprit au temps de Molière qu'on ne l'est aujourd'hui, car il restait alors dans la raillerie comique une certaine rudesse qui tenait à l'ancienne rudesse des mœurs. Scarron, Cyrano, sont pleins de saillies du même genre.

HARPAGON, à Frosine.

Tu as raison. (A Mariane.) Voilà, belle mignonne, ma fille qui vient vous saluer.

SCÈNE X.
HARPAGON, ÉLISE, MARIANE, FROSINE.

MARIANE.

Je m'acquitte bien tard, madame, d'une telle visite.

ÉLISE.

Vous avez fait, madame, ce que je devois faire, et c'étoit à moi de vous prévenir.

HARPAGON.

Vous voyez qu'elle est grande ; mais mauvaise herbe croît toujours.

MARIANE, bas, à Frosine.

Oh! l'homme déplaisant[1] !

HARPAGON, bas, à Frosine.

Que dit la belle?

FROSINE.

Qu'elle vous trouve admirable.

HARPAGON.

C'est trop d'honneur que vous me faites, adorable mignonne.

1. C'est une chose curieuse que de voir ce quolibet produire sur l'esprit de Mme de Sévigné le même effet qu'il produit ici sur l'esprit de Mariane. « Il m'est venu voir, dit Mme de Sévigné, un président, et avec lui le fils de sa femme, qui a vingt ans, et que je trouvai, sans exception, la plus agréable et la plus jolie figure que j'aie jamais vue. J'allai dire que je l'avois vu à cinq ou six ans, et que j'admirois qu'on pût croître en si peu de temps. Sur cela il sort une voix terrible de ce nouveau visage, qui me plante au nez, d'un air ridicule, que *mauvaise herbe croît toujours*. Voilà qui fut fait, je lui trouvai des cornes, et, s'il m'eût donné des coups de massue sur la tête, il ne m'auroit pas plus affligée. »

MARIANE, à part.

Quel animal!

HARPAGON.

Je vous suis trop obligé de ces sentiments.

MARIANE, à part.

Je n'y puis plus tenir.

SCÈNE XI.

HARPAGON, MARIANE, ÉLISE, CLÉANTE,
VALÈRE, FROSINE, BRINDAVOINE.

HARPAGON.

Voici mon fils aussi, qui vous vient faire la révérence.

MARIANE, bas, à Frosine.

Ah! Frosine, quelle rencontre! C'est justement celui dont je t'ai parlé.

FROSINE, à Mariane.

L'aventure est merveilleuse.

HARPAGON.

Je vois que vous vous étonnez de me voir de si grands enfants; mais je serai bientôt défait et de l'un et de l'autre.

CLÉANTE, à Mariane.

Madame, à vous dire le vrai, c'est ici une aventure où, sans doute, je ne m'attendois pas; et mon père ne m'a pas peu surpris lorsqu'il m'a dit tantôt le dessein qu'il avoit formé.

MARIANE.

Je puis dire la même chose. C'est une rencontre imprévue qui m'a surprise autant que vous; et je n'étois point préparée à une pareille aventure.

CLÉANTE.

Il est vrai que mon père, madame, ne peut pas faire un plus beau choix, et que ce m'est une sensible joie que l'honneur de vous voir ; mais, avec tout cela, je ne vous assurerai point que je me réjouis du dessein où vous pourriez être de devenir ma belle-mère. Le compliment, je vous l'avoue, est trop difficile pour moi ; et c'est un titre, s'il vous plaît, que je ne vous souhaite point. Ce discours paroîtra brutal aux yeux de quelques-uns ; mais je suis assuré que vous serez personne à le prendre comme il faudra ; que c'est un mariage, madame, où vous vous imaginez bien que je dois avoir de la répugnance ; que vous n'ignorez pas, sachant ce que je suis, comme il choque mes intérêts ; et que vous voulez bien enfin que je vous dise, avec la permission de mon père, que, si les choses dépendoient de moi, cet hymen ne se feroit point[1].

---

1. On a scandé ce couplet comme il suit :

<pre>
            Il est vrai que mon père,
        Madame,
    Ne peut pas faire un plus beau choix,
   Et que ce m'est une sensible joie
            Que l'honneur de vous voir.
        Mais, avec tout cela,
      Je ne vous assurerai point
            Que je me réjouis
      Du dessein où vous pourriez être
      De devenir ma belle-mère ;
      Le compliment, je vous l'avoue,
      Est trop difficile pour moi ;
      Et c'est un titre, s'il vous plaît,
      Que je ne vous souhaite point.
      Ce discours paroîtra brutal
            Aux yeux de quelques-uns.
  Mais je suis assuré que vous serez personne
        A le prendre comme il faudra ;
            Que c'est un mariage,
        Madame,
        Où vous vous imaginez bien
            Que je dois avoir
            De la répugnance ;
  Que vous n'ignorez pas, sachant ce que je suis.
</pre>

HARPAGON.

Voilà un compliment bien impertinent! Quelle belle confession à lui faire !

MARIANE.

Et moi, pour vous répondre, j'ai à vous dire que les choses sont fort égales; et que, si vous auriez* de la répugnance à me voir votre belle-mère, je n'en aurois pas moins, sans doute, à vous voir mon beau-fils. Ne croyez pas, je vous prie, que ce soit moi qui cherche à vous donner cette inquiétude. Je serois fort fâchée de vous causer du déplaisir; et, si je ne m'y vois forcée par une puissance absolue, je vous donne ma parole que je ne consentirai point au mariage qui vous chagrine.

HARPAGON.

Elle a raison. A sot compliment, il faut une réponse de même. Je vous demande pardon, ma belle, de l'impertinence de mon fils; c'est un jeune sot, qui ne sait pas encore la conséquence des paroles qu'il dit.

MARIANE.

Je vous promets que ce qu'il m'a dit ne m'a point du tout offensée; au contraire, il m'a fait plaisir de m'expliquer ainsi ses véritables sentiments. J'aime de lui un aveu de la sorte; et, s'il avoit parlé d'autre façon, je l'en estimerois bien moins.

HARPAGON.

C'est beaucoup de bonté à vous, de vouloir ainsi excu-

---

* VAR. *Et que si vous aviez* (1670).

> Comme il choque mes intérêts;
> Et que vous voulez bien enfin que je vous dise,
> Avec la permission de mon père,
> Que, si les choses dépendoient de moi,
> Cet hymen ne se feroit point.

ser ses fautes. Le temps le rendra plus sage, et vous verrez qu'il changera de sentiments.

CLÉANTE.

Non, mon père, je ne suis point capable d'en changer, et je prie instamment madame de le croire.

HARPAGON.

Mais voyez quelle extravagance! il continue encore plus fort.

CLÉANTE.

Voulez-vous que je trahisse mon cœur?

HARPAGON.

Encore! avez-vous envie de changer de discours?

CLÉANTE.

Hé bien! puisque vous voulez que je parle d'autre façon, souffrez, madame, que je me mette ici à la place de mon père, et que je vous avoue que je n'ai rien vu dans le monde de si charmant que vous ; que je ne conçois rien d'égal au bonheur de vous plaire ; et que le titre de votre époux est une gloire, une félicité que je préférerois aux destinées des plus grands princes de la terre. Oui, madame, le bonheur de vous posséder est, à mes regards, la plus belle de toutes les fortunes ; c'est où j'attache toute mon ambition. Il n'y a rien que je ne sois capable de faire pour une conquête si précieuse ; et les obstacles les plus puissants...

HARPAGON.

Doucement, mon fils, s'il vous plaît.

CLÉANTE.

C'est un compliment que je fais pour vous à madame.

HARPAGON.

Mon Dieu! j'ai une langue pour m'expliquer moi-

même, et je n'ai pas besoin d'un procureur comme vous.*
Allons, donnez des sièges.

FROSINE.

Non; il vaut mieux que, de ce pas, nous allions à la foire, afin d'en revenir plus tôt, et d'avoir tout le temps ensuite de vous entretenir.

HARPAGON, à Brindavoine.

Qu'on mette donc les chevaux au carrosse.

SCÈNE XII.

HARPAGON, MARIANE, ÉLISE, CLÉANTE, VALÈRE, FROSINE.

HARPAGON, à Mariane.

Je vous prie de m'excuser, ma belle, si je n'ai pas songé à vous donner un peu de collation avant que de partir.

CLÉANTE.

J'y ai pourvu, mon père, et j'ai fait apporter ici quelques bassins d'oranges de la Chine, de citrons doux, et de confitures, que j'ai envoyé querir de votre part.

HARPAGON, bas, à Valère.

Valère!

VALÈRE, à Harpagon.

Il a perdu le sens.

CLÉANTE.

Est-ce que vous trouvez, mon père, que ce ne soit pas assez? Madame aura la bonté d'excuser cela, s'il lui plaît.

MARIANE.

C'est une chose qui n'étoit pas nécessaire.

* VAR. *Et je n'ai pas besoin d'un interprète comme vous* (1682).

CLÉANTE.

Avez-vous jamais vu, madame, un diamant plus vif que celui que vous voyez que mon père a au doigt?

MARIANE.

Il est vrai qu'il brille beaucoup.

CLÉANTE. (Il ôte du doigt de son père le diamant, et le donne à Mariane.)

Il faut que vous le voyiez de près.

MARIANE.

Il est fort beau, sans doute, et jette quantité de feux.

CLÉANTE. (Il se met au devant de Mariane, qui veut rendre le diamant.)

Nenni, madame,* il est en de trop belles mains. C'est un présent que mon père vous a fait.

HARPAGON.

Moi?

CLÉANTE.

N'est-il pas vrai, mon père, que vous voulez que madame le garde pour l'amour de vous?

HARPAGON, bas, à son fils.

Comment?

CLÉANTE, à Mariane.

Belle demande! il me fait signe de vous le faire accepter.

MARIANE.

Je ne veux point...

CLÉANTE, à Mariane.

Vous moquez-vous? Il n'a garde de le reprendre.

HARPAGON, à part.

J'enrage!

---

* VAR. *Non, madame* (1682).

ACTE III, SCÈNE XII.

MARIANE.

Ce seroit...

CLÉANTE, en empêchant toujours Mariane de rendre la bague.

Non, vous dis-je, c'est l'offenser.

MARIANE.

De grâce.

CLÉANTE.

Point du tout.

HARPAGON, à part.

Peste soit...

CLÉANTE.

Le voilà qui se scandalise de votre refus.

HARPAGON, bas, à son fils.

Ah! traître!

CLÉANTE, à Mariane.

Vous voyez qu'il se désespère.

HARPAGON, bas, à son fils, en le menaçant.

Bourreau que tu es!

CLÉANTE.

Mon père, ce n'est pas ma faute. Je fais ce que je puis pour l'obliger à la garder ; mais elle est obstinée.

HARPAGON, bas, à son fils, avec emportement.

Pendard!

CLÉANTE.

Vous êtes cause, madame, que mon père me querelle.

HARPAGON, bas, à son fils, avec les mêmes grimaces.

Le coquin!

CLÉANTE, à Mariane.

Vous le ferez tomber malade. De grâce, madame, ne résistez point davantage.

FROSINE, à Mariane.

Mon Dieu! que de façons! Gardez la bague, puisque monsieur le veut.

MARIANE, à Harpagon.

Pour ne vous point mettre en colère, je la garde maintenant, et je prendrai un autre temps pour vous la rendre[1].

SCÈNE XIII.

HARPAGON, MARIANE, ÉLISE, CLÉANTE, VALÈRE, FROSINE, BRINDAVOINE.

BRINDAVOINE.

Monsieur, il y a là un homme qui veut vous parler.

HARPAGON.

Dis-lui que je suis empêché, et qu'il revienne une autre fois.

BRINDAVOINE.

Il dit qu'il vous apporte de l'argent.

HARPAGON, à Mariane.

Je vous demande pardon ; je reviens tout à l'heure.

---

1. Dans une farce italienne intitulée *le Case svaliggiate* ou *Arlequin dévaliseur de maisons*, Scapin fait remarquer à Flaminia, maîtresse de Pantalon, le diamant que ce vieillard a au doigt. Flaminia le loue. Scapin le prend afin qu'elle le voie mieux ; il le lui montre, en l'assurant que Pantalon lui en fait présent ; et ce vieillard n'ose dire le contraire, quelque envie qu'il en ait. « Pourquoi, dit M. D. Nisard, l'imitation est-elle plus comique que l'original? C'est qu'au lieu d'un agent d'intrigues jouant un tour à celui qu'il persécute, le fils d'Harpagon fait des cadeaux à sa maîtresse aux frais de son père ; c'est qu'Harpagon est amoureux, et qu'il ne sait ni reprendre ni laisser à Mariane son diamant ; c'est que Pantalon n'est pas généreux sans doute, mais qu'Harpagon est avare jusqu'au fond de l'âme. Voilà comment Molière sait imiter. »

L'antériorité de la farce italienne n'est pas d'ailleurs établie.

SCÈNE XIV.

HARPAGON, MARIANE, ÉLISE, CLÉANTE, VALÈRE, FROSINE, LA MERLUCHE.

LA MERLUCHE. (Il vient en courant, et fait tomber Harpagon.)

Monsieur...

HARPAGON.

Ah! je suis mort.

CLÉANTE.

Qu'est-ce, mon père? vous êtes-vous fait mal?

HARPAGON.

Le traître assurément a reçu de l'argent de mes débiteurs, pour me faire rompre le cou.

VALÈRE, à Harpagon.

Cela ne sera rien.

LA MERLUCHE, à Harpagon.

Monsieur, je vous demande pardon : je croyois bien faire d'accourir vite.

HARPAGON.

Que viens-tu faire ici, bourreau?

LA MERLUCHE.

Vous dire que vos deux chevaux sont déferrés.

HARPAGON.

Qu'on les mène promptement chez le maréchal.

CLÉANTE.

En attendant qu'ils soient ferrés, je vais faire pour vous, mon père, les honneurs de votre logis, et conduire madame dans le jardin, où je ferai porter la collation.

SCÈNE XV.

HARPAGON, VALÈRE.

HARPAGON.

Valère, aie un peu l'œil à tout cela, et prends soin, je te prie, de m'en sauver le plus que tu pourras, pour le renvoyer au marchand.

VALÈRE.

C'est assez.

HARPAGON, seul.

O fils impertinent! as-tu envie de me ruiner?

ACTE QUATRIÈME.

SCÈNE PREMIÈRE.

CLÉANTE, MARIANE, ÉLISE, FROSINE.

CLÉANTE.

Rentrons ici, nous serons beaucoup mieux. Il n'y a plus autour de nous personne de suspect, et nous pouvons parler librement.

ÉLISE.

Oui, madame, mon frère m'a fait confidence de la passion qu'il a pour vous. Je sais les chagrins et les déplaisirs que sont capables de causer de pareilles traverses; et c'est, je vous assure, avec une tendresse extrême que je m'intéresse à votre aventure.

MARIANE.

C'est une douce consolation que de voir dans ses intérêts une personne comme vous; et je vous conjure, madame, de me garder toujours cette généreuse amitié, si capable de m'adoucir les cruautés de la fortune.

FROSINE.

Vous êtes, par ma foi, de malheureuses gens l'un et l'autre, de ne m'avoir point, avant tout ceci, avertie de votre affaire. Je vous aurois, sans doute, détourné cette inquiétude, et n'aurois point amené les choses où l'on voit qu'elles sont.

CLÉANTE.

Que veux-tu? C'est ma mauvaise destinée qui l'a voulu ainsi. Mais, belle Mariane, quelles résolutions sont les vôtres?

MARIANE.

Hélas! suis-je en pouvoir de faire des résolutions? Et, dans la dépendance où je me vois, puis-je former que des souhaits?

CLÉANTE.

Point d'autre appui pour moi dans votre cœur que de simples souhaits? point de pitié officieuse? point de secourable bonté? point d'affection agissante?

MARIANE.

Que saurois-je vous dire? Mettez-vous en ma place, et voyez ce que je puis faire. Avisez, ordonnez vous-même: je m'en remets à vous; et je vous crois trop raisonnable pour vouloir exiger de moi que ce qui peut m'être permis par l'honneur et la bienséance[1].

CLÉANTE.

Hélas! où me réduisez-vous, que de me renvoyer à ce que voudront me permettre les fâcheux sentiments d'un rigoureux honneur et d'une scrupuleuse bienséance?

MARIANE.

Mais que voulez-vous que je fasse? Quand je pourrois passer sur quantité d'égards où notre sexe est obligé, j'ai de la considération pour ma mère. Elle m'a toujours

---

1. Pour vouloir exiger de moi *autre chose* que ce qui peut m'être permis, etc. Ellipse fréquente chez Molière :

> Madame, je vous crois l'âme trop raisonnable
> Pour ne pas prendre bien cet avis profitable,
> Et pour l'attribuer qu'aux mouvements secrets
> D'un zèle qui m'attache à tous vos intérêts.
> (*Le Misanthrope*, acte III, scène v.

élevée avec une tendresse extrême, et je ne saurois me résoudre à lui donner du déplaisir. Faites, agissez auprès d'elle, employez tous vos soins à gagner son esprit. Vous pouvez faire et dire tout ce que vous voudrez; je vous en donne la licence; et, s'il ne tient qu'à me déclarer en votre faveur, je veux bien consentir à lui faire un aveu, moi-même, de tout ce que je sens pour vous[1].

CLÉANTE.

Frosine, ma pauvre Frosine, voudrois-tu nous servir?

FROSINE.

Par ma foi, faut-il demander?* je le voudrois de tout mon cœur. Vous savez que, de mon naturel, je suis assez humaine. Le ciel ne m'a point fait l'âme de bronze; et je n'ai que trop de tendresse à rendre de petits services, quand je vois des gens qui s'entr'aiment en tout bien et en tout honneur. Que pourrions-nous faire à ceci?

CLÉANTE.

Songe un peu, je te prie.

MARIANE.

Ouvre-nous des lumières.

* VAR. *Faut-il le demander?* (1692, 1734).

1. Signalons ce couplet comme un de ceux où le rythme est le plus sensible. Voici comment il est scandé par M. Génin :

>   Mais que voulez-vous que je fasse?
>   Quand je pourrois passer sur quantité d'égards
>   Où notre sexe est obligé,
>   J'ai de la considération
>   Pour ma mère.
>   Elle m'a toujours élevée
>   Avec une tendresse extrême,
>   Et je ne saurois me résoudre
>   A lui donner du déplaisir.
>   Faites, agissez auprès d'elle;
>   Employez tous vos soins à gagner son esprit;
>   Vous pouvez faire et dire
>   Tout ce que vous voudrez.
>   Je vous en donne la licence...

ÉLISE.

Trouve quelque invention pour rompre ce que tu as fait.

FROSINE.

Ceci est assez difficile. (A Mariane.) Pour votre mère, elle n'est pas tout à fait déraisonnable, et peut-être pourroit-on la gagner et la résoudre à transporter au fils le don qu'elle veut faire au père. (A Cléante.) Mais le mal que j'y trouve, c'est que votre père est votre père.

CLÉANTE.

Cela s'entend.

FROSINE.

Je veux dire qu'il conservera du dépit si l'on montre qu'on le refuse, et qu'il ne sera point d'humeur ensuite à donner son consentement à votre mariage. Il faudroit, pour bien faire, que le refus vînt de lui-même, et tâcher, par quelque moyen, de le dégoûter de votre personne.

CLÉANTE.

Tu as raison.

FROSINE.

Oui, j'ai raison, je le sais bien. C'est là ce qu'il faudroit; mais le diantre est d'en pouvoir trouver les moyens. Attendez : si nous avions quelque femme un peu sur l'âge qui fût de mon talent, et jouât assez bien pour contrefaire une dame de qualité, par le moyen d'un train fait à la hâte et d'un bizarre nom de marquise ou de vicomtesse, que nous supposerions de la Basse-Bretagne, j'aurois assez d'adresse pour faire accroire à votre père que ce seroit une personne riche, outre ses maisons, de cent mille écus en argent comptant; qu'elle seroit éperdument amoureuse de lui, et souhaiteroit de se voir sa femme, jusqu'à lui donner tout son bien par contrat de mariage;

et je ne doute point qu'il ne prêtât l'oreille à la proposition. Car, enfin, il vous aime fort, je le sais ; mais il aime un peu plus l'argent ; et quand, ébloui de ce leurre, il auroit une fois consenti à ce qui vous touche, il importeroit peu ensuite qu'il se désabusât, en venant à vouloir voir clair aux effets de notre marquise[1].

CLÉANTE.

Tout cela est fort bien pensé.

FROSINE.

Laissez-moi faire. Je viens de me ressouvenir d'une de mes amies qui sera notre fait.

CLÉANTE.

Sois assurée, Frosine, de ma reconnoissance, si tu viens à bout de la chose. Mais, charmante Mariane, commençons, je vous prie, par gagner votre mère ; c'est toujours beaucoup faire que de rompre ce mariage. Faites-y de votre part, je vous en conjure, tous les efforts qu'il vous sera possible. Servez-vous de tout le pouvoir que vous donne sur elle cette amitié qu'elle a pour vous. Déployez sans réserve les grâces éloquentes, les charmes tout-puissants que le ciel a placés dans vos yeux et dans votre bouche ; et n'oubliez rien, s'il vous plaît, de ces tendres paroles, de ces douces prières, et de ces caresses

---

1. Diderot, dans son traité *de la Poésie dramatique,* fait, au sujet de cet expédient proposé par Frosine, l'observation suivante : « Ne tendez point de fils à faux : en m'occupant d'un embarras qui ne viendra point, vous égarerez mon attention. Tel est, si je ne me trompe, l'effet du discours de Frosine dans *l'Avare.* Elle s'engage à détourner l'Avare du dessein d'épouser Mariane, par le moyen d'une vicomtesse de Basse-Bretagne dont elle se promet des merveilles, et le spectateur avec elle. Cependant la pièce finit, sans qu'on revoie ni Frosine[*], ni sa Basse-Bretonne qu'on attend toujours. »

[*] On la revoit, mais elle n'a plus de rôle.

touchantes, à qui je suis persuadé qu'on ne sauroit rien refuser.

MARIANE.

J'y ferai tout ce que je puis, et n'oublierai aucune chose.

SCÈNE II.

HARPAGON, CLÉANTE, MARIANE, ÉLISE, FROSINE.

HARPAGON, à part, sans être aperçu.

Ouais! mon fils baise la main de sa prétendue belle-mère; et sa prétendue belle-mère ne s'en défend pas fort. Y auroit-il quelque mystère là-dessous?

ÉLISE.

Voilà mon père.

HARPAGON.

Le carrosse est tout prêt; vous pouvez partir quand il vous plaira.

CLÉANTE.

Puisque vous n'y allez pas, mon père, je m'en vais les conduire.

HARPAGON.

Non : demeurez. Elles iront bien toutes seules; et j'ai besoin de vous.

SCÈNE III.

HARPAGON, CLÉANTE.

HARPAGON.

Oh çà, intérêt de belle-mère à part, que te semble, à toi, de cette personne?

ACTE IV, SCÈNE III.

CLÉANTE.

Ce qui m'en semble?

HARPAGON.

Oui, de son air, de sa taille, de sa beauté, de son esprit?

CLÉANTE.

La, la.

HARPAGON.

Mais encore?

CLÉANTE.

A vous en parler franchement, je ne l'ai pas trouvée ici ce que je l'avois crue. Son air est de franche coquette, sa taille est assez gauche, sa beauté très médiocre, et son esprit des plus communs. Ne croyez pas que ce soit, mon père, pour vous en dégoûter : car, belle-mère pour belle-mère, j'aime autant celle-là qu'une autre.

HARPAGON.

Tu lui disois tantôt pourtant...

CLÉANTE.

Je lui ai dit quelques douceurs en votre nom, mais c'étoit pour vous plaire.

HARPAGON.

Si bien donc que tu n'aurois pas d'inclination pour elle?

CLÉANTE.

Moi? point du tout.

HARPAGON.

J'en suis fâché, car cela rompt une pensée qui m'étoit venue dans l'esprit. J'ai fait, en la voyant ici, réflexion sur mon âge; et j'ai songé qu'on pourra trouver à redire de me voir marier à une si jeune personne.* Cette consi-

---

* VAR. *A une jeune personne* (1682).

dération m'en faisoit quitter le dessein ; et, comme je l'ai fait demander, et que je suis pour elle engagé de parole, je te l'aurois donnée, sans l'aversion que tu témoignes.

CLÉANTE.

A moi?

HARPAGON.

A toi.

CLÉANTE.

En mariage?

HARPAGON.

En mariage.

CLÉANTE.

Écoutez. Il est vrai qu'elle n'est pas fort à mon goût; mais pour vous faire plaisir, mon père, je me résoudrai à l'épouser, si vous voulez.

HARPAGON.

Moi? je suis plus raisonnable que tu ne penses. Je ne veux point forcer ton inclination.

CLÉANTE.

Pardonnez-moi; je me ferai cet effort pour l'amour de vous.

HARPAGON.

Non, non, un mariage ne sauroit être heureux où l'inclination n'est pas.

CLÉANTE.

C'est une chose, mon père, qui peut-être viendra ensuite; et l'on dit que l'amour est souvent un fruit du mariage.

HARPAGON.

Non. Du côté de l'homme, on ne doit point risquer l'affaire; et ce sont des suites fâcheuses, où je n'ai garde de me commettre. Si tu avois senti quelque inclination pour elle, à la bonne heure ; je te l'aurois fait épouser, au lieu de moi ; mais, cela n'étant pas, je suivrai mon premier dessein, et je l'épouserai moi-même.

CLÉANTE.

Hé bien! mon père, puisque les choses sont ainsi, il faut vous découvrir mon cœur; il faut vous révéler notre secret. La vérité est que je l'aime depuis un jour que je la vis dans une promenade; que mon dessein étoit tantôt de vous la demander pour femme ; et que rien ne m'a retenu que la déclaration de vos sentiments et la crainte de vous déplaire.

HARPAGON.

Lui avez-vous rendu visite[1]?

CLÉANTE.

Oui, mon père.

HARPAGON.

Beaucoup de fois?

CLÉANTE.

Assez, pour le temps qu'il y a.

HARPAGON.

Vous a-t-on bien reçu?

CLÉANTE.

Fort bien, mais sans savoir qui j'étois ; et c'est ce qui a fait tantôt la surprise de Mariane.

HARPAGON.

Lui avez-vous déclaré votre passion, et le dessein où vous étiez de l'épouser?

CLÉANTE.

Sans doute ; et même j'en avois fait à sa mère quelque peu d'ouverture.

1. Ici Harpagon commence à changer de ton. Tout à l'heure il parlait avec amitié à son fils, et le tutoyait.

HARPAGON.

A-t-elle écouté, pour sa fille, votre proposition?

CLÉANTE.

Oui, fort civilement.

HARPAGON.

Et la fille correspond-elle fort à votre amour?

CLÉANTE.

Si j'en dois croire les apparences, je me persuade, mon père, qu'elle a quelque bonté pour moi.

HARPAGON, bas, à part.

Je suis bien aise d'avoir appris un tel secret; et voilà justement ce que je demandois. (Haut.) Oh sus, mon fils, savez-vous ce qu'il y a? c'est qu'il faut songer, s'il vous plaît, à vous défaire de votre amour, à cesser toutes vos poursuites auprès d'une personne que je prétends pour moi, et à vous marier* dans peu avec celle qu'on vous destine[1].

CLÉANTE.

Oui, mon père; c'est ainsi que vous me jouez! Hé bien! puisque les choses en sont venues là, je vous déclare, moi, que je ne quitterai point la passion que j'ai pour Mariane; qu'il n'y a point** d'extrémité où je ne

* Var. *Et vous marier* (1682).
** Var. *Pour Mariane, et qu'il n'y a point* (1682).

1. L'épreuve de l'avare sur le cœur de son fils est la même que celle de Mithridate dans la tragédie de Racine. Harpagon et le roi de Pont sont deux vieillards amoureux; l'un et l'autre ont leur fils pour rival, l'un et l'autre se servent du même artifice pour découvrir l'intelligence qui est entre leur fils et leur maîtresse, et les deux pièces finissent par le mariage du jeune homme. Molière et Racine ont également réussi en traitant ces deux intrigues: l'un a amusé, a réjoui, a fait rire les honnêtes gens; l'autre a attendri, a effrayé, a fait verser des larmes. Molière a joué l'amour ridicule d'un vieil avare; Racine a représenté les faiblesses d'un grand roi, et les a rendues respectables. (VOLTAIRE.)

m'abandonne pour vous disputer sa conquête ; et que, si vous avez pour vous le consentement d'une mère, j'aurai d'autres secours, peut-être, qui combattront pour moi.

HARPAGON.

Comment, pendard ! tu as l'audace d'aller sur mes brisées !

CLÉANTE.

C'est vous qui allez sur les miennes, et je suis le premier en date.

HARPAGON.

Ne suis-je pas ton père ? et ne me dois-tu pas respect ?

CLÉANTE.

Ce ne sont point ici des choses où les enfants soient obligés de déférer aux pères ; et l'amour ne connoît personne.

HARPAGON.

Je te ferai bien me connoître avec de bons coups de bâton.

CLÉANTE.

Toutes vos menaces ne feront rien.

HARPAGON.

Tu renonceras à Mariane.

CLÉANTE.

Point du tout.

HARPAGON.

Donnez-moi un bâton tout à l'heure.

SCÈNE IV.

HARPAGON, CLÉANTE, MAITRE JACQUES.

MAITRE JACQUES.

Hé, hé, hé, messieurs, qu'est-ce ci ? à quoi songez-vous ?

CLÉANTE.

Je me moque de cela.

MAITRE JACQUES, à Cléante.

Ah! monsieur, doucement.

HARPAGON.

Me parler avec cette impudence!

MAITRE JACQUES, à Harpagon.

Ah! monsieur, de grâce!

CLÉANTE.

Je n'en démordrai point.

MAITRE JACQUES, à Cléante.

Hé quoi! à votre père?

HARPAGON.

Laisse-moi faire.

MAITRE JACQUES, à Harpagon.

Hé quoi! à votre fils? Encore passe pour moi.

HARPAGON.

Je te veux faire toi-même, maître Jacques, juge de cette affaire, pour montrer comme j'ai raison.

MAITRE JACQUES.

J'y consens. (A Cléante.) Éloignez-vous un peu.

HARPAGON.

J'aime une fille, que je veux épouser; et le pendard a l'insolence de l'aimer avec moi, et d'y prétendre malgré mes ordres.

MAITRE JACQUES.

Ah! il a tort[1].

HARPAGON.

N'est-ce pas une chose épouvantable, qu'un fils qui

---

1. Maître Jacques, si mal récompensé pour sa véracité à la scène v du troisième acte, commence ici à adopter un autre système de conduite qui finirait par tourner moins bien encore pour lui si le commissaire, au dénoûment de la pièce, en devait croire Harpagon.

veut entrer en concurrence avec son père? et ne doit-il pas, par respect, s'abstenir de toucher à mes inclinations?

MAITRE JACQUES.

Vous avez raison. Laissez-moi lui parler, et demeurez là. (Il vient trouver Cléante à l'autre bout du théâtre.)

CLÉANTE, à maître Jacques.

Hé bien! oui, puisqu'il veut te choisir pour juge, je n'y recule point; il ne m'importe qui que ce soit; et je veux bien aussi me rapporter à toi, maître Jacques, de notre différend.

MAITRE JACQUES.

C'est beaucoup d'honneur que vous me faites.

CLÉANTE.

Je suis épris d'une jeune personne qui répond à mes vœux, et reçoit tendrement les offres de ma foi; et mon père s'avise de venir troubler notre amour, par la demande qu'il en fait faire.

MAITRE JACQUES.

Il a tort assurément.

CLÉANTE.

N'a-t-il point de honte, à son âge, de songer à se marier? Lui sied-il bien d'être encore amoureux? et ne devroit-il pas laisser cette occupation aux jeunes gens?

MAITRE JACQUES.

Vous avez raison, il se moque. Laissez-moi lui dire deux mots. (Il revient à Harpagon.) Hé bien! votre fils n'est pas si étrange que vous le dites, et il se met à la raison. Il dit qu'il sait le respect qu'il vous doit; qu'il ne s'est emporté que dans la première chaleur, et qu'il ne fera point refus de se soumettre à ce qu'il vous plaira, pourvu que vous vouliez le traiter mieux que vous ne faites, et lui donner quelque personne en mariage dont il ait lieu d'être content.

HARPAGON.

Ah! dis-lui, maître Jacques, que, moyennant cela, il pourra espérer toutes choses de moi, et que, hors Mariane, je lui laisse la liberté de choisir celle qu'il voudra.

MAITRE JACQUES.

Laissez-moi faire. (Il va au fils.) Hé bien! votre père n'est pas si déraisonnable que vous le faites, et il m'a témoigné que ce sont vos emportements qui l'ont mis en colère; qu'il n'en veut seulement qu'à votre manière d'agir, et qu'il sera fort disposé à vous accorder ce que vous souhaitez, pourvu que vous vouliez vous y prendre par la douceur, et lui rendre les déférences, les respects et les soumissions qu'un fils doit à son père.

CLÉANTE.

Ah! maître Jacques, tu lui peux assurer que, s'il m'accorde Mariane, il me verra toujours le plus soumis de tous les hommes; et que jamais je ne ferai aucune chose que par ses volontés.

MAITRE JACQUES, à Harpagon.

Cela est fait. Il consent à ce que vous dites.

HARPAGON.

Voilà qui va le mieux du monde.

MAITRE JACQUES, à Cléante.

Tout est conclu. Il est content de vos promesses.

CLÉANTE.

Le ciel en soit loué!

MAITRE JACQUES.

Messieurs, vous n'avez qu'à parler ensemble : vous voilà d'accord maintenant; et vous alliez vous quereller, faute de vous entendre.

CLÉANTE.

Mon pauvre maître Jacques, je te serai obligé toute ma vie.

MAITRE JACQUES.

Il n'y a pas de quoi, monsieur.

HARPAGON.

Tu m'as fait plaisir, maître Jacques; et cela mérite une récompense. (Harpagon fouille dans sa poche; maître Jacques tend la main; mais Harpagon ne tire que son mouchoir, en disant :) Va, je m'en souviendrai, je t'assure.

MAITRE JACQUES.

Je vous baise les mains[1].

SCÈNE V.

HARPAGON, CLÉANTE.

CLÉANTE.

Je vous demande pardon, mon père, de l'emportement que j'ai fait paroître.

HARPAGON.

Cela n'est rien.

CLÉANTE.

Je vous assure que j'en ai tous les regrets du monde.

HARPAGON.

Et moi, j'ai toutes les joies du monde de te voir raisonnable.

---

1. Dans un canevas italien, *la Cameriera nobile,* Pantalon et le Docteur, rivaux, en viennent aux mains et sont deux fois séparés par Scapin, qui, en leur demandant à chacun en particulier l'origine de leur querelle, fait aussi accroire à chacun en particulier que son rival lui cède sa maîtresse. On ne peut affirmer toutefois que Molière ait pris là le jeu de maître Jacques, *la Cameriera nobile* n'ayant, comme nous l'avons déjà dit, qu'une date incertaine.

CLÉANTE.

Quelle bonté à vous d'oublier si vite ma faute!

HARPAGON.

On oublie aisément les fautes des enfants lorsqu'ils rentrent dans leur devoir.

CLÉANTE.

Quoi! ne garder aucun ressentiment de toutes mes extravagances?

HARPAGON.

C'est une chose où tu m'obliges, par la soumission et le respect où tu te ranges.

CLÉANTE.

Je vous promets, mon père, que, jusques au tombeau, je conserverai dans mon cœur le souvenir de vos bontés.

HARPAGON.

Et moi, je te promets qu'il n'y aura aucune chose que tu n'obtiennes.*

CLÉANTE.

Ah! mon père, je ne vous demande plus rien; et c'est m'avoir assez donné que de me donner Mariane.

HARPAGON.

Comment?

CLÉANTE.

Je dis, mon père, que je suis trop content de vous; et que je trouve toutes choses dans la bonté que vous avez de m'accorder Mariane.

HARPAGON.

Qui est-ce qui te parle de t'accorder Mariane?

CLÉANTE.

Vous, mon père.

HARPAGON.

Moi?

* Var. *Que tu n'obtiennes de moi* (1675, 1682).

ACTE IV, SCÈNE V.

CLÉANTE.

Sans doute.

HARPAGON.

Comment! c'est toi qui as promis d'y renoncer.

CLÉANTE.

Moi, y renoncer?

HARPAGON.

Oui.

CLÉANTE.

Point du tout.

HARPAGON.

Tu ne t'es pas départi d'y prétendre?

CLÉANTE.

Au contraire, j'y suis porté plus que jamais.

HARPAGON.

Quoi! pendard, derechef?

CLÉANTE.

Rien ne me peut changer.

HARPAGON.

Laisse-moi faire, traître.

CLÉANTE.

Faites tout ce qu'il vous plaira.

HARPAGON.

Je te défends de me jamais voir.

CLÉANTE.

A la bonne heure.

HARPAGON.

Je t'abandonne.

CLÉANTE.

Abandonnez.

HARPAGON.

Je te renonce pour mon fils.

CLÉANTE.

Soit.

HARPAGON.

Je te déshérite.

CLÉANTE.

Tout ce que vous voudrez.

HARPAGON.

Et je te donne* ma malédiction.

CLÉANTE.

Je n'ai que faire de vos dons¹.

* Var. *Je te donne* (1674, 1682).

1. On a vu, dans la Notice préliminaire, que cette réponse de Cléante a excité l'indignation de J.-J. Rousseau, et lui a donné lieu d'adresser à Molière le reproche le plus sérieux, celui d'avoir favorisé les mauvaises mœurs, et autorisé le mépris des sentiments naturels, en faisant porter l'intérêt sur le fils qui manque de respect envers son père. Nous avons donné la réplique de M. Saint-Marc Girardin à cette grave imputation. Voici les réflexions de deux autres critiques :

« Si Cléante, à qui son père donne sa malédiction, sort en disant : « Je « n'ai que faire de vos dons, » a-t-on pu se méprendre à l'intention du poëte ! Il eût pu sans doute représenter ce fils toujours respectueux envers un père barbare ; il eût édifié davantage en associant un tyran et une victime ; mais la vérité, mais la force de la leçon que le poëte veut donner aux pères avares, que devenaient-elles? L'Harpagon placé au parterre eût pu dire à son fils : « Vois le respect de ce jeune homme : quel exemple « pour toi ! voilà comme il faut être! » Molière manquait son objet, et, pour donner mal à propos une fade leçon, peignait à faux la nature Si le fils est blâmable, comme il l'est en effet, croit-on que son emportement soit d'un exemple bien pernicieux? et fera-t-on cet outrage à l'humanité de penser que le vice n'ait besoin que de se montrer pour entraîner tous les cœurs? Ce sont donc les résultats qui constituent la bonté des mœurs théâtrales ; et une pièce peut présenter des mœurs odieuses, et cependant être d'un excellent moraliste. » (Chamfort.)

« On s'est beaucoup récrié sur l'immoralité de la scène de *l'Avare* dans laquelle Harpagon maudit son fils. C'est bien à tort. Harpagon est un avare qui aime beaucoup plus son or que son fils. Cléante est un enfant mal élevé, qui dresse contre les trésors de son père toutes les batteries que peut imaginer la ruse. Ils se jouent l'un l'autre avec une rare insolence, et se rendent mutuellement la monnaie de leurs pièces. De là les scènes les plus vives, les rencontres les plus scandaleuses. Un beau jour, Harpagon indigné s'écrie : « Je te donne ma malédiction. » Cléante réplique aussitôt : « Je n'ai que « faire de vos dons. » Sur quoi tous les Aristarques de la morale de pousser de grands cris et d'accuser Molière d'avoir joué la paternité. Non, Molière

SCÈNE VI.

CLÉANTE, LA FLÈCHE.

LA FLÈCHE, sortant du jardin avec une cassette.

Ah! monsieur, que je vous trouve à propos! Suivez-moi vite.

CLÉANTE.

Qu'y a-t-il?

LA FLÈCHE.

Suivez-moi, vous dis-je : nous sommes bien.

CLÉANTE.

Comment?

LA FLÈCHE.

Voici votre affaire.

CLÉANTE.

Quoi?

LA FLÈCHE.

J'ai guigné* ceci tout le jour.

CLÉANTE.

Qu'est-ce que c'est?

LA FLÈCHE.

Le trésor de votre père, que j'ai attrapé.

---

* L'édition de 1669 et celle de 1675 disent *gagné;* l'édition de 1670, *guetté;* l'édition de 1682, *guigné.* Il ne faut voir dans les textes de 1669 et de 1675 qu'une faute typographique qui donne raison à l'édition de 1682.

joue le monde tel qu'il est; or dans le monde il n'est pas rare que des enfants indignes soient le châtiment d'un père avili. Molière ne prend parti ni pour Harpagon ni pour Cléante; il ne nous fait aimer ni l'un ni l'autre; il se borne à dessiner un tableau, qui n'est pas un tableau de fantaisie, mais une peinture d'une vérité et d'une réalité saisissantes. L'impudence de Cléante est la conséquence de la désorganisation profonde et irréparable où l'avilissement du père a jeté toute la famille; et la moralité de l'œuvre résulte du fait que l'avarice nous y est présentée avec tout le hideux cortège des fléaux qu'elle traîne après elle. » (E. RAMBERT.)

CLÉANTE.

Comment as-tu fait?

LA FLÈCHE.

Vous saurez tout. Sauvons-nous, je l'entends crier.

SCÈNE VII.

HARPAGON. Il crie au voleur dès le jardin, et vient sans chapeau.

Au voleur! au voleur! à l'assassin! au meurtrier! Justice, juste ciel! je suis perdu, je suis assassiné! on m'a coupé la gorge : on m'a dérobé mon argent. Qui peut-ce être? Qu'est-il devenu? Où est-il? Où se cache-t-il? Que ferai-je pour le trouver? Où courir? Où ne pas courir? N'est-il point là? N'est-il point ici? Qui est-ce? Arrête. (Il se prend lui-même par le bras.) Rends-moi mon argent, coquin! Ah! c'est moi! Mon esprit est troublé, et j'ignore où je suis, qui je suis, et ce que je fais. Hélas! mon pauvre argent! mon pauvre argent! mon cher ami! on m'a privé de toi; et, puisque tu m'es enlevé, j'ai perdu mon support, ma consolation, ma joie : tout est fini pour moi, et je n'ai plus que faire au monde. Sans toi, il m'est impossible de vivre. C'en est fait; je n'en puis plus; je me meurs; je suis mort; je suis enterré.* N'y a-t-il personne qui veuille me ressusciter, en me rendant mon cher argent, ou en m'apprenant qui l'a pris? Euh? que dites-vous? Ce n'est personne. Il faut, qui que ce soit qui ait fait le coup, qu'avec beaucoup de soin on ait épié l'heure; et l'on a choisi** justement le temps que je parlois à mon traître de fils. Sortons. Je veux aller querir la justice, et

---

* Var. *Je me meurs; je suis enterré* (1670).
** Var. *On ait épié l'heure; l'on a choisi* (1682).

ACTE IV, SCÈNE VII.

faire donner la question à toute ma maison; à servantes, à valets, à fils et à fille,* et à moi aussi. Que de gens assemblés! Je ne jette mes regards sur personne qui ne me donne des soupçons, et tout me semble mon voleur. Hé! de quoi est-ce qu'on parle là? de celui qui m'a dérobé? Quel bruit fait-on là-haut? Est-ce mon voleur qui y est? De grâce, si l'on sait des nouvelles de mon voleur, je supplie que l'on m'en dise. N'est-il point caché là parmi vous? Ils me regardent tous, et se mettent à rire. Vous verrez qu'ils ont part, sans doute, au vol que l'on m'a fait. Allons, vite, des commissaires, des archers, des prévôts, des juges, des gênes, des potences et des bourreaux. Je veux faire pendre tout le monde; et, si je ne retrouve mon argent, je me pendrai moi-même après[1].

* VAR. *A fils et fille* (1670).

1. Voyez le monologue original de Plaute.
Le même monologue a été imité par Lorenzino de Médicis, et traduit par Pierre de Larivey :

« SÉVERIN. Mon Dieu! qu'il me tardoit que je fusse despesché de cestuy-cy, afin de reprendre ma bourse! J'ay faim, mais je veux encor espargner ce morceau de pain que j'avois apporté; il me servira bien pour mon souper, ou pour demain mon disner, avec un ou deux navets cuits entre les cendres. Mais à quoy despends-je le temps, que je ne prens ma bourse, puisque je ne voy personne qui me regarde? O mamour! t'es-tu bien portée? Jésus! qu'elle est légère! Vierge Marie! qu'est-ce cy qu'on a mis dedans? Hélas! je suis destruict, je suis perdu, je suis ruyné! Au voleur! au larron! au larron! prenez-le! arrestez tous ceux qui passent! fermez les portes, les huys, les fenestres! Misérable que je suis! où cours-je? à qui le dis-je? Je ne sçay où je suis, que je fais, ny où je vas! Hélas! mes amis, je me recommande à vous tous! Secourez-moy, je vous prie! je suis mort, je suis perdu! Enseignez-moi qui m'a desrobbé mon âme, ma vie, mon cœur et toute mon espérance! Que n'ay-je un licol pour me pendre? car j'ayme mieux mourir que vivre ainsi! Hélas! elle est toute vuide! Vray Dieu! qui est ce cruel qui tout à un coup m'a ravy mes biens, mon honneur et ma vie? Ah! chétif que je suis! que ce jour m'a esté malencontreux! A quoy veux-je plus vivre, puisque j'ay perdu mes escus, que j'avois si soigneusement amassez, et que j'aymois et tenois plus chers que mes propres yeux! mes escus que j'avois espargnez retirant le pain de ma bouche, n'osant manger mon saoul; et qu'un autre joyt maintenant de mon mal et de mon dommage! »

Euclion, Séverin, Harpagon, conservent également l'accent comique dans une situation qui par son énergie devient pathétique et émouvante. L'art consistait à donner à l'avare volé le cri naturel, le délire de la passion, sans appeler trop vivement la pitié sur lui, et en ayant soin de rappeler toujours par quelques traits le ridicule près de s'envoler. C'est cette double expression qu'il faut savoir faire ressortir à la scène, et qui rend ce morceau si admirable lorsqu'il est habilement interprété.

ACTE CINQUIÈME.

SCÈNE PREMIÈRE.
HARPAGON, UN COMMISSAIRE, SON CLERC.

LE COMMISSAIRE.

Laissez-moi faire ; je sais mon métier, Dieu merci[1]. Ce n'est pas d'aujourd'hui que je me mêle de découvrir des vols ; et je voudrois avoir autant de sacs de mille francs que j'ai fait pendre de personnes.

HARPAGON.

Tous les magistrats sont intéressés à prendre cette affaire en main ; et, si l'on ne me fait retrouver mon argent, je demanderai justice de la justice.

LE COMMISSAIRE.

Il faut faire toutes les poursuites requises. Vous dites qu'il y avoit dans cette cassette...?

---

1. Les commissaires, qui rentraient, selon Loyseau, dans la classe des officiers vénaux, n'avaient aucun droit à la qualification de *magistrats ;* ils remplissaient des fonctions mi-civiles et mi-criminelles, et l'on peut dire d'eux assez exactement qu'ils mangeaient à deux râteliers. La charge principale des commissaires au Châtelet de Paris et de ceux qui, à leur exemple, avaient été érigés dans quelques autres villes, consistait à visiter les tavernes, les bordeaux, et autres lieux publics, et ajourner ou emprisonner les délinquants. ce qui les faisait participer à l'office des sergents. Aussi, au dire de Loyseau, les sergents se faisaient-ils, par contre et pour titre d'honneur, communément appeler *commissaires.* (E. PARINGAULT.)

HARPAGON.

Dix mille écus bien comptés.

LE COMMISSAIRE.

Dix mille écus!

HARPAGON, en pleurant.

Dix mille écus.

LE COMMISSAIRE.

Le vol est considérable!

HARPAGON.

Il n'y a point de supplice assez grand pour l'énormité de ce crime; et, s'il demeure impuni, les choses les plus sacrées ne sont plus en sûreté.

LE COMMISSAIRE.

En quelles espèces étoit cette somme?

HARPAGON.

En bons louis d'or et pistoles bien trébuchantes[1].

LE COMMISSAIRE.

Qui soupçonnez-vous de ce vol?

HARPAGON.

Tout le monde; et je veux que vous arrêtiez prisonniers la ville et les faubourgs.

LE COMMISSAIRE.

Il faut, si vous m'en croyez, n'effaroucher personne, et tâcher doucement d'attraper quelques preuves, afin de procéder après, par la rigueur, au recouvrement des deniers qui vous ont été pris.

---

1. Autrefois, le grand nombre des pièces d'or rognées ou fausses rendait continuel l'usage du trébuchet, espèce de petite balance très sensible et très juste. Les pièces qui le faisaient fléchir s'appelaient *trébuchantes*. On donnait aux pièces d'or, en les fabriquant, quelque chose de plus que le poids convenu, pour remplacer d'avance ce qu'elles devaient perdre par le frai.

SCÈNE II.

HARPAGON, LE COMMISSAIRE, SON CLERC,
MAITRE JACQUES.

MAITRE JACQUES, *dans le fond du théâtre, en se retournant du côté d'où il sort.*

Je m'en vais revenir. Qu'on me l'égorge tout à l'heure; qu'on me lui fasse griller les pieds; qu'on me le mette dans l'eau bouillante, et qu'on me le pende au plancher.

HARPAGON, *à maître Jacques.*

Qui? celui qui m'a dérobé?

MAITRE JACQUES.

Je parle d'un cochon de lait que votre intendant me vient d'envoyer, et je veux vous l'accommoder à ma fantaisie.

HARPAGON.

Il n'est pas question de cela; et voilà monsieur, à qui il faut parler d'autre chose.

LE COMMISSAIRE, *à maître Jacques.*

Ne vous épouvantez point. Je suis homme à ne vous point scandaliser[1]; et les choses iront dans la douceur.

MAITRE JACQUES.

Monsieur est de votre souper?

LE COMMISSAIRE.

Il faut ici, mon cher ami, ne rien cacher à votre maître.

---

1. A ne point faire un bruit qui vous déshonorerait, à ne point vous perdre de réputation. « De peur d'être scandalisée et tomber en opprobre, elle brisa là. BRANTÔME. »
Le Dictionnaire de l'Académie de 1694 consacre cette acception des mots *scandaliser* et *scandale*. Trévoux la maintient encore en 1740. Dans la langue anglaise, le mot *scandal* a conservé ce sens : *The School for scandal*.

MAITRE JACQUES.

Ma foi, monsieur, je montrerai tout ce que je sais faire, et je vous traiterai du mieux qu'il me sera possible.

HARPAGON.

Ce n'est pas là l'affaire.

MAITRE JACQUES.

Si je ne vous fais pas aussi bonne chère que je voudrois, c'est la faute de monsieur notre intendant,* qui m'a rogné les ailes avec les ciseaux de son économie.

HARPAGON.

Traître! il s'agit d'autre chose que de souper; et je veux que tu me dises des nouvelles de l'argent qu'on m'a pris.

MAITRE JACQUES.

On vous a pris de l'argent?

HARPAGON.

Oui, coquin; et je m'en vais te pendre,** si tu ne me le rends.

LE COMMISSAIRE, à Harpagon.

Mon Dieu! ne le maltraitez point. Je vois à sa mine qu'il est honnête homme, et que, sans se faire mettre en prison, il vous découvrira ce que vous voulez savoir. Oui, mon ami, si vous nous confessez la chose, il ne vous sera fait aucun mal, et vous serez récompensé comme il faut par votre maître. On lui a pris aujourd'hui son argent; et il n'est pas que vous ne sachiez quelques nouvelles de cette affaire.

MAITRE JACQUES, bas, à part.

Voici justement ce qu'il me faut pour me venger de notre intendant. Depuis qu'il est entré céans, il est le

---

* VAR. *Votre intendant* (1674, 1682).
** VAR. *Et je m'en vais te faire pendre,* (1674, 1682).

favori, on n'écoute que ses conseils; et j'ai aussi sur le cœur les coups de bâton de tantôt.

HARPAGON.

Qu'as-tu à ruminer ?

LE COMMISSAIRE, à Harpagon.

Laissez-le faire. Il se prépare à vous contenter ; et je vous ai bien dit qu'il étoit honnête homme.

MAITRE JACQUES.

Monsieur, si vous voulez que je vous dise les choses, je crois que c'est monsieur votre cher intendant qui a fait le coup.

HARPAGON.

Valère ?

MAITRE JACQUES.

Oui.

HARPAGON.

Lui, qui me paroît si fidèle ?

MAITRE JACQUES.

Lui-même. Je crois que c'est lui qui vous a dérobé.

HARPAGON.

Et sur quoi le crois-tu?

MAITRE JACQUES.

Sur quoi?

HARPAGON.

Oui.

MAITRE JACQUES.

Je le crois... sur ce que je le crois.

LE COMMISSAIRE.

Mais il est nécessaire de dire les indices que vous avez.

HARPAGON.

L'as-tu vu rôder autour du lieu où j'avois mis mon argent?

MAITRE JACQUES.

Oui, vraiment. Où étoit-il, votre argent?

HARPAGON.

Dans le jardin.

MAITRE JACQUES.

Justement. Je l'ai vu rôder dans le jardin. Et dans quoi est-ce que cet argent étoit?

HARPAGON.

Dans une cassette.

MAITRE JACQUES.

Voilà l'affaire. Je lui ai vu une cassette.

HARPAGON.

Et cette cassette, comment est-elle faite? Je verrai bien si c'est la mienne.

MAITRE JACQUES.

Comment elle est faite?

HARPAGON.

Oui.

MAITRE JACQUES.

Elle est faite... elle est faite comme une cassette.

LE COMMISSAIRE.

Cela s'entend. Mais dépeignez-la un peu, pour voir.

MAITRE JACQUES.

C'est une grande cassette.

HARPAGON.

Celle qu'on m'a volée est petite.

MAITRE JACQUES.

Hé! oui, elle est petite, si on le veut prendre par là; mais je l'appelle grande pour ce qu'elle contient.

LE COMMISSAIRE.

Et de quelle couleur est-elle?

MAITRE JACQUES.

De quelle couleur?

LE COMMISSAIRE.

Oui.

MAITRE JACQUES.

Elle est de couleur... là, d'une certaine couleur... Ne sauriez-vous m'aider à dire?

HARPAGON.

Euh?

MAITRE JACQUES.

N'est-elle pas rouge?

HARPAGON.

Non, grise.

MAITRE JACQUES.

Eh! oui, gris-rouge; c'est ce que je voulois dire.

HARPAGON.

Il n'y a point de doute; c'est elle assurément. Écrivez, monsieur, écrivez sa déposition. Ciel! à qui désormais se fier! Il ne faut plus jurer de rien; et je crois, après cela, que je suis homme à me voler moi-même.

MAITRE JACQUES, à Harpagon.

Monsieur, le voici qui revient. Ne lui allez pas dire, au moins, que c'est moi qui vous ai découvert cela.

SCÈNE III.

HARPAGON, LE COMMISSAIRE, SON CLERC,
VALÈRE, MAITRE JACQUES.

HARPAGON.

Approche. Viens confesser l'action la plus noire, l'attentat le plus horrible qui jamais ait été commis.

VALÈRE.

Que voulez-vous, monsieur ?

HARPAGON.

Comment, traître! tu ne rougis pas de ton crime?

VALÈRE.

De quel crime voulez-vous donc parler?

HARPAGON.

De quel crime je veux parler, infâme? comme si tu ne savois pas ce que je veux dire! C'est en vain que tu prétendrois de le déguiser; l'affaire est découverte, et l'on vient de m'apprendre tout. Comment abuser ainsi de ma bonté, et s'introduire exprès chez moi pour me trahir, pour me jouer un tour de cette nature?

VALÈRE.

Monsieur, puisqu'on vous a découvert tout, je ne veux point chercher de détours, et vous nier la chose[1].

MAITRE JACQUES, à part.

Oh! oh! aurois-je deviné sans y penser?

VALÈRE.

C'étoit mon dessein de vous en parler, et je voulois attendre pour cela des conjonctures favorables; mais, puisqu'il est ainsi, je vous conjure de ne vous point fâcher, et de vouloir entendre mes raisons.

HARPAGON.

Et quelles belles raisons peux-tu me donner, voleur infâme?

VALÈRE.

Ah! monsieur, je n'ai pas mérité ces noms. Il est vrai que j'ai commis une offense envers vous; mais, après tout, ma faute est pardonnable.

---

1. Voyez la scène équivalente dans la pièce latine, entre Lyconide et Euclion.

ACTE V, SCÈNE III.

HARPAGON.

Comment! pardonnable! Un guet-apens, un assassinat de la sorte!

VALÈRE.

De grâce, ne vous mettez point en colère. Quand vous m'aurez ouï, vous verrez que le mal n'est pas si grand que vous le faites.

HARPAGON.

Le mal n'est pas si grand que je le fais! Quoi! mon sang, mes entrailles, pendard!

VALÈRE.

Votre sang, monsieur, n'est pas tombé dans de mauvaises mains. Je suis d'une condition à ne lui point faire de tort; et il n'y a rien, en tout ceci, que je ne puisse bien réparer.

HARPAGON.

C'est bien mon intention; et que tu me restitues ce que tu m'as ravi.

VALÈRE.

Votre honneur, monsieur, sera pleinement satisfait.

HARPAGON.

Il n'est pas question d'honneur là-dedans. Mais, dis-moi, qui t'a porté à cette action?

VALÈRE.

Hélas! me le demandez-vous?

HARPAGON.

Oui, vraiment, je te le demande.

VALÈRE.

Un dieu qui porte les excuses de tout ce qu'il fait faire, l'Amour.

HARPAGON.

L'amour?

VALÈRE.

Oui.

HARPAGON.

Bel amour, bel amour, ma foi! l'amour de mes louis d'or!

VALÈRE.

Non, monsieur, ce ne sont point vos richesses qui m'ont tenté; ce n'est pas cela qui m'a ébloui; et je proteste de ne prétendre rien à tous vos biens, pourvu que vous me laissiez celui que j'ai.

HARPAGON.

Non ferai, de par tous les diables; je ne te le laisserai pas. Mais voyez quelle insolence de vouloir retenir le vol qu'il m'a fait.

VALÈRE.

Appelez-vous cela un vol?

HARPAGON.

Si je l'appelle un vol? Un trésor comme celui-là?

VALÈRE.

C'est un trésor, il est vrai, et le plus précieux que vous ayez, sans doute; mais ce ne sera pas le perdre, que de me le laisser. Je vous le demande à genoux, ce trésor plein de charmes; et, pour bien faire, il faut que vous me l'accordiez.

HARPAGON.

Je n'en ferai rien. Qu'est-ce à dire cela?

VALÈRE.

Nous nous sommes promis une foi mutuelle, et avons fait serment de ne nous point abandonner.

HARPAGON.

Le serment est admirable, et la promesse plaisante!

VALÈRE.

Oui, nous nous sommes engagés* d'être l'un à l'autre à jamais.

HARPAGON.

Je vous en empêcherai bien, je vous assure.

VALÈRE.

Rien que la mort ne nous peut séparer.

HARPAGON.

C'est être bien endiablé après mon argent!

VALÈRE.

Je vous ai déjà dit, monsieur, que ce n'étoit point l'intérêt qui m'avoit poussé à faire ce que j'ai fait. Mon cœur n'a point agi par les ressorts que vous pensez, et un motif plus noble m'a inspiré cette résolution.

HARPAGON.

Vous verrez que c'est par charité chrétienne qu'il veut avoir mon bien! Mais j'y donnerai bon ordre; et la justice, pendard effronté, me va faire raison de tout.

VALÈRE.

Vous en userez comme vous voudrez, et me voilà prêt à souffrir toutes les violences qu'il vous plaira; mais je vous prie de croire au moins que, s'il y a du mal, ce n'est que moi qu'il en faut accuser, et que votre fille, en tout ceci, n'est aucunement coupable.

HARPAGON.

Je le crois bien, vraiment! il seroit fort étrange que ma fille eût trempé dans ce crime. Mais je veux ravoir mon affaire, et que tu me confesses en quel endroit tu me l'as enlevée.

---

* Var. *Oui, nous sommes engagés* (1682).

VALÈRE.

Moi? je ne l'ai point enlevée; et elle est encore chez vous.

HARPAGON, à part.

O ma chère cassette! (Haut.) Elle n'est point sortie de ma maison?

VALÈRE.

Non, monsieur.

HARPAGON.

Hé! dis-moi donc un peu; tu n'y as point touché?

VALÈRE.

Moi, y toucher? Ah! vous lui faites tort, aussi bien qu'à moi; et c'est d'une ardeur toute pure et respectueuse que j'ai brûlé pour elle.

HARPAGON, à part.

Brûlé pour ma cassette!

VALÈRE.

J'aimerois mieux mourir que de lui avoir fait paroître aucune pensée offensante : elle est trop sage et trop honnête pour cela.

HARPAGON, à part.

Ma cassette, trop honnête!

VALÈRE.

Tous mes désirs se sont bornés à jouir de sa vue; et rien de criminel n'a profané la passion que ses beaux yeux m'ont inspirée.

HARPAGON, à part.

Les beaux yeux de ma cassette! Il parle d'elle comme un amant d'une maîtresse.

VALÈRE.

Dame Claude, monsieur, sait la vérité de cette aventure; et elle vous peut rendre témoignage...

HARPAGON.

Quoi! ma servante est complice de l'affaire?

VALÈRE.

Oui, monsieur, elle a été témoin de notre engagement; et c'est après avoir connu l'honnêteté de ma flamme qu'elle m'a aidé à persuader votre fille de me donner sa foi, et recevoir la mienne.

HARPAGON, à part.

Eh? Est-ce que la peur de la justice le fait extravaguer? (A Valère.) Que nous brouilles-tu ici de ma fille?

VALÈRE.

Je dis, monsieur, que j'ai eu toutes les peines du monde à faire consentir sa pudeur à ce que vouloit mon amour.

HARPAGON.

La pudeur de qui?

VALÈRE.

De votre fille; et c'est seulement depuis hier qu'elle a pu se résoudre à nous signer mutuellement une promesse de mariage.

HARPAGON.

Ma fille t'a signé une promesse de mariage?

VALÈRE.

Oui, monsieur, comme, de ma part, je lui en ai signé une.

HARPAGON.

O ciel! autre disgrâce!

MAITRE JACQUES, au clerc du commissaire.

Écrivez, monsieur, écrivez.

HARPAGON.

Rengrègement[1] de mal! surcroît de désespoir[2]! (Au commissaire.) Allons, monsieur, faites le dû de votre charge; et dressez-lui-moi son procès comme larron et comme suborneur.

[MAITRE JACQUES.
Comme larron et comme suborneur.]*

VALÈRE.
Ce sont des noms qui ne me sont point dus; et quand on saura qui je suis...

SCÈNE IV.

HARPAGON, ÉLISE, MARIANE, VALÈRE, FROSINE, MAITRE JACQUES, LE COMMISSAIRE, SON CLERC.

HARPAGON.
Ah! fille scélérate! fille indigne d'un père comme moi! c'est ainsi que tu pratiques les leçons que je t'ai données? Tu te laisses prendre d'amour pour un voleur infâme, et tu lui engages ta foi sans mon consentement! Mais vous serez trompés l'un et l'autre. (A Élise.) Quatre bonnes

---

* Ces mots ne se trouvent que dans l'édition de 1682.

1. La racine de ce mot *rengrègement* est l'ancien comparatif de grand, *greigneur*. Il y avait le verbe *rengréger*, devenir plus grand :

  Chacun rendit par là sa douleur rengrégée.
   (La Fontaine, *la Matrone d'Éphèse*.)

2. Dans la comédie de Plaute, Euclion, à qui Lyconide fait enfin comprendre la vérité, s'écrie comme Harpagon :

  Ita mihi ad malum malœ res plurimæ se adglutinant!

« Tous les malheurs fondent sur moi l'un après l'autre! »

L'AVARE.

murailles me répondront de ta conduite; (à Valère.) et une bonne potence me fera raison de ton audace.*

VALÈRE.

Ce ne sera point votre passion qui jugera l'affaire; et l'on m'écoutera, au moins, avant que de me condamner.

HARPAGON.

Je me suis abusé, de dire une potence; et tu seras roué tout vif.

ÉLISE, à genoux devant son père.

Ah! mon père, prenez des sentiments un peu plus humains, je vous prie, et n'allez point pousser les choses dans les dernières violences du pouvoir paternel. Ne vous laissez point entraîner aux premiers mouvements de votre passion, et donnez-vous le temps de considérer ce que vous voulez faire. Prenez la peine de mieux voir celui dont vous vous offensez[1]. Il est tout autre que vos yeux ne le jugent; et vous trouverez moins étrange que je me sois donnée à lui lorsque vous saurez que, sans lui, vous ne m'auriez plus il y a longtemps. Oui, mon père, c'est celui qui me sauva de ce grand péril que vous savez que je courus dans l'eau, et à qui vous devez la vie de cette même fille dont...

HARPAGON.

Tout cela n'est rien; et il valoit bien mieux pour moi qu'il te laissât noyer que de faire ce qu'il a fait.

ÉLISE.

Mon père, je vous conjure, par l'amour paternel, de me...

---

* VAR. *Et une bonne potence, pendard effronté, me fera raison de ton audace* (1682).

1. Élise veut dire : *celui contre qui vous vous emportez, par qui vous vous croyez offensé.*

HARPAGON.

Non, non; je ne veux rien entendre, et il faut que la justice fasse son devoir.

MAITRE JACQUES, à part.

Tu me payeras mes coups de bâton !

FROSINE, à part.

Voici un étrange embarras !

SCÈNE V.

ANSELME, HARPAGON, ÉLISE, MARIANE, FROSINE, VALÈRE, LE COMMISSAIRE, SON CLERC, MAITRE JACQUES.

ANSELME.

Qu'est-ce, seigneur Harpagon? je vous vois tout ému.

HARPAGON.

Ah! seigneur Anselme, vous me voyez le plus infortuné de tous les hommes; et voici bien du trouble et du désordre au contrat que vous venez faire ! On m'assassine dans le bien, on m'assassine dans l'honneur ; et voilà un traître, un scélérat, qui a violé tous les droits les plus saints, qui s'est coulé chez moi sous le titre de domestique, pour me dérober mon argent et pour me suborner ma fille.

VALÈRE.

Qui songe à votre argent, dont vous me faites un galimatias?

HARPAGON.

Oui, ils se sont donné l'un et l'autre une promesse de mariage. Cet affront vous regarde, seigneur Anselme; et c'est vous qui devez vous rendre partie contre lui, et faire toutes les poursuites de la justice pour vous venger de son insolence.*

ANSELME.

Ce n'est pas mon dessein de me faire épouser par force, et de rien prétendre à un cœur qui se seroit donné ; mais pour vos intérêts, je suis prêt à les embrasser, ainsi que les miens propres.

HARPAGON.

Voilà monsieur qui est un honnête commissaire, qui n'oubliera rien, à ce qu'il m'a dit, de la fonction de son office. (Au commissaire, montrant Valère.) Chargez-le comme il faut, monsieur, et rendez les choses bien criminelles.

VALÈRE.

Je ne vois pas quel crime on me peut faire de la passion que j'ai pour votre fille, et le supplice où vous croyez que je puisse être condamné pour notre engagement, lorsqu'on saura ce que je suis...

HARPAGON.

Je me moque de tous ces contes ; et le monde aujourd'hui n'est plein que de ces larrons de noblesse, que de ces imposteurs qui tirent avantage de leur obscurité, et s'habillent insolemment du premier nom illustre qu'ils s'avisent de prendre.

VALÈRE.

Sachez que j'ai le cœur trop bon pour me parer de quelque chose qui ne soit point à moi ; et que tout Naples peut rendre témoignage de ma naissance.

ANSELME.

Tout beau ! prenez garde à ce que vous allez dire. Vous risquez ici plus que vous ne pensez ; vous parlez devant un

* VAR. *Et faire toutes les poursuites de la justice à vos dépens, pour vous venger de son insolence* (1682).

homme à qui tout Naples est connu, et qui peut aisément voir clair dans l'histoire que vous ferez.

   VALÈRE, en mettant fièrement son chapeau.

Je ne suis point homme à rien craindre; et si Naples vous est connu, vous savez qui étoit Don Thomas d'Alburci.

   ANSELME.

Sans doute, je le sais; et peu de gens l'ont connu mieux que moi.

   HARPAGON.

Je ne me soucie ni de Don Thomas ni de Don Martin. (Harpagon, voyant deux chandelles allumées, en souffle une[1].)

---

1. Ce jeu de théâtre n'est pas indiqué dans les éditions originales. Il l'est pour la première fois dans l'édition de 1682. Les comédiens ne s'en tiennent pas là et prolongent ce jeu pendant toutes les explications qui vont suivre. L'acteur Grandmesnil le décrit comme il suit, dans une lettre citée par Aimé Martin :

« Les comédiens, dit-il, ont imaginé le jeu de la bougie pour égayer une scène que le public n'écoute jamais sans quelque impatience. Voici comment ce jeu s'exécute : Harpagon éteint une des deux bougies placées sur la table du commissaire. A peine a-t-il tourné le dos que maître Jacques la rallume. Harpagon, la voyant brûler de nouveau, s'en empare, l'éteint, et la garde dans sa main. Mais pendant qu'il écoute, les deux bras croisés, la conversation d'Anselme et de Valère, maître Jacques passe derrière lui, et rallume la bougie. Un instant après, Harpagon décroise ses bras, voit la bougie brûler, la souffle, et la met dans la poche droite de son haut-de-chausses, où maître Jacques ne manque pas de la rallumer une quatrième fois. Enfin, la main d'Harpagon rencontre la flamme de la bougie, et c'est ainsi qu'il occupe la scène jusqu'au moment où l'idée lui vient de se faire rendre par Anselme les dix mille écus qui lui ont été volés. »

Parmi les commentateurs de Molière, les uns, comme Aimé Martin, ont reproché à ce jeu de théâtre d'être en opposition avec le caractère d'Harpagon, qui doit être tout entier à sa chère cassette; les autres, comme Auger, croient qu'on le justifie suffisamment par la nécessité de faire diversion à l'ennui des explications romanesques où vont entrer Anselme et ses enfants. Ces derniers ont sans doute raison : la tradition qui consacre quelque jeu de théâtre de cette sorte pourrait bien remonter jusqu'au temps de Molière; mais on doit éviter de le pousser trop loin; et c'est aux comédiens à s'arrêter dans les limites tracées par la vraisemblance et le bon goût.

ACTE V, SCÈNE V.

ANSELME.

De grâce, laissez-le parler; nous verrons ce qu'il en veut dire.*

VALÈRE.

Je veux dire** que c'est lui qui m'a donné le jour.

ANSELME.

Lui?

VALÈRE.

Oui.

ANSELME.

Allez, vous vous moquez. Cherchez quelque autre histoire qui vous puisse mieux réussir, et ne prétendez pas vous sauver sous cette imposture.

VALÈRE.

Songez à mieux parler. Ce n'est point une imposture, et je n'avance rien*** qu'il ne me soit aisé de justifier.

ANSELME.

Quoi! vous osez vous dire fils de Don Thomas d'Alburci?

VALÈRE.

Oui, je l'ose; et je suis prêt de soutenir cette vérité contre qui que ce soit.

ANSELME.

L'audace est merveilleuse! Apprenez, pour vous confondre, qu'il y a seize ans, pour le moins, que l'homme dont vous nous parlez périt sur mer avec ses enfants et sa femme, en voulant dérober leur vie aux cruelles persécutions qui ont accompagné les désordres de Naples, et qui en firent exiler plusieurs nobles familles[1].

* VAR. *Ce qu'il veut dire* (1670).
** VAR. *Je veux en dire* (1682).
*** VAR. *Et je n'avance rien ici* (1682).

1. L'action de cette comédie n'ayant point d'époque déterminée, Molière

VALÈRE.

Oui ; mais apprenez, pour vous confondre, vous, que son fils, âgé de sept ans, avec un domestique, fut sauvé de ce naufrage par un vaisseau espagnol ; et que ce fils sauvé est celui qui vous parle. Apprenez que le capitaine de ce vaisseau, touché de ma fortune, prit amitié pour moi ; qu'il me fit élever comme son propre fils, et que les armes furent mon emploi dès que je m'en trouvai capable ; que j'ai su depuis peu que mon père n'étoit point mort, comme je l'avois toujours cru ; que, passant ici pour l'aller chercher, une aventure, par le ciel concertée, me fit voir la charmante Élise ; que cette vue me rendit esclave de ses beautés ;* et que la violence de mon amour et les sévérités de son père me firent prendre la résolution de m'introduire dans son logis, et d'envoyer un autre à la quête de mes parents.

ANSELME.

Mais quels témoignages encore, autres que vos paroles, nous peuvent assurer que ce ne soit point une fable que vous ayez bâtie sur une vérité ?

VALÈRE.

Le capitaine espagnol ; un cachet de rubis qui étoit à mon père ; un bracelet d'agate que ma mère m'avoit mis au bras ; le vieux Pédro, ce domestique qui se sauva avec moi du naufrage.

* VAR. *De ces beautés* (1670).

a pu parler à l'aventure des *désordres* de Naples, pays où ont éclaté beaucoup de révolutions. Il est possible aussi qu'il ait fait allusion à la révolution populaire dont Mazaniello fut l'auteur, le héros, et bientôt la victime, et pendant laquelle, en effet, les familles nobles eurent à souffrir de *cruelles persécutions.* Cette révolution eut lieu en 1647 et 1648, c'était une vingtaine d'années avant la représentation de *l'Avare ;* et l'âge des divers personnages s'accorde assez bien avec cette date.

MARIANE.

Hélas! à vos paroles je puis ici répondre, moi, que vous n'imposez point; et tout ce que vous dites me fait connoître clairement que vous êtes mon frère.

VALÈRE.

Vous, ma sœur?

MARIANE.

Oui. Mon cœur s'est ému dès le moment que vous avez ouvert la bouche; et notre mère, que vous allez ravir, m'a mille fois entretenue des disgrâces de notre famille. Le ciel ne nous fit point aussi périr dans ce triste naufrage; mais il ne nous sauva la vie que par la perte de notre liberté; et ce furent des corsaires qui nous recueillirent, ma mère et moi, sur un débris de notre vaisseau. Après dix ans d'esclavage, une heureuse fortune nous rendit notre liberté, et nous retournâmes dans Naples, où nous trouvâmes tout notre bien vendu, sans y pouvoir trouver des nouvelles de notre père. Nous passâmes à Gênes, où ma mère alla ramasser quelques malheureux restes d'une succession qu'on avoit déchirée; et de là, fuyant la barbare injustice de ses parents, elle vint en ces lieux, où elle n'a presque vécu que d'une vie languissante.

ANSELME.

O ciel! quels sont les traits de ta puissance! et que tu fais bien voir qu'il n'appartient qu'à toi de faire des miracles! Embrassez-moi, mes enfants; et mêlez tous deux vos transports à ceux de votre père.

VALÈRE.

Vous êtes notre père?

MARIANE.

C'est vous que ma mère a tant pleuré?

ANSELME.

Oui, ma fille ; oui, mon fils ; je suis Don Thomas d'Alburci, que le ciel garantit des ondes avec tout l'argent qu'il portoit, et qui, vous ayant tous crus morts, durant plus de seize ans, se préparoit, après de longs voyages, à chercher, dans l'hymen d'une douce et sage personne, la consolation de quelque nouvelle famille. Le peu de sûreté que j'ai vu pour ma vie à retourner à Naples m'a fait y renoncer pour toujours ; et, ayant su trouver moyen d'y faire vendre ce que j'avois,* je me suis habitué ici, où, sous le nom d'Anselme, j'ai voulu m'éloigner les chagrins de cet autre nom qui m'a causé tant de traverses[1].

HARPAGON, à Anselme.

C'est là votre fils ?

ANSELME.

Oui.

HARPAGON.

Je vous prends à partie pour me payer dix mille écus qu'il m'a volés.

ANSELME.

Lui ! vous avoir volé ?

HARPAGON.

Lui-même.

---

* Var. *Ce que j'y avois* (1682).

1. C'est dans la comédie antique qu'on trouve d'abord ces naufrages, ces captivités, ces reconnaissances, qui ensuite furent si longtemps utilisés par les modernes. Pour expliquer comment Molière ne craignit pas d'en faire usage dans ses dénoûments, on peut dire que l'invraisemblance de tels événements était, après tout, un peu moins choquante à cette époque qu'elle le serait de nos jours. Puis, un grand nombre de pièces contemporaines, par exemple *la Femme juge et partie,* de Montfleury, qui contre-balança le succès du *Tartuffe,* étaient fondées sur des aventures non moins romanesques. Les contes imités de l'espagnol en étaient remplis. L'esprit, enfin, était familiarisé avec ces idées, et sans doute le public les acceptait avec moins de peine qu'il ne le fait à présent.

VALÈRE.
Qui vous dit cela?

HARPAGON.
Maître Jacques.

VALÈRE, à maître Jacques.
C'est toi qui le dis?

MAITRE JACQUES.
Vous voyez que je ne dis rien.

HARPAGON.
Oui. Voilà monsieur le commissaire qui a reçu sa déposition.

VALÈRE.
Pouvez-vous me croire capable d'une action si lâche ?

HARPAGON.
Capable ou non capable, je veux ravoir mon argent.

SCÈNE VI.

HARPAGON, ANSELME, ÉLISE, MARIANE,
CLÉANTE, VALÈRE, FROSINE, LE COMMISSAIRE,
SON CLERC, MAITRE JACQUES,
LA FLÈCHE.

CLÉANTE.
Ne vous tourmentez point, mon père, et n'accusez personne. J'ai découvert des nouvelles de votre affaire ; et je viens ici pour vous dire que, si vous voulez vous résoudre à me laisser épouser Mariane, votre argent vous sera rendu.*

HARPAGON.
Où est-il?

---

* VAR. *Votre argent sera rendu* (1670).

CLÉANTE.

Ne vous en mettez point en peine. Il est en lieu dont je réponds ; et tout ne dépend que de moi. C'est à vous de me dire à quoi vous vous déterminez ; et vous pouvez choisir, ou de me donner Mariane, ou de perdre votre cassette.

HARPAGON.

N'en a-t-on rien ôté?

CLÉANTE.

Rien du tout. Voyez si c'est votre dessein de souscrire à ce mariage, et de joindre votre consentement à celui de sa mère, qui lui laisse la liberté de faire un choix entre nous deux.

MARIANE, à Cléante.

Mais vous ne savez pas que ce n'est pas assez que ce consentement ; et que le ciel (Montrant Valère.) avec un frère que vous voyez, vient de me rendre un père (Montrant Anselme.) dont vous avez à m'obtenir.

ANSELME.

Le ciel, mes enfants, ne me redonne point à vous pour être contraire à vos vœux. Seigneur Harpagon, vous jugez bien que le choix d'une jeune personne tombera sur le fils plutôt que sur le père. Allons, ne vous faites point dire ce qu'il n'est pas nécessaire d'entendre ; et consentez ainsi que moi à ce double hyménée.

HARPAGON.

Il faut, pour me donner conseil, que je voie ma cassette.

CLÉANTE.

Vous la verrez saine et entière.

HARPAGON.

Je n'ai point d'argent à donner en mariage à mes enfants.

ANSELME.

Hé bien ! j'en ai pour eux ; que cela ne vous inquiète point.

HARPAGON.

Vous obligerez-vous à faire tous les frais de ces deux mariages ?

ANSELME.

Oui, je m'y oblige. Êtes-vous satisfait ?

HARPAGON.

Oui, pourvu que, pour les noces, vous me fassiez faire un habit.

ANSELME.

D'accord. Allons jouir de l'allégresse que cet heureux jour nous présente.

LE COMMISSAIRE.

Holà ! messieurs, holà ! Tout doucement, s'il vous plaît. Qui me payera mes écritures ?

HARPAGON.

Nous n'avons que faire de vos écritures.

LE COMMISSAIRE.

Oui ! mais je ne prétends pas, moi, les avoir faites pour rien [1].

---

1. Le commissaire, qui achetait son office, ne marchait guère que moyennant finance ; et, comme on lit dans les *Caquets de l'accouchée,* publiés l'année même de la naissance de Molière, « tant qu'on le leur vendra, jamais ils ne feront rien qui vaille ». Molière nous retrace ces habitudes de cupidité dans les deux commissaires qu'il nous a montrés sur la scène. Dans *l'École des Maris* (acte III, scène v), Sganarelle dit assez crûment à l'homme de justice :

> Vous serez pleinement contenté de vos soins,
> Mais ne vous laissez pas graisser la patte au moins.

Ici, nous voyons le commissaire réclamer hautement son salaire.

(E. PARINGAULT.)

HARPAGON, *montrant maître Jacques.*

Pour votre payement, voilà un homme que je vous donne à pendre.

MAITRE JACQUES.

Hélas! comment faut-il donc faire? On me donne des coups de bâton pour dire vrai, et on me veut pendre pour mentir!

ANSELME.

Seigneur Harpagon, il faut lui pardonner cette imposture.

HARPAGON.

Vous payerez donc le commissaire?

ANSELME.

Soit. Allons vite faire part de notre joie à votre mère.

HARPAGON.

Et moi, voir ma chère cassette[1].

---

1. On raconte qu'un avare qui assistait à la représentation de ce chef-d'œuvre, en fit ce bel éloge : « Il y a beaucoup à profiter dans la pièce de Molière; on en peut tirer d'excellents principes d'économie. »
Puisque nous avons donné place à cette anecdote, citons encore un trait qui se rapporte à *l'Avare,* quoique le sujet de cette pièce n'y soit pour rien. M. E. Fournier a extrait la page suivante d'un roman intitulé *Araspe et Simande,* publié du vivant de Molière, en 1672; c'est une coquette qui parle : « On donne du prix au mérite, dont bien souvent l'imagination est la règle et le fondement. Par exemple, à Molière. Vous sçavez le bien qu'on en dit, et qu'il passe pour un homme aussi spirituel qu'il y ait en France. Vous nous disiez même l'autre jour au bal, à ma nièce et à moy, sur le sujet des comédies, que c'estoit un original qu'on ne copieroit jamais. Comme on vous prit à danser, je n'eus pas le temps de vous dire ma pensée, et ce discours ne se remit plus alors sur le tapis, mais maintenant il faut que je vous dise tout court que cet homme-là n'a pas le sens commun. — Pas le sens commun? repris-je alors avec précipitation. Bon Dieu! madame, pensez-vous à ce que vous dites? — Ouy, ouy, j'y pense, me répondit-elle. Je vous soutiens qu'il n'a point d'esprit, et je m'en vais vous en donner une preuve où il n'y a point de réplique. J'allay un jour, pendant mon procès, voir la comédie de *l'Arabe;* ce n'est pas dont je veux parler, car dans la vérité la pièce est assez jolie. — Ne voudriez-vous point dire *l'Avare?* lui

repartis-je fort civilement. — De *l'Avare*, soit! reprit-elle. Quand elle eut fini, Molière vint sur le bord du théâtre avec son habit de Tabarin, et salua fort civilement des emplumez qui estoient dans la loge du roy. Je luy fis une révérence fort honnête, de celle où j'estois tout vis-à-vis, et nous avons, Dieu mercy, de quoy nous distinguer; mais il ne me regarda pas. Et vous voulez après cela qu'il ait de l'esprit? — Non, madame, lui dis-je, après cela il ne faut pas qu'il y prétende, et je ne le verray jamais sans luy reprocher une faute que Nicomède luy-même n'auroit pas commise. »

Cette petite scène de roman est intéressante, en ce qu'elle nous donne une idée de l'opinion qu'on avait de Molière dans le beau monde, à cette époque de sa vie.

FIN DE L'AVARE.

AULULARIA

DRAMATIS PERSONÆ.

LAR, Prologus.
EUCLIO, senex.
STAPHYLA, anus.
EUNOMIA, mulier.
MEGADORUS.
STROBILUS[1].
ANTHRAX, } coqui.
CONGRIO, }
PYTHODICUS, servus.
LYCONIDES.
PHÆDRA, puella.

ARGUMENTUM.

Senex avarus vix sibi credens Euclio,
Domi suæ defossam multis cum opibus
Aulam invenit, rursumque penitus conditam
Exsanguis, amens, servat. Ejus filiam
Lyconides vitiarat. Interea senex
Megadorus, a sorore suasus ducere
Uxorem, avari gnatam deposcit sibi.
Durus senex vix promittit, atque aulæ timens,
Domo sublatam variis abstrudit locis.
Insidias servos facit hujus Lyconidis
Qui virginem vitiarat; atque ipse obsecrat
Avonculum Megadorum sibimet cedere
Uxorem amanti. Per dolum mox Euclio
Quom perdidisset, aulam insperato invenit,
Lætusque gnatam conlocat Lyconidi.

1. Duo sunt uno nomine, alter Lyconidis, alter Megadori servus. Vid. infra, IV, 1.

PERSONNAGES.

Le dieu LARE, Prologue.
EUCLION, vieil avare.
STAPHYLA, vieille esclave d'Euclion.
EUNOMIE, sœur de Mégadore, mère de Lyconide.
MÉGADORE, vieillard opulent et libéral.
STROBILE, esclave de Mégadore.
ANTHRAX, } cuisiniers.
CONGRION, }
PYTHODICUS, esclave de Mégadore.
STROBILE, esclave de Lyconide.
LYCONIDE, fils d'Eunomie, amant de Phédra.
PHÉDRA, fille d'Euclion.

ARGUMENT.

Le vieil avare Euclion, qui s'en fie à peine à lui-même, a trouvé chez lui, sous terre, une marmite remplie d'or. Il l'enfouit de nouveau profondément, et la garde avec de mortelles inquiétudes; il en perd l'esprit. Lyconide a ravi l'honneur à la fille de ce vieillard. Sur ces entrefaites, le vieux Mégadore, à qui sa sœur a conseillé de prendre femme, demande en mariage la fille de l'avare. Le vieux hibou a grand'peine à l'accorder. Sa marmite lui cause trop d'alarmes; il l'emporte de chez lui, et la change de cachette plusieurs fois. Il est surpris par l'esclave de ce même Lyconide qui avait déshonoré la jeune fille. L'amant obtient de son oncle Mégadore qu'il renonce en sa faveur à la main de son amante. Ensuite Euclion, qui avait perdu par un vol sa marmite, la recouvre contre tout espoir : dans sa joie, il marie sa fille à Lyconide.

AULULARIA.

PROLOGUS

LAR FAMILIARIS.

Ne quis miretur, qui sim, paucis eloquar.
Ego Lar sum Familiaris, ex hac familia,
Unde exeuntem me adspexistis : hanc domum
Jam multos annos est, quom possideo, et colo
Patrique, avoque jam hujus qui nunc heic habet.
Sed mihi avos hujus obsecrans concredidit
Thesaurum auri clam omneis : in medio foco
Defodit, venerans me ut id servarem sibi.
Is quoniam moritur, ita avido ingenio fuit,
Nunquam indicare id filio voluit suo;
Inopemque optavit potius eum relinquere,
Quam eum thesaurum conmonstraret filio.
Agri reliquit eii non magnum modum,
Quo cum labore magno et misere viveret.
Ubi is obiit mortem qui mi id aurum credidit,
Cœpi observare, ecquid majorem filius
Mihi honorem haberet, quam ejus habuisset pater.
Atque ille vero minus minusque inpendio
Curare, minusque me inpartire honoribus.
Item a me factum contra 'st; nam item obiit diem.
Ex se hunc reliquit, qui heic nunc habitat, filium
Pariter moratum, ut pater avosque hujus fuit.
Huic filia una 'st : ea mihi cotidie
Aut ture, aut vino, aut aliqui semper subplicat :
Dat mi coronas. Ejus honoris gratia
Feci, thesaurum ut hic reperiret Euclio,
Quo eam facilius nubtum, si vellet, daret.
Nam conpressit eam de summo adulescens loco.
Is scit adulescens quæ sit, quam conpresserit;
Illa illum nescit, neque conpressam autem pater.

PROLOGUE

LE DIEU LARE.

Que mon aspect ne vous étonne pas; deux mots vont me faire connaître : je suis le dieu Lare de cette famille, là, dans la maison d'où vous m'avez vu sortir. Il y a bien des années que j'y demeure; j'étais le dieu familier du père et de l'aïeul de celui qui l'occupe aujourd'hui. L'aïeul me confia un trésor inconnu de tout le monde, et l'enfouit au milieu du foyer, me priant, me suppliant de le lui conserver. A sa mort, voyez son avarice ! il ne voulut point dire le secret à son fils, et il aima mieux le laisser pauvre, que de lui découvrir son trésor; un père! Son héritage consistait en un petit coin de terre d'où l'on ne pouvait tirer, à force de travail, qu'une chétive existence. Quand cet homme cessa de vivre, moi, gardien du dépôt, je voulus voir si le fils me rendrait plus d'honneur que son père. Ce fut bien pis encore : mon culte fut de plus en plus négligé. Notre homme eut ce qu'il méritait ; je le laissai mourir sans être plus avancé. Un fils lui succéda : c'est le possesseur actuel de la maison; caractère tout à fait semblable à son aïeul et à son père. Il a une fille unique. Elle, au contraire, m'offre chaque jour, soit un peu de vin, soit un peu d'encens, ou quelque autre hommage; elle m'apporte des couronnes. Aussi est-ce à cause d'elle que j'ai fait découvrir le trésor par son père Euclion, afin que, s'il voulait la marier, cela lui devînt plus facile. Elle a été violée par un jeune homme de très-bonne maison; il la connaît, mais il n'est point connu d'elle, et le père ignore ce malheur. Aujourd'hui le vieillard, leur

Eam ego hodie faciam, ut hic senex de proxumo
Sibi uxorem poscat : id ea faciam gratia,
Quo ille eam facilius ducat, qui conpresserat.
Et hic qui poscet eam sibi uxorem senex,
Is adulescentis illius est avonculus,
Qui illam stupravit noctu, Cereris vigiliis.
Sed hic senex jam clamat intus, ut solet;
Anum foras extrudit, ne sit conscia.
Credo, aurum inspicere volt, ne subreptum siet.

voisin, ici (montrant la maison de Mégadore), la demandera en mariage : c'est moi qui lui inspirerai ce dessein, pour ménager à l'amant l'occasion d'épouser. Car le vieillard qui la recherchera est justement l'oncle du jeune homme qui l'a déshonorée, dans les veillées de Cérès. Mais j'entends le vieil Euclion, là, dans la maison, grondant selon sa coutume. Il contraint sa vieille servante à sortir, de peur qu'elle n'évente son secret. Il veut, je crois, visiter son or, et s'assurer qu'on ne l'a pas volé.

AULULARIA

EUCLIO, STAPHYLA.

EUCLIO.

Exi, inquam; age, exi. Exeundum, hercle, tibi hinc est foras,
Circumspectatrix cum oculis emissitiis.

STAPHYLA.

Nam cur me miseram verberas?

EUCLIO.

Ut misera sis,
Atque ut te dignam mala malam ætatem exigas.

STAPHYLA.

Nam qua me nunc causa extrusisti ex ædibus?

EUCLIO.

Tibi ego rationem reddam, stimulorum seges?
Illuc regredere ab ostio; illuc, sis. Vide, ut
Incedit! At scin' quomodo tibi res se habet?
Si hodie, hercle, fustem cepero, aut stimulum in manum,
Testudineum istum tibi ego grandibo gradum.

STAPHYLA.

Utinam me Divi adaxint ad suspendium
Potius quidem, quam hoc pacto apud te serviam.

EUCLIO.

At ut scelesta sola secum murmurat!
Oculos, hercle, ego istos, inproba, ecfodiam tibi,
Ne me observare possis, quid rerum geram.
Abscede, etiam nunc, etiam nunc, etiam : ohe!
Istuc adesto. Si, hercle, tu ex istoc loco
Digitum transvorsum aut unguem latum excesseris,
Aut si respexis, donicum ego te jussero,
Continuo, hercle, ego te dedam discipulam cruci.
Scelestiorem me hac anu certo scio

LA MARMITE

EUCLION, STAPHYLA[1].

EUCLION.

Allons, sors; sors donc. Sortiras-tu, espion, avec tes yeux fureteurs?

STAPHYLA.

Pourquoi me bas-tu, pauvre malheureuse que je suis?

EUCLION.

Je ne veux pas te faire mentir. Il faut qu'une misérable de ton espèce ait ce qu'elle mérite, un sort misérable.

STAPHYLA.

Pourquoi me chasser de la maison?

EUCLION.

Vraiment, j'ai des comptes à te rendre, grenier à coups de fouet. Éloigne-toi de la porte. Allons, par là (lui montrant le côté opposé à la maison). Voyez comme elle marche! Sais-tu bien ce qui t'attend? Si je prends tout à l'heure un bâton ou un nerf de bœuf, je te ferai allonger ce pas de tortue.

STAPHYLA, à part.

Mieux vaudrait que les dieux m'eussent fait pendre, que de me donner un maître tel que toi.

EUCLION.

Cette drôlesse marmotte tout bas. Certes, je t'arracherai les yeux pour t'empêcher de m'épier continuellement, scélérate! Éloigne-toi. Encore. Encore. Encore. Holà! reste là. Si tu t'écartes de cette place d'un travers de doigt ou de la largeur de mon ongle, si tu regardes en arrière avant que je te le permette, je te fais mettre en croix pour t'apprendre à vivre. (A part.) Je n'ai jamais vu de plus méchante bête que cette vieille. Je crains bien

---

1. Acte Ier, scène I.

Vidisse nunquam; nimisque ego hanc metuo male,
Ne mi ex insidiis verba inprudenti duit,
Neu persentiscat, aurum ubi 'st absconditum,
Quæ in obcipitio quoque habet oculos, pessuma.
Nunc ibo uti visam, estne ita aurum, ut condidi,
Quod me sollicitat plurimis miserum modis.

STAPHYLA.

Nec nunc, mecastor, quid hero ego dicam meo
Malæ rei evenisse, quamve insaniam,
Queo conminisci : ita miseram me ad hunc modum
Decies die uno sæpe extrudit ædibus.
Nescio, pol, quæ illunc hominem intemperiæ tenent.
Pervigilat nocteis totas; tum autem interdius,
Quasi claudus sutor, domi sedet totos dies.
Neque jam quo pacto celem herilis filiæ
Probrum, propinqua partitudo quoi adpetit,
Queo conminisci; neque quidquam meliu'st mihi,
Ut opinor, quam ex me ut unam faciam literam
Longam, meum laqueo collum quando obstrinxero.

EUCLIO, STAPHYLA.

EUCLIO.

Nunc defæcato demum animo egredior domo,
Postquam perspexi salva esse intus omnia.
Redi nunc jam intro, atque intus serva.

STAPHYLA.

                                                  Quippini
Ego intus servem : an, ne quis ædeis abferat?
Nam heic apud nos nihil est aliud quæsti furibus :
Ita inaniis sunt obpletæ atque araneis.

EUCLIO.

Mirum, quin tua me causa faciat Jupiter
Philippum regem aut Darium, trivenefica.
Araneas mihi ego illas servari volo.
Pauper sum, fateor; patior; quod Di dant, fero.
Abi intro; obclude januam. Jam ego heic ero.
Cave quemquam alienum in ædeis intromiseris.

qu'elle ne me joue quelque mauvais tour au moment que je m'y attendrai le moins. Si elle flairait mon or, et découvrait la cachette? c'est qu'elle a des yeux jusque derrière la tête, la coquine. Maintenant, je vais voir si mon or est bien comme je l'ai mis. Ah! qu'il me cause d'inquiétudes et de peines! (Il sort.)

STAPHYLA, seule.

Par Castor! je ne peux deviner quel sort on a jeté sur mon maître, ou quel vertige l'a pris. Qu'est-ce qu'il a donc à me chasser dix fois par jour de la maison? On ne sait vraiment quelle fièvre le travaille. Toute la nuit il fait le guet; tout le jour il reste chez lui sans remuer, comme un cul-de-jatte de cordonnier. Mais moi, que devenir? comment cacher le déshonneur de ma jeune maîtresse? Elle approche de son terme; je n'ai pas d'autre parti à prendre que de faire de mon corps un grand I, en me mettant une corde au cou.

EUCLION, STAPHYLA[1].

EUCLION, à part.

Je sors à présent l'esprit plus dégagé. Je me suis assuré làdedans que tout est bien en place. (A Staphyla.) Rentre maintenant, et garde la maison.

STAPHYLA, ironiquement.

Oui, garder la maison; est-ce de crainte qu'on n'emporte les murs? car chez nous il n'y a pas d'autre coup à faire pour les voleurs; la maison est toute pleine de rien et de toiles d'araignée.

EUCLION.

C'est étonnant, n'est-ce pas, que Jupiter ne m'ait pas donné, pour te faire plaisir, les biens du roi Philippe ou ceux du roi Darius, vieille sorcière? Je veux qu'on garde les toiles d'araignée, moi. Eh bien! oui, je suis pauvre. Je me résigne; ce que les dieux m'envoient, je le prends en patience. Rentre, et ferme la porte. Je ne tarderai pas à revenir. Ne laisse entrer personne;

---

1. Acte Ier, scène II.

Quod quispiam ignem quærat, exstingui volo,
Ne causæ quid sit, quod te quisquam quæritet.
Nam si ignis vivet, tu exstinguere extempulo.
Tum aquam abfugisse dicito, si quis petet.
Cultrum, securim, pistillum, mortarium,
Quæ utenda vasa semper vicini rogant,
Fures venisse, atque abstulisse dicito.
Profecto in ædeis meas, me absente, neminem
Volo intromitti; atque etiam hoc prædico tibi,
Si Bona Fortuna veniat, ne intromiseris.

STAPHYLA.

Pol, ea ipsa, credo, ne intromittatur, cavet :
Nam ad ædeis nostras nusquam adiit quaquam prope.

EUCLIO.

Tace, atque abi intro.

STAPHYLA.

Taceo, atque abeo.

EUCLIO.

Obclude, sis,
Foreis ambobus pessulis : jam ego heic ero.
Discrucior animi, quia ab domo abeundum 'st mihi.
Nimis, hercle, invitus abeo : sed quid agam, scio.
Nam noster nostræ qui est magister curiæ,
Dividere argenti dixit numos in viros :
Id si relinquo ac non peto, omneis inloco
Me subspicentur, credo, habere aurum domi.
Nam verisimile non est, hominem pauperem
Pauxillum parvi facere quin numum petat.
Nam nunc, quom celo sedulo omneis, ne sciant,
Omneis videntur scire, et me benignius
Omneis salutant, quam salutabant prius:
Adeunt, consistunt, copulantur dexteras;
Rogitant me ut valeam, quid agam, quid rerum geram.
Nunc, quo profectus sum, ibo; postidea domum
Me rursum, quantum potero, tantum recipiam.

prends-y garde. Éteins le feu, de peur qu'on n'en demande; on n'aura plus de prétexte pour en venir chercher. S'il reste allumé, je t'étoufferai à l'instant. Dis à ceux qui demanderaient de l'eau, qu'elle s'est enfuie. Les voisins empruntent toujours quelque ustensile, comme cela : c'est un couteau, une hache, un pilon, un mortier. Tu diras que les voleurs nous ont tout pris. Enfin, je veux qu'en mon absence personne ne s'introduise; je t'en avertis. Fût-ce la Bonne Fortune qui se présentât, qu'elle reste à la porte.

STAPHYLA.

Par Pollux! elle n'a garde d'entrer chez nous. On ne l'a jamais vue s'en approcher.

EUCLION.

Tais-toi, et rentre

STAPHYLA.

Je me tais, et je rentre.

EUCLION.

Ferme la porte aux deux verrous, entends-tu? Je serai ici dans un moment. (Staphyla sort.) Je suis désolé d'être obligé de sortir. Mais, hélas! il le faut. Je sais ce que je fais. Le président de la curie a annoncé une distribution d'argent. Si je n'y vais pas pour recevoir ma part, aussitôt tout le monde se doutera que j'ai de l'or chez moi: car il n'est pas vraisemblable qu'un pauvre homme dédaigne un didrachme, et ne se donne pas la peine d'aller le recevoir. Et déjà, malgré mon soin à cacher ce secret, on dirait que tout le monde le connaît. On me salue plus gracieusement qu'autrefois; on m'accoste, on entre en conversation, on me serre la main; chacun me demande de mes nouvelles, comment vont les affaires?... Faisons cette course, et puis je reviendrai le plus tôt possible à la maison. (Il sort.)

EUNOMIA, MEGADORUS.

EUNOMIA.

Velim te arbitrari me hæc verba, frater,
Meæ fidei tuæque rei heic causa
Facere, ut æquom 'st germanam sororem.
Quamquam haud falsa sum, nos odiosas haberi.
Nam multum loquaceis merito omneis habemur,
Nec mutam profecto repertam ullam esse
Hodie dicunt mulierem ullo in seculo.
Verum hoc, frater, unum tamen cogitato,
Tibi proxumam me, mihique item esse te.
Ut æquom 'st, quod in rem esse utrique arbitremur,
Et mihi te, et tibi me consulere et monere,
Neque obcultum id haberi, neque per metum mussari,
Quin participem pariter ego te, et tu me ut facias.
Eo nunc ego secreto te huc foras seduxi,
Ut tuam rem ego tecum heic loquerer familiarem.

MEGADORUS.

Da mihi, optuma femina, manum.

EUNOMIA.

                      Ubi ea'st? quis ea
Est nam optuma?

MEGADORUS.

     Tu.

EUNOMIA.

Tune ais?

MEGADORUS.

            Si negas,
Nego.

EUNOMIA.

Decet te equidem vera proloqui.
Nam optuma nulla potest eligi : alia alia
Pejor, frater, est.

MEGADORUS.

       Idem ego arbitror, nec tibi
Advorsari certum'st de istac re unquam, soror.
Quid vis?

EUNOMIE, MÉGADORE [1].

EUNOMIE.

Crois, mon frère, que je te parle par amitié pour toi et dans ton intérêt, comme une bonne sœur. Je sais bien qu'on nous reproche d'être ennuyeuses, nous autres femmes. On dit que nous sommes bavardes, on a raison; on assure même qu'il ne s'est jamais trouvé, en aucun siècle, une seule femme muette. Quoi qu'il en soit, considère, mon frère, que nous n'avons pas de plus proche parent, toi que moi, moi que toi, et que nous devons, par conséquent, nous aider l'un l'autre de nos conseils et de nos bons avis. Ce serait une discrétion, une timidité mal entendues, que de nous abstenir de pareilles communications entre nous. Je t'ai donc fait sortir pour t'entretenir sans témoin de ce qui intéresse ta fortune.

MÉGADORE.

Excellente femme! touche là.

EUNOMIE, regardant autour d'elle.

A qui parles-tu? où est cette excellente femme?

MÉGADORE.

C'est toi-même.

EUNOMIE.

Vraiment?

MÉGADORE.

Si tu dis le contraire, je ne te démentirai pas.

EUNOMIE.

Un homme tel que toi doit dire la vérité. Il n'y a point d'excellente femme : elles ne diffèrent toutes que par les degrés de méchanceté.

MÉGADORE.

Je suis du même sentiment; et certes, ma sœur, je ne veux pas te contrarier sur ce point. Que me veux-tu?

---

1. Acte II, scène I.

AULULARIA.

EUNOMIA.

Da mi operam, amabo.

MEGADORUS.

Tua'st ; utere,
Atque inpera, sis.

EUNOMIA.

Id quod in rem tuam
Optumum esse arbitror, te id admonitum advento.

MEGADORUS.

Soror, more tuo facis.

EUNOMIA.

Facta volo.

MEGADORUS.

Quid est id,
Soror?

EUNOMIA.

Quod tibi sempiternum salutare
Sit, procreandis liberis.

MEGADORUS.

Ita Di faxint!

EUNOMIA.

Volo te uxorem domum ducere.

MEGADORUS.

Hei obcidi!

EUNOMIA.

Quid ita?

MEGADORUS.

Quia mihi misero cerebrum excutiunt
Tua dicta, soror; lapides loqueris.

EUNOMIA.

Heia! hoc face,
Quod te jubet soror.

MEGADORUS.

Si lubeat, faciam.

EUNOMIA.

In rem,
Hoc tuam 'st.

MEGADORUS.

Ut quidem emoriar, priusquam ducam.
Quæ cras veniat, perendie foras feratur, soror,

EUNOMIE.

Prête-moi attention, je te prie.

MÉGADORE.

A ton service; dispose de moi, ordonne.

EUNOMIE.

J'ai voulu te donner un conseil très utile.

MÉGADORE.

Je te reconnais là, ma sœur.

EUNOMIE.

C'est mon désir.

MÉGADORE.

De quoi s'agit-il?

EUNOMIE.

Pour ta plus grande félicité, afin que tu deviennes père...

MÉGADORE.

Que les dieux t'écoutent!

EUNOMIE.

Je veux que tu te maries.

MÉGADORE.

Aïe! aïe! je suis mort!

EUNOMIE.

Qu'as-tu donc?

MÉGADORE.

Ce sont des pierres que tes paroles; elles fendent la tête à ton pauvre frère.

EUNOMIE.

Allons! suis les conseils de ta sœur.

MÉGADORE.

Nous verrons.

EUNOMIE.

C'est un parti sage.

MÉGADORE.

Oui, de me pendre plutôt que de me marier. Cependant j'y consentirai à une condition: demain époux, après-demain veuf.

His legibus, quam dare vis cedo, nubtias adorna.

EUNOMIA.

Quam maxuma possum tibi, frater, dare dote:
Sed est grandior natu, media est mulieris ætas.
Eam si jubes, frater, tibi me poscere, poscam.

MEGADORUS.

Num non vis me interrogare te?

EUNOMIA.

Imo si quid vis, roga.

MEGADORUS.

Post mediam ætatem, qui mediam ducit uxorem domum,
Si eam senex anum prægnatem fortuitu fecerit,
Quid dubitas, quin sit paratum nomen puero Postumus?
Nunc ego istum, soror, laborem demam, et deminuam tibi.
Ego, virtute Deum et majorum nostrorum, dives sum satis.
Istas magnas factiones, animos, doteis dapsileis,
Clamores, inperia, eburata vehicula, pallas, purpuram,
Nil moror, quæ in servitutem sumtibus redigunt viros.

EUNOMIA.

Dic mihi, quæso, quis ea'st, quam vis ducere uxorem?

MEGADORUS.

Eloquar.
Gnostin' hunc senem Euclionem ex proxumo pauperculum?

EUNOMIA.

Gnovi, hominem haud malum, mecastor.

MEGADORUS.

Ejus cupio filiam
Virginem mihi desponderi. Verba ne facias, soror.
Scio quid dictura es: hanc esse pauperem; hæc pauper placet.

EUNOMIA.

Di bene vortant!

MEGADORUS.

Idem ego spero.

EUNOMIA.

Quid, me numquid vis?

MEGADORUS.

Vale.

A cette condition-là, présente-moi la femme qu'il te plaira, prépare la noce.

EUNOMIE.

Elle t'apporterait une très riche dot. C'est une femme déjà mûre, entre deux âges. Si tu m'y autorises, mon frère, je la demanderai pour toi.

MÉGADORE.

Me permets-tu de te faire une question?

EUNOMIE.

Tout ce que tu voudras.

MÉGADORE.

Quand un homme est sur le déclin, et qu'il épouse une femme entre deux âges, si par hasard ces deux vieilles gens donnent la vie à un fils, cet enfant n'est-il pas assuré d'avance de porter le nom de Postume? Mais je veux t'épargner le soin que tu prends. Grâce à la bonté des dieux et à la prudence de nos ancêtres, j'ai assez de biens. Je n'aime pas vos femmes de haut parage, avec leurs dots magnifiques, et leur orgueil, et leurs criailleries, et leurs airs hautains, et leurs chars d'ivoire, et leurs robes de pourpre; c'est une ruine, un esclavage pour le mari.

EUNOMIE.

Dis-moi donc quelle est la femme que tu veux épouser?

MÉGADORE.

Volontiers. Connais-tu le vieil Euclion, ce pauvre homme notre voisin?

EUNOMIE.

Oui; un brave homme, ma foi.

MÉGADORE.

Je désire qu'il me donne sa fille. Point de discours superflus, ma sœur; je sais ce que tu vas me dire: qu'elle est pauvre. Sa pauvreté me plaît.

EUNOMIE.

Les dieux rendent ce dessein prospère!

MÉGADORE.

Je l'espère ainsi.

EUNOMIE.

Je puis me retirer?

MÉGADORE.

Adieu.

EUNOMIA.

Et tu, frater.

MEGADORUS.

Ego conveniam Euclionem, si domi
Est. Sed eccum; nescio unde sese homo recipit domum.

EUCLIO, MEGADORUS.

EUCLIO.

Præsagibat mi animus, frustra me ire, quom exibam domo.
Itaque abibam invitus : nam neque quisquam curialium
Venit, neque magister, quem dividere argentum oportuit.
Nunc domum properare propero : nam egomet sum heic; animus domi

MEGADORUS.

Salvos atque fortunatus, Euclio, semper sies!

EUCLIO.

Di te ament, Megadore!

MEGADORUS.

Quid tu ? recten'atque ut vis vales?

EUCLIO.

Non temerarium 'st, ubi dives blande adpellat pauperem.
Jam illic homo aurum scit me habere, eo me salutat blandius.

MEGADORUS.

Ain'tu te valere?

EUCLIO.

Pol, ego haud a pecunia perbene.

MEGADORUS.

Pol, si est animus æquos tibi, sat habes, qui bene vitam colas.

EUCLIO.

Anus, hercle, huic indicium fecit de auro; perspicue palam'st.
Quoi ego jam linguam præcidam, atque oculos ecfodiam domi.

MEGADORUS.

Quid tu solus tecum loquere?

LA MARMITE.

EUNOMIE.

Adieu, mon frère. (Elle sort.)

MÉGADORE.

Voyons si Euclion est chez lui. Il était sorti ; le voici justement qui rentre.

EUCLION, MÉGADORE [1].

EUCLION.

Je prévoyais, en sortant, que je ferais une course inutile, et il m'en coûtait de m'absenter. Aucun des hommes de la curie n'est venu, non plus que le président, qui devait distribuer l'argent. Hâtons-nous de rentrer : car, pendant que je suis ici, mon âme est à la maison.

MÉGADORE.

Bonjour, Euclion ; le ciel te tienne toujours en joie !

EUCLION.

Et toi de même, Mégadore.

MÉGADORE.

Comment te portes-tu ? cela va-t-il comme tu veux ?

EUCLION, à part.

Les riches ne viennent pas parler d'un air aimable aux pauvres sans quelque bonne raison. Il sait que j'ai de l'or ; c'est pour cela qu'il me salue si gracieusement.

MÉGADORE.

Réponds-moi : te portes-tu bien ?

EUCLION.

Ah ! pas trop bien du côté de l'argent.

MÉGADORE.

Par Pollux ! si tu as une âme raisonnable, tu as ce qu'il faut pour être heureux.

EUCLION, à part.

Oui, la vieille lui a fait connaître mon trésor. La chose est sûre ; c'est clair. Ah ! je te couperai la langue et t'arracherai les yeux.

MÉGADORE.

Pourquoi parles-tu là tout seul ?

1. Acte II, scène II.

EUCLIO.

Meam pauperiem conqueror.
Virginem habeo grandem, dote cassam, atque inlocabilem,
Neque eam queo locare quoiquam.

MEGADORUS.

Tace; bonum habe animum, Euclio;
Dabitur; adjuvabere a me: dic, si quid opus'st; inpera.

EUCLIO.

Nunc petit, quom pollicetur; inhiat aurum, ut devoret.
Altera manu fert lapidem, panem ostentat altera.
Nemini credo, qui large blandu'st dives pauperi.
Ubi manum injicit benigne, ibi onerat aliquam zamiam.
Ego istos gnovi polypos, qui, ubi quid tetigerint, tenent.

MEGADORUS.

Da mi operam parumper; paucis, Euclio, 'st quod te volo
De conmuni re adpellare, mea et tua.

EUCLIO.

Hei misero mihi!
Aurum mi intus harpagatum'st; nunc hic eam rem volt, scio,
Mecum adire ad pactionem. Verum intervisam domum.

MEGADORUS.

Quo abis?

EUCLIO.

Jam ad te revortar; namque est, quod visam domum.

MEGADORUS.

Credo, edepol, ubi mentionem ego fecero de filia,
Mi ut despondeat, sese a me derideri rebitur.
Neque illo quisquam 'st alter hodie ex paupertate parcior.

EUCLIO.

Di me servant, salva res est; salvom 'st, si quid non perit.
Nimis male timui, priusquam intro redii; exanimatus fui.
Redeo ad te, Megadore, si quid me vis.

MEGADORUS.

Habeo gratiam.
Quæso, quod te percontabor, ne id te pigeat proloqui.

LA MARMITE.

EUCLION.

Je me plains de ma misère. J'ai une fille déjà grande, mais sans dot, partant point mariable. Qui est-ce qui voudrait l'épouser?

MÉGADORE.

Ne dis pas cela, Euclion. Il ne faut pas désespérer : on t'aidera. Je veux t'être utile ; as-tu besoin de quelque chose? tu n'as qu'à parler.

EUCLION, à part.

Ses offres ne sont qu'un appât. Il convoite mon or, il veut le dévorer. D'une main il tient une pierre, tandis que de l'autre il me montre du pain. Je ne me fie pas à un riche prodigue de paroles flatteuses envers un pauvre. Partout où il met la main obligeamment, il porte quelque dommage. Nous connaissons ces polypes, qu'on ne peut plus arracher une fois qu'ils se sont pris quelque part.

MÉGADORE.

Écoute-moi un moment, Euclion; je veux te dire deux mots sur une affaire qui t'intéresse comme moi.

EUCLION.

Pauvre Euclion! ton or est pillé. On veut composer avec toi, c'est sûr. Mais courons voir au plus tôt.

MÉGADORE.

Où vas-tu?

EUCLION, s'en allant.

Je reviens dans l'instant. J'ai affaire à la maison. (Il sort.)

MÉGADORE, seul.

Quand je lui demanderai sa fille en mariage, sans doute il croira que je me moque de lui. Il n'y a pas de mortel plus pauvre et qui vive plus pauvrement.

EUCLION, à part.

Les dieux me protègent, elle est sauvée. Sauvé est ce qui n'est pas perdu. J'ai eu une belle peur, avant d'avoir vu là dedans; j'étais plus mort que vif. (A Mégadore.) Me voici revenu, Mégadore; je suis à toi.

MÉGADORE.

Bien obligé. Maintenant, aie la complaisance de répondre à mes questions.

EUCLIO.
Dum quidem ne quid perconteris, quod non lubeat proloqui.
MEGADORUS.
Dic mihi, quali me arbitrare genere prognatum?
EUCLIO.
Bono.
MEGADORUS.
Quid fide?
EUCLIO.
Bona.
MEGADORUS.
Quid factis?
EUCLIO.
Neque malis, neque inprobis.
MEGADORUS.
Ætatem meam scis?
EUCLIO.
Scio esse grandem, itidem ut pecuniam.
MEGADORUS.
Certe, edepol, equidem te civem sine mala omni malitia
Semper sum arbitratus, et nunc arbitror.
EUCLIO.
Aurum huic olet.
Quid nunc me vis?
MEGADORUS.
Quoniam tu me, et ego te, qualis sis, scio;
Quæ res recte vortat, mihique, tibique, tuæque filiæ,
Filiam tuam mi uxorem posco. Promitte hoc fore.
EUCLIO.
Heia! Megadore, haud decorum facinus tuis factis facis,
Ut inopem atque innoxium abs te atque abs tuis me inrideas.
Nam de te neque re, neque verbis merui, ut faceres quod facis.
MEGADORUS.
Neque, edepol, ego te derisum venio, neque derideo;
Neque dignum arbitror.
EUCLIO.
Cur igitur poscis meam gnatam tibi?

EUCLION.

Oui, pourvu que tu ne me demandes pas des choses qu'il ne me plaise pas de te dire.

MÉGADORE.

Que penses-tu de ma naissance?

EUCLION.

Bonne.

MÉGADORE.

Et de ma réputation?

EUCLION.

Bonne.

MÉGADORE.

Et de ma conduite?

EUCLION.

Sage et sans reproche.

MÉGADORE.

Sais-tu mon âge?

EUCLION.

Il est grand, comme ta fortune.

MÉGADORE.

Et moi, Euclion, je t'ai toujours tenu pour un honnête citoyen, et je te tiens pour tel encore.

EUCLION, à part.

Il a eu vent de mon or. (Haut.) Qu'est-ce que tu me veux?

MÉGADORE.

Puisque nous nous connaissons réciproquement, je veux (daignent les dieux bénir ce dessein, et pour toi, et pour ta fille, et pour moi!) devenir ton gendre; y consens-tu?

EUCLION.

Ah! Mégadore, c'est une chose indigne de ton caractère que de te moquer d'un pauvre homme, qui n'a jamais offensé ni toi, ni les tiens. Jamais, ni par mes discours ni par mes actions, je n'ai mérité que tu te comportasses ainsi envers moi.

MÉGADORE.

Par Pollux! je ne me moque pas de toi, je n'en ai pas l'intention : cela ne me paraîtrait pas du tout convenable.

EUCLION.

Pourquoi donc me demander ma fille en mariage?

AULULARIA.

MEGADORUS.

Ut propter me tibi sit melius, mihique propter te et tuos.

EUCLIO.

Venit hoc mi, Megadore, in mentem, ted esse hominem divitem,
Factiosum; me item esse hominem pauperum pauperrumum.
Nunc si filiam locassim meam tibi, in mentem venit,
Te bovem esse, et me asellum : ubi tecum conjunctus siem,
Ubi onus nequeam ferre pariter, jaceam ego asinus in luto,
Tu me bos magis haud respicias, gnatus quasi nunquam siem.
Et te utar iniquiore, et meus me ordo inrideat.
Neutrubi habeam stabile stabulum, si quid divorti fuat.
Asini me mordicibus scindant, boves incursent cornibus.
Hoc magnum 'st periculum, me ab asinis ad boves transcendere.

MEGADORUS.

Quam ad probos propinquitate proxume te adjunxeris,
Tam optumum 'st. Tu conditionem hanc adcipe : ausculta mihi,
Atque eam desponde mi.

EUCLIO.

At nihil est dotis, quod dem.

MEGADORUS.

Ne duas.

Dummodo morata recte veniat, dotata 'st satis.

EUCLIO.

Eo dico, ne me thesauros reperisse censeas.

MEGADORUS.

Gnovi, ne doceas. Desponde.

EUCLIO.

Fiat. Sed, pro Jupiter!

Non ego disperii?

MEGADORUS.

Quid tibi 'st?

EUCLIO.

Quid crepuit quasi ferrum modo?

MEGADORUS.

Heic apud me hortum confodere jussi. Sed ubi hic est homo?
Abiit, neque me certiorem fecit. Fastidit mei,

MÉGADORE.

Pour faire ton bonheur et celui de ta famille, et pour vous devoir le mien.

EUCLION.

Je réfléchis, Mégadore, que tu es riche et puissant, que je suis pauvre, et très pauvre. Si je deviens ton beau-père, nous aurons attelé ensemble le bœuf et l'âne : je serai l'ânon, incapable de porter le même faix que toi, et je tomberai harassé dans la boue, et le bœuf ne me regardera pas plus que si je n'existais pas. Il me traitera avec hauteur, et mes pareils se moqueront de moi. Plus d'étable où me retirer, s'il survient un divorce; les ânes de me déchirer à belles dents, les bœufs de me chasser à coups de cornes. Il y a donc trop de danger pour moi à quitter les ânes pour passer chez les bœufs.

MÉGADORE.

En s'alliant à d'honnêtes gens, on ne peut que gagner. Accepte, crois-moi, le parti que je te propose, et accorde-moi ta fille.

EUCLION.

Mais je n'ai pas de dot à lui donner.

MÉGADORE.

On s'en passera. Pourvu qu'elle soit sage, elle est assez bien dotée.

EUCLION.

Je te le dis, afin que tu ne t'imagines pas que j'aie trouvé des trésors.

MÉGADORE.

Je le sais; tu n'as pas besoin de me le dire. Consens.

EUCLION.

Soit. (Il entend des coups de pioche.) Mais, ô Jupiter! ne m'assassine-t-on pas?

MÉGADORE.

Qu'est-ce que tu as?

EUCLION.

N'entends-je pas un bruit de fer? (Il part.)

MÉGADORE.

Oui, je fais travailler à mon jardin. Eh bien! qu'est-il devenu? il s'en va sans me donner une réponse positive. Il ne veut pas

Quia videt me suam amicitiam velle. More hominum facit :
Nam si opulentus it petitum pauperioris gratiam,
Pauper metuit congrediri; per metum male rem gerit.
Idem, quando illæc obcasio periit, post sero cupit.

EUCLIO.

Si, hercle, ego te non elinguandam dedero usque ab radicibus,
Inpero auctorque sum, ut te me quoivis castrandum loces.

MEGADORUS.

Video, hercle, ego te me arbitrari, Euclio, hominem idoneum,
Quem senecta ætate ludos facias, haud merito meo.

EUCLIO.

Neque, edepol, Megadore, facio, neque, si cupiam, copia 'st.

MEGADORUS.

Quid nunc? etiam mihi despondes filiam?

EUCLIO.

        Illis legibus,
Cum illa dote, quam tibi dixi.

MEGADORUS.

    Sponden' ergo?

EUCLIO.

       Spondeo.

MEGADORUS.

Di bene vortant!

EUCLIO.

   Ita Di faxint! Illud facito ut memineris
Convenisse, ut ne quid dotis mea ad te adferret filia.

MEGADORUS.

Memini.

EUCLIO.

  At scio, quo vos soleatis pacto perplexarier :
Pactum non pactum 'st, non pactum pactum 'st, quod vobis lubet.

MEGADORUS.

Nulla controversia mihi tecum erit. Sed nubtias
Hodie quin faciamus, num quæ causa 'st?

EUCLIO.

      Imo, edepol, optuma.

de moi, parce que je le recherche. Voilà bien comme sont les hommes. Qu'un riche fasse les avances pour lier amitié avec un pauvre, le pauvre a peur de s'approcher, et sa timidité lui fait manquer une bonne occasion. Il la regrette ensuite quand elle est passée; mais il est trop tard. (Euclion revient.)

EUCLION, à part.

Si je ne te fais pas arracher la langue du fin fond du gosier, vieille coquine, je t'autorise bien à me faire châtrer sans délai.

MÉGADORE.

Je m'aperçois, Euclion, que, sans égard pour mon âge, tu me prends pour un homme dont on peut s'amuser. Tu as tort.

EUCLION.

Point du tout, Mégadore. Et quand je le voudrais, cela m'irait bien !

MÉGADORE.

Enfin m'accordes-tu ta fille ?

EUCLION.

Aux conditions et avec la dot que j'ai dit.

MÉGADORE.

Oui. Me l'accordes-tu ?

EUCLION.

Je te l'accorde.

MÉGADORE.

Que les dieux nous donnent bon succès !

EUCLION.

Ainsi le veuillent-ils ! Mais souviens-toi de nos conventions ma fille n'apporte point de dot.

MÉGADORE.

C'est dit.

EUCLION.

C'est que je connais les chicanes que vous avez coutume de faire, vous autres. Conventions faites sont nulles, et ce qui n'était pas convenu est convenu, selon qu'il vous plaît.

MÉGADORE.

Il n'y aura point de difficultés entre nous. Mais qu'est-ce qui empêche de faire la noce aujourd'hui même ?

EUCLION.

Rien, ma foi !

MEGADORUS.
Ibo igitur, parabo. Numquid vis?
EUCLIO.
Istuc.
MEGADORUS.
Fiet. Vale.
Heus, Strobile, sequere propere me ad macellum strenue.
EUCLIO.
Illic hinc abiit. Di inmortaleis, obsecro, aurum quid valet
Credo ego illum jam inaudisse, mi esse thesaurum domi :
Id inhiat, ea adfinitatem hanc obstinavit gratia.

EUCLIO, STAPHYLA.

EUCLIO.
Ubi tu es, quæ deblaterasti jam vicinis omnibus,
Meæ me filiæ daturum dotem? heus, Staphyla, te voco.
Ecquid audis? vascula intus pure propera atque elue.
Filiam despondi ego; hodie nubtum huic Megadoro dabo.
STAPHYLA.
Di bene vortant! Verum, ecastor, non potest; subitum 'st nimis.
EUCLIO.
Tace, atque abi : curata fac sint, quom a Foro redeam domum.
Atque obclude ædeis : jam ego heic adero.
STAPHYLA.
Quid ego nunc agam?
Nunc nobis prope adest exitium, mihi atque herili filiæ.
Nam probrum atque partitudo prope adest, ut fiat palam.
Quod celatum 'st atque obcultatum usque adhuc, nunc non potest.
Ibo intro, ut, herus quæ inperavit, facta, quom veniat, sient.
Nam, ecastor, malum mœrorem metuo, ne mistum bibam.

MÉGADORE.

Je vais ordonner les apprêts. Tu n'as rien à me dire?

EUCLION.

Hâte-toi seulement.

MÉGADORE.

Tu seras obéi. Adieu. Holà! Strobile, suis-moi promptement au marché. (Il sort.)

EUCLION, seul.

Il est parti. Dieux immortels! voyez le pouvoir de l'or! Oh! je le pense bien, il a ouï dire que j'avais un trésor; il le convoite : c'est là le motif de son opiniâtreté à rechercher mon alliance.

EUCLION, STAPHYLA[1].

EUCLION.

Où es-tu, bavarde, qui vas dire à tous les voisins que je dois doter ma fille? Hé! Staphyla, viendras-tu? est-ce que tu ne m'entends pas? (Staphyla vient.) Dépêche-toi de nettoyer le peu que j'ai de vaisselle sacrée. J'ai fiancé ma fille, et elle sera mariée aujourd'hui.

STAPHYLA.

Les dieux bénissent ton dessein! Mais, ma foi, cela ne se peut pas; on n'a pas le temps de se retourner.

EUCLION.

Pas de raison : va-t'en; et que tout soit prêt quand je reviendrai du Forum. Ferme bien la porte. Je serai ici tout à l'heure. (Il sort.)

STAPHYLA, seule.

Que faire? encore un moment, et nous sommes perdues, ma jeune maîtresse et moi. Son terme approche; son déshonneur va se découvrir. Ce malheureux secret ne peut plus désormais se cacher. Rentrons, pour que les ordres du maître soient exécutés quand il reviendra. Par Castor! je crains d'avoir aujourd'hui une coupe bien amère à avaler. (Elle sort.)

---

1. Acte II, scène III.

STROBILUS, CONGRIO, ANTHRAX.

STROBILUS.
Postquam opsonavit herus, et conduxit cocos
Tibicinasque hasce apud forum, edixit mihi,
Ut dispartirem opsonium heic bifariam.

CONGRIO.
Me tu quidem, hercle, dicam palam, non divides.
Si quo tu totum me ire vis, operam dabo.

ANTHRAX.
Bellum et pudicum vero prostibulum popli!
Post, si quis vellet te, haud non velles dividi.

CONGRIO.
Atqui ego istuc, Anthrax, aliovorsum dixeram,
Non istuc, quo tu insimulas.

STROBILUS.
    Sed herus nubtias
Meus hodie faciet.

CONGRIO.
    Quojus ducit filiam?

STROBILUS.
Vicini hujus Euclioni' e proxumo,
Ei adeo opsoni hinc dimidium jussit dari,
Cocum alterum, itidemque alteram tibicinam.

CONGRIO.
Nempe huic dimidium dicis, dimidium domi?

STROBILUS.
Nempe, sicut dicis.

CONGRIO.
   Quid? hic non poterat de suo
Senex opsonari filiæ in nubtiis?

STROBILUS.
    Vah!

CONGRIO.
    Quid negoti 'st?

STROBILE, CONGRION, ANTHRAX[1].

STROBILE.

Mon maître vient d'acheter des provisions, et de louer des cuisiniers et des joueuses de flûte sur la place, et il m'a chargé de partager en deux toutes ses emplettes.

CONGRION.

Je te le déclare, tu ne me fendras pas par le milieu, entends-tu? Si tu veux m'envoyer quelque part tout entier, je suis à ton service.

ANTHRAX.

Voyez, qu'il est timoré, ce beau mignon de place! Si l'on voulait de toi, tu ne te laisserais pas fendre, n'est-ce pas?

CONGRION.

Ce n'est pas cela, Anthrax; je ne disais pas ce que tu me fais dire.

STROBILE.

Mais songeons aux noces de mon maître. C'est pour aujourd'hui.

CONGRION.

Quelle est la fille qu'il épouse?

STROBILE.

Celle du voisin Euclion. Il m'ordonne de donner au beau-père la moitié des provisions, avec un cuisinier et une joueuse de flûte.

CONGRION.

Ainsi, moitié là (montrant la maison d'Euclion), et moitié chez vous.

STROBILE.

Comme tu dis.

CONGRION.

Est-ce que le vieillard ne pouvait pas faire les frais d'un festin, pour la noce de sa fille?

STROBILE.

Bah!

CONGRION.

Qu'est-ce qui l'en empêche?

1. Acte II, scène IV.

STROBILUS.

Quid negoti sit, rogas?
Pumex non æque est aridus, atque hic est senex.

CONGRIO.

Ain' tandem ita esse, ut dicis?

STROBILUS.

Tute existuma.
Quin divom atque hominum clamat continuo fidem,
Suam rem periisse, seque eradicarier,
De suo tigillo fumus si qua exit foras.
Quin, quom it dormitum, follem obstringit ob gulam.

CONGRIO.

Cur?

STROBILUS.

Ne quid animæ forte amittat dormiens.

CONGRIO.

Etiamne obturat inferiorem gutturem,
[Ut] ne quid animæ forte amittat dormiens?

STROBILUS.

Hæc mihi ted, ut tibi med, æquom 'st credere.

CONGRIO.

Imo equidem credo.

STROBILUS.

At scin' etiam quomodo?
Aquam, hercle, plorat, quom lavat, profundere.

CONGRIO.

Censen' talentum magnum exorari potesse
Ab istoc sene, ut det, qui fiamus liberi?

STROBILUS.

Famem, hercle, utendam, si roges, nunquam dabit.
Quin ipsi pridem tonsor ungueis demserat;
Conlegit, omnia abstulit præsegmina.

CONGRIO.

Edepol, mortalem parce parcum prædicas.
Censen' vero adeo esse parcum et misere vivere?

STROBILUS.

Pulmentum pridem eii cripuit miluus:
Homo ad prætorem deplorabundus venit;

STROBILE.

Ce qui l'en empêche? tu le demandes? On tirerait plutôt de l'huile d'un mur.

CONGRION.

Oui-dà! Vraiment?

STROBILE.

Juges-en toi-même. Il crie au secours, il invoque les dieux et les hommes, et dit que son bien est perdu, qu'il est un homme ruiné, s'il voit la fumée sortir du toit de sa masure. Quand il va se coucher, il s'attache une bourse devant la bouche.

CONGRION.

Pourquoi?

STROBILE.

Pour ne pas perdre de son souffle en dormant.

CONGRION.

S'en met-il une aussi à la bouche de derrière, pour conserver son souffle pendant le sommeil?

STROBILE.

Tu dois m'en croire, comme il est juste que je te croie.

CONGRION.

Ah! je te crois, vraiment.

STROBILE.

Encore un autre tour. Quand il se baigne, il pleure l'eau qu'il répand.

CONGRION.

Crois-tu que, si nous lui demandions un talent pour acheter notre liberté, il nous le donnerait?

STROBILE.

Quand tu lui demanderais la famine, il ne te la prêterait pas. L'autre jour, le barbier lui avait coupé les ongles; il en ramassa les rognures, et les recueillit toutes.

CONGRION.

Voilà certainement un ladre des plus ladres. Comment! il est si mesquin et si avare?

STROBILE.

Un milan lui enleva un morceau de viande : notre homme court tout éploré au préteur; il remplit tout de ses cris, de ses lamentations, et demande qu'on lance contre le milan un ordre

Infit ibi postulare, plorans, ejulans,
Ut sibi liceret miluum vadarier.
Sexcenta sunt, quæ memorem, si sit otium.
Sed uter vostrorum est celerior? memora mihi.

CONGRIO.

Ego, ut multo melior.

STROBILUS.

Cocum ego, non furem rogo.

CONGRIO.

Cocum ego dico.

STROBILUS.

Quid tu ais?

ANTHRAX.

Sic sum, ut vides.

CONGRIO.

Cocus ille nundinali'st; in nonum diem
Solet ire coctum.

ANTHRAX.

Tun' trium literarum homo,
Me vituperas, fur!

CONGRIO.

Etiam fur trifurcifer!

STROBILUS.

Tace nunc jam tu ; atque agnum horunc uter est pinguior...

CONGRIO.

Licet.

STROBILUS.

Tu, Congrio, eum sume, atque abi
Intro illuc, et vos illum sequimini:
Vos ceteri illuc ad nos.

ANTHRAX.

Hercle, injuria
Dispartivisti ; pinguiorem agnum isti habent.

STROBILUS.

At nunc tibi dabitur pinguior tibicina.
I sane cum illo, Phrygia: tu autem, Eleusium,
Huc intro abi ad nos.

de comparaître. J'aurais mille traits de la sorte à raconter, si nous avions le temps. Mais lequel de vous deux est le plus expéditif? Dis.

CONGRION.

Moi, comme le plus habile sans comparaison.

STROBILE.

Je parle d'un cuisinier, et non pas d'un voleur.

CONGRION.

C'est bien ce que j'entends.

STROBILE, à Anthrax.

Et toi? Parle.

ANTHRAX, dans l'attitude d'un homme résolu.

Tu vois qui je suis.

CONGRION.

C'est un cuisinier nondinaire; il n'a d'emploi qu'une fois en neuf jours.

ANTHRAX.

C'est bien à toi de me mépriser, l'ami, dont le nom s'écrit en six lettres : voleur.

CONGRION.

Voleur toi-même, triple pendard!

STROBILE.

Silence. Voyons; le plus gras des deux agneaux...

CONGRION.

Oui!

STROBILE.

Prends-le, Congrion, et va dans cette maison (celle d'Euclion). Vous (à une partie des gens qui portent les provisions), suivez-le. Vous autres, venez chez nous.

ANTHRAX.

Ah! le partage n'est pas juste. Tu leur donnes l'agneau le plus gras.

STROBILE.

Eh bien! tu auras la plus grasse des deux joueuses de flûte. Phrygia, tu iras avec lui (montrant Congrion); et toi, Éleusie, viens à la maison.

AULULARIA.

CONGRIO.

O Strobile subdole,
Huccine detrusti me ad senem parcissumum!
Ubi, si quid poscam, usque ad ravim poscam prius,
Quam quidquam detur.

STROBILUS.

Stultum et sine gratia 'st
Ibi recte facere, quando quod facias perit.

CONGRIO.

Qui vero?

STROBILUS.

Rogitas? Jam principio in aedibus
Turba isteic nulla tibi erit: si quod uti voles,
Domo abs te adferto, ne operam perdas poscere.
Heic apud nos magna turba ac magna familia est,
Subpellex, aurum, vesteis, vasa argentea:
Ibi si perierit quidpiam (quod te scio
Facile abstinere posse, si nihil obviam 'st),
Dicant: Coci abstulerunt; conprehendite,
Vincite, verberate, in puteum condite.
Horum tibi isteic nihil eveniet; quippe qui?
Ubi quid subripias, nihil est: sequere hac me.

CONGRIO.

Sequor.

STROBILUS, STAPHYLA, CONGRIO.

STROBILUS.

Heus, Staphyla, prodi, atque ostium aperi.

STAPHYLA.

Qui vocat?

STROBILUS.

Strobilus.

STAPHYLA.

Quid vis?

STROBILUS.

Hos ut adcipias cocos,
Tibicinamque, opsoniumque in nubtias.
Megadorus jussit Euclioni haec mittere.

CONGRION.

Perfide Strobile ! tu me relègues chez ce vieil avare ! Quand j'aurai besoin de quelque chose, il faudra m'égosiller avant qu'on me le donne.

STROBILE.

C'est bêtise et bien perdu que d'obliger un ingrat.

CONGRION.

Comment ?

STROBILE.

Tu le demandes ? D'abord, là, tu n'auras pas de bruit. Et si tu veux quelque ustensile, apporte-le avec toi, pour ne pas te fatiguer inutilement à le demander. A la maison, beaucoup de monde, beaucoup de fracas, un grand mobilier, de l'or, des tapis, de l'argenterie. S'il vient à manquer quelque chose (et je sais que tu es incapable de toucher à ce qui ne se trouve pas à ta portée), on dira : Ce sont les cuisiniers qui l'ont pris. Qu'on les saisisse ; qu'ils soient liés et fustigés, et qu'on les enferme dans le souterrain. — Mais, là, tu n'as rien de semblable à craindre, car il n'y a rien à dérober. Allons, suis-moi.

CONGRION.

J'y vais.

STROBILE, STAPHYLA, CONGRION [1].

STROBILE.

Holà ! Staphyla, viens nous ouvrir la porte.

STAPHYLA.

Qui m'appelle ?

STROBILE.

C'est Strobile.

STAPHYLA.

Que veux-tu ?

STROBILE.

Voici des cuisiniers, une joueuse de flûte, et des provisions pour la noce. C'est Mégadore qui les envoie à Euclion.

---

1. Acte II, scène v.

STAPHYLA.
Cererine, Strobile, has facturi nubtias?
STROBILUS.
Qui?
STAPHYLA.
Quia temeti nihil adlatum intellego.
STROBILUS.
At jam adferetur, si a Foro ipsus redierit.
STAPHYLA.
Ligna heic apud nos nulla sunt.
CONGRIO.
Sunt asseres?
STAPHYLA.
Sunt, pol.
CONGRIO.
Sunt igitur ligna; ne quæras foris.
STAPHYLA.
Quid? inpurate, quamquam Volcano studes,
Cœnæne causa, aut tuæ mercedis gratia,
Nos nostras ædeis postulas conburere?
CONGRIO.
Haud postulo.
STROBILUS.
Duc istos intro.
STAPHYLA.
Sequimini.

PYTHODICUS.

Curate; ego intervisam quid faciant coci;
Quos, pol, ut ego hodie servem, cura maxuma'st.
Nisi unum hoc faciam, ut in puteo cœnam coquant,
Inde coctam sursum subducemus corbulis.
Sin autem deorsum comedent, si quid coxerint,

LA MARMITE.

STAPHYLA.

Est-ce que ce sont les noces de Cérès que vous allez faire, Strobile?

STROBILE.

Pourquoi?

STAPHYLA.

Je ne vois pas de vin.

STROBILE.

On vous en apportera, quand le maître sera de retour.

STAPHYLA.

Nous n'avons pas de bois.

CONGRION.

Mais vous avez des boiseries?

STAPHYLA.

Oui, certainement.

CONGRION.

Vous avez donc du bois : il n'y a pas besoin d'en emprunter.

STAPHYLA.

Oui-dà, coquin, dont Vulcain, ton patron, ne peut purifier l'âme, prétends-tu pour ce souper, ou pour le prix de tes soins, qu'on brûle la maison?

CONGRION.

Point du tout.

STROBILE, à Staphyla.

Fais-les entrer.

STAPHYLA.

Suivez-moi. (Ils entrent chez Euclion.)

PYTHODICUS[1], seul, sortant de chez Mégadore.

Travaillez, tandis que je surveillerai les cuisiniers. Certes, j'ai fort affaire de les contenir. Il n'y aurait qu'un moyen : ce serait qu'ils fissent la cuisine dans le souterrain ; nous monterions ensuite le souper dans des paniers. Mais s'ils mangeaient là-bas ce qu'ils apprêtent? on ferait jeûne dans les hautes régions,

1. Acte II, scène VI.

Superi incœnati sint, et cœnati inferi.
Sed verba heic facio, quasi negoti nil siet,
Rapacidarum ubi tantum siet in ædibus.

EUCLIO, CONGRIO.

EUCLIO.

Volui animum tandem confirmare hodie meum,
Uti bene haberem filiæ in nubtiis.
Venio ad macellum, rogito pisceis; indicant
Caros, agninam caram, caram bubulam,
Vitulinam, cetum, porcinam; cara omnia:
Atque eo fuerunt cariora, æs non erat.
Abeo illinc iratus, quoniam nihil est, qui emam.
Ita illis inpuris omnibus adii manum.
Deinde egomet mecum cogitare inter vias
Obcepi: festo die si quid prodegeris,
Profesto egere liceat, nisi peperceris.
Postquam hanc rationem cordi ventrique edidi,
Adcessit animus ad meam sententiam,
Quam minumo sumtu filiam ut nubtum darem.
Hoc thusculum emi et has coronas floreas:
Hæc inponentur in foco nostro Lari,
Ut fortunatas gnatæ faciat nubtias.
Sed quid ego apertas ædeis nostras conspicor!
Et strepitu'st intus! Numnam ego conpilor miser?

CONGRIO.

Aulam majorem, si potes, vicinia
Pete; hæc est parva, capere non quit.

EUCLIO.

Hei mihi!
Perii, hercle! aurum rapitur, aula quæritur.
Nimirum obcidor, ni intro huc propero currere.
Apollo, quæso, subveni mi, atque adjuva:
Confige sagittis fures thesaurarios;
Quoi in re tali jam subvenisti antidhac.
Sed cesso prius, quam prorsus perii, currere?

et bombance dans les demeures sombres. Je m'amuse à babiller, comme si je n'avais pas d'occupation, et nous avons chez nous l'armée des Rapacides. (Il sort.)

EUCLION, CONGRION[1].

EUCLION, seul.

J'ai voulu faire un effort, et me régaler pour la noce de ma fille. Je vais au marché; je demande: Combien le poisson? trop cher. L'agneau? trop cher. Le bœuf? trop cher. Veau, marée, charcuterie, tout est hors de prix. Impossible d'en approcher, d'autant plus que je n'avais pas d'argent. La colère me prend, et je m'en vais, n'ayant pas le moyen d'acheter. Ils ont été ainsi bien attrapés, tous ces coquins-là. Et puis, dans le chemin, j'ai fait réflexion: quand on est prodigue les jours de fête, on manque du nécessaire les autres jours ; voilà ce que c'est que de ne pas épargner. C'est ainsi que la prudence a parlé à mon esprit et à mon estomac; j'ai fait entendre raison à la sensualité, et nous ferons la noce le plus économiquement possible. J'ai acheté ce peu d'encens et ces couronnes de fleurs; nous les offrirons au dieu Lare, dans notre foyer, pour qu'il rende le mariage fortuné. Mais que vois-je? ma porte est ouverte! Quel vacarme dans la maison! Malheureux! est-ce qu'on me vole?

CONGRION, de l'intérieur de la maison.

Va demander tout de suite, chez le voisin, une plus grande marmite. Celle-ci est trop petite pour ce que je veux faire.

EUCLION.

Hélas! on m'assassine. On me ravit mon or, on cherche la marmite. Je suis mort, si je ne cours en toute hâte. Apollon, je t'en conjure, viens à mon secours. Perce de tes traits ces voleurs de trésors : tu m'as déjà défendu en semblable péril. Mais je tarde trop. Courons, avant qu'on m'ait égorgé. (Il entre chez lui.)

1. Acte II, scène VII.

ANTHRAX.

Dromo, desquama pisceis. Tu, Machærio,
Congrum, muræaam exdorsua, quantum potes.
Ego hinc artoptam ex proxumo utendam peto
A Congrione. Tu istum gallum, si sapis,
Glabriorem reddes mihi, quam volsus ludiu'st.
Sed quid hoc clamoris oritur hinc ex proxumo?
Coci, hercle, credo, faciunt opficium suum.
Fugiam intro, ne quid heic turbæ fiat itidem.

CONGRIO.

Optati civeis, populareis, incolæ, adcolæ, advenæ, omneis,
Date viam, qua fugere liceat, facite totæ plateæ pateant.
Neque ego unquam, nisi hodie, ad Bacchas veni in Bacchanal coquinatum
Ita me miserum et meos discipulos fustibus male contuderunt.
Totus doleo, atque oppido perii, ita me iste habuit senex gymnasium.
Neque ligna usquam ego gentium præberi vidi polchrius :
Itaque omneis exegit foras, me atque hos, onustos fustibus.
At at, perii, hercle, ego, miser ! aperit, adest, sequitur.
Scio, quam rem geram : hoc ipsus magister me docuit.

EUCLIO, CONGRIO.

EUCLIO.
Redi, quo fugis nunc? tene, tene.
CONGRIO.
      Quid, tu, stolide, clamas?
EUCLIO.
Quia ad treisviros jam ego deferam tuom nomen.

ANTHRAX [1], sortant de la maison de Mégadore.

Dromon, écaille les poissons; toi, Machérion, désosse-moi au plus vite le congre et la murène : je vais emprunter à Congrion, ici à côté, un moule à cuire le pain. Toi, si tu n'es pas un sot, tu me plumeras ce poulet plus net qu'un danseur épilé. Mais quelle est cette clameur qui se fait entendre chez le voisin? Sans doute les cuisiniers auront fait un plat de leur métier. Enfuyons-nous dans la maison. Je crains qu'il ne nous arrive aussi pareille scène. (Il rentre.)

CONGRION [2], sortant de chez Euclion.

Chers citoyens, habitants de cette ville et des environs, tous tant que vous êtes, domiciliés ou voyageurs, place! Que je fuie! Laissez-moi tous les passages libres. Non, jamais je ne vins faire la cuisine chez des enragés comme cet enragé-là. Mes aides et moi, nous sommes tout moulus de coups de bâton. Mon corps n'est que douleur. Je suis mort. Maudit vieillard, qui fait ainsi de moi son gymnase! Jamais on ne fournit le bois plus libéralement. Aussi ne nous a-t-il chassés de la maison qu'en nous en chargeant tous de la belle manière. Ah! ciel, je suis perdu! Malheureux! Il ouvre, le voilà, il nous poursuit. Je sais ce que j'ai à faire; il me l'a enseigné lui-même.

EUCLION, CONGRION [3].

EUCLION.
Viens ici. Où t'enfuis-tu? Arrêtez, arrêtez !
CONGRION.
Qu'est-ce que tu as à crier, butor?
EUCLION.
Je vais te dénoncer aux triumvirs.

1. Acte II, scène VIII.
2. Acte III, scène I.
3. Acte III, scène II.

CONGRIO.
> Quamobrem?

EUCLIO.
Quia cultrum habes.

CONGRIO.
> Cocum decet.

EUCLIO.
> Quid conminatus

Mihi?

CONGRIO.
> Istuc malefactum arbitror, qui non latus fodi.

EUCLIO.
Homo nullu'st, te scelestior qui vivat hodie,
Neque quoi de industria ego amplius male lubens faxim.

CONGRIO.
Pol, etsi taceas, palam id quidem'st: res ipsa testi'st.
Ita fustibus sum miser mollior magi', quam ullus cinædus.
Sed quid tibi nos, mendice homo, tactio est? quæ res?

EUCLIO.
Etiam rogitas? an quia minus, quam æquom erat, feci?
Sine.

CONGRIO.
> At, hercle, cum malo magno tuo, si hoc caput sentit.

EUCLIO.
Pol, ego haud scio, quid post fiat; tuum nunc caput sentit.
Sed in ædibus quid tibi meis nam erat negoti,
Me absente, nisi ego jusseram? volo scire.

CONGRIO.
> Tace ergo.

Quia venimus coctum ad nubtias.

EUCLIO.
> Quid tu, malum! curas,

Utrum crudum, an coctum, edim; nisi tu mihi es tutor?

CONGRIO.
Volo scire, sinas, an non sinas, nos coquere heic cœnam?

EUCLIO.
Volo scire item ego, meæn' domi mea salva futura?

CONGRION.

Pourquoi?

EUCLION.

Parce que tu es armé d'un couteau.

CONGRION.

C'est l'arme d'un cuisinier.

EUCLION.

Pourquoi m'en as-tu menacé ?

CONGRION.

Je n'ai eu qu'un tort ; c'est de ne t'avoir pas crevé le ventre.

EUCLION.

Il n'y a pas de plus grand scélérat que toi sur la terre, personne à qui je fisse du mal de plus grand cœur et avec plus de joie.

CONGRION.

Par Pollux ! tu n'as pas besoin de le dire ; tes actions le prouvent. J'ai mon pauvre corps plus rompu par tes coups que n'est un baladin mignon. Mais de quel droit nous frappes-tu, vilain mendiant ? qu'est-ce que tu as ?

EUCLION.

Interroge-moi. Apparemment je ne t'en ai pas donné assez. Laisse un peu. (Il fait mine de le frapper.)

CONGRION.

Par Hercule ! ce sera malheur à toi, ou cette tête aura perdu le sentiment.

EUCLION.

Je ne sais pas pour l'avenir ; quant à présent, elle ne l'a pas perdu. Mais qu'est-ce que tu avais à faire chez moi, en mon absence, sans mon ordre ? Je veux le savoir.

CONGRION.

Cesse donc de parler. Nous sommes venus, à cause de la noce, faire la cuisine.

EUCLION.

Eh ! par la mort ! que t'importe qu'on mange cuit ou cru chez moi ? Es-tu mon tuteur ?

CONGRION.

Veux-tu nous laisser faire le souper ici ? Oui ou non ? dis-le.

EUCLION.

Veux-tu me dire si ma maison sera en sûreté ? dis-le.

CONGRIO.

Utinam mea midi modo abferam, quæ adtuli, salva?
Me haud pœnitet. Tuane expetam?

EUCLIO.

Scio; ne doce, gnovi.

CONGRIO.

Quid est, qua prohibes nunc gratia nos coquere heic cœnam?
Quid fecimus? quid diximus tibi secus, quam velles?

EUCLIO.

Etiam rogitas, sceleste homo, qui angulos omneis
Mearum ædium et conclavium mihi perviam facitis?
Id ubi tibi erat negotium, ad focum si adesses,
Non fissile haberes caput: merito id tibi factum 'st.
Adeo ut tu meam sententiam jam gnoscere possis,
Si ad januam huc adcesseris, nisi jussero, propius,
Ego te faciam miserrumus mortalis uti sis.
Scis jam meam sententiam? quo abis? redi rursum.

CONGRIO.

Ita me bene amet Laverna, te jam, nisi reddi
Mihi vasa jubes, pipulo heic disferam ante ædeis.
Quid ego nunc agam? næ ego, edepol, veni huc auspicio malo.
Numo sum conductus; plus jam medico mercede est opus.

EUCLIO, CONGRIO.

EUCLIO.

Hoc quidem, hercle, quoquo ibo, mecum erit, mecum feram,
Neque istuc in tantis periclis unquam conmittam ut siet.
Ite sane nunc jam intro omneis, et coci, et tibicinæ.
Etiam introduce, si vis, vel gregem venalium.
Coquite, facite, festinate nunc jam, quantum lubet.

CONGRIO.

Temperi, postquam inplevisti fusti fissorum caput.

EUCLIO.

Intro abi; opera huc conducta 'st vostra, non oratio.

CONGRION.

Que je sois aussi sûr de ne rien perdre de ce que j'ai apporté, je serai content. Est-ce que je veux te prendre quelque chose?

EUCLION, ironiquement.

Oui, on vous connaît. Tu ne nous apprends rien.

CONGRION.

Quelle raison as-tu de nous empêcher de faire ici le souper? Qu'avons-nous fait, qu'avons-nous dit pour te fâcher?

EUCLION.

Tu le demandes, scélérat, quand vous vous introduisez dans tous les coins les plus secrets de ma maison! Si tu avais été occupé de ton ouvrage auprès du foyer, tu n'aurais pas la tête fêlée. Tu n'as que ce que tu mérites. Tiens-toi pour averti que, si tu approches de cette porte sans ma permission, tu deviendras, de mon fait, le plus malheureux des mortels. Tu m'as bien entendu? Où t'en vas-tu? Reviens. (Il rentre chez lui.)

CONGRION, seul.

Par ma protectrice Laverne, si tu ne me rends mes ustensiles, je ferai scandale à ta porte. Que faire à présent? O dieux! que je suis venu ici sous de mauvais auspices! On me paye un didrachme; j'en dépenserai davantage pour le médecin.

EUCLION, CONGRION [1].

EUCLION, tenant sa marmite.

Désormais, partout où j'irai, cela ne me quittera plus; je le porterai toujours avec moi. Je ne veux plus l'exposer à de si grands périls. (A Congrion et aux autres.) Entrez maintenant tous, si vous voulez, cuisiniers, joueuses de flûte. Amène, si bon te semble, une troupe d'esclaves. Faites, remuez, cuisinez tant qu'il vous plaira.

CONGRION.

Il est temps, à présent que j'ai la tête pleine de trous par les coups de bâton!

EUCLION.

Allons, rentre. On te paye pour travailler, et non pas pour discourir.

1. Acte III, scène III.

CONGRIO.

Heus senex, pro vapulando, hercle, ego abs te mercedem petam.
Coctum ego, non vapulatum, dudum conductus fui.

EUCLIO.

Lege agito mecum, molestus ne sis. I, et cœnam coque,
Aut abi in malum cruciatum ab ædibus.

CONGRIO.

Abi tu modo.

EUCLIO.

Ille hinc abiit. Di inmortaleis, facinus audax incipit,
Qui cum opulento pauper cœpit rem habere, aut negotium.
Veluti Megadorus tentat me omnibus miserum modis :
Qui simulavit, mei honoris mittere huc causa cocos.
Is ea causa misit, hoc qui subriperent misero mihi.
Condigne etiam meus me intus gallus gallinaceus,
Qui erat anui peculiaris, perdidit pænissume.
Ubi erat hæc defossa, obcœpit scalpturire ibi ungulis
Circumcirca. Quid opus'st verbis ? ita mihi pectus peracuit ;
Capio fustem, obtrunco gallum, furem manifestarium.
Credo ego, edepol, illi mercedem gallo pollicitos cocos,
Si id palam fecisset : exemi e manu manubrium.
Quid opu'st verbis ? facta'st pugna in gallo gallinaceo.
Sed Megadorus, meus adfinis, eccum incedit a Foro.
Jam hunc non ausim præterire, quin consistam et conloquar.

MEGADORUS, EUCLIO.

MEGADORUS.

Narravi amicis multis consilium meum
De conditione hac : Euclionis filiam

CONGRION.

Toi, vieillard, tu me payeras pour m'avoir battu. On m'a loué pour faire la cuisine, et non pour qu'on me batte.

EUCLION.

Porte ta plainte aux juges, et cesse de m'ennuyer. Allons, qu'on apprête le souper ; ou va-t'en te faire pendre !

CONGRION.

Vas-y toi-même. (Les cuisiniers sortent.)

EUCLION [1], seul.

Il est parti. Dieux immortels ! quelle témérité à un pauvre de se mettre en relation d'amitié ou d'intérêt avec un riche ! Voyez comme Mégadore emploie tous les moyens pour me surprendre, malheureux que je suis ! Sous prétexte de m'envoyer obligeamment des cuisiniers, il m'envoie des voleurs pour me ravir ce cher trésor. Et le coq de la vieille, leur digne complice, n'a-t-il pas failli me perdre? Il s'est mis à gratter autour de l'endroit où la marmite était cachée, et de ci, et de là. Soudain la colère me transporte ; je saisis un bâton, et je tue le voleur pris en flagrant délit. Par Pollux ! je crois que les cuisiniers lui avaient graissé la patte pour me trahir. Mais je leur ai retiré l'arme de la main. Bref, la guerre a fini par la mort du Gaulois emplumé. — Voici Mégadore, mon gendre, qui revient du Forum. Je ne peux plus me dispenser à présent de m'arrêter quand je le rencontre, et de causer avec lui.

MÉGADORE, EUCLION [2].

MÉGADORE, sans apercevoir Euclion.

J'ai fait part à plusieurs amis de mon projet de mariage. Ils disent tous du bien de la fille d'Euclion ; ils m'approuvent fort :

---

1. Acte III, scène iv.
2. Acte III, scène v.

Laudant; sapienter factum et consilio bono.
Nam, meo quidem animo si idem faciant cæteri,
Opulentiores pauperiorum filias
Ut indotatas ducant uxores domum,
Et multo fiat civitas concordior,
Et invidia nos minore utamur, quam utimur;
Et illæ malam rem metuant, quam metuunt, magis,
Et nos minore sumtu simus, quam sumus.
In maxumam illuc populi partem est optumum;
In pauciores avidos altercatio'st,
Quorum animis avidis atque insatietatibus,
Neque lex, neque tutor capere est qui possit modum.
Namque hoc qui dicat: Quo illæ nubent divites
Dotatæ, si istud jus pauperibus ponitur?
Quo lubeat nubant, dum dos ne fiat comes.
Hoc si ita fiat, mores meliores sibi
Parent, pro dote quos ferant, quam nunc ferunt.
Ego faxim muli, pretio qui superant equos,
Sint viliores gallicis cantheriis.

EUCLIO.

Ita me Di amabunt, ut ego hunc ausculto lubens.
Nimis lepide fecit verba ad parcimoniam.

MEGADORUS.

Nulla igitur dicat: Equidem dotem ad te adtuli
Majorem multo, tibi quam erat pecunia.
Enim mihi quidem æquom'st purpuram atque aurum dari,
Ancillas, mulos, muliones, pedisequos,
Salutigerulos pueros, vehicula, qui vehar.

EUCLIO.

Ut matronarum hic facta pergnovit probe!
Moribus præfectum mulierum hunc factum velim.

MEGADORUS.

Nunc, quoquo venias, plus plaustrorum in ædibus
Videas, quam ruri, quando ad villam veneris.
Sed hoc etiam polchrum'st, præ quam ubi sumtus petunt.
Stat fullo, phrygio, aurifex, lanarius:
Caupones patagiarii, indusiarii,
Flammearii, violarii, carinarii,

C'est, disent-ils, une idée très sage. En effet, si tous les riches en usaient comme moi, et prenaient sans dot les filles des citoyens pauvres, il y aurait dans l'État plus d'accord, nous exciterions moins de haine, et les femmes seraient plus contenues par la crainte du châtiment, et nous mettraient moins en dépense. Il en résulterait un grand bien pour la majeure partie du peuple. Il n'y aurait qu'un petit nombre d'opposants : ce seraient les avares, dont l'insatiable cupidité brave toutes les puissances, et ne connaît ni loi ni mesure. Je les entends déjà : A qui mariera-t-on les filles dotées, si l'on établit un tel usage en faveur des pauvres? Qu'elles épousent qui elles voudront, pourvu qu'elles n'apportent point de dot avec elles. S'il en était ainsi, elles s'efforceraient de remplacer la dot par de bonnes qualités ; elles vaudraient mieux. On verrait les mulets, qui coûtent plus cher aujourd'hui que les chevaux, tomber à plus bas prix que les bidets gaulois.

EUCLION, à part.

Par tous les dieux ! c'est plaisir de l'entendre. Voilà ce qui s'appelle parler. Qu'il entend bien l'économie !

MÉGADORE.

Une femme ne viendrait pas vous dire : Ma dot a plus que doublé tes biens ; il faut que tu me donnes de la pourpre et des bijoux, des femmes, des mulets, des cochers, des laquais pour me suivre, des valets pour mes commissions, des chars pour mes courses.

EUCLION, à part.

Comme il connaît bien les habitudes de nos fières matrones ! Si l'on m'en croyait, on le nommerait préfet des mœurs pour les femmes.

MÉGADORE.

A présent il n'y a pas de maison de ville où l'on ne trouve plus de chariots qu'il n'y en a dans celles des champs. Mais ce train est fort modeste encore, en comparaison des autres dépenses. Vous avez le foulon, le brodeur, le bijoutier, le lainier, toutes sortes de marchands, le fabricant de bordures pailletées, le faiseur de tuniques intérieures ; les teinturiers en couleur de feu, en violet, en jaune de cire ; les tailleurs de robes à manches,

Aut manulearii, aut murobathrarii;
Propolæ, linteones, calceolarii,
Sedentarii sutores, diabathrarii,
Solearii adstant, adstant molochinarii;
Petunt fullones, sarcinatores petunt.
Strophiarii adstant, adstant semizonarii.
Jam hosce absolutos censeas : cedunt, petunt
Treceni, constant phylacistæ in atriis,
Textores limbolarii, arcularii;
Ducuntur, datur æs. Jam hosce absolutos censeas,
Quom incedunt infectores crocotarii;
Aut aliqua mala crux semper est, quæ aliquid petat.

EUCLIO.

Conpellem ego illum, ni metuam ne desinat
Memorare mores mulierum : nunc sic sinam.

MEGADORUS.

Ubi nugigerulis res soluta 'st omnibus,
Ibi ad postremum cedit miles, æs petit.
Itur, putatur ratio cum argentario.
Inpransus miles adstat, æs censet dari.
Ubi disputata 'st ratio cum argentario,
Etiam ipsus ultro debet argentario,
Spes prorogatur militi in alium diem.
Hæc sunt atque aliæ multæ in magnis dotibus
Inconmoditates, sumtusque intolerabileis.
Nam, quæ indotata 'st, ea in potestate est viri;
Dotatæ mactant et malo et damno viros.
Sed eccum adfinem ante ædeis. Quid agis, Euclio?

EUCLIO, MEGADORUS.

EUCLIO.

Nimium lubenter edi sermonem tuum.

MEGADORUS.

Ain'? audivisti?

EUCLIO.

Usque a principio omnia.

les parfumeurs de chaussures, les revendeurs, les lingers, les cordonniers de toute espèce pour les souliers de ville, pour les souliers de table, pour les souliers fleur de mauve. Il faut donner aux dégraisseurs, il faut donner aux raccommodeurs, il faut donner aux faiseurs de gorgerettes, aux couturiers. Vous croyez en être quitte; d'autres leur succèdent. Nouvelle légion de demandeurs assiégeant votre porte : ce sont des tisserands, des bordeurs de robes, des tabletiers. Vous les payez. Pour le coup vous êtes délivrés. Viennent les teinturiers en safran, ou quelque autre engeance maudite, qui ne cesse de demander.

EUCLION, à part.

J'irais l'embrasser, si je ne craignais d'interrompre cette excellente censure des femmes. Il vaut mieux l'écouter.

MÉGADORE.

Quand on a satisfait tous ces fournisseurs de colifichets, arrive le terme de la contribution pour la guerre. Il faut payer. On va chez son banquier, on compte avec lui. Le soldat se morfond à vous attendre, dans l'espoir de toucher son argent. Mais, tout compte fait, il se trouve que vous êtes débiteur de votre banquier. On renvoie le soldat à un autre jour, avec des promesses. Et je ne dis pas encore tous les ennuis, toutes les folles dépenses qui accompagnent les grandes dots. Une femme qui n'apporte rien est soumise à son mari; mais une épouse richement dotée, c'est un fléau, une désolation. Eh! voici le beau-père à sa porte. Bonjour, Euclion.

EUCLION, MÉGADORE[1].

EUCLION.

Je me délectais à savourer ta morale.

MÉGADORE.

Oui-dà! tu m'écoutais?

EUCLION.

Je n'ai pas perdu une parole.

1. Acte III, scène vi.

MEGADORUS.

Tamen, meo quidem animo, aliquanto facias rectius,
Si nitidior sis filiæ [in] nubtiis.

EUCLIO.

Pro re nitorem, et gloriam pro copia.
Qui habent, meminerint sese, unde oriundi sient.
Neque, pol, Megadore, mihi, neque quoiquam pauperi,
Opinione melius res structa 'st domi.

MEGADORUS.

Imo est, et Dii faciant uti siet,
Plus plusque istucce sospitent, quod nunc habes.

EUCLIO.

Illud mihi verbum non placet : « Quod nunc habes. »
Tam hoc scit me habere, quam egomet : anus fecit palam.

MEGADORUS.

Quid tu te solus e senatu sevocas?

EUCLIO.

Pol, ego te ut adcusem, merito meditabar.

MEGADORUS.

Quid est?

EUCLIO.

Quid sit, me rogitas? qui mihi omneis angulos
Furum inplevisti in ædibus misero mihi;
Qui intromisisti in ædibus quingentos cocos,
Cum senis manibus, genere Geryonaceo;
Quos si Argus servet, qui oculeus totus fuit,
Quem quondam Ioni Juno custodem addidit,
Is nunquam servet : præterea tibicinam,
Quæ mihi interbibere sola, si vino scatet,
Corinthiensem fontem Pirenem potest.
Tum opsonium autem !...

MEGADORUS.

Pol, vel legioni sat est.
Et jam agnum misi.

EUCLIO.

Quo quidem agno sat scio
Mage curionem nusquam esse ullam beluam.

MEGADORUS.

Volo ego ex te scire, qui sit agnus curio.

MÉGADORE.

Mais il me semble que tu ferais bien d'être un peu mieux vêtu pour la noce de ta fille.

EUCLION.

Chacun se pare selon sa fortune, et fait figure selon ses moyens. Ceux qui ont de quoi doivent soutenir leur rang. Mais chez moi, Mégadore, et chez tous les pauvres comme moi, il n'y a pas plus d'aisance qu'on ne croit.

MÉGADORE.

Ne te fais pas si pauvre ; et veuillent les dieux augmenter de plus en plus le bien que tu possèdes!

EUCLION, à part.

Le bien que tu possèdes! ce mot ne me plaît pas. Il sait ce que j'ai, comme moi-même. La vieille m'a trahi.

MÉGADORE, à Euclion, qui s'est détourné.

Pourquoi donc te séparer de notre sénat?

EUCLION.

Je m'apprêtais à te faire des reproches. Tu en mérites.

MÉGADORE.

Et pourquoi?

EUCLION.

Tu demandes pourquoi, lorsque tu remplis de voleurs tous les coins de ma pauvre maison? lorsque tu amènes chez moi une armée de cuisiniers, race de Géryon, pourvus chacun de trois paires de mains? Argus, qui était tout yeux, et à qui Junon commit la garde d'Io, Argus lui-même ne suffirait pas à les surveiller. Et pour renfort, une joueuse de flûte, capable à elle seule d'épuiser la fontaine corinthienne de Pirène, s'il en coulait du vin. Pour les vivres...

MÉGADORE.

Il y a de quoi nourrir une légion. D'abord j'ai envoyé un agneau.

EUCLION.

Par ma foi! je ne connais pas de plus grand surveillant que cet agneau-là.

MÉGADORE.

Explique-moi ce que tu entends par un agneau surveillant.

EUCLIO.

Qui ossa atque pellis totu'st, ita cura macet.
Quin exta inspicere in sole etiam vivo licet,
Ita is perlucet, quasi laterna punica.

MEGADORUS.

Cædundum illum ego conduxi.

EUCLIO.

Tum tu idem, optumum 'st,
Loces ecferendum : nam jam, credo, mortuu'st.

MEGADORUS.

Potare ego hodie, Euclio, tecum volo.

EUCLIO.

Non potem ego quidem, hercle.

MEGADORUS.

At ego jussero
Cadum unum vini veteris a me adferrier.

EUCLIO.

Nolo, hercle : nam mihi bibere decretum 'st aquam

MEGADORUS.

Ego te hodie reddam madidum, sed vino, probe,
Tibi quoi decretum 'st bibere aquam.

EUCLIO.

Scio, quam rem agat.
Ut me deponat vino, eam adfectat viam ;
Post hoc, quod habeo, ut conmutet coloniam.
Ego id cavebo, nam alicubi abstrudam foris.
Ego faxo, et operam et vinum perdiderit simul.

MEGADORUS.

Ego, nisi quid me vis, eo lavatum, ut sacruficem.

EUCLIO.

Edepol, næ tu, aula, multos inimicos habes,
Atque istuc aurum, quod tibi concreditum 'st.
Nunc hoc mihi factum 'st optumum, ut te abferam,
Aula, in Fidei fanum; ibi abstrudam probe.
Fides, gnovisti me, et ego te : cave, sis, tibi,
Ne tu inmutassis nomen, si hoc concreduo.
Ibo ad te, fretus tua, Fides, fiducia.

EUCLION.

Il n'a que la peau et les os, tant les veilles l'ont maigri. On peut examiner ses entrailles au soleil sans l'égorger. Son corps est transparent comme une lanterne de Carthage.

MÉGADORE.

J'ai payé pour qu'on le tue.

EUCLION.

Tu devrais plutôt payer son enterrement : car je crois qu'il est déjà mort.

MÉGADORE.

Nous boirons ensemble aujourd'hui, j'espère.

EUCLION.

Non, non, je ne veux pas boire.

MÉGADORE.

Je te ferai porter de chez moi un tonneau de vin vieux.

EUCLION.

Non, point du tout : car je suis résolu à ne boire que de l'eau.

MÉGADORE.

Oh! nous t'humecterons comme il faut, mais de bon vin, malgré ta résolution de boire de l'eau.

EUCLION, à part.

Je devine son dessein. Il s'y prend ainsi pour me faire tomber ivre mort; et puis, mon or changerait de résidence. J'y mettrai bon ordre. Je le cacherai en quelque lieu hors de chez moi. Notre homme perdra sa peine et son vin.

MÉGADORE.

Si je ne te suis bon à rien, je vais aller au bain pour me préparer au sacrifice. (Il sort.)

EUCLION, seul.

Eh! ma pauvre marmite, par Pollux! que d'ennemis conjurés contre toi, et contre cet or dont tu es dépositaire! Le mieux aujourd'hui pour moi est de l'emporter dans le temple de la Bonne Foi, et de l'y bien cacher. O Bonne Foi! nous nous connaissons réciproquement; ne va pas perdre ton nom avec moi, si je te remets ce dépôt. Songe, ô Bonne Foi, que j'agis de confiance, que je me livre à toi. (Il entre dans l'enceinte du temple.)

STROBILUS.

Hoc est servi facinus frugi facere, quod ego persequor,
Nec moræ molestiæque inperium herile habeat sibi.
Nam qui hero ex sententia servire servos potulat,
In herum matura, in se sera, condecet capessere.
Sin dormitet, ita dormitet, servom sese ut cogitet.
Nam qui amanti servitutem servit, quasi ego servio,
Si eum videt superare amorem, hoc servi esse opficium reor,
Retinere ad salutem : non eum, quo incumbat, eo inpellere.
Quasi pueri qui nare discunt, scirpea induitur ratis,
Qui laborent minus; facilius ut nent, et moveant manus :
Eodem modo servom ratem esse amanti hero æquom censeo,
Ut toleret, ne pessum abeat, tanquam
Herile inperium ediscat, ut, quod frons velit, oculi sciant;
Quod jubeat, citis quadrigis citius properet persequi.
Qui ea curabit, abstinebit censione bubula.
Nec sua opera rediget unquam in splendorem conpedes.
Nunc herus meus amat filiam hujus Euclionis pauperis :
Eam hero nunc renunciatum 'st nubtum huic Megadoro dari.
Is speculatum huc misit me, ut, quæ fierent, fieret particeps.
Nunc sine omni subspicione in ara heic adsidam sacra.
Hinc ego et huc et illuc potero, quid agant, arbitrarier.

EUCLIO, STROBILUS.

EUCLIO.
Tu modo cave quoiquam indicassis, aurum meum esse isteic, Fides
Non metuo, ne quisquam inveniat : ita probe in latebris situm'st
Edepol, næ illic polchram prædam agat, si qui illam invenerit
Aulam onustam auri; verum id te quæso, ut prohibessis, Fides.
Nunc lavabo, ut rem divinam faciam, ne adfinem morer,

STROBILE[1], seul.

Ma conduite est celle d'un esclave bien avisé. Point de paresse, point de mauvaise volonté pour obéir au maître : l'esclave qui veut qu'on soit content de son service doit être empressé pour son maître, négligent pour lui-même. A-t-il envie de dormir ; que le sommeil ne lui fasse pas oublier ce qu'il est. Quand on sert, comme moi, un jeune amoureux, si on le voit trop dominé par la passion, il faut le retenir et l'empêcher de se perdre, au lieu de le pousser au penchant où il est enclin. De même qu'on met aux enfants qui apprennent à nager, une nacelle d'osier pour les soulager dans cet exercice et leur faciliter le mouvement des bras ; ainsi l'esclave d'un jeune homme amoureux doit être la nacelle qui le soutient et l'empêche de se noyer. Qu'il sache deviner les volontés de son maître, entendre de l'œil l'expression de sa figure, exécuter un ordre plus vite que la course des chars. Quiconque pratiquera ces maximes ne subira point la censure des étrivières, et ne polira point avec ses jambes le fer des entraves. Mon maître aime la fille du pauvre Euclion. Il vient d'apprendre qu'on la marie à Mégadore, et il m'envoie ici en observation pour que je l'instruise de ce qui se passe. Je vais m'asseoir sur cet autel, on ne se doutera pas que j'y sois, et je pourrai voir de tous côtés ce qu'on fera.

EUCLION, STROBILE[2].

EUCLION, sortant du temple.

Ah ! çà, garde-toi de révéler à personne le dépôt que j'ai fait de mon or dans ton temple, ô Bonne Foi ! Je ne crains pas qu'on le trouve ; il est trop bien caché. Par Pollux ! il emporterait une belle proie, celui qui trouverait cette marmite remplie d'or. Ah ! je t'en conjure ! ne le permets pas, ô Bonne Foi ! Maintenant, je vais me baigner pour le sacrifice. Il ne faut pas nous faire attendre. Lorsque mon gendre enverra cher-

1. Acte IV, scène i.
2. Acte IV, scène ii.

Quin, ubi arcessat, meam extemplo filiam ducat domum.
Vide, Fides, etiam atque etiam nunc, salvam ut aulam abs te abferam.
Tuæ fidei concredidi aurum : in tuo luco et fano modo 'st situm.

STROBILUS.

Di inmortaleis! quod ego hunc hominem facinus audio loqui?
Se aulam onustam auri abstrusisse heic intus in fano. Fides,
Cave tu illi fidelis, quæso, potius fueris, quam mihi.
Atque hic pater est, ut ego opinor, hujus, herus quam amat.
Ibo hinc intro, perscrutabor fanum, si inveniam uspiam
Aurum, dum hic est obcupatus. Sed si reperero, o Fides,
Mulsi congialem plenam faciam tibi fideliam.
Id adeo tibi faciam : verum ego mihi bibam, ubi id fecero.

EUCLIO

Non temere 'st, quod corvos cantat mihi nunc ab læva manu.
Simul radebat pedibus terram, et voce crocibat sua :
Continuo meum cor cœpit artem facere ludicram,
Atque in pectus emicare. Sed ego cesso currere?

EUCLIO, STROBILUS.

EUCLIO.

I foras, lumbrice, qui sub terra erepsisti modo,
Qui modo nusquam conparebas, nunc, quom conpares, peris.
Ego, edepol, te, præstigiator, miseris jam adcipiam modis.

STROBILUS.

Quæ te mala crux agitat? quid tibi mecum 'st conmerci, senex?
Quid me adflictas? quid me raptas? qua me causa verberas?

cher ma fille, elle devra être prête à partir. Prends-y bien garde, ô Bonne Foi! je ne saurais trop te le recommander ; que je puisse te reprendre ma marmite sans encombre. Je confie mon or à ta garde ; il est placé dans ton bois sacré, dans ton temple. (Il sort.)

STROBILE, seul.

Dieux immortels! qu'est-ce que j'entends ? il vient de cacher une marmite remplie d'or dans ce temple. O Bonne Foi, ne sois pas fidèle, je t'en prie, plutôt à lui qu'à moi ! Cet homme est, je pense, le père de l'amante de mon maître. Entrons dans le temple, cherchons de tous côtés, tâchons de dénicher son or, tandis qu'il est occupé ailleurs. O Bonne Foi! si je le découvre, je t'offrirai une cruche de vin d'un conge entier: oui, je n'y manquerai pas; mais je boirai ensuite l'offrande. (Il entre dans le temple.)

EUCLION[1], revenant sur ses pas.

Ce n'est pas par hasard que le corbeau a chanté à ma gauche, et puis il rasait la terre de ses pieds en croassant. Mon cœur aussitôt a fait le métier de danseur, et a bondi dans mon sein. Pourquoi tarder ? courons.

EUCLION, STROBILE[2].

EUCLION.

Hors d'ici, animal rampant, qui viens de sortir de dessous terre. On ne te voyait pas tout à l'heure ; tu te montres, et l'on t'écrase. Par Pollux ! je vais t'arranger de la bonne manière, subtil coquin.

STROBILE.

Quel démon te tourmente? qu'avons-nous à démêler ensemble, vieillard ? Pourquoi me pousser à me jeter par terre? pourquoi me tirer de la sorte? pourquoi me frapper ?

1. Acte IV, scène III.
2. Acte IV, scène IV.

AULULARIA.

EUCLIO.
Verberabilissume, etiam rogitas? non fur, sed trifur.

STROBILUS.
Quid tibi subripui?

EUCLIO.
Redde huc, sis.

STROBILUS.
Quid tibi vis reddam?

EUCLIO.
Rogas?

STROBILUS.
Nihil equidem tibi abstuli.

EUCLIO.
At illud, quod tibi abstuleras, cedo. Ecquid agis?

STROBILUS.
Quid agam?

EUCLIO.
Abferre non potes.

STROBILUS.
Quid vis tibi?

EUCLIO.
Pone.

STROBILUS.
Equidem, pol, te datare credo consuetum, senex.

EUCLIO.
Pone hoc, sis; abfer cavillam; non ego nunc nugas ago.

STROBILUS.
Quid ego ponam? quin tu eloquere, quidquid est, suo nomine.
Non, hercle, equidem quidquam sumsi, nec tetigi.

EUCLIO.
Ostende huc manus.

STROBILUS.
Hem tibi!

EUCLIO.
Ostende.

EUCLION.

Grenier à coups de fouet! tu le demandes? Voleur; que dis-je? triple voleur.

STROBILE.

Que t'ai-je pris?

EUCLION.

Rends-le-moi, et vite.

STROBILE.

Que veux-tu que je te rende?

EUCLION, ironiquement.

Tu ne le sais pas?

STROBILE.

Je n'ai rien pris qui t'appartienne.

EUCLION.

Mais ce qui t'appartient maintenant par le vol, rends-le. Eh bien?

STROBILE.

Eh bien?

EUCLION.

Ton vol ne te réussira pas.

STROBILE.

Qu'est-ce que tu as donc?

EUCLION.

Remets-le-moi.

STROBILE.

Ah! vraiment, vieillard, tu es accoutumé à ce qu'on te le remette.

EUCLION.

Remets-moi cela, te dis-je. Pas de plaisanterie. Je ne badine pas, moi.

STROBILE.

Qu'exiges-tu que je te remette? Nomme la chose par son nom. Je jure que je n'ai rien pris, rien touché.

EUCLION.

Voyons tes mains.

STROBILE, montrant une main.

Tiens.

EUCLION.

Montre donc.

AULULARIA.

STROBILUS.

Eccas.

EUCLIO.

Video. Age, ostende etiam tertiam.

STROBILUS.

Larvæ hunc atque intemperiæ insaniæque agitant senem.
Facin' injuriam mi, an non?

EUCLIO.

Fateor, quia non pendes, maxumam.
Atque id quoque jam fiet, nisi fatere.

STROBILUS.

Quid fatear tibi?

EUCLIO.

Quid abstulisti hinc?

STROBILUS.

Di me perdant, si ego tui quidquam abstuli.

EUCLIO.

Nive adeo abstulisse vellem. Agedum, excutedum pallium.

STROBILUS.

Tuo arbitratu.

EUCLIO.

Ne inter tunicas habeas.

STROBILUS.

Tenta, qua lubet.

EUCLIO.

Vah, scelestus, quam benigne! ut ne abstulisse intellegam.
Gnovi sycophantias: age! rursum, ostende huc manum
Dexteram.

STROBILUS.

Hem!

EUCLIO.

Nunc lævam ostende.

STROBILUS.

Quin equidem ambas profero.

EUCLIO.

Jam scrutari mitto: redde huc.

STROBILUS.

Quid reddam?

STROBILE.

Les voici.

EUCLION.

Je vois. Maintenant, la troisième.

STROBILE.

Ce vieillard est fou. Les fantômes et les vapeurs de l'enfer lui troublent le cerveau. Tu ne diras pas que tu ne me fais pas injure ?

EUCLION.

Oui, très grande : car tu devrais déjà être fustigé. Et cela t'arrivera certainement, si tu n'avoues.

STROBILE.

Que dois-je avouer ?

EUCLION.

Qu'est-ce que tu m'as dérobé ?

STROBILE.

Que le ciel me foudroie, si je t'ai pris quelque chose !

EUCLION, sur le même ton, avec affectation.

Et si je n'ai pas voulu prendre ? Allons, secoue ton manteau.

STROBILE.

Tant que tu voudras.

EUCLION.

Ne l'aurais-tu pas sous ta tunique ?

STROBILE.

Tâte partout.

EUCLION.

Ah ! le scélérat, comme il fait le bon, pour qu'on ne le soupçonne pas ! Nous connaissons vos finesses. Or çà, montre-moi encore une fois ta main droite.

STROBILE.

Regarde.

EUCLION.

Et la gauche.

STROBILE.

Les voici toutes deux.

EUCLION.

Je ne veux pas chercher davantage. Rends-le-moi.

STROBILE.

Mais quoi ?

EUCLIO.

Ah! nugas agis,
Certe habes.

STROBILUS.

Habeo ego? quid habeo?

EUCLIO.

Non dico; audire expetis.
Id meum quidquid habes, redde.

STROBILUS.

Insanis: perscrutatus es
Tuo arbitratu, neque tui me quidquam invenisti penes.

EUCLIO.

Mane, mane: quis ille est, qui heic intus alter erat tecum simul?
Perii, hercle! ille nunc intus turbat: hunc si amitto, hic abierit.
Postremo jam hunc perscrutavi, hic nihil babet: abi, quo lubet.
Jupiter te Dique perdant!

STROBILUS.

Haud male agit gratias.

EUCLIO.

Ibo hinc intro, atque illi socienno tuo jam inter stringam gulam.
Fugin' hinc ab oculis? abin' hinc, an non?

STROBILUS.

Abeo.

EUCLIO.

Cave, sis, te videam.

STROBILUS.

Emortuum ego me mavelim leto malo,
Quam non ego illi dem hodie insidias seni.
Nam heic jam non audebit aurum abstrudere.
Credo, ecferet jam secum, et mutabit locum.
Atat, foris crepuit! senex eccum aurum ecfert foras.
Tantisper heic ego ad januam concessero.

LA MARMITE.

EUCLION.

Tous ces détours sont inutiles. Tu l'as certainement.

STROBILE.

Je l'ai? moi! Qu'est-ce que j'ai?

EUCLION.

Je ne le dirai pas. Tu voudrais me le faire dire. Quoi que ce soit, rends-moi mon bien.

STROBILE.

Tu extravagues. N'as-tu pas fouillé à ton aise, sans rien trouver sur moi qui t'appartienne?

EUCLION.

Demeure, demeure. Quel autre était ici avec toi? Je suis perdu! grands dieux! il y a là dedans quelqu'un qui fait des siennes. (A part.) Si je lâche celui-ci, il s'en ira. Après tout, je l'ai fouillé ; il n'a rien. Va-t'en, si tu veux. Et que Jupiter et tous les dieux t'exterminent!

STROBILE.

Beau remerciement.

EUCLION.

Je vais rentrer, et j'étranglerai ton complice. Fuis de ma présence. T'en iras-tu?

STROBILE.

Je pars.

EUCLION.

Que je ne te revoie plus ; prends-y garde. (Il entre dans le temple.)

STROBILE[1], seul.

J'aimerais mieux mourir par le supplice que de ne pas jouer un tour à ce vieillard. Il n'osera plus cacher son or ici. Il va l'emporter avec lui et le changer de place. Oh! oh! j'entends du bruit. Le vieillard emporte son or. Retirons-nous un peu ici contre la porte.

1. Acte IV, scène v.

EUCLIO, STROBILUS.

EUCLIO.

Fidei censebam maxumam multo fidem
Esse: ea sublevit os mihi pænissume.
Ni subvenisset corvos, periissem miser.
Nimis, hercle, ego illum corvum ad me veniat, velim,
Qui indicium fecit, illi ut ego aliquid boni
Dicam: nam quod edit, tam duim, quam perduim.
Nunc, hoc ubi abstrudam, cogito solum locum.
Silvani lucus extra murum est avius,
Crebro salicto obpletus: ibi sumam locum.
Certum 'st, Silvano potius credam quam Fide.

STROBILUS.

Euge! euge! Di me salvum et servatum volunt.
Jam ego illuc præcurram, atque inscendam aliquam in arborem.
Indeque observabo, aurum ubi abstrudat senex.
Quamquam heic manere me herus sese jusserat,
Certum 'st, malam rem potius quæram cum lucro.

LYCONIDES, EUNOMIA, PHÆDRA.

LYCONIDES.

Dixi tibi, mater; juxta rem mecum tenes
Super Euclionis filia: nunc, te obsecro,
Fac mentionem cum avonculo, mater mea:
Resecroque, mater, quod dudum obsecraveram.

EUNOMIA.

Scis tute, facta velle me, quæ tu velis.
Et istuc confido a fratre me inpetrassere.
Et causa justa est, siquidem ita est ut prædicas,
Te eam conpressisse vinolentum virginem.

LYCONIDES.

Egone ut te advorsum mentiar, mater mea?

PHÆDRA.

Perii, mea nutrix! obsecro te, uterum dolet.
Juno Lucina, tuam fidem!

EUCLION, STROBILE[1].

EUCLION.

Je croyais pouvoir me fier en toute sûreté à la Bonne Foi : elle a bien manqué m'en jouer d'une belle. Si le corbeau n'était venu à mon secours, malheureux ! je périssais. Je voudrais bien le revoir, ce corbeau mon sauveur, pour lui souhaiter toutes sortes de biens : car lui donner à manger, non ; autant vaut perdre que donner. Il s'agit à présent de choisir, pour cacher ceci, un endroit bien désert. Il y a, hors des murs, le bois de Silvain, où personne ne passe, et tout plein d'une saussaie épaisse. Je prendrai là une place. Oui, j'aime mieux me confier à Silvain qu'à la Bonne Foi. (Il sort.)

STROBILE, seul.

A merveille ! à merveille ! les dieux me protègent et veulent mon bonheur. Je cours en avant. Je grimpe sur un arbre, et j'observe en quel endroit le vieillard cache son or. Mon maître m'avait dit de l'attendre ici. Mais le parti en est pris ; je ferai fortune au péril de mes épaules. (Il sort.)

LYCONIDE, EUNOMIE, PHÉDRA[2].

LYCONIDE.

Je t'ai dit tout, ma mère ; tu connais aussi bien que moi ce qui concerne la fille d'Euclion. Maintenant, je t'en conjure, parle pour nous à mon oncle. Je t'en ai priée, je t'en supplie, ma mère.

EUNOMIE.

Tu sais que tes désirs sont les miens. J'espère que mon frère ne me refusera pas. La demande est juste d'ailleurs, s'il est vrai, comme tu dis, que tu aies fait violence à cette fille dans un moment d'ivresse.

LYCONIDE.

Voudrais-je t'en imposer, à toi, ma mère ?

PHÉDRA, derrière le théâtre.

Ah ! je meurs, ma nourrice. A moi ! quelle douleur d'entrailles ! Junon Lucine, secours-moi.

1. Acte IV, scène VI.
2. Acte IV, scène VII.

LYCONIDES.
Hem, mater mea,
Tibi rem potiorem video: clamat, parturit.
EUNOMIA.
I hac intro mecum, gnate mi, ad fratrem meum,
Ut istuc, quod me oras, inpetratum ab eo abferam.
LYCONIDES.
I, jam sequor te, mater. Sed servom meum
Strobilum miror, ubi sit, quem ego me jusseram
Heic obperiri: nunc ego mecum cogito,
Si mihi dat operam, me illi irasci injurium 'st.
Ibo intro, ubi de capite meo sunt comitia.

STROBILUS.

Picos divitiis, qui aureos monteis colunt,
Ego solus supero. Nam istos reges cæteros
Memorare nolo, hominum mendicabula.
Ego sum ille rex Philippus. O lepidum diem!
Nam, ut dudum hinc abii, illuc multo adveni prior,
Multoque prius me conlocavi in arborem:
Inde exspectabam, ubi aurum abstrudebat senex.
Ubi ille abiit, ego me deorsum duco de arbore;
Ecfodio aulam auri plenam; inde exeo e loco;
Video recipere se senem; me ille non videt.
Nam ego declinavi paulum me extra viam.
At at! eccum ipsum: ibo, ut hoc condam domum.

EUCLIO.

Perii! interii! obcidi! quo curram? quo non curram?
Tene, tene! quem? quis? nescio, nihil video, cæcus eo; atque
Equidem quo eam, aut ubi sim, aut qui sim, nequeo cum animo
Certum investigare. Obsecro vos ego, mihi auxilio,
Oro, obtestor, sitis, et hominem demonstretis, qui eam abstulerit.
Qui vestitu et creta obcultant sese, atque sedent, quasi sint frugi ..

LYCONIDE.

Tiens, ma mère, les faits te convaincront mieux. Tu entends ses cris ; l'enfant va naître.

EUNOMIE.

Mon fils, entre avec moi chez mon frère. Il faut que j'obtienne de lui ce que tu me demandes. (Elle sort.)

LYCONIDE.

Va ; je te suis, ma mère. Où est donc Strobile ? il avait ordre de m'attendre ici. Cela m'étonne. Mais, en y réfléchissant, s'il est occupé pour moi j'aurais tort de me fâcher. Entrons aux comices où mon sort se décide.

STROBILE [1], seul.

Tous les gryphons, possesseurs des montagnes d'or, ne m'égalent pas en richesses. Et pour les rois du commun, je n'en parle pas ; pauvres mendiants ! Je suis le roi Philippe. O l'heureux jour ! J'étais parti d'ici à propos pour devancer notre homme, et j'ai eu tout le temps de me poster sur un arbre. Ainsi perché, je remarquais la place où il enfouissait son or. Il s'en va, et je me glisse à bas de mon arbre, je déterre la marmite toute pleine d'or, je me retire, et je vois le vieillard rentrer chez lui sans qu'il me voie : car j'avais soin de me tenir en dehors de la route. Oh ! oh ! le voici lui-même. Courons mettre ceci en sûreté à la maison. (Il sort.)

EUCLION [2], seul.

Je suis mort ! je suis égorgé ! je suis assassiné ! Où courir ? où ne pas courir ? Arrêtez ! arrêtez ! Qui ? lequel ? je ne sais ; je ne vois plus, je marche dans les ténèbres. Où vais-je ? où suis-je ? Qui suis-je ? je ne sais ; je n'ai plus ma tête. Ah ! je vous prie, je vous conjure, secourez-moi. Montrez-moi celui qui me l'a ravie... vous autres, cachés sous vos robes blanchies, et assis comme des honnêtes gens... Parle, toi, je veux t'en croire ; ta

---

1. Acte IV, scène VIII.
2. Acte IV, scène IX.

Quid ais tu? tibi credere certum 'st: nam esse bonum e voltu congnosc(
Quid est? quid ridetis? gnovi omneis, scio fures esse heic conplureis.
Hem, nemo habet horum? obcidisti: dic igitur, quis habet? nescis!
Heu me miserum, miserum! perii! male perditus, pessume ornatus eo.
Tantum gemiti et malæ mœstitiæ hic dies mihi obtulit,
Famem et pauperiem. Perditissumus ego sum omnium in terra.
Nam quid mihi opu'st vita qui tantum auri perdidi
Quod custodivi sedulo? egomet me defrudavi
Animumque meum geniumque meum: nunc eo alii lætificantur,
Meo malo et damno: pati nequeo.

LYCONIDES, EUCLIO.

LYCONIDES.

Quinam homo heic ante ædeis nostras ejulans conqueritur mœrens?
Atque hic quidem Euclio 'st, ut opinor: oppido ego interii? palam 'st res.
Scit peperisse jam, ut ego opinor, filiam suam: nunc mi incertum 'st,
Quid agam? abeam, an maneam? an adeam? an fugiam? Quid agam, edepol,

EUCLIO.

Quis homo heic loquitur?

LYCONIDES.

Ego sum miser.

EUCLIO.

Imo ego sum, et misere perditu(
Quoi tanta mala, mœstitudoque obtigit.

LYCONIDES.

Animo bono es.

EUCLIO.

Quo, obsecro, pacto esse possum?

LYCONIDES.

Quia istuc facinus, quod tuum
Sollicitat animum, id ego feci, et fateor.

EUCLIO.

Quid ego ex te audio?

figure annonce un homme de bien... Qu'est-ce? pourquoi riez-vous ? On vous connaît tous. Certainement, il y a ici plus d'un voleur... Eh bien ! dis ; aucun d'eux ne l'a prise ?... Tu me donnes le coup de la mort. Dis-moi donc, qui est-ce qui l'a? Tu l'ignores ! Ah ! malheureux, malheureux ! C'est fait de moi ; plus de ressource, je suis dépouillé de tout ! Jour déplorable, jour funeste, qui m'apporte la misère et la faim ! Il n'y a pas de mortel sur la terre qui ait éprouvé un pareil désastre. Et qu'ai-je affaire de la vie, à présent que j'ai perdu un si beau trésor, que je gardais avec tant de soin ? Pour lui, je me dérobais le nécessaire, je me refusais toute satisfaction, tout plaisir. Et il fait la joie d'un autre qui me ruine et qui me tue ! Non, je n'y survivrai pas.

LYCONIDE, sortant de chez Mégadore; EUCLION[1].

LYCONIDE.

Qui est-ce qui gémit et se lamente devant notre maison ? C'est, je crois, Euclion lui-même. Je suis perdu ! il sait tout. Il a appris l'accouchement de sa fille. Quel embarras ! que faire? me retirer, ou demeurer ? lui parler, ou m'enfuir ? Vraiment, je ne sais que résoudre.

EUCLION.

Qui entends-je parler ici ?

LYCONIDE.

Un malheureux.

EUCLION.

Ah ! c'est moi qui le suis; c'est moi qui suis misérable et désespéré, après un accident si funeste. O douleur !

LYCONIDE.

Console-toi.

EUCLION.

Eh ! le puis-je? dis-moi.

LYCONIDE.

C'est moi qui suis coupable, et qui cause ton chagrin, je te le confesse.

EUCLION.

Qu'entends-je?

1. Acte IV, scène x.

LYCONIDES.
Id, quod verum 'st.

EUCLIO.
Quid ego emerui, adulescens, mali,
Quamobrem ita faceres, meque meosque perditum ires liberos?

LYCONIDES.
Deus inpulsor mihi fuit, is me ad illam inlexit.

EUCLIO.
Quo modo?

LYCONIDES.
Fateor peccavisse, et me culpam conmeritum scio.
Id adeo te oratum advenio, ut animo æquo ingnoscas mihi.

EUCLIO.
Cur id ausus facere, ut id, quod non tuum esset, tangeres?

LYCONIDES.
Quid vis fieri? factum 'st illud; fieri infectum non potest.
Deos credo voluisse : nam ni vellent, non fieret, scio.

EUCLIO.
At ego Deos credo voluisse, ut apud me te in nervo enicem.

LYCONIDES.
Ne istuc dixis.

EUCLIO.
Quid tibi ergo meam me invito tactio 'st!

LYCONIDES.
Quia vini vitio atque amoris feci.

EUCLIO.
Homo audacissume,
Cum istacin' te oratione huc ad me adire ausum, inpudens?
Nam si istuc jus est, ut tu istuc excusare possies,
Luci claro deripiamus aurum matronis palam;
Post id, si prehensi simus, excusemus, ebrios
Nos fecisse amoris causa. Nimis vile 'st vinum atque amor,
Si ebrio atque amanti inpune facere, quod lubeat, licet.

LYCONIDES.
Quin tibi ultro subplicatum venio ob stultitiam meam.

EUCLIO.
Non mihi homines placent, qui, quando male fecerunt, purgitant.

LYCONIDE.

La vérité.

EUCLION.

Jeune homme, quel mal t'ai-je fait pour en agir ainsi envers moi, et me perdre avec mes enfants?

LYCONIDE.

Un dieu m'a séduit, et m'a entraîné vers elle.

EUCLION.

Comment?

LYCONIDE.

J'ai de grands torts : ma faute est grave, je le sais ; et je viens te demander ton indulgence et mon pardon.

EUCLION.

Pourquoi as-tu osé toucher à ce qui ne t'appartenait pas?

LYCONIDE.

Que veux-tu ? le mal est fait. Le passé n'est pas en notre puissance. Les dieux sans doute l'ont voulu : car, sans leur volonté, cela ne serait pas arrivé.

EUCLION.

Mais les dieux veulent aussi, je pense, que je te fasse mourir chez moi à la chaîne.

LYCONIDE.

Qu'est-ce que tu dis là?

EUCLION.

N'était-elle pas à moi? De quel droit y as-tu touché sans ma permission?

LYCONIDE.

Accuses-en l'ivresse et l'amour.

EUCLION.

Effronté scélérat! oses-tu bien me tenir ce langage? Qu'on reçoive en droit de pareilles excuses, vous irez maintenant arracher aux femmes leurs joyaux en plein jour; et puis, si vous êtes pris, vous direz, pour vous excuser, que vous étiez ivres et amoureux. Le vin et l'amour n'ont plus de prix, s'ils autorisent à tout faire avec impunité.

LYCONIDE.

Non ; je te prie de me pardonner mon égarement.

EUCLION.

Je ne me paye pas de ces excuses qu'on prodigue quand on

Tum illam scibas non tuam esse; non adtactam oportuit.
LYCONIDES.
Ergo quia sum tangere ausus, haud causificor quin eam
Ego habeam potissumum.
EUCLIO.
Tun' habeas, me invito, meam?
LYCONIDES.
Haud, te invito, postulo; sed meam esse oportere arbitror.
Quin tu eam invenies, inquam, meam illam esse oportere, Euclio.
EUCLIO.
Nisi refers...
LYCONIDES.
Quid tibi ego referam?
EUCLIO.
Quod subripuisti meum.
Jam quidem, hercle, te ad prætorem rapiam, et tibi scribam dicam.
LYCONIDES.
Subripio ego tuum? unde? aut quid id est?
EUCLIO.
Ita te amabit Jupiter,
Ut tu nescis?
LYCONIDES.
Nisi quidem tu mihi, quid quæras, dixeris.
EUCLIO.
Aulam auri, inquam, te reposco, quam tu confessus mihi
Te abstulisse.
LYCONIDES.
Neque, edepol, ego dixi, neque feci.
EUCLIO.
Negas?
LYCONIDES.
Pernego imo : nam neque ego aurum, neque istæc aula quæ siet.
Scio, nec gnovi.
EUCLIO.
Illam, ex Silvani luco quam abstuleras, cedo.
I, refer : dimidiam tecum potius partem dividam.
Tametsi fur mihi es, molestus non ero furi; refer.

a fait le mal. Tu savais qu'elle ne t'appartenait pas; tu ne devais pas y toucher.

LYCONIDE.

Puisque j'ai eu ce tort, je veux le réparer; elle doit être à moi.

EUCLION.

A toi? mon sang? malgré moi?

LYCONIDE.

Non; je veux obtenir ton consentement; mais tu ne peux me le refuser. Toi-même, Euclion, tu seras forcé d'en convenir.

EUCLION.

Si tu ne me rends...

LYCONIDE.

Et quoi?

EUCLION.

Mon bien que tu m'as ravi... je vais, par Hercule! te traîner devant le préteur, et t'intenter un procès.

LYCONIDE.

Moi, je t'ai pris ton bien? Comment? de quoi parles-tu?

EUCLION, ironiquement.

Oui, que Jupiter te soit en aide, comme il est vrai que tu l'ignores!

LYCONIDE.

A moins que tu ne m'apprennes ce que tu réclames.

EUCLION.

Ma marmite pleine d'or, voilà ce que je réclame de toi, ce que tu m'as dérobé, comme tu l'avoues toi-même.

LYCONIDE.

Par Pollux! je n'ai rien dit ni fait de semblable.

EUCLION.

Tu le nies?

LYCONIDE.

Assurément, je le nie très fort; et je ne sais ce que c'est que cet or et cette marmite.

EUCLION.

Celle que tu as enlevée du bois sacré de Silvain; rends-la. Allons, donne. Nous partagerons ensemble par moitié. Quoique tu m'aies volé, je ne t'inquiéterai pas. Allons, rends-la-moi.

LYCONIDES.

Sanus tu non es, qui furem me voces : ego te, Euclio,
De alia re rescivisse censui, quod ad me adtinet.
Magna est res, quam ego tecum otiose, si otium 'st, cupio loqui.

EUCLIO.

Dic bona fide : tu id aurum non subripuisti?

LYCONIDES.

Bona.

EUCLIO.

Neque scis, quis abstulerit?

LYCONIDES.

Istuc quoque bona.

EUCLIO.

Atque id si scies,
Qui abstulerit, mihi indicabis?

LYCONIDES.

Faciam.

EUCLIO.

Neque partem tibi
Ab eo, quiqui est, indipisces, neque furem excipies?

LYCONIDES.

Ita.

EUCLIO.

Quid, si fallis?

LYCONIDES.

Tum me faciat, quod volt, magnus Jupiter.

EUCLIO.

Sat habeo. Age nunc, loquere, quid vis.

LYCONIDES.

Si me gnovisti minus,
Genere quo sim gnatus, hic mihi est Megadorus avonculus,
Meus fuit pater Antimachus, ego vocor Lyconides,
Mater est Eunomia.

EUCLIO.

Gnovi genus : nunc quid vis? id volo
Gnoscere.

LYCONIDES.

Filiam ex te tu habes.

LYCONIDE.

Est-ce que tu as perdu l'esprit, de me traiter de voleur? Il s'agit d'une autre chose qui me regarde, Euclion, et dont je croyais que tu étais instruit. C'est une affaire importante, et je voudrais t'en entretenir tranquillement, si tu as le loisir de m'entendre.

EUCLION.

Dis-moi; en vérité, tu ne m'as pas pris mon or?

LYCONIDE.

En vérité.

EUCLION.

Et tu ne sais pas qui est-ce qui l'a pris?

LYCONIDE.

Non, sur ma foi.

EUCLION.

Et si tu l'apprends, tu me le feras connaître?

LYCONIDE.

Oui.

EUCLION.

Et quel que soit le voleur, tu ne partageras pas avec lui, et tu ne le recèleras pas?

LYCONIDE.

Je te le promets.

EUCLION.

Et si tu manques à cette promesse?

LYCONIDE.

Alors je me livre à toutes les vengeances de Jupiter.

EUCLION.

Il suffit. Maintenant, dis-moi tout ce que tu voudras.

LYCONIDE.

Si tu ne connais ni mon nom ni ma famille, sache que Mégadore est mon oncle, qu'Antimaque fut mon père, que ma mère est Eunomie, et que je m'appelle Lyconide.

EUCLION.

Je connais ta famille. Maintenant, de quoi s'agit-il? explique-toi.

LYCONIDE.

Tu as une fille.

AULULARIA.

EUCLIO.
Imo eccillam domi.
LYCONIDES.
Eam tu despondisti, opinor, meo avonculo.
EUCLIO.
Omnem rem tenes.
LYCONIDES.
Is me nunc renunciare repudium jussit tibi.
EUCLIO.
Repudium, rebus paratis, atque exornatis nubtiis?
Ut illum Di inmortaleis omneis deæque, quantum est, perduint,
Quem propter hodie auri tantum perdidi, infelix, miser.
LYCONIDES.
Bono animo es, et benedice : nunc quæ res tibi et gnatæ tuæ
Bene feliciterque vortat... Ita Di faxint! inquito.
EUCLIO.
Ita Di faciant!
LYCONIDES.
Et mihi ita Di faciant! Audi nunc jam.
Qui homo culpam admisit in se, nullu'st tam parvi preti,
Quin pudeat, quin purget se. Nunc te obtestor, Euclio,
Si quid ego erga te inprudens peccavi, aut gnatam tuam,
Ut mi ingnoscas, eamque uxorem mihi des, ut leges jubent :
Ego me injuriam fecisse filiæ fateor tuæ,
Cereris vigiliis, per vinum, atque inpulsu adulescentiæ.
EUCLIO.
Hei mihi! quod facinus ex te ego audio?
LYCONIDES.
Cur ejulas?
Quem ego avom feci jam ut esses filiæ nubtiis;
Nam tua gnata peperit, decumo mense post, numerum cape :
Ea re repudium remisit avonculus causa mea.
I intro, exquære, sitne ita, ut ego prædico.
EUCLIO.
Perii oppido!
Ita mihi ad malum malæ res plurimæ se adglutinant.
Ibo intro, ut, quid hujus rei sit, sciam.
LYCONIDES.
Jam te sequor.

EUCLION.

Oui; elle est à la maison.

LYCONIDE.

Tu l'as, je crois, promise en mariage à mon oncle.

EUCLION.

On t'a bien instruit.

LYCONIDE.

Il me charge de te dire qu'il renonce à elle.

EUCLION.

Il y renonce, quand les préparatifs sont faits, quand la noce est prête! Que tous les dieux et toutes les déesses l'exterminent, lui qui est cause que j'ai perdu un si grand trésor! O douleur! ô misère!

LYCONIDE.

Console-toi, et tiens un meilleur langage. Maintenant, pour le plus grand bonheur de toi et de ta fille... dis donc : Ainsi le veuillent les dieux!

EUCLION.

Ainsi le veuillent les dieux!

LYCONIDE.

Ainsi veuillent-ils pour moi aussi! Écoute à présent, Euclion, il n'y a pas d'homme assez pervers pour ne pas se repentir du mal qu'il a fait, et pour ne pas vouloir le réparer. Je t'en prie, si, dans mon égarement, j'ai outragé ta fille et toi en même temps, veuille me pardonner, et me l'accorder pour femme, comme la loi l'ordonne. Je l'avoue, je lui ai fait violence, dans les veilles de Cérès, entraîné par le vin et par la fougue de l'âge.

EUCLION.

Hélas! hélas! qu'entends-je?

LYCONIDE.

Pourquoi ces gémissements, quand tu as le bonheur d'être grand-père aux noces mêmes de ta fille? car elle vient d'accoucher à son terme naturel; compte plutôt. Mon oncle renonce à elle en ma faveur. Entre, tu verras si je dis vrai.

EUCLION.

Je suis perdu, anéanti! Tous les malheurs fondent sur moi l'un après l'autre. Entrons, et voyons s'il dit la vérité. (Il sort.)

LYCONIDE.

Je te suis à l'instant. — Enfin, je suis près de toucher au port;

Hæc propemodum jam esse in vado salutis res videtur.
Nunc servom esse ubi dicam meum Strobilum, non reperio.
Nisi etiam heic obperiar tamen paulisper; postea intro
Hunc subsequar : nunc interim spatium ei dabo exquærendi
Meum factum e gnatæ pedisequa nutrice anu : ea rem gnovit.

STROBILUS, LYCONIDES.

STROBILUS.
Di inmortaleis, quibus et quantis me donatis gaudiis,
Quadrilibrem aulam auro onustam habeo : quis me est divitior?
Quis me Athenis nunc magi', quisquam 'st homo, quoi Di sint propitii?
LYCONIDES.
Certo enim ego vocem heic loquentis modo me audire visus sum.
STROBILUS.
Hem!
Herumne ego adspicio meum?
LYCONIDES.
Video ego hunc Strobilum, servom meum?
STROBILUS.
Ipsus est.
LYCONIDES.
Haud alius est.
STROBILUS.
Congrediar.
LYCONIDES.
Contollam gradum.
Credo ego illum, ut jussi, eampse anum adisse, hujus nutricem virginis.
STROBILUS.
Quin ego illi me invenisse dico hanc prædam, atque eloquor?
Igitur orabo , ut manu me mittat : ibo atque eloquar.
Reperi.
LYCONIDES.
Quid reperisti?
STROBILUS.
Non, quod pueri clamitant,
In faba se reperisse.

LA MARMITE.

nous sommes sauvés. Mais Strobile, je ne devine pas où il peut être. Je l'attendrai un peu ; et j'irai rejoindre ensuite Euclion. Mais je veux lui donner le temps de prendre des informations auprès de la vieille, nourrice et gouvernante de sa fille. Elle sait ce qui s'est passé.

STROBILE, LYCONIDE[1].

STROBILE.

Dieux immortels, quel est l'excès de vos bontés et de ma joie! J'ai dans la marmite quatre livres d'or pesant. Y a-t-il dans Athènes un mortel plus riche que moi, plus favorisé des dieux?

LYCONIDE.

Je ne me trompe pas, j'ai entendu quelqu'un parler.

STROBILE.

Eh! n'aperçois-je pas mon maître?

LYCONIDE.

Ne vois-je pas Strobile, mon esclave?

STROBILE.

C'est lui-même.

LYCONIDE.

C'est bien lui.

STROBILE.

Approchons.

LYCONIDE.

Allons à lui. Il a vu sans doute, comme je le lui avais ordonné, la vieille nourrice de Phédra.

STROBILE, à part.

Pourquoi ne pas lui déclarer le butin qui m'est advenu? Et puis, je lui demanderai qu'il m'affranchisse. Entrons en matière. (Haut.) J'ai trouvé...

LYCONIDE, avec empressement.

Qu'as-tu trouvé?

STROBILE.

Ce n'est pas ce qui fait crier aux enfants : *Je l'ai trouvé!* quand ils épluchent la fève.

1. Acte V, scène I.

AULULARIA.

LYCONIDES.
Jamne autem, ut soles, deludis?
STROBILUS.
Here, mane, eloquar jam: ausculta.
LYCONIDES.
Age ergo loquere.
STROBILUS.
Reperi hodie,
Here, divitias nimias.
LYCONIDES.
Ubinam?
STROBILUS.
Quadrilibrem, inquam, aulam auri plenam.
LYCONIDES.
Quod ego facinus audio ex te?
STROBILUS.
Euclioni huic seni subripui.
LYCONIDES.
Ubi id est aurum?
STROBILUS.
In arca apud me: nunc volo me emitti manu.
LYCONIDES.
Egone te emittam manu, scelerum cumulatissume?
STROBILUS.
Abi, here, scio
Quam rem geras: lepide, hercle, animum tuum tentavi: jam
Ut eriperes, adparabas. Quid faceres, si reperissem?
LYCONIDES.
Non potes probasse nugas: i, redde aurum.
STROBILUS.
Reddam ego aurum?
LYCONIDES.
Redde, inquam, ut huic reddatur.
STROBILUS.
Ah, unde?
LYCONIDES.
Quo modo fassus es
Esse in arca.

LYCONIDE.

Voilà de tes gentillesses ordinaires.

STROBILE.

Un peu de patience, mon maître. Je vais te le dire. Écoute.

LYCONIDE.

Parle donc.

STROBILE.

Je viens de trouver un trésor immense.

LYCONIDE.

Où?

STROBILE.

Une marmite pleine d'or, quatre livres pesant.

LYCONIDE.

Qu'entends-je?

STROBILE.

Je l'ai dérobée au vieil Euclion, notre voisin.

LYCONIDE.

Où est cet or?

STROBILE.

Dans un coffre à moi. Je désire maintenant que tu m'affranchisses.

LYCONIDE.

Moi, t'affranchir, ramas de tous les crimes?

STROBILE.

Fort bien, mon maître. Je devine ta pensée. Par ma foi, c'était une plaisanterie; j'ai voulu t'éprouver. Tu t'apprêtais à me l'arracher. Ah! si je l'avais trouvée en effet, où en serais-je?

LYCONIDE.

Je ne me paye pas de tes sornettes. Allons, rends cet or.

STROBILE.

Que je le rende?

LYCONIDE.

Oui, te dis-je, rends-le, pour que je le remette à Euclion.

STROBILE.

Et quel or?

LYCONIDE.

Celui qui est dans un coffre à toi. Ne l'as-tu pas déclaré?

STROBILUS.
Soleo, hercle, ego garrire nugas : ita loquor.
LYCONIDES.
At scin' quomodo?
STROBILUS.
Vel enica, hercle : hinc nunquam a me feres.

SUPPLEMENTUM CODRI URCEI.

LYCONIDES.
« Velis nolis ; quum te quadrupedem strinxero,
« Et herniosos testes ad trabem tibi
« Divellam appenso. Sed cur in fauces moror
« Hujus scelesti ruere? et animam protinus
« Cur non compello facere iter præposterum?
« Das, an non ?
STROBILUS.
Dabo.
LYCONIDES.
Des ut nunc, non olim volo.
STROBILUS.
« Do jam : sed me animam recipere sinas te rogo.
« Ah! ah! quid, ut dem, poscis, here ?
LYCONIDES.
Nescis, scelu
« Et aulam auri plenam quadrilibrem mihi
« Audes negare, quam dixti modo
« Te arripuisse? heia! jam ubi nunc lorarii ?
STROBILUS.
« Here, audi pauca.
LYCONIDES.
Non audio : lorarii,
« Heus, heus!
LORARII.
Quid est?
LYCONIDES.
Parari catenas volo.

STROBILE.

C'est mon habitude, vraiment, de jaser à tort et à travers. Ma parole !

LYCONIDE.

Sais-tu bien ce qui t'attend?

STROBILE.

Par Hercule! tue-moi, si tu veux. Tu n'obtiendras rien.

SUPPLÉMENT D'URCEUS CODRUS.

LYCONIDE.

Bon gré mal gré, quand je t'aurai attaché par les pieds et les mains au gibet, tes grosses jambes bien écartées... Mais je tarde trop à saisir ce traître à la gorge, et à forcer sa vilaine âme à rebrousser chemin. Le rends-tu? oui ou non? (Il lui serre le cou.)

STROBILE.

Je vais le rendre.

LYCONIDE.

Sur-le-champ; point de délai.

STROBILE.

Tu vas l'avoir; mais laisse-moi respirer. Aïe! aïe! Que veux-tu, mon maître, que je te donne?

LYCONIDE.

Tu l'ignores, coquin? Tu oses nier ce que tu m'as dit tout à l'heure, que tu as volé une marmite pleine d'or pesant quatre livres. Holà, fouetteurs!

STROBILE.

Mon maître, deux mots!

LYCONIDE.

Je n'écoute rien. Fouetteurs, à moi!

LES FOUETTEURS.

Que veux-tu?

LYCONIDE.

Qu'on prépare des chaînes!

STROBILUS.

« Audi, quæso, post me ligare jusseris,
« Quantum libet.

LYCONIDES.

Audio : sed rem expedias ocius.

STROBILUS.

« Si me torqueri jusseris ad necem, vide
« Quid consequare : primum servi exitium habes ;
« Deinde, quod concupisces, ferre non potes.
« At si me dulcis libertatis præmio
« Dudum captasses, jamdudum votis fores
« Tuis potitus. Omnes Natura parit liberos,
« Et omnes libertati natura student.
« Omni malo, omni exitio pejor servitus :
« Et, quem Juppiter odit, servom hunc primum facit.

LYCONIDES.

« Non stulte loqueris.

STROBILUS.

Audi reliqua nunc jam :
« Tenaces nimium dominos nostra ætas tulit.
« Quos Harpagones, Harpyias et Tantalos
« Vocare soleo, in opibus magnis pauperes,
« Et sitibundos in medio Oceani gurgite :
« Nullæ illis satis divitiæ sunt, non Midæ,
« Non Crœsi : non omnis Persarum copia
« Explere illorum tartaream ingluviem potest.
« Inique domini servis utuntur suis :
« Et servi inique dominis nunc parent suis :
« Sic fit neutrobi, quod fieri justum foret.
« Penum, popinas, cellas promptuarias
« Occludunt mille clavibus parci senes.
« Quæ vix legitimis concedi natis volunt,
« Servi furaces, versipelles, callidi,
« Occlusa mille clavibus sibi reserant;
« Furtimque raptant, consumunt, liguriunt :
« Centena nunquam furta dicturi cruce :
« Sic servitutem ulciscuntur servi mali
« Risu jocisque. Sic ergo concludo, quod
« Servos fideles liberalitas facit.

STROBILE.

Écoute un peu. Tu pourras ensuite me faire enchaîner tant qu'il te plaira.

LYCONIDE.

Eh bien! soit; mais pas de longs discours.

STROBILE.

Si tu me fais torturer jusqu'à la mort, qu'y gagneras-tu? d'abord tu perdras un esclave; de plus, tu n'obtiendras pas ce que tu désires. Mais si tu m'offrais en récompense la chère liberté, tu ferais de moi tout ce que tu voudrais, tu serais déjà satisfait. La nature nous a créés tous libres : naturellement nous aimons tous la liberté. Le pire, le plus affreux des maux, c'est la servitude. Et le mortel haï de Jupiter commence par être esclave.

LYCONIDE.

Il ne raisonne pas mal.

STROBILE.

Écoute le reste. Dans notre siècle, les maîtres sont trop avares; de vrais Harpagons, des Harpyes, des Tantales! Pauvres au sein de l'opulence, mourant de soif au milieu de la mer, il n'y a pas de richesses assez grandes pour eux, ni celles de Crésus, ni celles de Midas. Les trésors de la Perse ne pourraient pas combler le gouffre sans fond de leur cupidité. Les maîtres se comportent mal envers leurs esclaves; les esclaves le leur rendent bien. Ainsi, des deux parts, on est mécontent les uns des autres. L'office, le cellier, les armoires, sont fermés à triple serrure par de vieux ladres. Ce qu'ils accordent à peine à leurs enfants, des esclaves, adroits et rusés voleurs, le leur dérobent, et se jouent de leurs milliers de clefs. Ils pillent, ils avalent, ils dévorent. Et jamais les gibets ne leur sauraient arracher l'aveu de leurs nombreux larcins. C'est ainsi que les drôles se dédommagent de leur servitude en riant et s'amusant. Je conclus donc que la libéralité fait les bons esclaves.

LYCONIDES.

« Recte quidem tu, sed non paucis, ut mihi
« Pollicitus. Verum si te facio liberum,
« Reddes, quod cupio?

STROBILUS.

Reddam : sed testes volo
« Adsint : ignosces, here; parum credo tibi.

LYCONIDES.

« Ut lubet; adsint vel centum; jam nil moror.

STROBILUS.

« Megadore, et tu, Eunomia, adeste, precor, si libet.
« Exite : perfecta re mox redibitis.

MEGADORUS.

« Qui nos vocat? hem, Lyconide.

EUNOMIA.

Hem, Strobile, quid est?
« Loquimini.

LYCONIDES.

Breve est.

MEGADORUS.

Quid est?

STROBILUS.

Vos testes voco.
« Si quadrilibrem aulam auri plenam huc adfero,
« Et trado Lyconidæ, Lyconides me manu
« Mittit; jubetque juris esse me mei.
« Itane spondes?

LYCONIDES.

Spondeo.

STROBILUS.

Jamne audistis hoc
« Quod dixit?

MEGADORUS.

Audivimus.

STROBILUS.

Jura enim per Jovem.

LYCONIDES.

« Hem quo redactus sum alieno malo!
« Nimis procax es. Quod jubet, faciam tamen.

LYCONIDE.

Tu as raison; mais tu n'épargnes pas les paroles, comme tu me l'avais promis. Si je te rends libre, me donneras-tu ce que je veux?

STROBILE.

Oui; mais je veux des témoins. Pardonne, mon maître : je n'ai pas pleine confiance en toi.

LYCONIDE.

Cent témoins, si tu veux. J'y consens.

STROBILE, appelant.

Mégadore! Eunomie! venez, s'il vous plaît. Vous rentrerez après le traité conclu.

MÉGADORE.

Qui nous appelle? Me voici, Lyconide.

EUNOMIE.

Me voici, Strobile. Qu'est-ce? parlez.

LYCONIDE.

L'affaire n'est pas longue.

MÉGADORE.

Quelle est-elle ?

STROBILE.

Je vous appelle pour me servir de témoins. Si j'apporte ici une marmite remplie d'or, de quatre livres pesant, et si je la remets à Lyconide, il m'affranchit, et je deviens mon maître. Le promets-tu?

LYCONIDE.

Je le promets.

STROBILE, à Mégadore et à Eunomie.

Vous l'entendez?

MÉGADORE.

Oui.

STROBILE.

Jure donc par Jupiter.

LYCONIDE.

A quoi m'oblige ma pitié pour autrui! — Tu es un insolent ! — Faisons cependant ce qu'il exige.

STROBILUS.
« Heus tu, nostra ætas non multum fidei gerit :
« Tabulæ notantur : adsunt testes duodecim :
« Tempus locumque scribit actuarius;
« Tamen invenitur rhetor, qui factum neget.
LYCONIDES.
« Sed me cito expedi, sis.
STROBILUS.
Hem silicem tibi.
LYCONIDES.
« Si ego te sciens fallam, ita me ejiciat Diespiter
« Bonis, salva urbe et arce, ut ego hunc lapidem. Satin'
« Jam feci tibi ?
STROBILUS.
Satis : ut ego aurum apportem, eo.
LYCONIDES.
« I pegaseo gradu, et vorans viam redi.

LYCONIDES, STROBILUS, MEGADORUS, EUCLIO, EUNOMIA.

LYCONIDES.
« Grave est homini pudenti morologus nimis
« Servus, qui sapere plus volt hero suo.
« Abeat hic Strobilus in malam liber crucem,
« Modo mihi apportet aulam auro puro gravem :
« Ut Euclionem socerum ex luctu retraham
« Ad hilaritatem, et mihi conciliem filiam,
« Ex compressu meo novam puerperam.
« Sed ecce redit onustus Strobilus : ut reor,
« Aulam apportat : et certe est aula, quam gerit.
STROBILUS.
« Lyconide, apporto inventum promissum tibi,
« Aulam auri quadrilibrem : num serus fui ?
LYCONIDES.
« Nempe : o Dii immortales, quid video, aut quid habeo ?
« Plus sexcentos Philippeos ter et quater.

STROBILE.

Vois-tu, la bonne foi n'est pas ce qui abonde en notre siècle. On écrit des actes ; on appelle des douzaines de témoins ; le notaire consigne la date, le lieu : après cela, on trouve encore un habile qui nie tout avec sa rhétorique.

LYCONIDE.

Dépêche, je t'en prie.

STROBILE.

Tiens, voici un caillou.

LYCONIDE.

Si je te trompe par mauvaise foi, que Jupiter, sans que la ville soit troublée par la guerre, m'enlève tous mes biens, comme je jette cette pierre. Es-tu content?

STROBILE.

Oui, et je vais apporter l'or.

LYCONIDE.

Vole sur les ailes de Pégase, et dévore l'espace au retour.

LYCONIDE, STROBILE, MÉGADORE, EUCLION, EUNOMIE.

LYCONIDE.

L'ennuyeux personnage qu'un valet raisonneur, qui en veut savoir plus que son maître ! Peste soit de l'affranchi Strobile ! mais qu'il m'apporte au moins la marmite pleine d'or. Je veux sécher les larmes de mon beau-père Euclion, et le rendre au bonheur, afin d'obtenir sa fille, qui vient d'accoucher d'un fils dont je suis le père. Mais voici Strobile avec un fardeau. C'est, je crois, la marmite qu'il apporte. Oui, c'est cela même.

STROBILE.

Lyconide, je t'apporte ma trouvaille, ainsi que je l'avais promis, la marmite pleine d'or, pesant quatre livres. Ai-je été longtemps ?

LYCONIDE.

O dieux immortels ! que vois-je? quel trésor ! plus de trois

« Sed evocemus Euclionem protinus.
« O Euclio, Euclio.

MEGADORUS.
Euclio, Euclio.

EUCLIO.
Quid est?

LYCONIDES.
« Descende ad nos : nam Dii te servatum volunt.
« Habemus aulam.

EUCLIO.
Habetisne, an me deluditis ?

LYCONIDES.
« Habemus, inquam : modo, si potes, huc advola.

EUCLIO.
« O magne Juppiter, o Lar familiaris, et
« Regina Juno, et noster thesaurarie
« Alcide, tandem miserati miserum senem?
« Oh, oh, quam lætis, aula, tibi amicus senex
« Complector ulnis, et te dulci capio osculo !
« Expleri nequeo mille vel complexibus.
« O spes, o cor ! luctum depulverans meum.

LYCONIDES.
« Auro carere semper duxi pessumum
« Et pueris, et viris, et senibus omnibus.
« Pueros prostare cogit indigentia,
« Viros furari, mendicarier ipsos senes.
« At multo pejus est, ut video nunc, supra
« Quam quod necesse est nobis auro opulescere.
« Heu quantas passus est ærumnas Euclio,
« Ob aulam paulo ante a se deperditam !

EUCLIO.
« Quoi meritas referam grates? An Diis, qui bonos
« Respectant homines? an amicis, rectis viris?
« An utrisque? utrisque potius. Et primum tibi,
« Lyconide, principium et auctor tanti boni,
« Hac ego te aula auri condono; accipias libens :
« Tuam hanc esse volo, et filiam meam simul,
« Præsente Megadoro, et sorore ejus, proba
« Eunomia.

et quatre fois six cents philippes d'or. Appelons vite Euclion. Euclion ! Euclion !

MÉGADORE.

Euclion ! Euclion !

EUCLION.

Qu'y a-t-il ?

LYCONIDE.

Descends. Les dieux te protègent : nous avons la marmite.

EUCLION.

Est-il vrai ? n'est-ce point un jeu ?

LYCONIDE.

Nous l'avons, te dis-je. Accours, vole.

EUCLION.

O grand Jupiter ! ô dieux de mon foyer ! ô Junon ! et toi, Alcide, qui trouves les trésors ! enfin vous avez pris pitié d'un pauvre vieillard. O ma chère marmite, que ton vieil ami a de joie à te presser contre son sein ! Qu'il te baise avec délices ! Non, je ne puis me rassasier de ces embrassements. O mon espoir ! ô ma vie ! enfin mon deuil se dissipe.

LYCONIDE.

J'ai toujours pensé que le manque d'argent était un grand malheur pour tout le monde, enfants, hommes et vieillards. L'indigence réduit les enfants à la prostitution, les hommes au vol, les vieillards à la mendicité. Mais, à ce que je vois, c'est pis encore d'avoir plus d'or qu'il n'en faut. Que de chagrin a causé tout à l'heure à Euclion la perte de son or !

EUCLION.

A qui rendrai-je de dignes actions de grâces ? aux dieux, qui n'abandonnent pas les gens de bien ? ou à mes braves amis ? ou aux uns et aux autres à la fois ? Oui, à tous. Et toi d'abord, Lyconide, premier auteur d'un si grand bienfait, je te donne ce trésor ; n'hésite pas à le recevoir : je veux qu'il t'appartienne, ainsi que ma fille ; je le déclare en présence de Mégadore et de sa sœur, l'estimable Eunomie.

LYCONIDES.

Et habetur, et refertur gratia,
« Ut meritus es, socer exoptatus mihi, Euclio.

EUCLIO.

« Relatam mihi satis putabo gratiam,
« Si donum nostrum, et me ipsum, accipias nunc libens.

LYCONIDES.

« Accipio, et Euclionis volo mea sit domus.

STROBILUS.

« Quod restat, here, nunc memento, ut sim liber.

LYCONIDES.

« Recte monuisti : esto merito liber tuo,
« O Strobile, et turbatam jam intus cœnam para.

STROBILUS.

« Spectatores, naturam avarus Euclio
« Mutavit : liberalis subito factus est.
« Sic liberalitate utimini vos quoque :
« Et, si fabula perplacuit, clare plaudite. »

FINIS.

LYCONIDE.

Compte sur ma juste reconnaissance, mon cher beau-père.

EUCLION.

Tu me la témoigneras suffisamment, si tu veux recevoir de bonne grâce mon présent et moi en même temps.

LYCONIDE.

Je reçois l'un et l'autre, et je veux que ma maison soit la tienne.

STROBILE.

Tout n'est pas fini, mon maître. Souviens-toi de m'affranchir.

LYCONIDE.

C'est juste. Sois libre, Strobile, tu l'as mérité. Va maintenant renouveler les apprêts interrompus du souper.

STROBILE, au public.

Spectateurs, l'avare Euclion a changé son naturel. Le voilà devenu tout à coup généreux. Usez aussi de générosité ; et si la comédie vous a plu, applaudissez bien fort.

FIN DE LA MARMITE.

LA GLOIRE
DU VAL-DE-GRACE

1669

NOTICE PRÉLIMINAIRE.

Le poème de *la Gloire du Val-de-Grâce* est, dans toutes les éditions, rejeté à la fin des œuvres. Il nous a paru qu'il n'y avait aucune bonne raison de ne point le placer, suivant l'ordre chronologique, au rang qui lui est assigné par le privilège et la publication. C'est pourquoi nous l'insérons en cet endroit.

Le peintre Mignard était un des amis particuliers de Molière. Pierre Mignard, né à Troyes en 1610 et mort à Paris en 1695, qu'on nomma Mignard *le Romain,* à cause du long séjour qu'il fit à Rome, revint d'Italie en France en 1657, s'arrêta d'abord à Avignon, chez son frère Nicolas, où l'on suppose qu'il rencontra Molière et sa troupe, voyageant alors dans la Provence et le Languedoc. Introduit à la cour en septembre 1658, bien accueilli par Mazarin, chargé de faire le portrait du roi destiné à l'infante d'Espagne Marie-Thérèse, future reine de France, Mignard contribua peut-être à l'établissement du poète comique à Paris. La reine mère le nomma son peintre ordinaire et le chargea de la décoration du dôme du Val-de-Grâce, qu'elle avait fait construire. C'est à la suite de ce travail que Molière adressa à son ami l'épître en vers qu'on va lire, et dans laquelle le poète a exprimé ses idées sur la peinture.

Pierre Mignard resta étroitement lié avec Molière et avec les Béjart. On le voit, en 1664, dans le contrat de mariage de Geneviève Béjart et de Léonard de Loménie, figurer avec Molière comme témoin[1]. Il est, en 1672, un des exécuteurs testamentaires de Madeleine Béjart, qui le charge de recueillir les deniers comptants qui se trouvent dans la succession et d'en surveiller le placement en rentes ou en terres[2]. La jeune Catherine-Marguerite Mignard, née à Rome en 1652, et qui devait par la suite épouser Jules de Pas, comte de Feuquières, Catherine Mignard tint sur les fonts de baptême, avec Pierre Boileau-Puymorin, frère de Boileau-Despréaux, le second fils de Molière, né le 1er octobre et inhumé le 12 octobre 1672. L'on sait enfin que Mignard fit, et probablement plus d'une fois, le portrait du grand poète son ami; ainsi il est dit dans la *Vie de Pierre Mignard,* de l'abbé de Monville, que le portrait de Molière par ce peintre se trouvait en 1730 chez la comtesse de Feuquières, dont nous venons de parler.

L'enthousiasme de Molière pour son ami semble aujourd'hui bien exagéré. Il ne fut pas moindre, toutefois, chez beaucoup de contemporains, et des plus illustres.

Mme de Sévigné, La Bruyère, plus tard, l'ont porté aux nues. On a dû, depuis lors, en rabattre. « Ce qui manqua à Mignard, dit M. Ch. Blanc[3], ce fut l'originalité. Il n'eut ni la grandeur ni les défauts mêmes du génie. Aussi dirai-je volontiers que P. Mignard fut un peintre éminent; mais je n'irai point jusqu'à dire, avec La Bruyère : « Vignon est un peintre; l'auteur de *Pyrame* « est un poète; mais Corneille est Corneille, Mignard est « Mignard. » Comment s'étonner, en voyant ces deux noms placés sur le même rang, que Molière appelle Raphaël et Michel-Ange « les Mignards de leur siècle » ?

La Gloire du Val-de-Grâce a paru pour la première fois à Paris chez Pierre Le Petit, imprimeur et libraire ordinaire du Roi, rue Saint-Jacques, à la Croix d'or, en 1669, in-4° de 24 pages, avec de belles vignettes dessinées par Mignard et gravées par F. Chauveau. Privilège en date du 5 décembre 1668, accordé au sieur Molière. Ce poème fut réimprimé dans l'édition de 1682 avec un petit changement dans le titre : « *La Gloire du dôme du Val-de-Grâce,* poëme sur la peinture de Monsieur Mignart. »

---

1. *Recherches sur Molière et sur sa famille,* par E. Soulié, page 212.
2. *Recherches sur Molière,* pages 244 et 257.
3. *Histoire des Peintres de toutes les écoles.*

On ne s'accorda point sur la valeur de cette œuvre. Il paraît que, chez Ménage, on donnait ouvertement la préférence au poème sur la peinture que Charles Perrault avait publié l'année précédente (1668). Boileau lui aurait, au contraire, été favorable; Cizeron-Rival écrit d'après Brossette : « Au jugement de Despréaux, de tous les ouvrages de Molière celui dont la versification est la plus régulière et la plus soutenue, c'est le poème qu'il a fait en faveur du fameux Mignard, son ami. Ce poème, disoit-il à M. Brossette, peut tenir lieu d'un traité complet de peinture, et l'auteur y a fait entrer toutes les règles de cet art admirable. Remarquez, monsieur, ajoutoit Despréaux, que Molière a fait sans y penser le caractère de ses poésies, en marquant la différence de la peinture à l'huile et de la peinture à fresque. Dans ce poème sur la peinture, il a travaillé comme les peintres à l'huile, qui reprennent plusieurs fois le pinceau pour retoucher et corriger leur ouvrage, au lieu que dans ses comédies, où il falloit beaucoup d'action et de mouvement, il préféroit les *brusques fiertés* de la fresque à la *paresse de l'huile.* »

« Ce jugement de Boileau, dit M. Sainte-Beuve, a été fort contesté depuis Cizeron-Rival. Auger le mentionne comme *singulier*. Vauvenargues trouve le poème du Val-de-Grâce peu satisfaisant et préfère en général, comme peintre, La Bruyère au grand comique : prédilection de critique moraliste pour le modèle du genre. Vous êtes peintre à l'huile, monsieur de Vauvenargues! Boileau, tout aussi intéressé qu'il était dans la question, se montre plus fermement judicieux. Non que j'admette que ce poème du Val-de-Grâce soit bon et satisfaisant d'un bout à l'autre, ou que Molière ait modifié, ralenti sa manière en le composant. La poésie en est plus chaude que nette; elle tombe dans le technique et s'y embarrasse souvent en le voulant animer. Mais Boileau a bien mis le doigt sur le côté précieux du morceau. A cette belle chaleur de Molière pour la fresque, pour la grande et dramatique peinture, pour celle-là même qui agit sur les masses prosternées dans les chapelles romaines, qui n'aimerait reconnaître la sympathie naturelle au poète du drame, au poète de la multitude, à l'exécuteur soudain, véhément, de tant d'œuvres impérieuses aussi et pressantes? »

M. P. Lacroix (bibliophile Jacob) a publié dans la Collection moliéresque de Jouaust (1880), deux pièces qui se rapportent au même sujet. L'une est une réponse au poème de Molière : elle est intitulée *la Coupe*[1] *du Val-de-Grâce;* elle n'a été publiée qu'en 1700, dans un recueil intitulé *Anonimiana ou Mélanges de poésies, d'éloquence et d'érudition,* Paris, Nicolas Pepie, 1700, in-12 ; mais elle a été certainement composée peu après l'apparition de la pièce de Molière. Le bibliophile Jacob en a trouvé une copie manuscrite plus ancienne à la bibliothèque de l'Arsenal, et l'a réimprimée d'après cette copie. Il l'attribue à Mlle Élisabeth-Sophie Chéron, qui épousa depuis Le Hay, peintre de portraits. Dans le volume de 1700, elle est précédée de ces lignes, qu'il peut être intéressant de relever :

« Un cavalier proposa de faire lecture d'une critique du *Val-de-Grâce,* qui lui étoit tombée entre les mains. Il dit qu'elle étoit d'une dame encore plus distinguée par sa vertu que par son mérite. Elle l'avoit faite en badinant pour répondre à *la Gloire du Val-de-Grâce* que M. de Molière avoit faite en faveur de M. Mignard, dont il aimoit la fille : « Je vous la lirai, ajouta-
« t-il, avec ses défauts, car M. de Colbert, le ministre d'État,
« qu'elle a réjoui, n'ayant point voulu qu'on y touchât, je croi-
« rois gâter une chose qu'il a trouvée bonne, tout imparfaite
« qu'elle est, si je m'étois mêlé de la corriger. »

« Il ne sera peut-être pas hors de propos après cela de vous dire que les soixante ou quatre-vingts premiers vers de ce poème sont sur les mêmes rimes que les premiers du poème du Val-de-Grâce de M. de Molière[2], et que, comme cet excellent comique n'avoit entrepris le sien que pour louer M. Mignard, la dame qui en a fait la critique n'en forma le dessein que pour faire sa cour à M. de Colbert, qui protégeoit M. Lebrun, qui étoit l'émule et le concurrent de M. Mignard. »

---

1. *Coupe,* comme on le verra dans le poème de Molière, se disait alors communément pour *coupole* ou *dôme.*
Ce mot sert encore, dans le pays wallon, à désigner le mamelon le plus élevé d'une suite ou d'un groupe de collines. Ainsi, aux environs de Saint-Omer, il y a une série de hauteurs que couvre en partie le village de Wisques. Le point culminant s'appelle *la Coupe,* et quand on veut y aller, on dit dans le pays : Allons à la Coupe.
2. C'est ce qu'on ne remarque point dans la pièce réimprimée ci-après. Cette pièce aurait-elle été refaite ou changée ?

NOTICE PRÉLIMINAIRE. 423

Si faible qu'elle soit, nous donnerons à la suite du poème de Molière la réponse de Mlle Chéron.

M. P. Lacroix a fait suivre cette première pièce d'une autre plus ancienne et que, depuis longtemps, il a attribuée à Molière. Cette seconde pièce est une épître à Pierre Mignard, composée à l'époque où ce peintre, de retour d'Italie, fit son beau portrait de Mazarin (gravé par Nanteuil en 1660), c'est-à-dire vers 1658. L'épître a été imprimée une seule fois dans les *Délices de la poésie galante*, publiées en 1663 par le libraire Jean Ribou, et ne figure plus dans la seconde édition de ce recueil, qui fut faite en 1666. Dès 1859, M. P. Lacroix, dans son petit volume intitulé *la Jeunesse de Molière,* insistait fort pour que la paternité de cette épître fût déférée à Molière, et il l'inséra dix ans plus tard dans le volume des *Poésies diverses attribuées à Molière,* édité chez Alph. Lemerre en 1869. En 1859, le bibliophile disait que « dans cette épître on reconnaît par moments la muse improvisatrice de Molière, malgré la recherche tourmentée de certaines idées et la négligence de certains détails de style[1] ». Devenant, comme de coutume, de plus en plus affirmatif, il dit en 1869 : « Cette épître, comparée au poème de la *Gloire du Val-de-Grâce,* offre les mêmes formes de langage, les mêmes tours de phrase et les mêmes pensées que le poème. » Nous ne nous en rapportons pas du tout à ces appréciations hasardeuses, et l'auteur de l'Épître à Mignard reste pour nous inconnu. Toutefois, le peu d'étendue qu'elle a nous a décidé à l'imprimer ici, à titre de document antérieur sur le même sujet, offrant un point de comparaison qui peut être plus ou moins intéressant.

1. *La Jeunesse de Molière,* p. 123.

L. M.

LA GLOIRE

DU VAL-DE-GRACE

POÈME

Digne fruit de vingt ans de travaux somptueux,
Auguste bâtiment, temple majestueux,
Dont le dôme superbe, élevé dans la nue,
Pare du grand Paris la magnifique vue,
Et, parmi tant d'objets semés de toutes parts,
Du voyageur surpris prend les premiers regards,
Fais briller à jamais, dans ta noble richesse,
La splendeur du saint vœu d'une grande princesse,
Et porte un témoignage à la postérité
De sa magnificence et de sa piété[1].

---

1. Le Val-de-Grâce fut fondé par la reine Anne d'Autriche en accomplissement du vœu qu'elle avait fait de bâtir une magnifique église si Dieu mettait fin à la longue stérilité dont elle était affligée, et que fit cesser la naissance de Louis XIV. Le jeune roi posa la première pierre de l'église en 1645, et elle fut bénie en 1665. Molière a donc eu raison de dire qu'elle fut le fruit de vingt ans de travaux. Ces travaux, il est vrai, avaient été interrompus par les troubles de la minorité. Mansard, qui fut le premier architecte de l'édifice, n'eut pas la satisfaction d'achever son ouvrage; on lui donna un successeur qui était loin de l'égaler, et celui-ci fut à son tour remplacé par d'autres.

Mignard, qui peignit la coupole, y représenta les cieux ouverts, avec les personnes divines et la hiérarchie des anges et des bienheureux. C'est ce qu'en peinture on appelle une *gloire*.

« Il est bien difficile, dit un des derniers biographes de Mignard, de

Conserve à nos neveux une montre fidèle
Des exquises beautés que tu tiens de son zèle ;
Mais défends bien surtout de l'injure des ans
Le chef-d'œuvre fameux de ses riches présents,
Cet éclatant morceau de savante peinture
Dont elle a couronné ta noble architecture :
C'est le plus bel effet des grands soins qu'elle a pris,
Et ton marbre et ton or ne sont point de ce prix.

Toi qui, dans cette coupe[1], à ton vaste génie
Comme un ample théâtre heureusement fournie,
Es venu déployer les précieux trésors
Que le Tibre t'a vu ramasser sur ses bords ;
Dis-nous, fameux Mignard, par qui te sont versées
Les charmantes beautés de tes nobles pensées ;
Et dans quel fonds tu prends cette variété
Dont l'esprit est surpris, et l'œil est enchanté.
Dis-nous quel feu divin, dans tes fécondes veilles,
De tes expressions enfante les merveilles ;
Quel charme ton pinceau répand dans tous ses traits,
Quelle force il y mêle à ses plus doux attraits,
Et quel est ce pouvoir, qu'au bout des doigts tu portes,
Qui sait faire à nos yeux vivre des choses mortes,
Et, d'un peu de mélange et de bruns et de clairs,

porter un jugement certain sur cette œuvre, la plus importante que nous ait laissée Mignard. Le temps n'a pas respecté cette fresque curieuse, qu'avec le concours de Dufresnoy il acheva en moins d'une année. Des retouches faites après coup, et par les procédés ordinaires de la peinture, ont disparu ; et leur disparition a détruit presque tout l'effet du tableau. Malgré cela, on est frappé de la belle ordonnance de la composition, et du savoir de l'artiste, qui, d'un pinceau plutôt gracieux que ferme, plutôt habile qu'inspiré, a mené à fin une si vaste entreprise. »

1. *Coupe.* — On dit plus ordinairement *coupole.* Tous deux viennent du latin *cupa.* Coupole ou *coupe* se dit de l'intérieur d'un dôme, qui, en effet, ressemble au dedans d'une coupe renversée. (AUGER.)

Rendre esprit la couleur, et les pierres des chairs?
　Tu te tais, et prétends que ce sont des matières
Dont tu dois nous cacher les savantes lumières,
Et que ces beaux secrets, à tes travaux vendus,
Te coûtent un peu trop pour être répandus ;
Mais ton pinceau s'explique, et trahit ton silence ;
Malgré toi, de ton art il nous fait confidence ;
Et, dans ses beaux efforts à nos yeux étalés,
Les mystères profonds nous en sont révélés.
Une pleine lumière ici nous est offerte ;
Et ce dôme pompeux est une école ouverte,
Où l'ouvrage, faisant l'office de la voix,
Dicte de ton grand art les souveraines lois.
Il nous dit fortement les trois nobles parties[1]
Qui rendent d'un tableau les beautés assorties,
Et dont, en s'unissant, les talents relevés
Donnent à l'univers les peintres achevés.
　Mais des trois, comme reine, il nous expose celle[2]
Que ne peut nous donner le travail, ni le zèle ;
Et qui, comme un présent de la faveur des cieux,
Est du nom de divine appelée en tous lieux ;
Elle, dont l'essor monte au-dessus du tonnerre,
Et sans qui l'on demeure à ramper contre terre ;
Qui meut tout, règle tout, en ordonne à son choix,
Et des deux autres mène et régit les emplois.
Il nous enseigne à prendre une digne matière,
Qui donne au feu du peintre une vaste carrière,
Et puisse recevoir tous les grands ornements
Qu'enfante un beau génie en ses accouchements,
Et dont la poésie et sa sœur la peinture

---

1. L'invention, le dessin et le coloris. (Note de Molière.)
2. L'invention, première partie de la peinture. (Note de Molière.)

Parent l'instruction de leur docte imposture ;*
Composent avec art ces attraits, ces douceurs,
Qui font à leurs leçons un passage en nos cœurs ;
Et par qui, de tout temps, ces deux sœurs si pareilles
Charment, l'une les yeux, et l'autre les oreilles.
  Mais il nous dit de fuir un discord apparent
Du lieu que l'on nous donne et du sujet qu'on prend ;
Et de ne point placer, dans un tombeau des fêtes,
Le ciel contre nos pieds, et l'enfer sur nos têtes.
  Il nous apprend à faire, avec détachement,
De groupes contrastés un noble agencement,
Qui du champ du tableau fasse un juste partage,
En conservant les bords un peu légers d'ouvrage,
N'ayant nul embarras, nul fracas vicieux,
Qui rompe ce repos, si fort ami des yeux ;
Mais où, sans se presser, le groupe se rassemble,
Et forme un doux concert, fasse un beau tout-ensemble,
Où rien ne soit à l'œil mendié, ni redit,
Tout s'y voyant tiré d'un vaste fonds d'esprit,
Assaisonné du sel de nos grâces antiques,
Et non du fade goût des ornements gothiques :
Ces monstres odieux des siècles ignorants,
Que de la barbarie ont produits les torrents,
Quand leur cours, inondant presque toute la terre,
Fit à la politesse une mortelle guerre,
Et, de la grande Rome abattant les remparts,
Vint, avec son empire, étouffer les beaux-arts.
  Il nous montre à poser avec noblesse et grâce
La première figure à la plus belle place,
Riche d'un agrément, d'un brillant de grandeur

---

* Var. *Parant l'instruction de leur docte imposture* (1682).

Qui s'empare d'abord des yeux du spectateur ;
Prenant un soin exact que, dans tout un ouvrage,
Elle joue aux regards le plus beau personnage ;
Et que, par aucun rôle au spectacle placé,
Le héros du tableau ne se voie effacé.

   Il nous enseigne à fuir les ornements débiles
Des épisodes froids, et qui sont inutiles ;
A donner au sujet toute sa vérité ;
A lui garder partout pleine fidélité,
Et ne se point porter à prendre de licence,
A moins qu'à des beautés elle donne naissance.

   Il nous dicte amplement les leçons du dessin[1]
Dans la manière grecque, et dans le goût romain ;
Le grand choix du beau vrai, de la belle nature,
Sur les restes exquis de l'antique sculpture,
Qui, prenant d'un sujet la brillante beauté,
En savoit séparer la foible vérité,
Et, formant de plusieurs une beauté parfaite,
Nous corrige par l'art la nature qu'on traite.

   Il nous explique à fond, dans ses instructions,
L'union de la grâce et des proportions ;
Les figures partout doctement dégradées,
Et leurs extrémités soigneusement gardées ;
Les contrastes savants des membres agroupés,
Grands, nobles, étendus, et bien développés,
Balancés sur leur centre en beauté d'attitude,
Tous formés l'un pour l'autre avec exactitude,
Et n'offrant point aux yeux ces galimatias
Où la tête n'est point de la jambe, ou du bras ;
Leur juste attachement aux lieux qui les font naître,

---

1. Le dessin, seconde partie de la peinture. (Note de Molière.)

Et les muscles touchés autant qu'ils doivent l'être ;
La beauté des contours observés avec soin,
Point durement traités, amples, tirés de loin,
Inégaux, ondoyants, et tenant de la flamme,
Afin de conserver plus d'action et d'âme ;
Les nobles airs de tête amplement variés,
Et tous au caractère avec choix mariés ;
Et c'est là qu'un grand peintre, avec pleine largesse,
D'une féconde idée étale la richesse,
Faisant briller partout de la diversité,
Et ne tombant jamais dans un air répété :
Mais un peintre commun trouve une peine extrême
A sortir, dans ses airs, de l'amour de soi-même ;
De redites sans nombre il fatigue les yeux,
Et, plein de son image, il se peint en tous lieux.

   Il nous enseigne aussi les belles draperies,
De grands plis bien jetés suffisamment nourries,
Dont l'ornement aux yeux doit conserver le nu,
Mais qui, pour le marquer, soit un peu retenu ;
Qui ne s'y colle point, mais en suive la grâce,
Et, sans la serrer trop, la caresse et l'embrasse.

   Il nous montre à quel air, dans quelles actions,
Se distinguent à l'œil toutes les passions ;
Les mouvements du cœur, peints d'une adresse extrême,
Par des gestes puisés dans la passion même,
Bien marqués pour parler, appuyés, forts et nets,
Imitant en vigueur les gestes des muets,
Qui veulent réparer la voix que la nature
Leur a voulu nier, ainsi qu'à la peinture.

   Il nous étale enfin les mystères exquis
De la belle partie où triompha Zeuxis[1],

---

1. Le coloris, troisième partie de la peinture. (Note de Molière.)

Et qui, le revêtant d'une gloire immortelle,
Le fit aller de pair avec le grand Apelle :
L'union, les concerts et les tons des couleurs,
Contrastes, amitiés, ruptures et valeurs,
Qui font les grands effets, les fortes impostures,
L'achèvement de l'art, et l'âme des figures.

 Il nous dit clairement dans quel choix le plus beau
On peut prendre le jour et le champ du tableau ;
Les distributions et d'ombre et de lumière
Sur chacun des objets et sur la masse entière ;
Leur dégradation dans l'espace de l'air
Par les tons différents de l'obscur et du clair,
Et quelle force il faut aux objets mis en place,
Que l'approche distingue et le lointain efface ;
Les gracieux repos que, par des soins communs,
Les bruns donnent aux clairs, comme les clairs aux bruns ;
Avec quel agrément d'insensible passage
Doivent ces opposés entrer en assemblage ;
Par quelle douce chute ils doivent y tomber,
Et dans un milieu tendre aux yeux se dérober ;
Ces fonds officieux qu'avec art on se donne,
Qui reçoivent si bien ce qu'on leur abandonne ;
Par quels coups de pinceau, formant de la rondeur,
Le peintre donne au plat le relief du sculpteur ;
Quel adoucissement des teintes de lumière
Fait perdre ce qui tourne, et le chasse derrière ;
Et comme avec un champ fuyant, vague et léger,
La fierté de l'obscur sur la douceur du clair
Triomphant de la toile, en tire avec puissance
Les figures que veut garder sa résistance,
Et, malgré tout l'effort qu'elle oppose à ses coups,
Les détache du fond, et les amène à nous.

Il nous dit tout cela, ton admirable ouvrage ;
Mais, illustre Mignard, n'en prends aucun ombrage :
Ne crains pas que ton art, par ta main découvert,
A marcher sur tes pas tienne un chemin ouvert,
Et que de ses leçons les grands et beaux oracles
Élèvent d'autres mains à tes doctes miracles :
Il y faut les talents que ton mérite joint ; *
Et ce sont des secrets qui ne s'apprennent point.
On n'acquiert point, Mignard, par les soins qu'on se donne
Trois choses dont les dons brillent dans ta personne,
Les passions, la grâce et les tons de couleur,
Qui des riches tableaux font l'exquise valeur ;
Ce sont présents du ciel, qu'on voit peu qu'il assemble ;
Et les siècles ont peine à les trouver ensemble.
C'est par là qu'à nos yeux nuls travaux enfantés
De ton noble travail n'atteindront les beautés :
Malgré tous les pinceaux que ta gloire réveille,
Il sera de nos jours la fameuse merveille,
Et des bouts de la terre en ces superbes lieux
Attirera les pas des savants curieux.
O vous, dignes objets de la noble tendresse
Qu'a fait briller pour vous cette auguste princesse,
Dont au grand Dieu naissant, au véritable Dieu,
Le zèle magnifique a consacré ce lieu[1],
Purs esprits, où du ciel sont les grâces infuses,
Beaux temples des vertus, admirables recluses,
Qui, dans votre retraite, avec tant de ferveur,
Mêlez parfaitement la retraite du cœur,

* VAR. *Il y faut des talents que ton mérite joint* (1682).

1. L'église du Val-de-Grâce était consacrée à Jésus *naissant* et à la Vierge, sa mère ; on lisait sur la frise du portique :
Jesu nascenti Virginique matri.

Et, par un choix pieux hors du monde placées,
Ne détachez vers lui nulle de vos pensées,
Qu'il vous est cher d'avoir sans cesse devant vous
Ce tableau de l'objet de vos vœux les plus doux ;
D'y nourrir par vos yeux les précieuses flammes
Dont si fidèlement brûlent vos belles âmes ;
D'y sentir redoubler l'ardeur de vos désirs ;
D'y donner à toute heure un encens de soupirs,
Et d'embrasser du cœur une image si belle
Des célestes beautés de la gloire éternelle,
Beautés qui dans leurs fers tiennent vos libertés,
Et vous font mépriser toutes autres beautés !

Et toi, qui fus jadis la maîtresse du monde,
Docte et fameuse école en raretés féconde ;
Où les arts déterrés ont, par un digne effort,
Réparé les dégâts des barbares du Nord ;
Source des beaux débris des siècles mémorables,
O Rome, qu'à tes soins nous sommes redevables
De nous avoir rendu, façonné de ta main,
Ce grand homme, chez toi devenu tout Romain,
Dont le pinceau célèbre, avec magnificence,
De ses riches travaux vient parer notre France,
Et dans un noble lustre y produire à nos yeux
Cette belle peinture inconnue en ces lieux,
La fresque, dont la grâce, à l'autre préférée,
Se conserve un éclat d'éternelle durée ;
Mais dont la promptitude et les brusques fiertés
Veulent un grand génie à toucher ses beautés[1] !

---

1. Ceci ne peut s'entendre que du génie de l'exécution ; car, pour celui de l'invention, il a tout le loisir de s'exercer d'avance sur ce qu'on appelle un *carton,* c'est-à-dire un dessin exécuté de la grandeur de la fresque et d'après toutes les études particulières que la composition nécessite. C'est ce

De l'autre qu'on connoît la traitable méthode
Aux foiblesses d'un peintre aisément s'accommode :
La paresse de l'huile, allant avec lenteur,
Du plus tardif génie attend la pesanteur ;
Elle sait secourir, par le temps qu'elle donne,
Les faux pas que peut faire un pinceau qui tâtonne ;
Et sur cette peinture on peut, pour faire mieux,
Revenir, quand on veut, avec de nouveaux yeux.
Cette commodité de retoucher l'ouvrage
Aux peintres chancelants est un grand avantage ;
Et ce qu'on ne fait pas en vingt fois qu'on reprend,
On le peut faire en trente, on le peut faire en cent.
Mais la fresque est pressante, et veut, sans complaisance,
Qu'un peintre s'accommode à son impatience ;
La traite à sa manière, et, d'un travail soudain,
Saisisse le moment qu'elle donne à sa main.
La sévère rigueur de ce moment qui passe
Aux erreurs d'un pinceau ne fait aucune grâce ;
Avec elle il n'est point de retour à tenter,
Et tout, au premier coup, se doit exécuter.
Elle veut un esprit où se rencontre unie
La pleine connoissance avec le grand génie,
Secouru d'une main propre à le seconder,
Et maîtresse de l'art jusqu'à le gourmander ;
Une main prompte à suivre un beau feu qui la guide,
Et dont, comme un éclair, la justesse rapide
Répande dans ses fonds, à grands traits non tâtés,
De ses expressions les touchantes beautés.

dessin, auquel il ne manque que la couleur, et qui même quelquefois est coloré, qu'il faut répéter sur le mur où sera la fresque, et avec une rapidité que nécessite l'enduit de chaux et de sable sur lequel on peint, et qui sèche presque à l'instant même. (PIERRE GUÉRIN.)

C'est par là que la fresque, éclatante de gloire,
Sur les honneurs de l'autre emporte la victoire,
Et que tous les savants, en juges délicats,
Donnent la préférence à ses mâles appas.
Cent doctes mains chez elle ont cherché la louange ;
Et Jules, Annibal[1], Raphaël, Michel-Ange,
Les Mignards de leur siècle, en illustres rivaux,
Ont voulu par la fresque anoblir leurs travaux.
  Nous la voyons ici doctement revêtue
De tous les grands attraits qui surprennent la vue.
Jamais rien de pareil n'a paru dans ces lieux ;
Et la belle inconnue a frappé tous les yeux.
Elle a non-seulement, par ses grâces fertiles,
Charmé du grand Paris les connoisseurs habiles,
Et touché de la cour le beau monde savant ;
Ses miracles encore ont passé plus avant ;
Et de nos courtisans les plus légers d'étude
Elle a pour quelque temps fixé l'inquiétude,
Arrêté leur esprit, attaché leurs regards,
Et fait descendre en eux quelque goût des beaux-arts.
  Mais ce qui, plus que tout, élève son mérite,
C'est de l'auguste Roi l'éclatante visite ;
Ce monarque, dont l'âme aux grandes qualités
Joint un goût délicat des savantes beautés,
Qui, séparant le bon d'avec son apparence,
Décide sans erreur, et loue avec prudence ;
Louis, le grand Louis, dont l'esprit souverain
Ne dit rien au hasard, et voit tout d'un œil sain,
A versé de sa bouche à ses grâces brillantes
De deux précieux mots les douceurs chatouillantes ;

---

1. Jules Romain, Annibal Carrache.

Et l'on sait qu'en deux mots ce Roi judicieux
Fait des plus beaux travaux l'éloge glorieux.
　Colbert, dont le bon goût suit celui de son maître,
A senti même charme, et nous le fait paroître.
Ce vigoureux génie au travail si constant,
Dont la vaste prudence à tous emplois s'étend,
Qui du choix souverain tient, par son haut mérite,
Du commerce et des arts la suprême conduite,
A d'une noble idée enfanté le dessein *
Qu'il confie aux talents de cette docte main,
Et dont il veut par elle attacher la richesse
Aux sacrés murs du temple où son cœur s'intéresse[1].
La voilà, cette main, qui se met en chaleur ;
Elle prend les pinceaux, trace, étend la couleur,
Empâte, adoucit, touche, et ne fait nulle pause :
Voilà qu'elle a fini ; l'ouvrage aux yeux s'expose,
Et nous y découvrons, aux yeux des grands experts,
Trois miracles de l'art en trois tableaux divers[2].
Mais, parmi cent objets d'une beauté touchante,
Le Dieu porte au respect, et n'a rien qui n'enchante ;
Rien en grâce, en douceur, en vive majesté,
Qui ne présente à l'œil une divinité ;

---

* VAR. *A d'une noble idée enfanté le dessin* (Édit. 1734).

1. Saint-Eustache. (Note de Molière.)
Colbert était de la paroisse de Saint-Eustache, et il fut inhumé dans l'église : il avait donné une somme de vingt mille francs pour la construction d'un nouveau portail, qui ne fut commencé qu'en 1754 et qui n'est pas même achevé aujourd'hui.
2. D'après l'ordre de Colbert, Mignard avait fait, pour une chapelle qui fut détruite lors de la construction du nouveau portail, trois tableaux à fresque : au plafond, les cieux ouverts et le Père éternel au milieu d'une gloire d'anges ; sur la partie droite du mur, la Circoncision ; sur la partie gauche, saint Jean baptisant Jésus-Christ dans le Jourdain. (AUGER.)

Elle est toute en ces traits si brillants de noblesse :*
La grandeur y paroît, l'équité, la sagesse,
La bonté, la puissance ; enfin, ces traits font voir
Ce que l'esprit de l'homme a peine à concevoir.
  Poursuis, ô grand Colbert, à vouloir dans la France
Des arts que tu régis établir l'excellence,
Et donne à ce projet et si grand et si beau
Tous les riches moments d'un si docte pinceau.
Attache à des travaux, dont l'éclat te renomme,
Le reste précieux des jours de ce grand homme.
Tels hommes rarement se peuvent présenter,
Et, quand le ciel les donne, il faut en profiter.
De ces mains, dont les temps ne sont guère prodigues,
Tu dois à l'univers les savantes fatigues ;
C'est à ton ministère à les aller saisir
Pour les mettre aux emplois que tu peux leur choisir ;
Et, pour ta propre gloire, il ne faut point attendre
Qu'elles viennent t'offrir ce que ton choix doit prendre.
Les grands hommes, Colbert, sont mauvais courtisans,
Peu faits à s'acquitter des devoirs complaisants ;
A leurs réflexions tout entiers ils se donnent ;
Et ce n'est que par là qu'ils se perfectionnent.
L'étude et la visite ont leurs talents à part.
Qui se donne à sa cour se dérobe à son art.**
Un esprit partagé rarement s'y consomme ;
Et les emplois de feu demandent tout un homme.
Ils ne sauroient quitter les soins de leur métier
Pour aller chaque jour fatiguer ton portier ;
Ni partout, près de toi, par d'assidus hommages,

---

  * Var. *Elle est toute en ses traits si brillants de noblesse* (1682).
  ** Var. *Qui se donne à la cour se dérobe à son art* (Édit. 1734).

Mendier des prôneurs les éclatants suffrages.
Cet amour de travail, qui toujours règne en eux,
Rend à tous autres soins leur esprit paresseux ;
Et tu dois consentir à cette négligence
Qui de leurs beaux talents te nourrit l'excellence.
Souffre que, dans leur art s'avançant chaque jour,
Par leurs ouvrages seuls ils te fassent leur cour[1].
Leur mérite à tes yeux y peut assez paroître ;
Consultes-en ton goût, il s'y connoît en maître,
Et te dira toujours, pour l'honneur de ton choix,
Sur qui tu dois verser l'éclat des grands emplois.

C'est ainsi que des arts la renaissante gloire
De tes illustres soins ornera la mémoire ;
Et que ton nom, porté dans cent travaux pompeux,
Passera triomphant à nos derniers neveux.

---

1. Ces vers sur l'humeur indépendante et même un peu sauvage de l'homme de génie sont énergiques et fiers ; ils honorent celui qui les a faits, comme celui qui les a inspirés. Mignard y est point avec fidélité ; et Molière lui rendait un service d'ami, en présentant sous le jour le plus avantageux des singularités de caractère et de conduite dont on s'était servi probablement pour lui nuire dans l'esprit de Colbert.

Il y avait des motifs particuliers pour que Mignard ne fût pas le courtisan assidu de Colbert. Mignard, dès son retour en France, se mit en lutte ouverte avec Ch. Le Brun, premier peintre du roi et directeur de l'Académie, que protégeait le grand ministre. Molière n'essayait donc pas seulement de justifier le caractère, mais aussi l'attitude indépendante qu'avait prise son ami. Il ne paraît pas que le poète ait eu beaucoup de succès dans son entreprise. La fortune de Mignard ne prit en effet tout son essor qu'après la mort de Colbert en 1683, et lorsque *le Romain* avait déjà soixante-treize ans.

FIN DU POÈME.

LA COUPE

DU VAL-DE-GRACE

LA COUPE

DU VAL-DE-GRACE

A MONSIEUR DE MOLIÈRE.

Esprit de nos jours le plus rare,
Toi de qui la plume sépare
Ton nom d'entre tous les acteurs,
Pour le mettre au rang des auteurs ;
Toi qui, sans effort de ta veine,
Corriges la nature humaine,
Et qui, par un art merveilleux,
Joins au plaisant le sérieux ;
Qui critiques sans complaisance
Toutes les sottises de France :
Pourquoi faut-il, pour mon malheur,
Aujourd'hui, contre ton humeur,
Que tu m'élèves dans la nue
Pour me rendre aux yeux trop connue ?

Veux-tu passer pour un menteur,
Toi qu'on ne crut jamais flatteur ?
Veux-tu que l'on dise, à ma honte,
Que ce trop d'honneur me surmonte ?
Cache donc à tout l'univers
Ces grands et magnifiques vers,
Car leur éloquence divine
Seroit cause de ma ruine.
Je sais tout ce qu'on dit de moi ;
L'on ne t'en croit pas sur ta foi ;
Chacun juge par sa lumière,
Et, sans trop respecter Molière,
Je verrai faire mon procès,
Malgré la brigue et les placets.
Tous les savants viendront en troupe
Donner un arrêt sur la Coupe,
Et feront publier tout haut
Leur sentence sur mon défaut.
Enfin j'ai beau faire la fine,
J'ai méchant jeu et bonne mine;
Toute ma beauté n'est qu'un fard
Peu caché pour les gens de l'art:
Mais, aussitôt qu'on m'examine,
Je dis : Adieu la bonne mine !
Car, de la tête jusqu'aux pieds,
Mes membres sont estropiés ;
Au moins, c'est ce que j'entends dire,
Et que je crains de voir écrire.
Je vois venir, de jour en jour,
Mille personnes tour à tour,
Qui soutiennent devant moi-même
Ce qui n'est pas dans ton poème.
C'est pourquoi, savant écrivain,
Reprends donc ta plume à la main,
Non pour louer, mais pour défendre:
Car, si je te puis faire entendre
Tous les défauts qu'on trouve en moi,
Ce que l'on dit, et que je vois,

Tu ne seras pas sans affaire,
Si tu prétends y satisfaire.
Les pilleurs et les assassins
N'ont jamais fait plus de larcins
Que j'en fais paroître à la vue ;
Les habits dont je suis vêtue
Sont volés dans les plus saints lieux :
C'est quelque chose d'odieux ;
Mais, hélas ! ce n'est pas le pire
De tout ce que j'en entends dire :
« Celui qui m'a voulu parer
N'a fait que me déshonorer.
Il a fait souffrir le martyre
A mainte vierge : il les déchire.
Il leur casse jambes et bras,
Sans épée et sans coutelas ;
L'on dit même que les apôtres
N'en sont pas exempts plus que d'autres ;
Il les a mis dans le malheur
D'avoir tous besoin d'un bailleur ;
Mais ce qu'on dit de plus étrange,
C'est qu'il n'épargne Dieu ni ange. »
    A cela, que répondras-tu ?
Ton cœur n'est-il pas abattu ?
Mais, hélas ! que pouvoir répondre ?
N'est-ce pas là pour nous confondre ?
Je sais bien que mes partisans
Disent que des noirs médisants
La seule envie ou la malice
Me fronde avec trop d'injustice ;
Qu'en dépit de leurs vains discours,
Le grand Mignard sera toujours,
Dans son cabinet, un rare homme ;
Qu'il a fait miracle dans Rome.
Mais, sans me flatter, je crains bien
Que les savants n'en croient rien.
Je vois, tous les jours, dans le temple,
Tout le monde qui me contemple :

L'ignorant, comme le docteur,
Se mêle d'être mon censeur.
  Un marchand, la dernière fête,
Disoit tout haut, levant la tête :
« Le parement de cet autel
Devoit être du brocatel,
Bien chamarré de broderie,
Plutôt que de tapisserie,
Car cette moquette n'est pas
Si belle que du taffetas.
Il faut que ce peintre soit chiche,
Pour ne l'avoir pas fait plus riche ;
Falloit-il mettre, en paradis,
Des bergames du temps jadis ?
— Vraiment ! ce seroit grand dommage,
Répondit sa femme, plus sage,
Si l'on en eût fait un plus beau :
Car le sang de ce pauvre Agneau,
Qui coule dessus la serviette,
Gâteroit toute la moquette. »
Alors plusieurs gens de savoir,
Qui pour lors m'étoient venus voir,
Firent tous un éclat de rire
De ce qu'ils venoient d'ouïr dire.
« Chacun juge selon son sens,
Dit-on d'entre les connoissants.
Ce peuple, qui parle à sa mode,
Sans science ni sans méthode,
Sait découvrir, le plus souvent,
Ce qui n'est pas vu d'un savant :
Car cette simple femmelette,
Qui, pour soutenir sa moquette,
Donne son jugement tout haut,
Me découvre un fort grand défaut
A quoi je ne prenois pas garde,
Depuis le temps que je regarde ;
Car cet autel assurément
Suppose du Vieil Testament

Le sacrifice et la victime,
Qu'on offroit à Dieu pour le crime :
Sur la pierre nue on brûloit
La victime qu'on immoloit,
Et c'est une faute grossière
De l'orner d'une autre matière,
Pour la brûler avec l'Agneau.
Or c'est un sentiment nouveau
De croire qu'on brûloit la nappe ;
Et c'est à quoi Mignard s'attrape.
Mais pourquoi mettre un parement ?
C'est un défaut de jugement ;
Je soutiens, sans être critique,
Qu'il n'est point dit, au *Lévitique,*
Que l'autel fût jamais paré,
Quand l'Agneau étoit préparé
Pour être offert en sacrifice :
Ce discours est sans artifice.
— Mais, répondit un curieux
Du nombre de ces vertueux,
J'aperçois bien une autre chose
Qui mérite un peu que l'on glose :
La croix de Malte assurément
N'est pas de l'Ancien Testament ?
Il n'est point dit dans l'Écriture
Qu'elle dût servir de parure,
Alors qu'on immoloit l'Agneau.
— Cet ouvrage est pourtant fort beau,
Dit un autre homme de la troupe ;
Je prends le parti de la Coupe,
Et je soutiendrai hardiment
Que Mignard est peintre excellent.
Que trouvez-vous à sa manière ?
— Je ne la crois pas la première,
Lui répondit le curieux,
Souriant d'un air dédaigneux.
— Je n'aime point la raillerie !
Vous n'en parlez que par envie,

Dit mon défenseur, et je voi
Que jamais Mignard, comme à moi,
Ne vous parla de sa science.
Mais je veux, en votre présence,
Dit-il, s'adressant à plusieurs
De ces illustres auditeurs,
Lui faire avouer, à sa honte,
Que son grand esprit se mécompte.
— Ah! monsieur, dit le curieux,
Je vous prends au mot, je le veux. »
Chacun ayant prêté silence,
Pour commencer la conférence,
L'on fut quelque temps à penser
Qui des deux devoit commencer ;
Mais, suivant la loi de l'École,
L'accusant commença son rôle :
« Messieurs, je n'ai pas entrepris,
Dit-il, de gagner vos esprits
Par un discours plein d'éloquence,
Soutenu d'art et de science ;
Je veux prouver présentement,
Mais en quatre mots seulement,
Que ce grand chamaillis d'ouvrage,
A qui plusieurs rendent hommage,
N'a rien qui ne soit imparfait,
Défectueux ou contrefait,
Contraire à l'art de la peinture,
Choquant et raison et nature :
Car, je pose pour fondement
Qu'un peintre de grand jugement
Doit dans l'esprit avoir présente
L'idée de ce qu'il invente ;
Que son imagination
Lui produise l'expression
De son sujet, et qu'il ordonne,
Sans qu'il emprunte de personne.
Or je mets en fait qu'à vos yeux
Je vais trouver dedans ces lieux

Plusieurs figures dérobées,
Que Mignard s'est appropriées ;
Qu'il a peintes comme il a pu,
Et qui ne sont pas de son cru,
Mais ne pensez pas que j'impose :
Je me rends garant de la chose,
Et veux passer pour un menteur
Si Mignard est un inventeur.
C'est une chose incontestable ;
Mais, pour la rendre plus croyable,
Suivez-moi du doigt et de l'œil,
Et faisons ici le recueil
Des figures qui sont connues.
Si nous les ôtions de ces nues,
Le reste en seroit un peu court :
Car, dans ce bienheureux séjour,
Tintoret, Pietre de Cortone,
Ne sont inconnus à personne ;
Lanfranc, le Guide et Raphaël,
S'ils ôtoient ce qu'ils ont au ciel,
Il resteroit peu, sous ce cintre,
De l'esprit et de l'art du peintre.
Mais chaque homme a sa passion,
Et ce n'est pas l'ambition
A Mignard de faire connoître
Qu'il invente et qu'il donne l'être.
Mais, pour ses pillages passés,
Qu'il prie pour les trépassés,
Puisqu'il montre, par cet ouvrage,
Le grand secours et l'avantage
Qu'on tire des peintres fameux
Dans le séjour des bienheureux. »

Mon défenseur prit la parole :
« Monsieur, est-ce ainsi que l'on vole
La haute réputation
D'un homme plein d'invention ?
J'ai regret de vous interrompre,
Mais ce discours pourroit corrompre

Cette illustre troupe d'amis;
Souffrez donc qu'il me soit permis
Que je réponde à cette injure,
A cette outrageante censure.
Non, non, je ne puis sans douleur,
Continua mon défenseur,
S'adressant à toute la troupe,
Entendre condamner la Coupe,
Puisqu'elle fait voir à nos yeux
Le bon goût et le précieux.
Ce grand peintre, dont la manière
Est de l'Europe la première,
L'ayant peinte enfin de sa main,
Montre qu'elle est du goût romain;
Son ordonnance est entendue :
Elle prend l'esprit et la vue;
Le beau contraste s'y fait voir,
Et Mignard se peut prévaloir
Qu'il sait, lui seul, dans la nature,
L'empâtement de la peinture :
Car peut-on sans ravissement
Voir cette Coupe un seul moment?
Est-il rien de plus admirable,
De plus grand, de plus vénérable,
Que paroît le Père Éternel?
Jamais le divin Raphaël,
Qui fut le Mignard de son âge,
Ne fit un si divin ouvrage
Que ce beau séjour glorieux;
N'est-ce pas là peindre des cieux?
Puisque le plus petit des anges
Mériteroit mille louanges.
Mais venons au particulier
De cet ouvrage singulier.
Ce côté me ravit, entre autres,
Où sont dépeints ces grands apôtres.
Saint Pierre, dans cette action,
N'a-t-il pas une expression

Qui peut passer pour un miracle?
Il paroît là comme un oracle;
Il semble qu'il prêche tout haut;
Cette figure est sans défaut :
Elle mérite qu'on l'admire,
Et c'est tout ce qu'on en peut dire.
Saint Paul, de son long étendu,
Exprime qu'il a entendu
L'éclat de cette voix tonnante
Qui le fit tomber d'épouvante,
Lorsque la lumière des cieux
Éteignit celle de ses yeux.
Son âme paroît alarmée
Autant que la mienne est charmée.
A côté de là, j'aperçois
Le saint qui nous prêcha la foi :
Il est habillé d'un blanc sale ;
Son visage paroît fort pâle ;
Mais cela sert à l'union
Autant qu'à la dévotion.
Remarquez ce grand saint Hiérôme.
Il fait miracle dans ce dôme,
Car son grand et sublime esprit,
Sans penser à ce qu'il écrit,
Rumine quelque belle idée :
Ce peintre a si bien accordée
La science avec le sujet
Qu'on est ravi par cet objet.
Mais admirez ces grands espaces,
La beauté de ces grandes masses !
Moïse, appuyé sur la Loi,
Est un prodige selon moi ;
Près de lui, les Israélites,
Ces grands hommes pleins de mérites,
Expriment si bien la grandeur,
La majesté et la splendeur,
Qu'il n'est rien de plus magnifique ;
Et l'on ne voit rien dans l'antique,

Dans ce fameux reste du Beau,
Qui puisse égaler ce *Morceau*.
Mais tournons un peu notre chaise :
Nous verrons le reste à notre aise.
Je ne trouve rien, dans ces lieux,
De plus agréable à mes yeux
Que cette sainte Catherine,
Pleine d'une grâce divine ;
L'on voit, dans son extension,
Une admirable expression ;
Elle est toute passionnée.
C'est une des mieux ordonnée,
Et nous devons tous avouer
Qu'on ne la peut assez louer.
La sainte Ursule, avec sa troupe,
Ne fait-elle pas un beau groupe,
Qui donne du ravissement?
Mais, surtout dans l'arrangement
De tant de figures pareilles,
Ce peintre fait voir des merveilles.
Cécile, d'un air gracieux,
Frappe l'oreille avec les yeux.
Mais un autre objet prend ma vue :
C'est Agnès, qui paroît vêtue
D'un habit plein de pureté,
Pour marquer sa virginité.
Cette Agnès, de qui la jeunesse
Paroît autant que sa noblesse,
Tient entre ses bras un mouton,
Qui, je crois, la baise au menton.
Admirez un peu la tendresse
De cette innocente caresse ;
Qu'il exprime bien la douceur
En la baisant de si bon cœur !
J'aurois mille choses à dire
De cette autre sainte martyre
Et de ce grand saint Augustin,
Le docteur du peuple latin ;

Mais je juge, à votre visage,
Qu'en admirant ce bel ouvrage,
Chacun de vous dira tout haut
Que cette Coupe est sans défaut,
Et c'est ce que j'en dois attendre.
— Monsieur, vous pourriez vous méprendre,
Dit le curieux, et je croi
Que chacun doit parler pour soi :
Car souvent, dit-il, on s'engage
A faire un mauvais personnage,
Ainsi que je vous vais montrer.
J'ai des coups qu'on ne peut parer ;
Et, sans employer d'autres charmes,
Je ne veux que vos seules armes
Pour détruire tous vos discours.
Je vous dirai donc, sans détours,
Que je ne vois point d'ordonnance,
De grandeur, de magnificence,
Rien d'éclatant, rien de pompeux,
Ni rien qui surprenne les yeux,
Dans cette si fameuse Coupe,
Où l'on ne remarque aucun groupe,
Bien que vous l'ayez soutenu.
Le contraste mal entendu
Y fait ce qu'il n'y doit pas faire,
Par une expression contraire.
Je suis d'accord que l'union
S'y trouve avec profusion :
Tout se tient ensemble, et la vue
Croit que tout s'attache à la nue,
Et le noyement de couleur
N'exprime rien qu'une fadeur.
La figure est très mal drapée :
Ce n'est rien que bure fripée,
Dont chacun des saints est vêtu,
Qui couvre si bien tout le nu ;
Et la science sera fine
Si les contours elle devine

Tous les plis y sont mal jetés,
Pour la plupart mal inventés;
L'étoffe est si lourde et grossière
Que, si la nue étoit légère,
Tous les saints seroient au hasard
De la percer de part en part.
La lumière est mal répandue,
Car, loin de pousser, elle tue;
Elle ne couvre qu'un placard
Bien moins lumineux que blafard.
Mais revenons à la figure,
Ce chef-d'œuvre de la peinture:
Car c'est en cela qu'on peut voir
De Mignard le divin savoir.
Je dirai déjà par avance
Que c'est une haute imprudence
De donner des expressions,
Ou plutôt des contorsions,
Des actions si messéantes,
Aux âmes qui sont jouissantes
De la gloire du firmament,
Toujours dans le ravissement
De contempler Dieu face à face,
Dans ce jour qui jamais ne passe:
Car tous les saints qui sont aux cieux,
D'un corps céleste et glorieux
Chantent d'éternelles louanges,
Unis avec le chœur des anges;
Ainsi toute leur action
N'est rien qu'une adoration.
Cependant je ne puis comprendre,
Et c'est ce qu'on ne peut défendre,
Que Mignard veuille faire voir
Des actions de désespoir
Dans le ciel, où nous devons croire
Qu'on est au comble de la gloire,
Et la raison ne permet pas
D'y rien faire entrer qui soit bas.

Tout doit, aux cieux, être céleste ;
Il n'y faut rien qui soit terrestre.
Jugez donc, par ce que je dis,
En regardant ce paradis,
Que Mignard fait voir sur nos têtes
Bien pis *qu'en des tombeaux des fêtes ;*
Mais, sans préoccupation,
Faisons notre observation.
Si Raphaël le véritable
Peignoit ce sujet adorable,
Lui qui, selon ce que j'entends,
Étoit le Mignard de son temps,
Il se fût bien gardé de faire
Ce que l'on voit ici déplaire.
Feroit-il le Père Éternel
Comme a fait ce faux Raphaël ?
Je n'en dirai qu'une parole :
Sa tête est toute sur l'épaule ;
Le Raphaël du temps passé
Sans doute auroit mieux compassé,
Pour la poser, selon nature,
Sur le milieu de la figure.
Mais arrêtons-nous un moment :
Regardons attentivement
Ce grand saint, le chef de l'Église,
Pierre, à qui la foi fut promise ;
Pierre, qui connut dans sa chair
Son Sauveur qui lui fut si cher ;
Pierre, dont l'âme courageuse,
Sans craindre une mer orageuse,
Marcha sur son liquide dos,
Pour suivre son Dieu sur les flots,
Comme il eût fait sur le rivage ;
Mais, à présent que sans nuage
Il peut le voir à son plaisir,
Ce grand saint change de désir,
Et son âme, dans l'empyrée,
De son Dieu n'est plus enivrée,

Puisqu'il n'est point dans l'action
D'un cœur plein d'adoration.
Saint Paul, dont l'ardeur et le zèle
Servoit à son âme d'une aile
Pour s'élever dedans les cieux,
Dans la Coupe paroît aux yeux
Comme au moment qu'il fait sa chute,
Lorsque l'Église il persécute.
Falloit-il donc, après sa mort,
L'ôter d'un céleste transport,
Pour l'exposer à notre vue
Couché de son long sur la nue?
Saint Hiérôme est plus effrayé
Que tout un monde foudroyé :
Son action est inquiète,
Comme s'il voyoit la trompette
Qui doit sonner au Jugement ;
L'extase ou le ravissement
Qui remplit les saints d'allégresse
Se change en lui comme en détresse.
Il tient des papiers dans ses mains :
Est-ce pour écrire aux humains ?
Car, l'on voit bien qu'avec sa plume
Il compose quelque volume ;
Mais je pénètre, dans son sein,
Qu'il écrit contre son dessein,
Et vous voyez bien, à sa mine,
Que contre Mignard il rechigne
De l'avoir dans le lieu de paix
Fait écrivain pour un jamais.
Tintoret l'a fait, sans écrire,
Dans l'endroit d'où Mignard le tire.
La trompette du Jugement
Cause là son étonnement ;
Mais ici ce peintre est blâmable,
Et sa faute est inexcusable,
De faire un saint dedans la peur,
Pour marquer son parfait bonheur.

Venons à sainte Catherine,
De qui l'éloquence divine
Convertit les plus grands docteurs,
Ainsi que ses persécuteurs.
Est-elle ici dans l'attitude
Qu'il faut pour la béatitude?
Elle exprime une passion
Contraire à l'adoration,
Et l'on connoît dans son visage
Le ressentiment d'un outrage;
Aussi ne se trompe-t-on pas :
C'est la Didon près du trépas,
Cette belle Didon du Guide,
Cette illustre de l'*Énéide,*
Qui se tua sur un bûcher
Pour Énée au cœur de rocher;
Mignard, dis-je, la trouvant belle
Dans cette action si cruelle,
Sans avoir l'esprit scrupuleux,
Met son désespoir dans les cieux;
Aussi voit-on que cette sainte
Comme une désolée est peinte :
Mignard n'en a voulu changer
Que la nue pour le bûcher.
Par sa longueur elle est extrême,
Mais il en fait d'autres de même.
Cécile, du plus haut des cieux,
Pleine d'un désir curieux,
De son bonheur étant trop lasse,
Regarde en bas ce qui s'y passe.
Mais retournons un peu plus loin,
Et dites-moi s'il est besoin
De nous représenter Moïse
Appuyé sur la Loi promise?
Ce prophète qui soupiroit,
Qui depuis longtemps aspiroit
D'être en la gloire bienheureuse,
Aujourd'hui son âme est rêveuse;

A peine lève t-il les yeux,
Pour contempler qu'il est aux cieux.
Josué, comme sur la terre,
Semble encore aller à la guerre ;
Il ne manque à son air altier
Que le front couvert de laurier.
L'on peut dire sans invective
Qu'on s'est moqué de perspective :
Car vit-on jamais rien de tel,
Que le marchepied de l'autel ?
On en tire le point de vue
D'une perspective inconnue.
Mais surtout ne voyez-vous pas
Sur ces nuées ou matelas
Où les figures sont couchées,
Qu'elles y sont si bien rangées
Qu'un jeu d'orgue ne l'est pas mieux ;
Puisqu'elles font voir à nos yeux
Les plus grandes sur les derrières,
Et les petites les premières.
J'en prends devant vous à témoin
Ce glorieux saint Augustin :
Il ne pourra pas m'en dédire. »
  Tout le monde se prit à rire,
Ce qui fit rompre ce propos :
Car tous les messieurs, en deux mots,
Avouèrent, en ma présence,
Qu'ils abandonnoient ma défense.
Mon défenseur les entreprit,
Leur disant que des gens d'esprit
Me tenoient pourtant, dans le monde,
Pour la merveille sans seconde,
Et qu'il feroit voir à leurs yeux
Un poème miraculeux
Qu'avoit fait le savant Molière.
Qui parle d'une autre manière
Que cette troupe n'avoit fait.
« Mais, monsieur, cela gît en fait,

Répondit un de l'assemblée;
Car c'est parler à la volée
Que de citer ici des vers
Pour les juges de l'univers.
Sans vouloir offenser Molière,
L'on peut dire que la lumière
Ne va pas à juger d'un art
Qu'on ne connoît pas par hasard,
Et sa poétique science
N'infuse ni droit ni puissance
De juger quel est le pinceau
Qui doit passer pour le plus beau,
Pour en faire une remontrance
Aux plus éclairés de la France,
A celui dont le jugement
Connoît tout si parfaitement,
Et de qui la vive lumière
Se peut bien passer de Molière :
Car enfin, selon son rapport,
Un sage ministre a grand tort
De ne pas employer un homme
Qui dans l'étude se consomme,
Et de qui le pinceau fameux
Porteroit jusqu'à nos neveux,
Par une éternelle mémoire,
De ce grand ministre la gloire.
Mais, quand il nous dit que Mignard,
N'est point courtisan, et que l'art
Ne doit point chercher, par hommage,
Des prôneurs l'éclatant suffrage,
Ce poème montre aujourd'hui
Qu'il n'est rien qu'un placet pour lui,
Où tous ces grands mots de peinture,
Tons, masses, valeurs, empâtures,
Que la rime enchâsse si bien,
Sont tous mots qui ne disent rien
Pour la Coupe du Val-de-Grâce,
Puisque pas un n'y tient sa place.

— Mais, reprit un autre d'entre eux,
Ne trouvez-vous pas monstrueux
Que la fresque, cette inconnue,
Qu'en France l'on n'avoit point vue,
Charme l'œil par ses vieux appas?
Quant à moi, je ne le crois pas ;
Et, quoique Molière la vante,
De l'huile elle est fort la servante.
— Mais enfin, dit le curieux,
Les objets sont faits pour les yeux,
Et les paroles pour l'oreille.
Si la Coupe est une merveille,
Ce n'est que dedans ces beaux vers;
Mais, comme tout a son revers,
Lorsque notre œil voit sa peinture,
Ce grand juge de la nature
Fait avouer à notre esprit
Que sa beauté n'est qu'en écrit. »
  Ils s'entretenoient de la sorte,
Quand le portier ouvrit la porte,
Ce qui fit voir, en un moment,
Un tas de monde se poussant,
Qui prit, bon gré mal gré, sa place,
Sous la Coupe du Val-de-Grâce.
Là, chacun dit son sentiment,
Donnant sur moi son jugement.
Dame Denise la première
Dit à Simone, sa commère :
« Est-ce là le vrai paradis,
Que le bon Dieu nous a promis?
— Es-tu folle? lui dit Simone :
Ne vois-tu pas notre patronne
Qui tient dans ses bras son agneau?
Ah! Simon, que cela est biau!
Je vois bian comment il la baise,
La pouvre bête! qu'elle est aise!
Plût à Dieu être comme li,
Non pas demain, mais aujourdi!

— Quoi! tu voudrois être une bête?
As-tu de l'esprit dans la tête,
Lui répondit dame Alison,
D'être une bête sans raison?
— Bête ou non, cela ne m'importe,
Pourvu que j'y fus de la sorte,
Reprit Denise, car tous ceux
Qui sont dans le ciel sont heureux.
— Écoutez-la comme a raisonne!
Lui répliqua dame Simone.
Ne voudrois-tu pas être aussi
Comme ce lion que voici?
— Fi! dit-elle, en tournant la tête :
C'est une trop méchante bête.
— Tu ne sais donc ce que tu veux?
En paradis, tout est heureux.
Au moins, tu viens de nous le dire. »
   Tout le monde se mit à rire
De ce qu'il avoit entendu.
« Cette femme a bien répondu,
Dit un gros homme de la bande :
Car, dites-moi, je vous demande,
D'où vient que ce grand peintre a mis
Des bêtes dans le paradis?
Pensez qu'il a fallu des grues,
Pour les juquer dessus des nues?
— Elles ne sont point d'ici-bas,
Dit l'autre; ne voyez-vous pas
Le père Noë, près de l'arche?
Montez sur le coin de la marche,
Et vous la voirez aisément.
— Ha! je l'aperçois voirement.
Noë s'accoste sur le faîte;
Mais l'on voit bien que cette bête
Est trop grosse pour en sortir,
Car elle n'y sauroit tenir.
— Mais, répliqua dame Simone,
Je vois un vieillard qui m'étonne

Avec son grand couteau de fer ;
Est-ce pour tuer Lucifer?
— Êtes-vous folle, ma commère?
Répondit Denise en colère.
C'est notre bon père Abraham,
Qui veut égorger son enfant.
— Son enfant? dit dame Simone.
— Oui, car le bon Dieu lui ordonne,
Dit Denise : il n'a point de tort.
— Quoi! l'égorger, après sa mort?
Dit Simone, il n'est pas croyable.
Le bon Dieu est trop pitoyable
Pour vouloir souffrir qu'à ses yeux
L'on tue son enfant dans les cieux :
C'est ce que je ne saurois croire.
— C'est que tu n'entends pas l'Histoire »,
Répondit une autre d'entr'eux.
   Tout aussitôt le curieux,
En faisant un éclat de rire :
« Hé bien, messieurs, que peut-on dire
Qui soit plus plaisant que cela?
Et vous devez juger par là,
Dit-il à ces gens de science,
Combien il est de conséquence
De ne rien exprimer de faux
Dans la sculpture et les tableaux,
Principalement aux églises,
Pour les erreurs et les méprises
Que cela fait aux simples gens ;
L'on doit plutôt, en ménageant
Leur simplesse et leur ignorance,
Les porter à la connoissance
Des mystères de notre foi,
Suivant la croyance et la loi. »
   Ainsi termina l'assemblée.
Ce qui me rendit si troublée
Que, depuis ce fâcheux moment,
Je me trouve sans mouvement,

Et saisie d'étrange manière.
Voilà, docte et rare Molière,
L'état fâcheux où je me vois.
Malgré ce que tu dis de moi,
Malgré ces éloges sublimes,
Malgré tes magnifiques rimes,
Chacun de moi s'entretiendra
Tant que l'ouvrage durera.
Qui n'en dira mot fera grâce
A la Coupe du Val-de-Grâce.

LE SECRÉTAIRE DE LA COUPE

A MONSIEUR DE MOLIÈRE.

Favori des neuf Sœurs, toi qui sais l'art de plaire,
Esprit des plus brillants qui soient dans l'univers,
Tu diras que la Coupe est mal en secrétaire,
Et qu'il entend fort peu le langage des vers :

J'en demeure d'accord, et ce n'est pas merveille
Que l'on soit ignorant dans le métier d'autrui ;
Nous avons, sur la Coupe, aventure pareille,
Et j'en prends à témoin ton Poème aujourd'hui.

Si tu fais bien des vers, tu sais peu la peinture ;
Jamais dans ce bel art tu ne fus grand docteur ;
Moi, j'ignore du tien la règle et la mesure,
Et je suis dans la rime un fort pauvre orateur.

Mais nous ferions pourtant un ouvrage sublime
Si nous voulions tous deux faire une liaison :
Car on trouve en tes vers l'éloquence et la rime,
Et moi, de mon côté, j'ai toute la raison.

FIN DE LA COUPE DU VAL-DE-GRACE.

ÉPITRE

A PIERRE MIGNARD

ÉPITRE

A

PIERRE MIGNARD

PEINTRE [1]

Industrieux Mignard, ton admirable main
Ne fait rien qui ne soit au-dessus de l'humain :
Tout ce qu'elle figure a le noble avantage
De se voir immortel dans son parfait ouvrage.
Le temps, qui détruit tout, conserve les tableaux
Sur qui l'on voit briller tes célèbres travaux :
Ces travaux ont rendu ta gloire sans seconde,
Et ne pourront périr qu'en la perte du monde.
Par tes doctes efforts, nous voyons effacés
Des traits qu'on admiroit dans les siècles passés.
Le soleil est jaloux, voyant que ta science
Donne plus aux couleurs que sa douce influence,
Et s'enfuit, chaque jour, mécontent d'éclairer
Ce qui le fait rougir et te fait admirer.
Quand tu peins un héros, tu rends notre âme atteinte
D'amour, d'étonnement, de respect et de crainte;
Tu figures le calme et les émotions;
Tu fais voir dans les yeux toutes les passions;
Tu dépeins la clémence et la fureur guerrière,
Et montres sur un front une âme tout entière.
  De ces riches talents sers Jules sans pareil;
Comme un aigle hardi, regarde ce soleil;
A son esprit charmant que ton esprit s'enflamme!
Mais suspens le respect, qui surprendroit ton âme;

---

1. Voyez la *Notice préliminaire,* page 422.

Crains, en le contemplant, que, pour trop l'admirer,
Tu ne perdes l'espoir de le bien figurer.
Pour éviter la crainte, en le voyant, oublie
Ce qu'en disent la France et toute l'Italie,
Ce qu'en dit l'univers, qui le voit bien plus grand
Que le fameux Amboise[1] et l'invincible Armand[2].
Ne le vois pas voler de conquête en conquête,
Ne vois pas les lauriers qui couronnent sa tête ;
Trahis sa connoissance ; ignore, si tu peux,
Qu'il est au plus beau sang lié de sacrés nœuds[3].
Mais enfin, que ton art fidèlement nous trace
Son port majestueux, et son air et sa grâce,
Cette noble fierté qui paroît aux vainqueurs,
Et ce charme secret qui règne sur les cœurs.
La Nature déjà croit qu'on lui fait outrage,
Tirant de mon héros une parfaite image :
L'ayant fait sans égal, j'aperçois qu'elle craint
Qu'il ne soit plus unique, étant si bien dépeint.
Ris de ce qui l'afflige, et consacre tes veilles
A peindre à l'univers de célèbres merveilles ;
Tu dois seul figurer ces demi-dieux mortels,
De qui les actions méritent des autels,
Et, faisant ce portrait, trace quelque figure
Qui du bien de la paix soit un fidèle augure.
Qu'un emblème savant annonce le retour
De cet unique bien, objet de notre amour ;
D'un art ingénieux, remets en sa mémoire
Qu'il doit à ses bontés le haut vol de sa gloire.
Il peut trouver sa règle et son modèle en lui :
Ce qu'il fit autrefois, qu'il le fasse aujourd'hui ;
Que, proche de Cazal, le grand Jules se voie
Arracher à la guerre une sanglante proie :
Fais-lui revoir encor son esprit glorieux,
Seul, entre les deux camps, être victorieux.

---

1. Le cardinal d'Amboise, ministre de Louis XII.
2. Le cardinal de Richelieu, ministre de Louis XIII.
3. Ce vers étrange pourrait bien faire allusion au mariage secret qu'on disait exister entre le cardinal et la reine mère. (P. L.)

A PIERRE MIGNARD.

Étant de la fureur le vainqueur et le maître,
Tout ce qui ne meurt pas lui doit un second être ;
Comme auteur de la vie il mérite un autel,
Et, désarmant la mort, il se rend immortel.
   Peins nos malheurs passés, et fais qu'il se souvienne,
Par son illustre oubli, quelle gloire est la sienne.
La douceur héroïque, après tous nos débats,
Surpasse de bien loin le gain de cent combats.
   Fais-lui voir de quel poids est une longue guerre,
Et que sous ce fardeau gémit toute la terre.
Par nos heureux succès, l'ennemi, plein d'effroi,
Voit trop que la victoire est fidèle à mon Roi.
De sa prospérité l'Europe est alarmée ;
Assez de grands exploits enflent sa renommée.
On peut plus aisément vaincre des nations
Que modérer le feu des belles passions.
   Jule ayant fait d'un règne une longue conquête,
Un rameau d'olivier doit couronner sa tête.
Montre combien de sang nos lauriers ont coûté :
Fais-lui voir notre honneur, presque trop acheté ;
C'est le plus digne effort de la vertu suprême,
Que borner ses désirs et se dompter soi-même.
On doit vaincre sa haine, ayant bien combattu,
Et relever celui qu'on avoit abattu.
Armand a surpassé ceux qui le devancèrent ;
Tout ce qu'ils avoient fait, ses exploits l'effacèrent.
L'essor de la victoire est pour Jules plus prompt,
Et de plus beaux lauriers environnent son front.
Armand fut libéral, grand, invincible et sage ;
Mais on dira : « La paix ne fut pas son ouvrage ;
Le temple de Janus est ouvert de sa main. »
Invite à le fermer cet illustre Romain !
Il sera plus fameux, par cet acte héroïque,
Que s'il avoit conquis et l'Europe et l'Afrique.
La guerre l'a fait voir un grand homme d'État ;
Ses vertus, dans la paix, auront bien plus d'éclat.
Il faut goûter le bien que donne la victoire,
Et, pour se rendre heureux, réfléchir sur sa gloire.

En vain du monde entier nous serions les vainqueurs,
Si de nouveaux désirs troubloient toujours nos cœurs.

Lorsque je fais des vœux pour obtenir silence,
C'est un pressant effet de ma reconnoissance :
L'épouvantable bruit qui trouble l'univers
Interrompt des neuf Sœurs les aimables concerts.
Je veux tranquillement, sur une heureuse rive,
Dépeindre ses lauriers, à l'ombre de l'olive :
Le travail le plus grand des plus fameux héros
N'est que pour obtenir la douceur du repos.

Mignard, que ton pinceau heureusement étale
Les plus doctes leçons de la belle morale.
En ce louable effort, ton art industrieux
Peut instruire l'esprit et peut charmer les yeux.
Ma voix seconderoit ta muette éloquence,
Mais il n'est pas de bruit qui vaille ton silence :
Les traits de ton pinceau surpassent nos écrits
Et les discours pompeux des plus brillants esprits.
Quand tu peins dans les yeux une ardeur héroïque,
C'est faire d'un grand homme un beau panégyrique.
Applique tout, Mignard, en ce hardi projet :
Ton art n'aura jamais un plus auguste objet.
Fais plus, illustre ami, que je ne t'en puis dire,
Traçant naïvement ce qu'on ne peut décrire.
Ton pinceau, travaillant pour ce grand demi-dieu,
Au temple des Beaux-Arts tiendra le premier lieu.
Plus content que jaloux des brillants de sa gloire,
Je veux de mon vainqueur célébrer la victoire.
Finis ce grand ouvrage, et reçois le laurier
Que Minerve propose au savant ouvrier.
Je cesse sans regret, puisque d'un zèle extrême
Tu veux, me surpassant, te surpasser toi-même.

FIN DE L'ÉPITRE A MIGNARD.

TABLE

DU TOME NEUVIÈME.

GEORGE DANDIN OU LE MARI CONFONDU, comédie en trois actes.
18 juillet 1668 1
    Notice préliminaire. 3
    George Dandin. 17

LE GRAND DIVERTISSEMENT ROYAL DE VERSAILLES. 1668 . . . 93
    Relation de la fête de Versailles du 18 juillet 1668 109
    La fête de Versailles du 18 juillet 1668, par l'abbé de Montigny. . 139

L'AVARE, comédie en cinq actes. 9 septembre 1668. 151
    Notice préliminaire 153
    L'Avare. 173
    Aulularia (la Marmite), de Plaute. 317

470 TABLE DES MATIERES.

La Gloire du Val-de-Grace, poème, 1669. 417
    Notice préliminaire. 419
    La Gloire du Val-de-Grâce 425
    La Coupe du Val-de-Grâce 439
    Épître à Pierre Mignard, peintre 463

FIN DE LA TABLE DU TOME NEUVIÈME.

PARIS — TYP. A. QUANTIN, 7, RUE SAINT-BENOIT. — [1471]

CETTE ÉDITION DES
ŒUVRES COMPLÈTES
DE VOLTAIRE
IMPRIMÉE PAR M. QUANTIN
FORME 50 VOLUMES IN-8° CAVALIER SUR BEAU PAPIER DU MARAIS

Au prix de 7 francs le volume.

Il a été tiré 150 exempl. sur grand papier de Hollande, à 15 fr. le vol.

UN BEAU PORTRAIT EN PIED DE VOLTAIRE

d'après la célèbre statue de Houdon qui est à la Comédie-Française, a été gravé par un de nos plus éminents artistes pour être mis en tête de notre premier volume.

Matières contenues dans les 50 volumes :

Tome 1er.... — **Études et documents biographiques.** 1 vol.
— 2 à 7. — **Théâtre.** 6 vol.
— 8. — **La Henriade.** — **Poème de Fontenoy.** — **Odes**, etc. 1 vol.
— 9. — **La Pucelle.** — **Premiers contes en vers.** 1 vol.
— 10. — **Contes en vers.** — **Satires.** — **Épitres**, etc. 1 vol.
— 11 à 13. — **Essai sur les mœurs.** — **Annales de l'Empire.** 3 vol.
— 14 à 15. — **Le siècle de Louis XIV, le Siècle de Louis XV.** — **Histoire du Parlement.** 2 vol.
— 16. — **Fin de l'Histoire du Parlement.** — **Histoire de Charles XII.** — **Histoire de Russie.** 1 vol.
— 17 à 20. — **Dictionnaire philosophique.** 4 vol.
— 21. — **Romans.** 1 vol.
— 22 à 30. — **Mélanges.** 9 vol.
— 31 et 32. — **Commentaires sur Corneille.** — **Appendice.** 2 vol.
— 33 à 50. — **Correspondance** (18 vol.). — Le 50e vol. finit par une notice bibliographique de M. G. Bengesco.

SUITE DE 109 GRAVURES
D'après les dessins de MOREAU JEUNE
POUR LES ŒUVRES COMPLÈTES DE VOLTAIRE
Nouvelle édition, tirée sur les planches originales
La collection..................... **30 francs**
Il a été tiré 150 épreuves sur papier de Chine, la collection 60 fr.
et 100 sur papier Whatman, 60 fr.

SUITE DE 90 GRAVURES MODERNES
D'après les dessins de STIAL, PHILIPPOTEAUX, etc.
POUR LES ŒUVRES COMPLÈTES DE VOLTAIRE
La collection..................... **30 francs**
Il a été tiré 150 exemplaires sur chine, avant la lettre, format gr. in-8...... **60 fr.**
— — — gr. in-8 colombier.. **120 fr.**

www.ingramcontent.com/pod-product-compliance
Lightning Source LLC
Chambersburg PA
CBHW060236230426
43664CB00011B/1671